普通高等教育新能源及智能汽车系列教材

新能源汽车与节能技术

主　编　刘克铭
副主编　李惟慷　吴雪莹

北京理工大学出版社
BEIJING INSTITUTE OF TECHNOLOGY PRESS

内 容 简 介

本书主要阐述了能源的概念和分类、节能的定义和实质、新能源汽车分类、新能源汽车发展和关键技术，详细介绍了各种类型新能源汽车工作原理和关键技术，并且重点介绍了纯电动汽车、发动机节能技术、汽车底盘节能技术、汽车整车节能技术和汽车使用节能技术。

本书适合作为高等院校车辆工程、汽车服务工程、交通运输等相关专业的教材，也可供相关专业技术人员参考使用。

版权专有 侵权必究

图书在版编目（CIP）数据

新能源汽车与节能技术 / 刘克铭主编. --北京：
北京理工大学出版社，2024.1（2024.4 重印）
ISBN 978-7-5763-3563-7

Ⅰ.①新… Ⅱ.①刘… Ⅲ.①新能源-汽车-节能
Ⅳ.①U469.7

中国国家版本馆 CIP 数据核字（2024）第 045461 号

责任编辑：陆世立		**文案编辑**：李 硕	
责任校对：刘亚男		**责任印制**：李志强	

出版发行	/ 北京理工大学出版社有限责任公司
社　　址	/ 北京市丰台区四合庄路 6 号
邮　　编	/ 100070
电　　话	/ （010）68914026（教材售后服务热线）
	（010）68944437（课件资源服务热线）
网　　址	/ http://www.bitpress.com.cn
版 印 次	/ 2024 年 4 月第 1 版第 2 次印刷
印　　刷	/ 涿州市新华印刷有限公司
开　　本	/ 787 mm×1092 mm　1/16
印　　张	/ 18
字　　数	/ 419 千字
定　　价	/ 52.00 元

图书出现印装质量问题，请拨打售后服务热线，负责调换

前言

能源紧缺、环境污染、全球气温变暖是全球汽车产业面对的严峻挑战，为缓解资源与环境造成的双重压力，世界各国相继出台了诸多政策来支持和引导新能源汽车的发展。我国先后在"十五""十一五""十二五"规划中制定了多项新能源汽车发展规划，另外《中国制造2025》中明确提出：纯电动和插电式混合动力汽车、燃料电池汽车是国内未来重点发展的方向，并提出了2025年的发展目标；继续支持电动汽车、燃料电池汽车发展，提升动力电池、驱动电机等核心技术的工程化和产业化能力，推动新能源汽车同国际先进水平接轨。国家的重视使得汽车工业和汽车服务业得到了更大的发展，汽车节能技术也不断改进。发展新能源汽车已成为趋势，新能源汽车必将成为新时代汽车工业发展的热点。

本书围绕能源与节能的关系，分别介绍了包括纯电动汽车、混合动力汽车、燃料电池汽车、生物燃料汽车等在内的多种新能源汽车，系统地分析了当前阶段各种新能源汽车的发展现状及搭载的关键技术。本书结合了国内外最新汽车节能发展的状况，介绍了较新的车型和数据，可供汽车相关专业的本科生、研究生及从事新能源汽车研究工作的技术人员使用。

本书共分为7章，第1章为绪论，初步介绍了现阶段针对节能的新能源汽车种类及发展状况；第2章介绍了包括混合动力汽车在内的多种新能源汽车的结构特点、工作原理和发展前景等内容；第3章介绍了纯电动汽车，从内部结构、汽车电能源、汽车电机等方面，对其工作原理进行了剖析；第4章从影响发动机性能指标的因素出发，具体分析了稀薄燃烧技术、可变压缩比技术、均质压燃技术等关键发动机节能技术；第5、6章分别介绍了汽车底盘节能技术、汽车整车节能技术；第7章围绕汽车的正常使用性能，分析了汽车使用节能技术。

本书内容丰富，不仅介绍了新能源汽车领域的基本理论，又进一步针对该领域的一些关键技术进行了深入探讨和讲解。同时，本书大量引用编者平常教学和科研中的实例并进行分析和详细阐述，充分考虑了这些内容的实际工程应用。

本书在编写过程中，引用了新能源汽车标准和参数等相关资料，以及参考文献中的部分内容，特向这些内容的作者表示深深的感谢！

本书第2、3、4章由刘克铭编写，第5、6章由李惟慷编写，第1、7章由吴雪莹编写。由于本书涉及内容广泛，编者水平有限，书中内容有不妥之处在所难免，恳请广大读者批评指正。

编　者

目 录

第1章　绪　论 (1)
　1.1　能源概述 (1)
　1.2　节能概述 (2)
　1.3　交通运输对环境的影响 (7)
　1.4　新能源汽车分类 (8)
　1.5　我国新能源汽车的发展 (11)
　1.6　新能源汽车的关键技术 (13)

第2章　新能源汽车 (19)
　2.1　新能源汽车概述 (19)
　2.2　纯电动汽车 (20)
　2.3　混合动力汽车 (27)
　2.4　燃料电池汽车 (43)
　2.5　天然气汽车与氢发动机汽车 (61)
　2.6　醇类与生物燃料汽车 (78)
　2.7　其他新能源汽车 (86)

第3章　纯电动汽车 (96)
　3.1　纯电动汽车的结构与工作原理 (96)
　3.2　纯电动汽车电能源 (105)
　3.3　纯电动汽车电机 (118)

第4章　发动机节能技术 (129)
　4.1　发动机性能指标与性能特征 (129)
　4.2　影响发动机节能的因素 (133)
　4.3　提高充量系数的技术 (135)
　4.4　稀薄燃烧技术 (145)
　4.5　发动机增压技术 (151)
　4.6　柴油机燃油喷射系统 (156)
　4.7　可变压缩比技术 (162)
　4.8　均质压燃技术 (170)

第5章　汽车底盘节能技术 (176)
　5.1　概述 (176)
　5.2　汽车传动系统与发动机匹配 (180)

5.3　无级变速器 …………………………………………………………（186）
　5.4　液力变矩器 …………………………………………………………（190）
　5.5　超越离合器 …………………………………………………………（193）
第6章　汽车整车节能技术 …………………………………………………（198）
　6.1　汽车的燃油经济性 …………………………………………………（198）
　6.2　车身造型 ……………………………………………………………（208）
　6.3　车身轻量化 …………………………………………………………（226）
　6.4　整车其他节能技术 …………………………………………………（238）
第7章　汽车使用节能技术 …………………………………………………（248）
　7.1　发动机起动升温与节能 ……………………………………………（248）
　7.2　起步加速与节能 ……………………………………………………（252）
　7.3　挡位操作、滑行与节能 ……………………………………………（255）
　7.4　轮胎的选用与节能 …………………………………………………（261）
　7.5　汽车发动机调校与节能 ……………………………………………（268）
　7.6　汽车维护与节能 ……………………………………………………（273）
参考文献 ………………………………………………………………………（280）

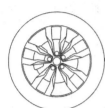

第1章 绪 论

1.1 能源概述

1.1.1 能源的概念

能源(Energy Sources)是指人类取得能量的来源,是可以直接或通过转换提供人类所需有用能量的资源。人类的一切活动都离不开能量(Energy)。

核聚变和核裂变、放射性源及天体间的引力,是世界上一切能源的初始能源。地球大气层所接收的太阳辐射能量每年达 5.3×10^{15} MJ,它产生风能、水能、波浪能和洋流的动能;植物通过光合作用吸收太阳能;动物和植物在特殊的地质条件下经过亿万年演变成为煤炭、石油和天然气等化石燃料;地心的热核反应产生地热,地壳内的放射性元素蕴藏着巨大的核能;太阳系行星的运行产生潮汐能。所以,对于地球来说,其能源包括来自地球以外的太阳能和来自地球本身的能。

能源具有以下特点。

(1)能源形式在一定条件下可以互相转换。所以,应根据对能源使用的要求,通过技术经济分析,选择最适当的能源形式,以求优化能源的使用情况。

(2)能源在开采、提炼或加工、使用及废料处理等过程中存在不同程度的污染。显然,在电能、氢、汽油、柴油和天然气等的生产过程中也产生了不可忽视的污染物,只是产生污染的地点、时间和污染的种类不同。

(3)化石燃料类能源如汽油、天然气等在储存过程中存在泄漏和危及安全等问题。有些二次能源如电能,其生产过程与使用过程几乎不能分开,在当前技术条件下,基本上不能储存。

1.1.2 能源的分类

能源的分类方法很多,根据不同的分类条件,分类结果是不同的。

(1)按能源的来源不同可分为太阳能、地球自身能和天体引力能。

(2)按能源在自然界存在的方式不同可分为一次能源和二次能源。一次能源,即从自然界取得的未经任何改变或转换的能源(煤炭、石油、天然气、核能等)。二次能源,即利用一次能源经过加工转换得到的能源(焦炭、煤气、汽油、柴油、电力、蒸汽等)。这里的"二次"指该能源经过加工或转换后获得,并不表示转换的实际次数。二次能源与一次能源比较,具有更高的终端利用效率、更清洁、更便于使用、品质好的特点。

(3)按能源被社会利用的情况不同可分为已被大规模使用的常规能源(石油、煤炭、天然气、水力和核能等),正在积极研究开发、推广的新能源(太阳能、风能、海洋及生物质能等),以及可以替代石油的替代能源。

(4)按能源能否自然得到补充可分为可再生能源(太阳能、水能、风能、地热能和生物质能等)与不可再生能源(煤、石油和天然气等)。

(5)按能源在使用中对环境的影响不同可分为清洁能源和非清洁能源。清洁能源,即在使用过程中不产生污染或污染小的能源(太阳能、水能、风能、电能和天然气等)。非清洁能源,即在使用过程中产生的污染较为严重的能源(煤、石油、汽油和柴油等)。

1.1.3 能源的单位与度量

能源的单位主要有焦(J)、千瓦时(kW·h)。由于能源的种类很多,为了便于统计、分析、比较,我国规定以煤当量(又称标准煤)作为能源的统一度量单位,有些国家使用油当量作为能源的度量单位。两种当量分别是按煤的热当量值、油的热当量值计算各种能源量的统一计量单位,1 kg 标准煤的发热量为 29 288 kJ。几种常用的能源热值和折算标准煤系数如表1-1所示。

表1-1 几种常用的能源热值和折算标准煤系数

能源名称	平均低位发热量/(kJ·kg^{-1})	折算标准煤/kg
原油	41 868	1.428 6
汽油	43 124	1.471 4
柴油	42 705	1.457 1
煤油	43 124	1.471 4
重油	41 868	1.428 6
原煤	20 934	0.714 3
液化石油气	50 241	1.814 3
天然气	38 979	1.330 0
氢气	119 900	4.092 2
甲醇	20 260	0.691 5
乙醇	27 200	0.928 5
二甲醚	28 400	0.969 3
电力(kW·h)	3 600	0.122 9

1.2 节能概述

全球能源紧张已经不再是一件新鲜的事情,随着人类第二次工业革命的发展,汽车行业的诞生开始给人们的出行和交通带来了诸多便利,也为人类的经济增长提供了必要的条件。不过，汽车在全世界范围之内的广泛使用造成了一系列的环境污染问题，也造成了能源的浪费，再加上汽车生产过程中需要大量的钢材和石油，这些资源很容易造成经济损失。此外，石油属于不可再生能源，如果对汽车不加节制地使用，总有一天这些不可再生能源会消耗殆尽，因此必须要加强对新能源汽车节能技术的开发和研究，只有这样才能用可再生能源代替不可再生能源，用清洁能源代替非清洁能源，起到良好的节能减排效果。

当前，我国进入高速发展时期，国家生态环境部将节能环保作为目标，加大汽车行业科研与实践力度。近年来，节能环保科研与实践活动积累了一定的经验，我国多项环保技术如节能、节煤、节油及节水等技术发展不断成熟。节能与环保在家庭消费、工业生产耗损、环境保护、建筑项目有关的节能环保及道路设施节能环保等领域应用比较广泛。

1.2.1 节能的定义

节能是指在保证能够生产出相同数量和质量的产品，或者获得相同经济效益，或者满足相同需要、达到相同目的前提下的能源消耗量下降。

根据节能工作或研究涉及的范围，节能有狭义节能和广义节能之分。

狭义节能是指节能考核涉及的部门或领域的能源节约。例如，一家企业或单位，整个国家或地区节约了多少度电；电厂节约了多少吨煤；汽车运输企业节约了多少吨汽油或柴油等。

广义节能有两种含义：一是指一切领域和一切方面的节能，不仅包括工业生产的节能、交通运输的节能、农业生产的节能，还包括商业服务的节能和市政生活等各行各业的节能，显然这是整个国家或地区应当关心和研究的节能；二是指从系统的整体考核涉及的能源总消耗的节约。例如，某项节油技术可以节约8%的燃油，或者节约若干吨燃油，这个数字是狭义节能的数字，与此同时，采用的节油技术与装置的研究和制造也消耗能源和资源，考虑了这些能源消耗的节能数字就是广义节能的数字。

1.2.2 节能的实质

根据节能的定义，假定W代表生产任务的数量，Q代表完成生产任务W所投入的能量，则节能就意味着单位任务消耗的能量(Q/W)下降，或者是单位能量所完成的任务(W/Q)增加。可见，节能的实质就是提高能源的利用效率。对社会来说，相当于增加了能源，或者说与增加新能源是等效的。因此，有些国家把节约能源列为几大能源之一。为进一步理解节能的概念，下面就两个问题进行分析。

1. 认为采用替代能源或者新能源就是节能

例如，在供暖系统上开发应用了太阳能，汽车上采用了掺烧甲醇或乙醇的措施等。这些措施的实质是用一种能源去替代另一种能源，属于能源替代的范畴或者开源的范畴。采用替代能源或者新能源的结果可以减少能源的消耗速度，也可能节能，但也可能导致其他能源的消耗，从而使总体能耗更高。这取决于新能源的品质和技术措施是否有利于新能源潜力的发挥等因素。由于汽车常规能源——汽油和柴油的储量有限而且供应短缺，人们对汽油和柴油的消耗十分关心，掺烧甲醇、乙醇等替代燃料可以缓解汽、柴油短缺的矛盾，故许多场合把采用替代燃料划在节能措施中一并研究。在这种情况下，应当明确它的含义仅仅是节省了汽油和柴油，并不一定是节约能源；当然出于能源安全战略考虑，即使采用替代能源时能源利用率略有下降，也是允许的。

2. 认为节油就是节能

人们常常将节能与节油误认为是同一概念。节油是节能的主要内容，但并不等于节能。节油可以称为省油，概括起来主要包括两部分内容：一是通过改善道路辅助设施、降低汽车行驶阻力或提高驾驶员操作水平等途径，在保证完成运输任务的基础上降低汽车燃油消耗量，从而达到节油的目的；二是通过使用天然气、醇类及氢能源等清洁新能源或者电动汽车代替在用的石油资源，以消耗其他能源的方式逐步降低对石油资源的依赖度。

节能实质就是提高能源的利用效率，能源效率的提高意味着用较少的能源产生等量的有用产出，主要体现在能源的高效转化和利用上。例如，利用节能灯代替白炽灯用于照明，可以大大提高能源的使用效率，表现为省电；采用更先进缸内直喷技术的汽车发动机，其能源效率要高于普通汽车发动机，表现为节油。节油属于狭义节能，我们研究节能，应当从整个系统来考虑，即研究广义节能。例如，纯电动汽车以电力作为能源而不消耗石油资源，具有很好的节油效果。但是，考虑发电厂及电力传输效率的影响，电力生产、传输过程中消耗的能源总量可能更大。所以以节油为唯一目的，有时可能会造成能源的总体浪费，在节油技术推广时应考虑这一问题。

1.2.3 我国节能工作政策

2022年1月24日国务院印发《"十四五"节能减排综合工作方案》，大力推动节能减排，深入打好污染防治攻坚战，加快建立健全绿色低碳循环发展经济体系，推进经济社会发展全面绿色转型，助力实现碳达峰、碳中和目标。深入贯彻习近平生态文明思想，坚持稳中求进工作总基调，立足新发展阶段，完整、准确、全面贯彻新发展理念，构建新发展格局，推动高质量发展，完善实施能源消费强度和总量双控(以下称能耗双控)、主要污染物排放总量控制制度，组织实施节能减排重点工程，进一步健全节能减排政策机制，推动能源利用效率大幅提高、主要污染物排放总量持续减少，实现节能降碳减污协同增效、生态环境质量持续改善。部分政策如下。

（1）优化完善能耗双控制度。坚持节能优先，强化能耗强度降低约束性指标管理，有效增强能源消费总量管理弹性，加强能耗双控政策与碳达峰、碳中和目标任务的衔接。

（2）健全污染物排放总量控制制度。坚持精准治污、科学治污、依法治污，把污染物排放总量控制制度作为加快绿色低碳发展、推动结构优化调整、提升环境治理水平的重要抓手，推进实施重点减排工程，形成有效减排能力。

（3）健全法规标准。推动制定修订资源综合利用法、节约能源法、循环经济促进法、清洁生产促进法、环境影响评价法及生态环境监测条例、民用建筑节能条例、公共机构节能条例等法律法规，完善固定资产投资项目节能审查、电力需求侧管理、非道路移动机械污染防治管理等办法。对标国际先进水平制定修订一批强制性节能标准，深入开展能效、水效领跑者引领行动。制定修订居民消费品挥发性有机物含量限制标准和涉挥发性有机物重点行业大气污染物排放标准，进口非道路移动机械执行国内排放标准。研究制定下一阶段轻型车、重型车排放标准和油品质量标准。

1.2.4 汽车节能发展历程

汽车节能是一个永恒的主题，而其随着时代的发展，也有不同的现实意义。由于各企业汽车使用条件、环境不同和汽车节能的计算与考核方法较复杂，也不好操作，因此未能收到推广节能的社会效果。此外，尽管我国自 20 世纪 70 年代以来已经陆续出台了节能的政策、法规，但总体来说，我国有关节能的政策与法规尚不能适应我国节能国策的需要，致使节能工作进展较困难。进入 21 世纪之后，我国对节能更加重视，相关法规相继出台，有力地促进了我国节能工作的开展。

进入 20 世纪 90 年代以来，我国经济取得了长足的发展，道路条件也得到了较大的改善，而汽车保有量也迅速增长，随之而来的是对各种能源的大量需求，人们也开始意识到节能与寻找新能源的重要性。

20 世纪 90 年代的能源结构与 20 世纪 70—80 年代相比，发生了很大的变化。除了石油、煤炭、天然气、水力和核能等五大常规能源，还有太阳能、风能、海洋能、生物质能等新能源及替代能源等。

我国 20 世纪 90 年代能源工作的总方针是开发与节约并重。从 1991 年开始，每年举行一次"全国节能宣传周"活动，以增强全国人民的节能意识。1998 年，国务院又颁布了《中华人民共和国节约能源法》，从此把我国的节能工作纳入了法治化的轨道。

进入 21 世纪，我国加入世贸组织之后，汽车产业迎来了"井喷式"发展。据统计，2003 年全国共生产汽车 444.37 万辆，同比增长 35.2%，共销售汽车 439.08 万辆，同比增长 34.21%。但是，我国高速增长的汽车产业带来了巨大的能源消耗。2004 年由国家发展和改革委员会（简称发改委）发布的《乘用车燃料消耗量限值》（GB 19578—2004），按照整车整备质量对乘用车燃料消耗量限值提出要求，并制定了分段实施方案。第一阶段的执行日期为 2005 年 7 月 1 日，第二阶段的执行日期为 2008 年 1 月 1 日。《乘用车燃料消耗量限值》的出台既是对高油耗产品实行限制，也是对小排量燃油经济型汽车的一种鼓励，推动了我国汽车燃料经济性的提高和汽车节能技术的全面进步，从而从总体上控制了我国汽车燃油消耗量，充分表明我国政府对节能工作的高度重视。2007 年 7 月 19 日，国家标准化管理委员会又发布了《轻型商用车辆燃料消耗量限值》（GB 20997—2007）的国家强制性标准，该标准自 2008 年 2 月 1 日起实施。按照该限值的实施要求，自 2008 年 2 月 1 日起，新认证基本型车及其变型车应符合第二阶段限制要求；自 2009 年 1 月 1 日起，在 2008 年 2 月 1 日前认证车型的再生产车及其变型车应符合第一阶段限制要求；自 2011 年 1 月 1 日起，适用于本标准的所有车辆应符合第二阶段的限值要求。第二阶段的限值比第一阶段限值严 5%~10%。

"十五"期间，我国启动了"863 计划"电动汽车重大科技专项，确立了"三纵三横"（以混合动力汽车、纯电动汽车、燃料电池汽车为"三纵"；以电池、电机、电控为"三横"）的研发布局，在电动汽车技术方面取得了许多创新性成果。"十一五"期间，我国组织实施了"863 计划"节能与新能源汽车重大项目，聚焦动力系统技术平台和关键零部件研发。经过两个五年计划的科技攻关及北京奥运会、上海世博会、深圳大运会、"十城千辆"等示范工程的实施，我国电动汽车从无到有，在关键零部件、整车集成技术及技术标准、测试技术、示范运行等方面都取得了重大进展，科技创新为我国新能源汽车战略性新兴产业的形成奠定了良好基础。

为落实关于发展战略性新兴产业和加强节能减排工作的决策部署，加快培育和发展节能与新能源汽车产业，国务院于 2012 年 6 月 28 日制定了《节能与新能源汽车产业发展规划（2012—2020 年）》。节能与新能源汽车已成为国际汽车产业发展的方向，未来 10 年将迎来全球汽车产业转型升级的战略机遇期，其关键在于：突破动力电池核心技术，提高电池性能和寿命，降低成本；开发新型正极材料和高容量合金负极材料，加强电池管理可靠性研究和轻量化设计，提高电池比能量；重点开展电池优化设计、工艺创新和装备改进，提高电池及关键材料的生产一致性；开发电池自激活电压控制和热控制等新技术，提高电池安全性；以改进电极材料循环性为重点，开发长寿命电池体系；提升电池材料低成本制备技术，推进电池零配件和系统组合件的标准化和规模化，降低成本。该规划的出台，对我国汽车产业提出了严格的要求，促进了汽车节能技术和新能源汽车技术不断发展，有效地缓解了能源和环境压力。

2022年中汽数据发布《节能与新能源汽车发展报告2022》，基于权威数据进行了全面解读，聚焦"新发展、新理念、新技术、新趋势"，为行业共同推动节能与新能源汽车持续、健康、高质量发展贡献力量。

开发新能源技术，采用节能科技能够减少对不可再生能源和非清洁能源的消耗，因此新能源汽车的开发具有重要的意义。传统的汽车大多数是燃油动力汽车，采用的燃料是燃油或天然气，这些汽车燃料在燃烧的过程之中会排放二氧化碳、一氧化碳、甲醛等有害物质，这些有害物质排放到大气中造成了酸雨、温室效应等灾害，也有可能对人类的身体健康造成重要的负面影响。以甲醛为例，它是一种刺激性的有害气体，能够刺激人的中枢神经和呼吸道，如果甲醛浓度过高，会造成人体出现恶心呕吐等症状，长期处在甲醛排放的范围之内会增加人体的患癌率。同时，一氧化碳、二氧化碳等物质也容易破坏大气环境和保温层，导致全球气温上升，给自然环境造成不可逆的损伤。因此，世界各国都加强了对环保的要求，在节能减排的号召之下，汽车行业也要遵循绿色环保的发展理念，这已经成为全人类的共识和共同的话题。如果不解决汽车燃油造成的能源消耗问题，就等于在消耗子孙后代的福报，必须要加强对环境污染问题的解决和优化，从汽车行业自身抓起，做好节能技术和清洁能源的开发与研究，从根本上减少对能源的消耗和对环境的污染，推动汽车行业和汽车工业走上可持续发展的道路。

1.2.5　新能源汽车节能技术简介

1. 混合动力和节能技术

混合动力和节能技术指的是在柴油或汽油的前提下综合电能展开动力融合，形成驱动汽车的新型发动机。在这项技术的具体运用和推广过程之中最关键也最核心的部分是混合动力系统，混合动力系统是影响新能源汽车动力和使用技能的关键环节与要素，同时也关系到新能源汽车能否达到良好的节能减排效果。混合动力系统有多种类型，它们能够降低汽车运行对能源的消耗，形成高效的运行组织，从而提高汽油和电能的转化效率。

2. 高效汽油和柴油节能

新能源汽车在进行节能减排设计的时候可以通过汽车的内燃机起到节约能耗的效果，这项技术还应包括高效汽油；在汽车节能科技的具体运用过程中，还可以采用变气门高压喷射柴油机进行分层燃烧和多次喷射。这几项技术的运用都能够有效降低汽车能耗，达到提高能源利用效率的效果。

3. 压燃技术

压燃技术主要被运用在轿车或小型汽车之中，能起到不错的节能效果。使用压燃技术能够对以往的技术类型加强整合，提高汽车压燃的效率，在压燃技术的支持之下，汽油能够实现高效的转换与燃烧，这种充分的燃烧能够最大限度地让燃料被开发和利用，最终实现节能环保的目的。

4. 蓝驱技术的使用

蓝驱技术指的是对汽车的车型和发动机进行进一步优化，优化的目的是降低汽车的燃油消耗率。这项技术相对于其他类型的节能减排技术在设计上更加复杂，因此利用范围并不广阔。运用蓝驱技术能够让汽车保持在高速运行的状态下的油耗量更低，而且蓝驱技术也可以和汽车底盘高度相互结合，进行进一步的优化，在对车型进行优化控制的同时可以和相关的节能技术相互配合，有效地降低汽车的油耗量。

5. 压缩点火技术

压缩点火技术也是新能源汽车之中常用的技术之一。目前我国很多车辆采用的是传统的点火方式，包括点火线圈点火和活塞杆压缩点火，这两种方法相比较，活塞杆压缩点火发动机的压缩比相对较高，但是就发动机的噪声和振动来讲，还是点火线圈点火技术的应用范围更为广阔。为了更好地取长补短，技术人员在新能源汽车的能源设计之中采用压缩点火技术，吸收两种传统的点火方式的优点，同时对其缺点进行了改造。

6. 可变排量技术的使用

运用可变排量技术能够全面提高汽车的环保性能和节能指标，当司机踩踏汽车制动板的时候或者汽车处在待机状态的时候，车辆的热流会导致热量向发动机传输，采用发动轮机点燃汽油可以合理地减小车辆点火的角度，让整个收缩过程的空气压缩动量减小，力度降低。汽车可变排量技术的使用优势较为广阔，最明显的一点是可以在不改变发动机容积的情况下减小点火角度，并减少汽车排量，使之达到最小化。

7. 新能源汽车结构节能环保技术

新能源汽车结构节能环保技术在新能源汽车的结构和内部设计之中进行优化改造，以确保自身的油耗量有所下降。汽车设计者可以在设计过程中重视车辆结构的改进，减少其对燃油消耗的数量需求，从而达到节能减排的效果。这一设计应当包括内部零件的设计和净重的减轻，让新能源汽车符合节能减排的环保准则，如按照流体力学设置流线型车身，减小行驶时的摩擦力和阻力，从而达到减小能耗的效果和节能环保的目的。汽车行驶在干燥的地面之上，车身会和气体产生直接的接触，并且该气体本身处在持续稳定的运动状态之中，因此汽车和气体之间的接触会发生不规则的运动形式改变，也会增大汽车所受的摩擦力。设计师在有关汽车系统的设计时，必须要加强对所有因素的考虑，以减小汽车所受的阻力和摩擦力，降低总迎风面积。

1.3　交通运输对环境的影响

随着我国综合实力不断增强，我国交通运输行业有了翻天覆地的变化，道路里程持续增长，等级不断提高。不过，交通运输业的发展也加速了对生态环境的破坏，其中破坏最为严重的因素就是汽车尾气，每天都有大量的汽车行驶在我国的道路上，每天排出的尾气总和是一个庞大的数字。除此之外，交通运输业的发展还造成了噪声污染、水污染、土地资源浪费及能源浪费等。

1.3.1 沿线生态环境

公路运输业的基础设施在建设过程中，施工路线选择的不合理会对生态环境造成影响，破坏道路沿线的生态平衡，造成严重的环境污染。尽管公路所占据的面积非常小，但是它在公路环境中造成的影响是非常大的，会直接破坏沿线生态环境的稳定性。确定好施工路线之后，该范围内的所有植物都将被清理或移植，所以要确定合理的施工路线，将危害降到最低。

1.3.2 噪声与尾气

现在城市人口密集，大城市集群和超级大城市中市政道路和绕城道路等越建越多，加之车辆保有量持续增多，每天都会出现交通拥堵的现象，这就使得城市中噪声污染、有害气体污染不断加剧。经过长期的积累，交通运输污染将会对人们的生活产生不利因素，直接影响到人们的生活、工作和学习，还会破坏自然环境。尾气污染是当今社会中环境污染最主要的因素之一，密集的城市人口众多，使得环境压力增大，尾气的排放加剧了环境的污染程度，严重阻碍可持续发展战略的进程。

1.3.3 水土流失

交通运输业的发展虽然能够带动周边经济的发展，吸引各种投资，形成产业带（区域），增加人口流入，但因交通运输业发展被破坏的植被将很难恢复，这使得我国的绿地面积逐渐减少，严重时会造成水土流失，直接对生态系统造成破坏。

1.3.4 资源消耗

交通运输业的发展离不开建设，我国交通运输设施包含公路、铁路、水路、航空等众多部分，在建设这些基础设施时会使用大量的钢铁、水泥、石子、沙土、沥青等资源，同时会消耗大量的能源。这样的消耗对人口众多、资源有限的发展中国家来说，无疑是非常惊人的。随着我国生活水平的提高，人们对方便出行的需求逐年增加，对资源的消耗也将逐年上升。

1.4 新能源汽车分类

新能源汽车是指以非常规车用燃料为动力源（或使用常规车用燃料和新型车用动力装置），集车辆动力控制和驱动等先进技术于一体的技术原理先进、技术新、结构新的汽车。新能源汽车所使用的各方面技术都是较为先进的，不管是汽车的动力控制还是驱动等方面，相比传统内燃机汽车都有一定程度的区别，在保证汽车能够正常行驶的同时大幅度降低了汽车的能源损耗，可以说新能源汽车将会成为未来汽车的主要发展方向。

根据生产技术及动力来源的不同，可以将新能源汽车分为纯电动汽车（Electric Vehicle，EV）、混合动力汽车（Hybrid Electric Vehicle，HEV）及燃料电池汽车（Fuel Cell Vehicle，FCV）等众多的种类。不同类型的新能源汽车在应用过程中所能够达到的效果也是有所不同的，同样也都存在一定的发展缺陷，只有不断地使自身各方面技术愈加先进，才能够更加有力地推动新能源汽车行业的快速发展。

1.4.1 纯电动汽车

纯电动汽车顾名思义就是完全采用电力驱动的汽车,大部分车辆直接采用电动机驱动,有一部分车辆把电动机装在发动机舱内,也有一部分直接以车轮作为四台电动机的转子,其难点在于电力储存技术。

纯电动汽车是新能源汽车技术应用的典型代表,该车型主要以动力电池作为能量源,搭配电动机通过输出动力的方式来驱动汽车行驶。汽车在行驶过程中不会产生任何排放物,对空气不会造成污染。纯电动汽车的动力结构比较简单,主要包括电源系统、电动机驱动系统、控制器及辅助系统。动力电池是电动汽车的核心零部件,对车辆的续航能力具有决定性作用。目前,新能源汽车技术已广泛应用于纯电动汽车的制造和研发领域,并持续优化汽车的行驶品质、运行能力与整体性能。

纯电动汽车的优点:技术相对简单成熟,只要有电力供应的地方就能够充电。纯电动汽车的缺点:目前蓄电池单位质量储存的能量太少,还因电动车的电池较贵,又没形成经济规模,故购买价格较贵。如图1-1所示的蔚来ES8就是一款纯电动汽车。

图1-1 蔚来ES8

1.4.2 混合动力汽车

混合动力汽车是指那些采用传统燃料的,同时配以电动机来改善低速动力输出和燃油消耗的汽车。按照燃料种类的不同,主要可以分为汽油混合动力汽车和柴油混合动力汽车两种。

新能源汽车技术的应用还体现在混合动力汽车的研制方面。由于国家加大了对新能源汽车技术的支持力度,混合动力相关技术也得到了进一步推广。混合动力汽车主要通过两种或者两种以上的混合能量源驱动汽车行驶,其中较为常见的混合方式是汽油和电力混合(简称油电混合)。油电混合模式能够在能量支持方面实现互补,降低汽车行驶过程中对燃料的消耗,减少排放物。此外,油电混合模式还可以弥补动力电池在能量上的不足,这在当前新能源汽车市场上已得到一致认可。目前,最热门的车型是插电式混合动力汽车,该车型最显著的特征就是具有混合动力系统和纯电动系统,在两个系统的共同支持下,无论是汽车的行驶品质还是汽车的续航能力都具有明显优势。如图1-2所示的丰田卡罗拉就是一款混合动力汽车。

图 1-2　丰田卡罗拉

混合动力汽车的优点如下。

(1) 采用混合动力后可按平均需用的功率来确定内燃机的最大功率，此时处于油耗低、污染少的最优工况下工作。需要大功率但内燃机功率不足时，由电池来补充；负荷少时，富余的功率可发电给电池充电，由于内燃机可持续工作，电池又可以不断得到充电，故其行程和普通汽车一样。

(2) 可以十分方便地回收制动时、下坡时、怠速时的能量。

(3) 在繁华市区，可关停内燃机，由电池单独驱动，实现零排放。

(4) 有了内燃机，可以十分方便地解决耗能大的空调、取暖、除霜等纯电动汽车遇到的难题。

(5) 可利用现有的加油站加油，不必再投资。

(6) 可让电池保持在良好的工作状态，不发生过充、过放，延长其使用寿命，降低成本。

混合动力汽车的缺点：长距离高速行驶时基本不能省油。

1.4.3　增程式电动汽车

增程式电动汽车是一种配有地面充电和车载供电功能的纯电动驱动的电动汽车。其运行模式可以根据需要处于纯电动模式、增程模式或混合动力模式，是介于纯电动汽车和混合动力汽车之间的一种过渡车型，具有纯电动汽车和混合动力汽车的特征。有人把它划分为纯电动汽车范畴；也有人把它划分为混合动力汽车范畴，认为它是一种插电式串联混合动力汽车。

1.4.4　燃料电池汽车

燃料电池汽车是指以氢气、甲醇等为燃料，通过化学反应产生电流，依靠电动机驱动的汽车。其电池的能量是通过氢气和氧气的化学作用，而不是经过燃烧，直接变成电能的。燃料电池的化学反应过程不会产生有害产物，因此燃料电池汽车是无污染汽车。燃料电池的能量转换效率比内燃机要高 2~3 倍，因此从能源的利用和环境保护方面，燃料电池汽车是一种理想的汽车。单个的燃料电池必须结合成燃料电池组，以便获得必需的动力，满足车辆使用的要求。

燃料电池汽车也体现新能源技术应用的显著成果，其能量主要来源于燃料电池，利用燃料电池发电驱动汽车行驶。燃料电池汽车的核心组成部分是具备各种功能的燃料控制系统。

燃料电池汽车具有以下优点：
(1) 零排放或近似零排放；
(2) 减少了燃料泄漏带来的水污染；
(3) 降低了温室气体的排放；
(4) 燃料电池的能量转化率高达 60%~80%，为内燃机的 2~3 倍；
(5) 运行平稳、无噪声。

缺点：
(1) 氢燃料电池汽车缺乏加氢基础设施，技术不够成熟；
(2) 燃料电池本身成本高，寿命有待提高。

1.4.5 氢发动机汽车

氢发动机汽车是一种真正实现零排放的交通工具，排放出的是纯净水，其具有无污染、零排放、氢能源储量丰富等优势，因此，氢发动机汽车是传统汽车最理想的替代方案。

氢发动机汽车的优点：排放物是纯水，行驶时不产生任何污染物。

氢发动机汽车的缺点：氢燃料电池成本过高，而且氢燃料的存储和运输按照目前的技术条件来说非常困难，因为氢分子非常小，极易透过储藏装置的外壳逃逸。另外，最致命的问题是氢气的提取需要通过电解水或者利用天然气，如此一来同样需要消耗大量能源，除非使用核电来提取，否则无法从根本上降低二氧化碳的排放。

1.4.6 燃气汽车

燃气汽车是指用压缩天然气、液化石油气和液化天然气作为燃料的汽车。燃气汽车由于其排放性能好、可调整汽车燃料结构、运行成本低、技术成熟、安全可靠，被世界各国公认为当前最理想的替代燃料汽车。

1.4.7 乙醇汽车

乙醇俗称酒精，乙醇汽车是以乙醇为燃料的汽车，也可叫酒精汽车。在汽车上使用乙醇，可以提高燃料的辛烷值，增加氧含量，使气缸内的燃烧更完全，可以降低尾气中有害物的排放。

1.4.8 其他新能源汽车

其他新能源汽车包括使用超级电容器、飞轮等高效储能器的汽车。目前在我国，新能源汽车主要是指纯电动汽车、混合动力汽车和燃料电池汽车。其中，混合动力汽车主要是指插电式混合动力汽车，普通混合动力汽车被划分为节能汽车。

1.5 我国新能源汽车的发展

1.5.1 我国新能源汽车的发展现状

时代的发展必然伴随着新的产物的生成。新能源技术是当前这个时代发展的产物，也是这个时代的代表物之一。在近些年的发展中，我国对新能源技术的发展非常重视，对新能源技术发展给予了很大的支持，并仍在加大支持力度。在新能源汽车产业的发展中，政府支持是这个产业发展的主要力量来源，也是这个产业发展的主要影响因素之一。我国政府对新能源技术的发展制定了对汽车产业的长期计划，并形成了书面文件。这些文件对新能源汽车目前和未来的发展有详细的规划战略。

数据显示，目前中国每年汽车尾气的排放量约为1.2亿吨，各地汽车尾气的排放量已占大气污染源的85%左右。节能减排毫无疑问将有利于中国新能源产业的兴起和发展，而新能源汽车是中国产业转型升级的重要道路目标，是中国汽车产业绿色发展，保障能源安全的必经之路。

近年来，国家高度重视能源安全和环境保护，在国家政策指引和施加的合理压力下，新能源汽车将引领未来汽车发展。国家对新能源汽车还有辅助发展的措施，如减免购置税、充电设施的支持政策、新能源汽车采购的相关倾斜政策都体现着国家高度重视新能源汽车的发展。自2018年1月1日至2020年12月31日，中国对获得许可在我国境内销售的纯电动、插电式（含增程式）混合动力、燃料电池三类新能源汽车，免征车辆购置税。2020年10月，国务院常务会议通过了《新能源汽车产业发展规划》。该规划中传递的信息表示，2021年起国家生态文明试验区、大气污染防治重点区域新增或更新公交、出租、物流配送等公共领域车辆，新能源汽车比例不低于80%。2020年11月，国务院办公厅印发《新能源汽车产业发展规划（2021—2035年）》，要求深入实施发展新能源汽车国家战略，推动中国新能源汽车产业高质量可持续发展，加快建设汽车强国。在利用财政补贴支持新能源发展的道路上，中国是领头羊之一。在2013年到2015年两年时间内，中央财政与地方财政合计补贴484.44亿元，极大地推动了新能源汽车产业的快速发展。

我国充电基础设施的建设最大程度地缓解了消费者对新能源汽车的"里程焦虑"和"充电便利焦虑"。"十三五"期间，我国充换电基础设施网络覆盖全国超过450个城市，覆盖率超过90%。至2020年12月底，79.8万个公共充电桩遍布我国，私人安装充电桩率也不断提高（高达87.4万个），规模持续保持世界首位。新能源汽车基础配套设施虽仍存在不小的缺口，但是2020年充电桩被纳入"新基建"板块，新能源汽车基础设施建设初步形成从国家到地方的政策支持体系，并将日益完善。

2020年，我国新能源汽车产销分别完成136.6万辆和136.7万辆，同比分别增长7.5%和10.9%，增速较上年实现了由负转正，超过预期值。参考国家统计局的数据，2021年1—2月，新能源汽车生产量31.7万辆，同比增长达395.3%。截至2020年底，我国新能源汽车保有量已经达到492万辆，比上年增长29.2%，并且仍然会持续保持高度的增长。

1.5.2　我国新能源汽车的发展趋势

当前，我国新能源汽车行业正处在发展阶段，技术方面还存在很多不足的地方。随着国家出台一系列鼓励政策和市场的繁荣，我国新能源汽车行业取得了快速发展，国内很多汽车制造商都开始了新能源汽车的研发。

2008年，我国新能源汽车领域有了首次突破，自主开发出了纯电动、混合动力、燃料电池三种新能源汽车，普遍应用于公交车中，在全国进行了广泛推广。随着经济快速发展，我国投入大量技术和资金开发新能源汽车。

2012年，我国出台了《节能与新能源汽车产业发展规划（2021—2020年）》，给新能源汽车发展确定了目标。目前，我国已经成为锂电池生产大国，具备生产动力电池的优势。

2020年，我国生产的电动汽车超过500万辆，已经达到了规模化。目前，汽车发展朝着电动化、联网化、智能化、共享化的趋势进行，尤其受到年轻群体的关注，因此新能源汽车需针对年轻群体进行这方面的研发，发挥能源优势和技术优势，打造智能移动终端。当前，我国新能源汽车制造体系已经出现，但对于新能源汽车制造标准、企业协作、整体规划等方面还有不足的地方，需要进一步进行改进。

新形势下，新能源汽车的动力来源不断丰富，如混合动力、生物燃料、天然气、锂电池等，促进了新能源汽车的快速发展。在社会能源紧张、环保问题日益严重背景下，发展新能源汽车是全社会的重要工作。新能源汽车要想更快地发展，需要发展核心技术，不断研发新的材料、新的部件、新的结构，不断降低制造成本，只有攻克这些难关才能真正全面发展。

1.6 新能源汽车的关键技术

近年来，混合动力汽车以其低油耗、低排放、续驶里程长和生产成本相对较低等优势，成为国际汽车界的研究热点。混合动力汽车融合了纯电动汽车和传统内燃机汽车的优点，是目前技术条件下最具发展潜力和产业化前景的新能源汽车之一。由于混合动力汽车结构复杂，开发混合动力汽车所涉及的构型分析、参数匹配、节能分析、电池技术、电控技术等关键技术，基本上涵盖了大多数其他新能源汽车研发过程中的通用关键技术。因此，混合动力汽车关键技术在整个新能源汽车领域中最具代表性。本节主要以混合动力汽车为对象，阐述与新能源汽车相关的关键技术，包括新能源汽车的驱动理论与设计、新能源汽车的控制方法及新能源汽车的仿真和试验技术。

1.6.1 新能源汽车的驱动理论与设计

新能源汽车种类繁多，不同类型新能源汽车的驱动理论与设计方法存在很大差别，下面主要介绍油电混合动力汽车相关的驱动理论与设计。混合动力汽车的优点是可以发挥两种或多种动力源的优势，采用高功率的储能装置（动力电池、超级电容和飞轮）向汽车提供瞬间大功率，由此可减小发动机尺寸、提高发动机效率，降低排放。如表1-2所示，混合动力汽车发动机和电动机的耦合方式不同，可以分为三种基本结构类型：串联式、并联式和混联式。其中，串联式混合动力汽车的发动机与车轮之间没有直接的机械连接，控制发动机相对容易，但由于工作过程中存在二次能量转换，其传动效率较低；与串联式相比，并联式混合动力汽车发动机功率通过机械路径直接传递到车轮，传动效率高，但是由于不能实现发动机与路载之间的解耦，发动机不易控制，受路载变化的影响较大；混联式混合动力汽车则综合了串联式与并联式的优点，在实现发动机最优控制的同时可以达到较高的传动效率，但是其控制十分复杂。此外，按混合度（混合度是指驱动电机的输出功率在整个系统输出功率中所占的比例）不同则可将混合动力汽车分为微混合、轻混合、中混合、全混合、插电式混合五种，如表1-3所示（以常用的乘用车/轿车，功率60~100 kW的A级普通车为例）。表1-4则对各种混合动力汽车在整车布置、适用条件和成本造价方面进行了比较。

表 1-2　混合动力汽车按其传动系统连接方式分类

分类	连接方式
串联式	内燃机系统和电机驱动系统串联
并联式	内燃机系统和电机驱动系统并联，二者可单独工作，也可同时协调工作
混联式	内燃机系统和电机驱动系统通过复杂的机械结构互相连接，实现内燃机和电机的转速、转矩关系调节

表 1-3　混合动力汽车按混合度分类

分类	用途	典型代表车型
微混合：电机输出占比小于20%，采用BSG系统，控制发动机起动/发电功能，电机功率在10 kW以下	消除发动机怠速	奇瑞 A5
轻混合：以发动机作为主要动力源，助动电机被安装在发动机与变速器之间，作为辅助动力源	能量回收	通用的混合动力皮卡车
中混合：电机功率占30%左右，采用ISG系统，加速、大负荷时，电机辅助驱动车辆，电机功率在15 kW左右	消除发动机怠速，助力，能量回收	本田 Insight
全混合：一般采用双电机实现电动无级变速，电机功率一般在30 kW以上	消除发动机怠速，助力，能量回收和纯电动行驶	丰田 Prius
插电式混合：一般电机和电池更大，消耗较多电能，有更长的电动续驶里程	消除发动机怠速，助力，能量回收和纯电动行驶	大众 Golf Twin Drive

表 1-4　各种混合动力汽车综合对比

结构模式		串联式	并联式	混联式
动力总成		发动机、发电机、电动机三大部件	发动机、电动机两大部件	发动机、发电机、电动机三大部件
发动机	选择范围	发动机的选择有多种样式	发动机一般为传统内燃机	发动机的选择有多种形式
	发动机功率	发动机功率较大	发动机功率较小	发动机功率较小
	发动机的排放	发动机工作稳定、排放较好	发动机工况变化大、排放较差	发动机排放介于串联式与并联式之间
传动系统	驱动模式	电动机是唯一的驱动动力	发动机、电动机都是驱动动力	发动机、电动机都是驱动动力
	传动效率	发动机传动系统传动效率低	发动机传动系统传动效率较高	发动机传动系统传动效率较高
	制动能量回收	能够实现制动能量回收	按结构不同，其中有个别不能回收制动能量	能够实现制动能量回收

续表

结构模式	串联式	并联式	混联式
整车总布置	三大部件总成之间没有机械连接装置，结构布置的自由度大，但为保证整车动力性要求，各总成功率较大，质量较大	发动机驱动系统保持机械式传动系统，发动机和电动机两大动力总成之间被不同的机械装置连接起来，结构复杂，使布置受到一定限制	三大动力总成之间采用机械式传动系统，三大动力总成的质量、尺寸都较小，能够在小型车辆上布置，但结构更加复杂，要求布置更加紧凑
适用条件	适用于大型客车或货车，更加适合在路况较复杂的城市道路和普通公路上行驶	适用于小型汽车，更加适合在城市道路和高速公路上行驶	适用于各种类型的汽车，适合在各种道路上行驶，性能更加接近普通的内燃机汽车
成本造价	三大动力总成的功率较大，质量较大，因此制造成本较高	只有两大动力总成，功率均较小，质量较小，电动机/发电机具有双重功能，还可以通过普通内燃机汽车改造而成，制造成本较低	虽然有三大动力总成，但三大动力总成的功率较小，质量较小，需要采用复杂的控制系统，制造成本较高

混合动力汽车的驱动理论与设计，主要涉及构型设计与节能分析两方面内容。在当前混合动力汽车构型繁多的情况下，如何设计出满足设计要求的最优构型，以及如何根据所设计构型的系统特性合理选配各关键部件，运用混合动力汽车的节能机理进行节能分析，从而提高整车的性能，是混合动力系统驱动理论与设计所研究的关键问题之一。

1.6.2 新能源汽车的控制方法

新能源汽车由于引入了电机或液压泵/马达等驱动子系统，其结构的复杂程度增加，也导致了其控制方法变得更加复杂。鉴于混合动力汽车的控制较复杂且极具代表性，下面将以混合动力汽车为对象，对新能源汽车的控制方法和控制策略进行简单的介绍。混合动力控制策略主要分为稳态控制策略和动态控制策略两部分。

1. 稳态控制策略

稳态控制策略是混合动力系统控制算法中研究最多的内容之一。其核心问题是如何合理分配发动机和电动机之间的动力，既要满足驾驶员对整车驱动力的需求，又要优化发动机、电动机、动力电池及整车的效率。同时，稳态控制策略还考虑动力分配过程中发动机最高转速、电动机最高转速、发动机最大功率、电动机最大功率、电动机最小功率(发电机最大功率)等条件的限制。因此，它也属于受约束的优化问题，混合动力汽车稳态控制策略主要包括基于逻辑门限的稳态控制策略、基于模糊规则的智能型控制策略和基于优化算法的控制策略。

基于逻辑门限的稳态控制策略主要依据工程经验，即根据部件的稳态效率 MAP 图，来确定如何进行发动机和电动机之间的动力分配。常用的逻辑门限控制策略主要有下面几种。

(1)"恒温器"控制策略。当动力电池充电状态(State of Charge，SOC)降到设定的低门限时发动机起动，在最低油耗(或排放点)时按恒功率输出，一部分功率用于驱动车轮，另一部分给动力电池充电。而当SOC上升到高门限时，发动机关闭，纯电动行驶，汽车为零排放，这与温室的温度控制类似。在这种模式中，驱动电机所需的电能只能从动力电池获得，这样动力电池就必须满足所有瞬时功率的需要，其放电电流的波动会很大，经常出现大电流放电的情况，对电池放电效率和使用寿命均有不利影响。此外，动力电池要满足所有瞬时功率的需求，电池充放电循环引起的功率损失可能会减少发动机优化所带来的好处，这种模式对发动机有利，而对电池不利。

(2)发动机功率跟随控制策略。发动机的功率紧紧跟随车轮驱动功率的需求，这与传统的汽车运行相类似。采用这种控制策略，动力电池的工作循环将消失，与充放电有关的功率损失被减少到最低程度。但发动机必须在从低到高的整个负荷区内运行，而且发动机的功率快速而动态变化，对发动机的效率和排放性能(尤其在低负荷区)影响很大。解决措施是采用自动无级变速器(Continuously Variable Transmission，CVT)，通过调节CVT变速比，控制发动机按最小油耗曲线运行，同时也减少了碳氢化合物和一氧化碳的排放量。上述模式可结合起来使用，其目的是充分利用发动机和电池的高效区，使其达到整体效率最高。

(3)电机助力型控制策略。此策略在并联式混合动力汽车控制中较为常见，其主要思想是将发动机作为主要动力源，电机驱动系统作为辅助动力源，电机对发动机输出转矩起到"削峰填谷"的作用，同时将动力电池的SOC值保证在一定范围内。

基于模糊规则的控制策略是典型的智能型控制策略之一。模糊控制策略是人类语言通过计算机实现模糊表达的控制规则，是体现人的控制经验的一种控制方法。该控制策略以模糊控制原理为基础，设计模糊逻辑控制器。将车速、需求功率、发动机转速及转矩、动力电池SOC等输入量模糊化后作为模糊控制器的输入，同时将"专家"知识与经验以规则的形式输入模糊控制器中形成模糊推理机制，以此判断汽车的工作模式和功率分配，并将输出量逆模糊化后输出，实现混合动力系统的合理控制。模糊控制策略基于模糊推理，模仿人类的思维方式，对难以建立精确数学模型的对象实现模糊控制。该控制方法的鲁棒性强，对于一些非线性、时变的系统具有较好的控制效果。同时，对于控制较为复杂的混合动力系统也有较好的适用性。

基于优化算法的控制策略通常以给定循环工况中车辆燃油经济性最优为目标函数，建立包括传动系统传动比(又称速比)、电机效率等在内的优化计算模型，利用动态优化技术对发动机、电动机(发电机)所分配的转矩和传动系统传动比进行计算，并确定电机和发动机的工作点，从而达到最佳的燃油经济性。由于实际车辆控制的复杂性，这种优化方法只适用于特定的驾驶循环工况，不能用于实际的车辆控制。另外，也有些优化控制策略以燃油经济性为目标将发动机和电机控制在高效区工作，从而达到最佳的燃油经济性。这种方法可用于汽车的实时控制，但是没有考虑汽车驾驶循环工况的影响及发动机的排放问题。

2. 动态控制策略

在混合动力汽车进行动力切换时，有可能造成发动机和电动机转矩的突变。动态协调控制问题是指当发动机和电动机目标转矩发生大幅度变化或者突变时，在发动机和电动机达到各自目标转矩之前，如何控制发动机和电动机协调工作，从而保证发动机和电动机输出的转矩之和不产生较大波动，并符合驾驶员对驱动转矩的需求。这是一个从动力性和驾驶舒适性角度出发的控制问题。

若发动机和电动机具有相同的动态特性，即发动机和电动机从当前的转矩变化到目标转矩的规律是相同的，则不需要进行动态协调控制，发动机和电动机只需要按照各自的目标转矩进行控制即可。然而，正是由于发动机和电动机的动态特性不同，才使得当发动机和电动机目标转矩发生大幅度变化或者突变时，必须进行动态协调控制。

在混合动力汽车进行模式切换时，对其进行协调控制是为了避免在模式切换时出现动力间断、动力不足或者动力突变等现象。这时通过动态控制使动力源输出的动力更加平稳，从而保证整车在模式切换时具有良好的动力性、耐久性及舒适性。

1.6.3 新能源汽车的仿真与试验技术

众所周知，将计算机仿真技术与电动汽车的研究相结合，既可以在研发初期为新能源汽车的设计提供性能预测与参考，又可以在后续过程中对新能源汽车的动力性能及控制策略等进行优化，从而提高新能源汽车设计研究的前瞻性，降低研究成本。下面将简单介绍新能源汽车的仿真和试验技术。

1. 新能源汽车仿真技术研究

早在20世纪70年代，国外就开始了新能源汽车匹配与仿真技术的研究，并以此为基础进行了仿真软件研发。虽然经过长时间的验证，早期大部分的仿真模型与软件已经不能满足目前的研究需求，但其大量的试验积累与软件开发经验为以后的新能源汽车仿真研究奠定了基础。

20世纪90年代中期，新能源仿真技术取得了较大的进展，其中以美国的大学与研究机构开发出的多个仿真软件为代表。例如，爱达荷国家工程实验室基于DOS平台开发的仿真软件SIMPLE V3.0可以通过定义模型部件参数与道路循环参数进行仿真，并以图表形式显示结果，但其控制方法需要在源代码中修改，操作较为困难。得克萨斯农工大学开发的V-Elph具有可视化模型、易于改变车辆配置与控制方法的优点，但其使用仍比较复杂。此阶段开发出的仿真软件虽然普遍具有操作方法复杂、功能单一、仿真效果不理想等缺点，但大量仿真软件的研发仍为新能源汽车仿真技术带来了巨大的飞跃，特别是基于MATLAB/Simulink平台建模方法的提出，大大加快了新能源汽车的研发进程。21世纪初期至今，随着各国对于新能源汽车研发重视程度的加大，在之前仿真建模研究的基础上出现了一批仿真效果较好，且具有一定的开放性与可扩展性的仿真软件，其中以美国可再生能源实验室开发的Advisor，美国阿贡国家实验室开发的PSAT，奥地利李斯特内燃机及测试设备公司开发的商用仿真软件Cruise以及法国IMAGINE公司开发的AMESim为代表。这四款新能源汽车仿真软件均具有模型较为完善、功能较多等特点，是目前电动汽车仿真研究中应用最多的四款软件。

（1）Advisor。该软件采用模块化的思想设计，可建立包括发动机、离合器、变速器、主减速器、车轮和车轴等部件的仿真模型。用户可以在现有模型的基础上根据需要对一些模块进行修改，然后重新组装需要的汽车模型，这样会大大节省建模时间，提高建模效率。其仿真模型和源代码全部开放，可以在网站上免费下载，用户可以方便地研究Advisor的仿真模型及其工作原理，在此基础上根据需要修改或重建部分仿真模型、调整或重新设计控制策略，使之更接近于实际情形，得出的仿真结果也会更合理。此外，Advisor采用了以后向仿真为主、前向仿真为辅的混合仿真方法，这样便较好地集成了两种方法的优点，使仿真计算量较小，运算速度较快，同时又保证了仿真结果的精度。总体来说，由于其广泛的适用性与开源性，Advisor是目前发展较为成熟的一款基础性仿真软件。

（2）PSAT。该仿真软件采用的仿真方法是前向仿真，这一仿真方法使模型更加接近实车系统，因此仿真精度更高，仿真动态性能好，适用于硬件在仿真系统的开发，其主要缺点是计算量大，建模难度较高。PSAT提供了丰富的部件模型库，用户可以选择不同级别的部件模型进行仿真。例如，发动机模型有简单模型（仅需用户设置ON/OFF参数来运行发动机模型），也有详细模型（需要用户设置燃料流量和空气流量等参数来满足计算发动机转矩的需要）。最新版本PSAT5.1增加了伴侣原型软件PSAT-PRO，它能在试验台上控制任何结构的混合动力汽车的动力系统。PSAT-PRO不仅能使用PSAT中的模型以实时方式来控制原型（或者称为样车），而且能校正PSAT中的模型。这种测试方法建立在分析仿真数据与试验数据差异的基础上。因为PSAT与PSAT-PRO的真正集成，用户能方便地集成到PSAT中去修改模型，直到仿真数据与试验数据一致。PSAT-PRO提供了控制一台测功机仿真车辆的功能，这样用户可以在原型中，以相同结构和工况测试汽车中的某个单一部件，整个过程就像在真实车辆上进行测试一样。与Advisor相比，PSAT更适用于进行精确的部件实时仿真研究。

（3）Cruise。该软件是研究汽车动力性、燃油经济性、排放性能及制动性能的仿真分析软件。它采用模块化的设计方法，可以对任意结构形式的汽车传动系统进行建模和仿真。Cruise可用于汽车开发过程中的动力系统的匹配、汽车性能预测和整车仿真计算；可以进行发动机、变速器、轮胎的选型及它们与车辆的匹配优化；还可以用于混合动力汽车和电动汽车的动力系统、传动系统及控制系统的开发与优化。

（4）AMESim。该软件提供了一个系统工程设计的完整平台，使用户可以建立复杂的多学科领域系统的模型，并进行仿真计算和深入的分析。AMESim采用物理模型的图形化建模方式，软件中提供了丰富的应用元件库，用户可以采用基本元素法，按照实际物理系统来构建自定义模块或仿真模型，从而使用户从烦琐的数学建模中解放出来，而将更多的精力投入实际物理模型本身的研究。其主要应用于航空航天、车辆、船舶、重工制造业，具体应用领域包括燃料喷射系统、悬挂系统、车辆动力学、制动系统、润滑系统、动力操纵系统、冷却系统、传动系统、变量阀压力脉动、液压元件、阀/管路/升降机、系统控制、液压回路、机械系统。

2. 新能源汽车试验技术研究

新能源汽车研发试验方式主要有计算机软件仿真试验、台架平台试验和实车道路试验三种。计算机仿真具有适应性强、开发周期短、费用低等优点，但与实际情况差别较大，仿真结果必须通过其他途径来检验。室外实车道路虽然能够提供真实环境，但试验成本高、测试和调节难度大。而室内台架试验平台不受自然环境限制，零部件布置可以脱离整车的限制，试验台的模块化开发还可以为不同类型的动力电池、驱动电机和整车控制器提供所需的试验环境。受整车总布置和车上各总成型号的限制，实车试验平台上只能进行特定总成和整车的试验。可以在试验场地完成总成试验和整车动力性试验，但排放性能试验则需要在转鼓试验台上来完成。经济性试验可以在转鼓试验台上通过运行循环工况来完成，也可在试验场进行试验再经过对试验数据的后处理完成。

目前，我国对新能源汽车的研究尚处于起步阶段，新能源汽车技术并不成熟，建立一套具有高水平完整的新能源汽车试验台系统，无论对新能源汽车技术的理论研究还是新能源汽车技术成果的推广都具有重要意义。

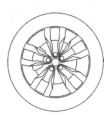

第 2 章 新能源汽车

2.1 新能源汽车概述

新能源汽车是指除汽油、柴油发动机之外的所有其他能源汽车，包括纯电动汽车、燃料电池汽车、混合动力汽车、氢发动机汽车和其他新能源汽车等。新能源汽车的废气排放量比较低。据不完全统计，全世界现有超过 400 万辆液化石油气汽车，100 多万辆天然气汽车。

目前，中国市场上在售的新能源汽车多是混合动力汽车和纯电动汽车。根据来自银保监会机动车交强险的上险数据统计，2022 年全年，国内 31 个省份的新能源乘用车合计上险量为 523.31 万辆，这比 2021 年的 290.34 万辆大幅增长了 80.24%，近乎翻倍。其中，纯电动乘用车上险量为 397.44 万辆，占比为 75.95%；插电式混合动力乘用车上险量为 125.86 万辆，占比为 24.05%。

新能源汽车是革命性的，它在传统汽车基础上进行了改进和革新，如新型变速系统、电驱动系统、储能系统等，这些系统总成之间存在复杂的耦合关系，使得整车集成优化、控制、安全设计等诸多方面都面临巨大的挑战。新能源汽车又是多样性的，庞大的新能源汽车家族是人类应对能源与环境危机的集体智慧结晶。

近年来，我国汽车数量不断增加，环境压力不断增大，石油资源日益匮乏。在当前能源和环保形势下，发展新能源汽车是我国未来汽车发展的方向和趋势。2023 年 1 月 30 日，工业和信息化部等八部门联合印发了《关于组织开展公共领域车辆全面电动化先行区试点工作的通知》，表明对于新能源汽车将重点开展五个方面的工作。一是优化政策供给。建立新能源汽车产业发展协调机制，统筹推动产业发展全局性工作。加强新阶段重大问题系统研究，及时提出政策举措建议。尽快完成积分管理办法修订，指导发布产业绿色低碳发展路线图。二是保障稳定运行。健全汽车生产风险预警机制，保障产业链、供应链畅通。加强国际资源开发合作，推动加快国内开采进度，积极开展整车、零部件、基础元器件、关键材料等产业链上下游的交流合作，打击投机炒作、捂盘惜售等不正当竞争行为，多措并举做好关键原材料保供稳价工作。三是支持创新突破。发挥龙头企业和国家制造业创新中心作用，促进大中小企业融通创新，加快新体系电池、车规级芯片、车用操作系统等技术攻关和产业化，推进"车路云"一体化发展，推动新能源汽车与能源、交通、信息通信等领域融合发展。四是优化发展环境。推动发布《道路机动车辆生产许可管理条例》，开展智能网联汽车准入试点。严格生产准入管理，遏制盲目投资和重复建设。协同推进充换电基础设施建设，着力破解小区、高速公路"充电难"问题。加快制定《动力电池回收利用管理办法》，完善回收利用体系建设。五是深化开放发展。持续落实汽车行业开放措施，加大汽车企业在境外投融资、消费信贷和海外投资险等服务支持力度，推动建设海外发展公共服务平台，发挥多双边合作机制作用，加强各国在贸易投资、标准制定等领域的沟通交流。

为了满足新能源汽车技术职业教育与新能源汽车维修行业零距离对接的要求，下面从现代汽车发展的角度出发，综合分析当前能源危机、环保危机形势下现代汽车工业的转型升级，通过对各种新能源汽车的典型车型进行剖析，说明新能源汽车的结构特点、工作原理和关键技术。

2.2 纯电动汽车

2.2.1 纯电动汽车的概念

所谓纯电动汽车，是指以电池为储能单元、以电动机驱动车轮行驶的车辆。其动力系统主要由动力蓄电池、驱动电机组成，从电网取电或从蓄电池获得电力。纯电动汽车结构相对简单，生产工艺相对成熟，但是充电速度慢，续驶里程短，适合行驶路线相对固定、有条件进行长时间充电的情况。纯电动汽车效率高、没有尾气污染、噪声很低、行驶平稳、乘坐舒适、安全性好及驾驶简单轻便、可使用多种能源、机械结构多样化。对现代社会而言，纯电动汽车不仅是一辆车，而且是实现清洁、高效道路运输的一个全新的系统。纯电动汽车系统是一个便于和现代交通网络结合的智能系统，纯电动汽车的设计是工程和艺术的结合。

由于纯电动汽车对环境影响相对传统汽车小，因此纯电动汽车的前景被广泛看好，但纯电动汽车各项技术仍需要进一步地开发和完善。纯电动汽车作为解决石油资源匮乏问题和汽车对环境污染问题的最佳方案之一，已被世界各国重点关注，在美国、德国、日本等国家有了较大的发展，国内的车企与新能源车型也越来越多。纯电动汽车性能日益完善的一个重要标志就是纯电动汽车的商品化。

世界各国很多大的汽车公司都推出了自己的产品，如图 2-1 所示。这些产品在最高时速、加速性能、驾驶安全性和舒适性等方面已接近传统内燃机汽车水平。在国内，截至 2022 年年底，全国新能源汽车保有量达 1 310 万辆，其中纯电动汽车保有量 1 045 万辆，占新能源汽车总量的 79.78%，呈快速增长趋势。

特斯拉EV
续驶里程：426 km

大众高尔夫EV
续驶里程：150 km

奔驰smrat EV
续驶里程：121 km

沃尔沃C30 EV
续驶里程：150 km

宝马MINI E EV
续驶里程：240 km

奥迪e-tron EV
续驶里程：250 km

图 2-1 欧美各车企纯电动汽车

2.2.2 纯电动汽车的特点

1. 无污染，噪声小

众所周知，传统汽车由于采用内燃机，产生的汽车废气中含有 CO、NO_x、碳氢化合物、微粒等有害物质。而纯电动汽车由于采用电动机而非内燃机，因此在工作时不会产生废气，且噪声小，对环境保护和空气的洁净是十分有益的，可以说是"零污染"。研究表明，同样的原油经过粗炼，送至电厂发电，充入电池，再由电池驱动汽车，其能量利用效率比经过精炼变为汽油，再经汽油机驱动汽车要高，因此纯电动汽车有利于节约能源和减少二氧化碳的排放。

2. 结构简单，维修方便

纯电动汽车相较于传统内燃机汽车结构简单，运转、传动部件少，维修保养工作量小，更重要的是纯电动汽车操纵更简单。

3. 能量转换效率高

纯电动汽车由于采用电机驱动，且电机可在电动机/发电机两种状态之间转换，故可回收制动、下坡时的能量，提高能量利用效率。研究表明，纯电动汽车的能源效率已超过传统内燃机汽车。特别是在城市运行，汽车走走停停，行驶速度慢，纯电动汽车更加适宜。纯电动汽车停车时不消耗电量，在制动过程中，电动机可自动转化为发电机，实现制动减速时能量的再利用。

4. 削峰填谷

对于电网来说，白天处于用电高峰期，而夜间处于用电低谷期。纯电动汽车可在夜间利用电网的廉价"谷电"进行充电，避开用电高峰期，起到平抑电网的峰谷差的作用，有利于电网均衡负荷，减少费用。

5. 更好的控制性能

纯电动汽车能够实现更好的控制性能，包括运动控制、舒适性、故障诊断等，同时可以更容易地实现智能化交通管理。

6. 纯电动汽车的缺点

(1)低的电池能量密度。

(2)过重的电池组。

(3)有限的续驶里程与汽车动力性能。

(4)电池组昂贵的价格及有限的循环寿命。

(5)汽车附件的使用受到限制。

2.2.3 纯电动汽车的分类

1. 按动力驱动控制系统结构形式不同分类

(1)直流电动机驱动的电动汽车。该电动汽车采用直流电动机作为驱动装置,具有调速性能好、起动性能好、控制较为简单及价格便宜等优点,但同时有效率较低、维护工作量大的缺点。

(2)交流电动机驱动的电动汽车。该电动汽车采用交流电动机作为驱动装置,具有结构简单、运行可靠、过载能力强,以及使用、安装、维护方便等优点。目前被较多地应用在纯电动汽车上。

(3)双电动机驱动的电动汽车。该电动汽车将电动机装到驱动轴上,直接由电动机实现变速和差速转换,这种传动方式同样对电动机有较高的要求,要求有大的起动转矩和后备功率。同时,这种方式要求控制系统不但要有较高的控制精度,而且要具备良好的可靠性,从而保证纯电动汽车行驶的安全、平稳。

(4)电动四轮电动汽车。该电动汽车的最大特点是将动力、传动和制动装置都整合到轮毂内,因此将电动车辆的机械部分大大简化。

2. 按使用的电池类型不同分类

(1)铅酸电池电动汽车。这种电动汽车采用最常见的铅酸电池作为电源,主要优点是电压稳定、价格便宜,但同时存在使用寿命短、电池的续航能力较低等缺点。

(2)镍氢电池电动汽车。这种电动汽车采用镍氢电池作为电源,具有功率性能好、低温性能好、循环寿命长等优点,缺点是电池比能量较低、高温充电性能差。

(3)锂离子电池电动汽车。这种电动汽车采用锂离子电池作为电源,主要优点是能量大、循环寿命长、安全性能好;缺点是成本高,必须有特殊的保护电路,以防止过充或过放。同优点相比,这些缺点不成为主要问题。

(4)燃料电池电动汽车。燃料电池电动汽车与普通电动汽车基本相同,主要区别在于动力电池的工作原理不同,即通过电化学反应将化学能转化为电能,这实际上就是电解水的逆过程,即通过氢氧的化学反应生成水并释放电能。

2.2.4 纯电动汽车的相关技术

1. 电动机及控制技术

对于现代纯电动汽车而言,电动机驱动系统需要满足一些基本的要求:高功率密度和高瞬时输出功率;在纯电动汽车低速或者爬坡时,能提供低速大转矩输出,高速时能为巡航提供高速小转矩特性;具有宽调速范围,包括恒转矩区和恒功率区;转矩响应快速;在较宽的转速和转矩工作区内,保持较高能量效率;再生制动时,可实现高的能量回收效率；在各种工况下，具有高的可靠性；价格合理。

现在纯电动汽车采用的电动机一般为感应电动机和永磁同步电动机。一般要求在制动时能够实现能源回收，即再生制动。再生制动有利于纯电动汽车的节能和延长续驶里程，同时保留了常规的制动系统和防抱死制动系统（ABS），以保证可靠的制动性能。其中永磁同步电动机具有较高的功率密度和效率及宽广的调速范围，并且控制相对容易，故发展前景十分广阔，在纯电动汽车驱动系统中占有重要位置。

内置式永磁同步电动机不需要经电励磁转换便可以通过正弦交流电或脉宽调制方式使其运行，控制相对比较简单，与其他类型电动机相比具有环境适应性好、性能更加可靠、体积和质量更小、响应更快等优点。内置式永磁同步电动机的输出特性曲线非常接近纯电动汽车电动机的理想特性曲线（见图2-2）。内置式永磁同步电动机的设计理论正在不断完善和继续深入，该电动机结构灵活，设计自由度大，有望得到更高性能，适合用作纯电动汽车高效、高密度、宽调速牵引驱

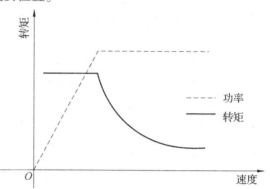

图2-2 纯电动汽车电动机的理想特性曲线

动。在车体有限的空间里，永磁电动机可以做到拥有较高的功率密度且结构简单、工作稳定。

我国永磁材料丰富，已开发出高剩磁密度和高矫顽力的永磁材料，所以永磁同步电动机已经成为我国发展纯电动汽车电动机的最佳选择。随着永磁材料性能的提高和成本的降低，永磁同步电动机以其高效率、高功率因数和高功率密度等优点，正逐渐成为纯电动汽车驱动系统的主流电动机之一。在纯电动汽车中，电动机是唯一的动力源，电动机及其控制技术完全决定了车辆的性能。现在纯电动汽车上采用最多的电动机是感应电动机和永磁同步电动机，有以下几种控制技术可以用来控制它们。

（1）矢量控制。采用矢量控制方式的变频器不仅可在调速范围上与直流电动机相匹配，而且可以控制感应电动机准确产生转矩。但是矢量控制方式需要准确的被控感应电动机的参数，还需要位置和电流传感器，否则难以达到理想的控制效果。

（2）直接转矩控制。直接转矩控制的思想是以转矩为中心来进行综合控制，不仅控制转矩，也用于磁链量的控制和磁链自控制。直接转矩控制与矢量控制的区别是：它不是通过控制电流、磁链等量间接控制转矩，而是把转矩直接作为被控量控制，其实质是用空间矢量的分析方法，以定子磁场定向方式对定子磁链和电磁转矩进行直接控制。这种方法不需要复杂的坐标变换，而是直接在电动机定子坐标上计算磁链的模和转矩的大小，并通过磁链和转矩的直接跟踪实现脉宽调制（PWM）和系统的高动态性能。

（3）参数辨识。在永磁同步电动机控制中，为了达到高精度的转速和转矩控制，就必须建立电动机的模型，基于Park方程的dq轴等效模型被广泛采用，一般认为模型中的电感值为常量，即认为磁路是线性的。但在电动机的实际运行中，存在严重的非线性效应。根据永磁同步电动机的转矩等式可以看出定子电流会随着负载的变化而变化，负载越大，定子电流也就越大，这时电动机的气隙磁场就会出现饱和。饱和程度随着dq轴电流的变化而变化，电流越大，饱和越严重，如果不对该问题进行处理，将导致控制效果变差。

(4) 无传感器控制。无传感器控制主要指无位置传感器控制,该技术可以提高电动机运行的可靠性,降低控制系统的成本,主要有基波激磁估算法和高频信号成分法。基波激磁估算法依赖于电动机的动态模型,主要包括反电动势估算法、磁链估算法、模型参考自适应估算法、扩展卡尔曼滤波器估算法及状态观测器估算法。

(5) 高频信号成分法。这是为了弥补基波激磁估算法的不足而发展起来的一种无位置传感器控制方法,利用电动机转子的空间凸极效应估算出转子的位置信息,主要应用在具有空间凸极性的内置式永磁同步电动机中。高频信号成分法所需的高频信号主要有注入的旋转高频信号、注入的脉动高频信号或逆变器 PWM 载波频率成分信号,由于该方法利用的是转子的空间凸极性,因此可以实现电动机在低速甚至静止情况下的位置估计。

(6) 故障诊断。电动机的故障诊断是为了尽早发现故障,以降低破坏程度,提高驾乘人员的安全系数。电动机本身的故障包括定子绕组故障、永磁体故障和转子偏心等。定子绕组故障包括匝间短路、相间短路、相与外壳短路、某相开路等;永磁体故障包括高温退磁、由于机械强度不足造成的损伤等;转子偏心包括静态偏心和动态偏心。

2. 电池及管理技术

电池是纯电动汽车的动力源泉,也是一直制约纯电动汽车发展的关键因素。纯电动汽车需要所用电池比能量高、比功率大、使用寿命长,但目前的电池能量密度低,电池组过重,续驶里程短,价格高,循环寿命有限。电池包由电池模组及其外壳组成,外壳的主要功能是固定、保护和承载电池模组,占电池包总质量的 20%~30%。由于电芯能量密度的提升缓慢,因此减少电池包箱体质量是提升续驶里程的重要方法之一。纯电动汽车动力蓄电池经过 3 代的发展,已取得突破性的进展。第 1 代是铅酸电池,其比能量较高、价格低和能高倍率放电,是目前唯一能大批量生产的纯电动汽车用电池。第 2 代是碱性电池,主要有镍镉、镍氢、钠硫、锂离子和锌空气等多种电池,其比能量和比功率都比铅酸电池高,因此大大提高了纯电动汽车的动力性能,延长了其续驶里程,但其价格比铅酸电池高。只要能采用廉价材料,纯电动汽车锂离子电池将获得长足的发展,目前关键是要降低批量化生产的成本,提高电池的可靠性、一致性及寿命。第 3 代是以燃料电池为主的电池。燃料电池能量转变效率、比能量和比功率都较高,并且可以控制反应过程,能量转化过程可以连续进行,因此是理想的纯电动汽车用电池。

电池组性能直接影响整车的加速性能、续驶里程及制动能量回收的效率等。电池的成本和循环寿命直接影响车辆的成本和可靠性,所有影响电池性能的参数必须得到优化。纯电动汽车的电池在使用中发热量很大,电池温度影响电池电化学系统的运行、循环寿命和充电可接受性、功率和能量、安全性和可靠性,所以,为了达到最佳的性能和寿命,需将电池包的温度控制在一定范围内,减小包内不均匀的温度分布以避免模块间的不平衡,以此避免电池性能下降,且可以消除相关的潜在危险。由于电池包的设计既要密封、防水、防尘、绝缘等,又要考虑气流流畅分布、均匀散热,因此电池包的散热通风设计成为电动车研究的一个重要领域。

此外,汽车行业的总体发展呈现出模块化、系统化、轻量化、个性化、智能化和小型化的趋势。随着全球能源短缺和环境污染两大问题的加剧,汽车轻量化技术的重要性越来越受到行业的重视。无论是从社会环境的可持续发展,还是经济效益考虑,高性能、低能耗的汽车都是汽车行业发展的目标,而轻量化技术则是实现这一目标的重要手段。当前的轻量化主流措施基本上是通过将碳钢更换为镁、铝合金或者高强钢等材料来实现的。

3. 整车控制技术

整车控制系统的要求是根据驾驶员的操作和当前的整车及部件工作的状况，在能保证整车的统一协调和安全可靠满足动力性要求的前提下，以整车经济性能为目标，按照制定的控制策略选择尽可能优化的工作条件，控制能量的合理流动，以达到最佳经济性。与传统内燃机汽车相比，纯电动汽车的控制系统更复杂，包含了诸多的控制系统及控制部件。纯电动汽车需要利用总线网络对整车进行分层综合控制和管理。

要实现纯电动汽车的高性能运行，需要对动力系统进行控制，使各个部件能够协调、高效地工作，这就是整车控制技术。它是整车控制系统的核心，负责整车动力输出、动力性能和能量管理，通过对采集、接收到的数据按预先设定好的规则进行处理，然后向各个 ECU 发出控制指令，使其运行在预期的状态下，从而达到提高整车驾驶性能、优化能量利用的目的。整车控制技术对车辆驾驶动力性有重大影响，是纯电动汽车研究的重要内容。

整车控制系统分为集中式控制系统和分布式控制系统两种。

（1）集中式控制系统由系统核心控制器完成对所有信号和能量数据的处理和分配工作，系统运行时，核心控制器通过数字或者模拟的方式直接接收所有需要用到的数据，然后根据控制策略对数据进行分析处理，再发出对各个单元执行机构的控制命令。集中式控制系统具有处理集中、实施性强、响应快、成本低等优点，但存在布线和维护困难等缺点，目前在汽车中基本不再采用。

（2）分布式控制系统由核心控制器通过现场总线与各个电子控制单元（ECU）通信，在系统运行过程中，各个 ECU 分别采集各自控制对象的反馈信号和动态信息，然后通过现场总线传递给核心控制器。核心控制器根据这些信息，进行控制策略的计算，然后将运算得到的执行指令通过现场总线发送给各个 ECU，各个 ECU 接收到指令后，根据被控对象的当前状态参数，再发出对被控对象的控制命令。分布式控制系统具有模块化、复杂度低和灵活配置等优点。现在纯电动汽车一般采用分布式控制系统，由 CAN 总线来实现对各个 ECU 的通信与控制。纯电动汽车整车控制系统是由整车控制器、通信系统、部件控制器及驾驶员操纵系统构成，以整车控制器为控制核心，通过 CAN 总线通信方式对其他控制部件及系统进行协调控制。其结构如图 2-3 所示。

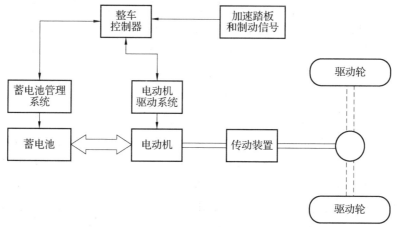

图 2-3 整车控制系统的结构

纯电动汽车的动力控制系统可分为整车控制系统和两个子系统，两个子系统包括电驱动系统和动力电源系统。

整车控制系统由整车控制器、CAN通信网络、加速踏板和制动踏板等组成；电驱动系统由电动机及其控制器、机械传动装置和驱动车轮组成；动力电源系统由蓄电池、蓄电池管理系统组成。

整车控制器作为纯电动汽车最主要的控制器，负责整车的运行管理及对各个相关ECU的控制，它的基本功能有以下几个方面。

（1）驱动控制功能。加速踏板和制动踏板是纯电动汽车中最主要的输入信号，驾驶员通过对这两个踏板进行操作，将驾驶员的操作意图传递给车辆，然后电动机必须根据驾驶员的操作意图输出驱动力矩或制动力矩。因此，整车控制器要采集踏板信息，解析出驾驶员的操作意图，并将其转化为对电动机的力矩输出需求，这一功能是整车控制器最基本、最重要的功能。

（2）制动能量回馈控制。纯电动汽车以电机作为唯一的动力输出源，电机除了有电动机的功能，还具有发电机的功能。当驾驶员的意图是驱动车辆前行时，电机就当电动机使用，当驾驶员的意图是对车辆进行减速时，电机就可以当发电机使用，利用电动车的制动能量发电，同时能量存储在储能装置中，当满足一定条件时，将能量反充给动力蓄电池组。在这个过程中，整车控制器根据加速踏板和制动踏板的开度，以及当前车速和动力蓄电池的SOC来判断某一时刻是否进行制动能量回收，如果可以，整车控制器向电机控制器发出相关指令，回收部分制动能量。

（3）整车能量优化管理。在纯电动汽车中，动力蓄电池是提供能量的唯一来源，蓄电池除了给动力驱动系统供电，还需要给其他车载ECU提供能量。因此，为了获得最大的车辆续驶里程，整车控制器将负责车辆的能量优化管理，以获得最佳的能量利用率。

（4）故障诊断与处理。连续监视整车电控系统进行故障诊断、存储故障代码，供维修和例行检查时使用。根据故障内容，及时进行相应安全保护处理。对故障进行分级处理，对于一些小故障，能够维持车辆的最基本驾驶，保障车辆行驶到最近维修站进行维修。

整车控制器在完成动力总成控制的同时，还需要管理其他附属部件，从各个环节上合理控制车辆的运行状态、能源分配，各个部分工作协调，以达到发挥各部分的优势和汽车可靠运行的目的。同时车辆需要在满足驾驶员意图，汽车的动力性、平顺性和其他基本技术性能及成本控制等要求的前提下选择合适的控制策略。针对各部件的特性及汽车的运行工况，控制策略要实现能量在电机、蓄电池及电动附件之间合理而有效地分配，使整车系统效率达到最高，获得整车最大的经济性及平稳的驾驶感觉。

4. 整车轻量化技术

整车轻量化技术始终是汽车技术重要的研究内容，纯电动汽车动力系统相较传统内燃机汽车，动力系统质量增加40%左右，严重影响车身结构及相关部件的选材及布置。试验证明，汽车质量减小一半，燃料消耗也会降低将近一半。轻量化可以有效提升整车的操控性和动力性，提高车辆的加速度性能，缩短刹车制动距离。纯电动汽车由于布置了电池组，整车质量增加较多，轻量化问题更加突出。可以采取以下措施减小整车质量。

（1）通过对整车实际使用工况和使用要求的分析，对电池的电压、容量、驱动电机功率、转速和转矩、整车性能等车辆参数进行整体优化，合理选择电池和电动机参数。

（2）通过结构优化和集成化、模块化优化设计，减小动力总成、车载能源系统的质量。这里包括对电动机及驱动器、传动系统、冷却系统、空调和制动真空系统的集成和模块化设计，使系统得到优化；对电池、电池箱、电池管理系统、车载充电机组成的车载能源系统的合理集成和分散，实现系统优化。

（3）积极采用轻质材料，如电池箱的结构框架、箱体封皮、轮毂等采用轻质合金材料。

（4）利用 CAD 技术对车身承载结构件（如前后桥，新增的边梁、横梁）进行有限元分析研究，用计算和试验相结合的方式实现结构最优化。

2.2.5 纯电动汽车的参数

纯电动汽车动力传动系统的设计应该满足车辆对动力性能和续驶里程的要求。车辆行驶的动力性能可以用以下四个指标来评价。

（1）起步加速性能。车辆在设定时间内由静止加速到额定车速或走过预定距离的能力。

（2）以额定车速稳定行驶的能力。对纯电动汽车来说，蓄电池和电动机应该能够提供车辆以额定车速稳定行驶的全部功率，并且根据我国的道路状况至少能克服坡度为 3%的路面阻力。

（3）以最高车速稳定行驶的能力。在纯电动汽车上，电动机发出的功率应该能够维持车辆以最高车速行驶。

（4）爬坡能力。纯电动汽车能以一定的速度行驶在一定坡度的路面上。另外，纯电动汽车的蓄电池所输出的电能和电量应该能够维持纯电动汽车在一定工况下行驶额定的里程。

2.3 混合动力汽车

随着世界各国环境保护的措施越来越严格，混合动力汽车由于其节能、低排放等特点成为汽车研究与开发的一个重点，并已经开始商业化。混合动力汽车结合了传统驱动系统和能量存储系统，利用内燃机和电机来驱动车辆，是传统内燃机汽车向纯电动汽车过渡的重要桥梁，在如今纯电动汽车全球大爆发的背景下，混合动力汽车将成为未来节能减排愿景的重要组成部分。

2.3.1 概述

1. 混合动力汽车的概念

混合动力汽车是指同时装备两种动力来源，即热动力源（由传统的汽油机或者柴油机产生）与电动力源（电动机）的汽车。其基本结构是在纯电动汽车和燃料电池汽车的基础上增加一套辅助动力系统（动力发电机组或某种原动机，原动机可以是内燃机、燃气轮机等热机）。

混合动力汽车驱动系统由两个或多个能同时运转的单个驱动系统联合组成，车辆的行驶功率依据实际的车辆行驶状态由各驱动系统单独或共同提供。因各个组成部件、布置方式和控制策略不同，形成了多种分类形式。混合动力汽车的节能、低排放等特点引起了汽车界的极大关注,并成为汽车研究与开发的一个重点。混合动力装置既发挥了发动机持续工作时间长、动力性好的优点,又发挥了电动机无污染、低噪声的好处,二者"并肩战斗",取长补短,汽车的热效率可提高10%以上,废气排放可改善30%以上。

2. 混合动力汽车的发展

1899年,比利时Liege的Pieper研究院研制出第一辆并联式混合动力汽车。

1899年,法国Vendovelli与Priestly公司研制出第一辆串联式混合动力汽车。

1902年,法国人H. Krieger研制出采用两个独立的直流电动机的驱动前轮。

1903年,混合动力汽车Lohner-Porsche采用了发电制动技术。

1975年,美国Victor Wouk博士研制出Buick Skylark型并联式混合动力汽车。

1997年,日本丰田公司研制出Prius混合动力汽车。

1999年,本田发布了第一代Insight(代号:ZE1),是由1997年东京车展上的概念车J-VX演变而来的。

2002年前后,长安汽车开始研发混合动力汽车。

2004年,美国福特推出了Ford Escape混合动力版。

2007年,长安汽车推出首款混合动力汽车。

2009年,本田将Insight推陈致新,换装1.3 L发动机,改用了五门掀背设计,其风阻系数仅为0.28。毫无疑问,出色的风阻表现也让这辆混合动力汽车在高速情况下的燃油经济性得到进一步改善。

2016年,日本研发出e-POWER系统。e-POWER系统是典型的串联式混合动力技术,该系统中发动机只负责发电,不用于驱动车辆,车辆完全由驱动电机实现全时纯电驱动。目前已发展到第二代。

2020年12月,长城汽车发布了柠檬混动技术。

2021年1月,比亚迪推出了DM-i超级混动技术。

2021年4月,奇瑞汽车在上海车展上推出了鲲鹏混动技术。

2021年10月,吉利汽车发布了雷神智擎Hi. X混动系统。该系统包括1.5 TD和2.0 TD两款混动专用发动机,其中1.5 TD发动机热效率达到了43.32%。同时,吉利还推出了全球首个量产3挡DHTPro混动专用变速器,结构上实现了双电机、变速器、电控等六合一高度集成,能够实现40%节油率及最低3.6 L/100 km的整车油耗水平。

3. 混合动力汽车的特点

1)混合动力汽车与纯电动汽车比较

由于有原动机作为辅助动力,混合动力汽车蓄电池的数量和质量可减少,因此汽车自身质量可以减小;续驶里程和动力性可达到传统内燃机汽车的水平;借助原动机的动力,可带动空调、真空助力、转向助力及其他辅助电器,无须消耗蓄电池组有限的电能,从而保证了驾车和乘坐的舒适性。

2)混合动力汽车与传统内燃机汽车比较

混合动力汽车可使原动机在最佳的工况区域稳定运行,避免或减少了发动机变工况下的不良运行,使得发动机的排污和油耗大为降低;在人口密集的商业区、居民区等地可用纯电动方式驱动车辆,实现零排放;可通过电动机提供动力,因此可配备功率较小的发动机,并可通过电动机回收汽车减速和制动时的能量,进一步降低了汽车的能量消耗和排污。

2.3.2 混合动力汽车的分类

1. 按混合度分类

按混合度不同,混合动力汽车可分为微混合动力汽车、轻混合动力汽车、中混合动力汽车、全混合动力汽车和插电式混合动力汽车。

1) 微混合动力汽车

微混合动力汽车是指以发动机为主要动力源,不具备纯电动行驶模式的混合动力汽车。一般情况下,电动机的峰值功率和发动机的额定功率比小于或等于5%,即混合度在5%以下。该混合动力系统是在传统内燃机的起动电机(一般为12 V)上加装了皮带传动起动电机(Belt-alternator Starter Generator,BSG)。该电机为发电起动一体式电机,功率仅为3~6 kW,用来控制发动机的起动和停止。遇红灯或交通阻塞等情况需短时停车时,使发动机熄火从而取消怠速;而当车辆再次行驶时,立即重新起动发动机,从而降低了油耗和排放。在汽车制动时转变为发电机,实现制动能量回收。BSG 系统结构简单,质量小,成本低,节油效果为5%~10%。

从严格意义上来讲,微混合动力汽车不属于真正的混合动力汽车,因为它的电机并没有为汽车行驶提供持续的动力。在微混合动力系统里,电机的电压通常有两种:12 V 和 24 V。其中,24 V 主要用于柴油混合动力系统。微混合动力汽车的代表车型:雪铁龙的混合动力版 C2 和 C3、宝马 1 系、奥迪 A3、菲亚特 500、奇瑞 A5、丰田的混合动力版 Vitz、通用君越 ECO-Hybrid。

2) 轻混合动力汽车

轻混合动力汽车采用了集成起动电机(Integrated Starter Generator,ISG)。与微混合动力汽车相比,它还是以发动机作为主要动力源,助动电机被安装在发动机与变速器之间,作为辅助动力源。轻混合动力系统除了能够实现用发电机控制发动机的起动和停止,还能够实现以下功能:在减速和制动工况下,对部分能量进行吸收;在行驶过程中,发动机等速运转,发动机产生的能量可以在车轮的驱动需求和发电机的充电需求之间进行调解。轻混合动力汽车的混合度一般在20%以下,节油效果为10%~15%。轻混合动力汽车的代表车型是通用的混合动力皮卡车。

3) 中混合动力汽车

中混合(又称强混合)动力汽车同样采用了 ISG。与轻混合动力汽车不同,它采用的是高压电机。另外,中混合动力汽车处于加速或者大负荷工况时,电动机能够辅助驱动车轮,从而补充发动机本身动力输出的不足,更好地提高整车的性能。中混合动力汽车的混合度较高,可达30%左右,目前技术已经成熟,应用广泛。中混合动力汽车的代表车型:本田旗下混合动力的 Insight、Accord 和 Civic。

4) 全混合动力汽车

全混合动力汽车采用了272~650 V 的高压起动电机,混合度更高。与中混合动力汽车相比,全混合动力汽车的混合度可以达到甚至超过50%。技术的发展将使得全混合动力汽车逐渐成为混合动力技术的主要发展方向,既可以使用汽油机或电机单独驱动车辆,也可以使用两种动力驱动车辆。全混合动力汽车的代表车型：丰田的 Prius、通用的 Escape。

5）插电式混合动力汽车

插电式混合动力汽车通过接入家用电源为系统中配备的动力电池充电，充电后可凭电池的能量以纯电动模式行驶。它比全混合动力汽车具有更长的纯电动续驶里程。行驶动力主要来自电池，发动机只是作为后备动力来源，在电池电量耗尽时才启用。电池容量比全混合动力系统的大，比纯电动系统的小。插电式混合动力汽车主要适合城市道路，作为一辆上下班用的通勤车。插电式混合动力汽车的代表车型：丰田 Prius 插电式混合动力、雪佛兰沃蓝达 Volt、沃尔沃 V60。

2. 按发动机和电动机的耦合方式分类

按发动机和电动机的耦合方式不同，混合动力汽车可分为串联式混合动力汽车（SHEV）、并联式混合动力汽车（PHEV）、混联式混合动力汽车（PSHEV）三种形式，如图2-4 所示。

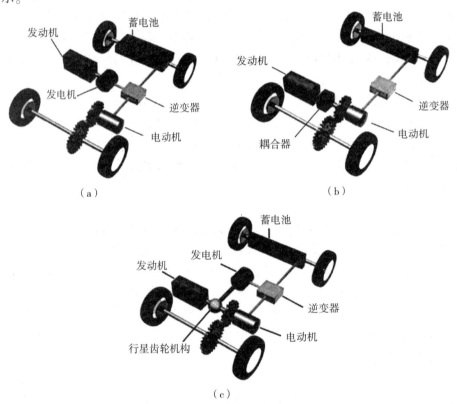

图 2-4　混合动力汽车发动机和电动机的耦合方式示意图
（a）串联式；（b）并联式；（c）混联式

1）串联式混合动力汽车

（1）组成：串联式混合动力汽车的动力系统由发动机、发电机和电动机三大主要部件总成组成，如图 2-5 所示。

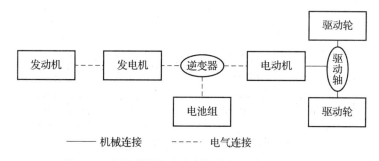

图 2-5　串联式混合动力汽车动力系统结构示意图

(2)各部件功用：发动机仅仅用于发电，发电机发出的电能直接输送到电动机，部分电能向电池充电，电动机产生的电磁转矩驱动汽车行驶。

在串联式混合动力汽车上，由发动机带动发电机所产生的电能和蓄电池输出的电能，共同输出到电动机来驱动汽车行驶，电力驱动是唯一的驱动模式。其动力流程图如图 2-6 所示。

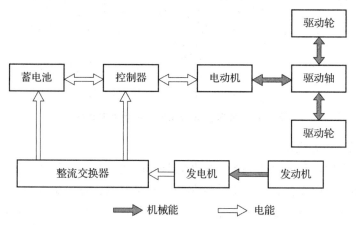

图 2-6　串联式混合动力汽车动力流程图

(3)串联式混合动力汽车的优缺点。

①优点：发动机能够经常保持在稳定、高效、低污染的运转状态，使有害排放气体控制在最低范围；总体结构上看比较简单，易于控制，只有电动机的电力驱动系统，其特点更加趋近于纯电动汽车；三大动力总成之间无直接的机械连接，在汽车上布置起来有较大的自由度。

②缺点：三大部件总成各自的功率较大，外形较大，质量也较大，在中小型汽车上布置有一定的困难；在发动机-发电机-电动机驱动系统的热能→电能→机械能的能量转换过程中，能量损失较大；电动机功率要足够大，电池容量要够大，所以电动机和动力电池的体积和质量均较大，使得整车较重。

串联式混合动力系统较适合经常在市内低速运行的城市客车上使用，不适合高速公路行驶工况。全混合动力系统常采用串联方式。

2)并联式混合动力汽车

组成：并联式混合动力汽车的动力系统由发动机、电动机两大部件总成组成，如图 2-7 所示。

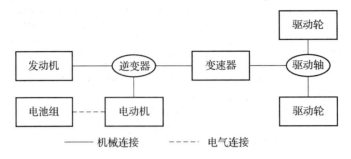

图 2-7　并联式混合动力汽车动力系统结构示意图

并联式混合动力汽车使用电动机和发动机来驱动车轮，其基本结构包括电动机、发动机、HEV 蓄电池、离合器和变速器等。其动力流程图如图 2-8 所示。

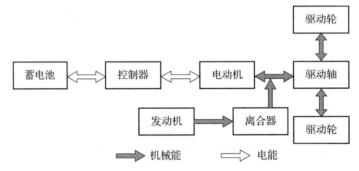

图 2-8　并联式混合动力汽车动力流程图

3）混联式混合动力汽车

混联式混合动力汽车的动力系统是串联式与并联式的综合。发动机发出的功率一部分通过机械传动输送给驱动桥，另一部分则驱动发电机发电；发电机发出的电能输送给电动机或蓄电池，电动机产生的驱动力矩通过动力复合装置传送给驱动桥，如图 2-9 所示。

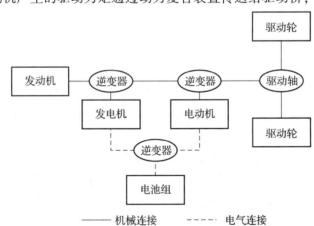

图 2-9　混联式混合动力汽车动力系统结构示意图

混联式混合动力汽车的控制策略是：在汽车低速行驶时，动力系统主要以串联方式工作；当汽车高速稳定行驶时，则以并联工作方式为主。其动力流程图如图 2-10 所示。

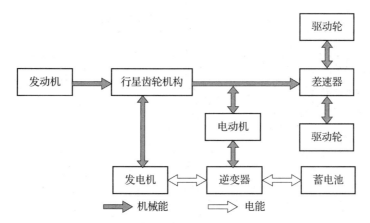

图 2-10 混联式混合动力汽车动力流程图

2.3.3 不同类型的混合动力汽车的特点

不同类型的混合动力汽车的特点和比较如表 2-1 和表 2-2 所示。

表 2-1 不同类型的混合动力汽车的特点

结构模式	串联式	并联式	混联式
动力总成	发动机、发电机、电动机三大动力总成	发动机、电动机两大动力总成	发动机、发电机、电动机三大动力总成
驱动模式	只有电动机驱动模式	发动机驱动模式、电动机驱动模式、发动机电动机混合驱动模式	发动机驱动模式、电动机驱动模式、发动机电动机混合驱动模式、电动机-电动机混合驱动模式
传动效率	传动效率较低	传动效率较高	传动效率较高
制动能量回收	能够回收制动能量	能够回收制动能量	能够回收制动能量
整车总布置	三大动力总成之间没有机械式连接装置，结构布置的自由度较大。但三大动力总成的质量、尺寸都较大，一般在大型车辆上采用	发电机驱动系统保持机械式传动系统。两大动力总成之间被不同的机械装置连接起来，结构复杂，使布置受到一定的限制	三大动力总成之间采用机械装置连接，三大动力总成的质量、尺寸都较小，能够在小型车辆布置，但结构更加紧凑
适用条件	适用于大型客车或货车，适合在路况较复杂的城市道路和普通公路上行驶，更加接近纯电动汽车性能	适用于中小型汽车，适合在城市道路和高速公路上行驶，接近传统内燃机汽车性能	适用于各种类型的汽车，适合在各种道路上行驶，更加接近传统内燃机汽车性能

表 2-2 不同混合动力汽车的比较

结构模式	串联式	并联式	混联式
公路行驶燃油经济性	较优	优	优
城市行驶燃油经济性	优	较优	优
无路行驶燃油经济性	较优	优	优
低排放性能	优	较优	较优
成本	低	较低	较低
复杂程度	简单	较复杂	复杂
控制难易程度	简单	较复杂	复杂

2.3.4 混合动力汽车的结构与工作原理

1. 串联式混合动力系统的结构及原理

1）系统结构

串联式混合动力系统最接近纯电动系统，发动机在系统中仅用于推动发电机发电而不直接驱动汽车。串联式混合动力系统由发动机、发电机和电动机三部分动力总成组成，它们之间用串联的方式组成动力系统，如图 2-11 所示。

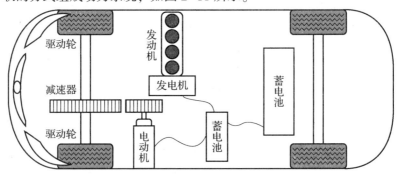

图 2-11 串联式混合动力系统

串联式混合动力汽车不管在什么工况下，最终都要由电动机来驱动车轮。这种系统的发动机与道路负荷没有耦合，不必考虑传动系统的要求，就可对发动机工作进行优化，使其在某一固定工作点(或在某固定工作点周围很窄的区域内)运行。同时，发动机的选择具有多样性，可以是内燃机，也可以是微型燃气轮机、斯特林发动机等。

串联式混合动力汽车有两种设计理念。

(1) 小功率发电单元+大容量动力电池组合。

以电池动力为主要驱动能量的来源，而小型发动机作为车载发电装置用来增加续驶里程。小功率发电单元(即发动机与发电机组成的车载发电装置)用来调节电池存储能量的峰谷。在蓄电池的荷电状态达到设定的下限值时，车载发电装置开始启动并对蓄电池充电。车载发电装置一直工作到蓄电池达到预定的荷电状态上限值为止。

车载发电装置工作时间的长短与电池容量和自身功率大小有关，具有安静环保的优点，同时发动机的燃油消耗和排放性都得到明显的改善。但是，采用大容量电池的成本较高。增程式电动汽车大多采用这种结构。

(2) 大功率发电单元+小容量动力电池组合。

根据串联式混合动力系统的特点，通过调节发动机的工作点，使发动机一直工作在效率较高的区域，整车将以内燃机能量为主转换为以电能为主。与"小功率发电单元+大容量动力电池组合"相比，成本降低，续驶里程更长，同时可以带动其他附件。

但是，由于发动机比前一种设计更大，因此安静舒适度差，环保效果不如前者。美国的混合动力客车因为强调动力性，所以经常采用这样的结构，以提高驱动能力，同时能够保持与原车相当的燃油经济性。

发动机-发电机组成的车载发电装置所输出的平均功率与蓄电池为满足峰值功率要求而提供的补充功率之间的比例，通常由车辆的应用特点决定，特别要考虑车辆行驶循环的需求。串联式混合动力系统适用于目标和行驶工况相对确定的车辆，如货物分送车、城市公交车等在城市内频繁起停的车辆。

2) 工作模式

如图 2-12 所示，串联式混合动力系统有纯电驱动、纯发动机驱动、混合驱动、行车充电、制动能量回收、停车充电 6 种工作模式。

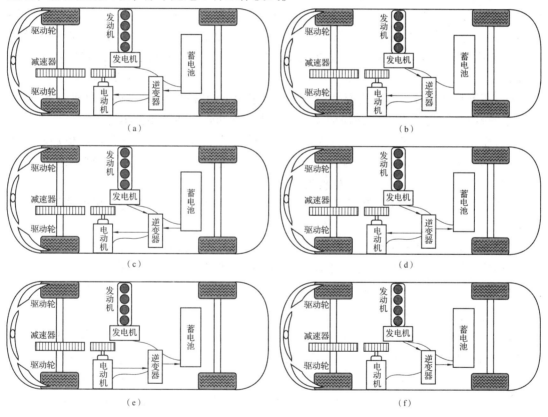

图 2-12 串联式混合动力系统的工作模式

(a) 纯电驱动；(b) 纯发动机驱动；(c) 混合驱动；(d) 行车充电；(e) 制动能量回收；(f) 停车充电

(1) 纯电驱动。

发动机关闭，车辆从车载电池组中获得电能，驱动车辆前进。

(2) 纯发动机驱动。

车辆驱动功率来源于发动机-发电机组成的发电单元，这时车载电池组既不供电也不从发电单元获取电能。

(3) 混合驱动。

驱动电机同时从电池组和发动机-发电机组成的发电单元获取电能，驱动车辆。

(4) 行车充电。

发动机-发电机除向车辆提供行驶所需功率外，还向电池组充电。

(5) 制动能量回收。

制动能量回收即再生制动能量回收，由牵引电机作为发电机回收减速或制动过程的能量并向电池组充电。

(6) 停车充电。

牵引电机不接收功率，车辆停驶，发动机-发电机组仅向蓄电池组充电。实际工作模式需要经过控制策略的优化，在满足动力性能要求的前提下，保护电池的状态和性能，获得更好的燃油经济性和更低的排放量。

3) 系统特点

(1) 排放污染小。串联式混合动力汽车以动力电池组内的电能为基本能源来驱动。串联式混合动力汽车采用纯电驱动时关闭发动机，使用动力电池组电力驱动汽车，实现"零排放"行驶。发动机-发电机组所发出的电能向动力电池组充电，发动机独立工作在高效率区域用于补充动力电池组的电能或直接供给驱动电机，增加续驶里程，减少有害气体排放。

(2) 驱动形式多样。串联式混合动力汽车可采用电动机驱动系统或轮毂电机驱动系统。根据布置的不同，还可以分为前轮驱动、后轮驱动和四轮驱动等多种驱动形式。

(3) 布置方便。串联式混合动力汽车只有电动机的电力驱动系统，其特点更加趋近于纯电动汽车。机械机构上因为驱动电机与发电单元没有机械连接，因而布置起来更容易。

(4) 对驱动电机、发电单元和电池的要求高。

(5) 能量转换效率降低，串联式混合动力系统能量通过热能→电能→机械能转换，能量损失较大。

(6) 对动力电池工作和性能要求更高，驱动电机的功率需要满足汽车在行驶中的最大功率需求，因此驱动电机的功率要求较大，使得电机的体积和质量都较大。

2. 并联式混合动力系统的结构及原理

1) 系统结构

并联式结构有发动机和电动机两套驱动系统。并联式混合动力汽车可以在比较复杂的工况下使用不同的驱动模式，应用范围比较广。并联式结构由于电动机的数量和布置、变速器的类型、部件的数量(如离合器、变速器的数量)和位置关系(如电动机与离合器的位置关系)的不同，具有多种类型。根据输出轴的结构不同可划分为两种形式，即单轴式和双轴式。

(1) 单轴式并联混合动力系统。

该系统如图 2-13 所示，发动机通过主传动轴与变速器相连，电动机的转矩通过齿轮与发动机的转矩在变速器前进行复合，这种形式称为转矩复合。在单轴式结构中，发动机、电动机和变速器输入轴之间的转速成一定比例关系。

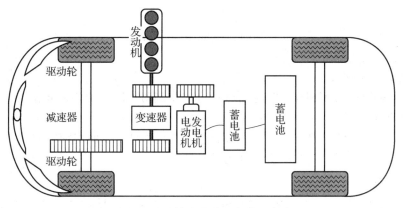

图 2-13 单轴式并联混合动力系统

（2）双轴式并联混合动力系统。

该系统如图 2-14 所示，可以有两套机械变速器，发动机和电动机各自与一套变速器相连，然后通过齿轮系进行复合。在这种复杂结构中，可以分别通过调节变速比调节发动机、电动机之间的转速关系，使发动机的工况调节更灵活。

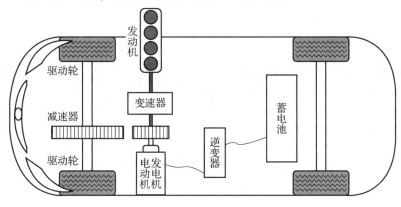

图 2-14 双轴式并联混合动力系统

当采用行星齿轮机构作为动力耦合机构时，由于行星齿轮机构有两个自由度，可以实现根据两个输入部件的转速复合确定输出轴的转速，而各个部件间的转矩保持一定的比例关系，这种功率复合形式称为转速复合。

2）工作模式

如图 2-15 所示，并联式混合动力汽车的工作模式主要有以下 6 种。

（1）纯电驱动。

传统内燃机汽车起步时发动机效率低，排放差。并联式结构由于增加了一套电驱动系统，在电池电量充足的情况下使用纯电驱动。

（2）纯发动机驱动。

当车辆等速行驶，发动机可工作在高效区域时，使用纯发动机驱动，可以获得较高的效率。

（3）混合驱动。

加速或爬坡工况下车辆需要更大的驱动力，这时两条动力输出路径同时出力，以满足动力要求。此时电动机的能量来自电池组。

(4) 行车充电。

当发动机输出功率大于路面负荷时，电池组荷电状态未达到最高限值时发动机的多余能量用来带动发电机给电池组充电。

(5) 制动能量回收。

车辆减速制动时，电动机作为发电机使用，提供电制动力矩，同时回收电能给电池组充电。

(6) 停车充电。

若停车前电池组的电量不足，为了保证下一次起动时可以使用纯电驱动，增加纯电续驶里程，可以在停车时利用发动机给电池组充电。

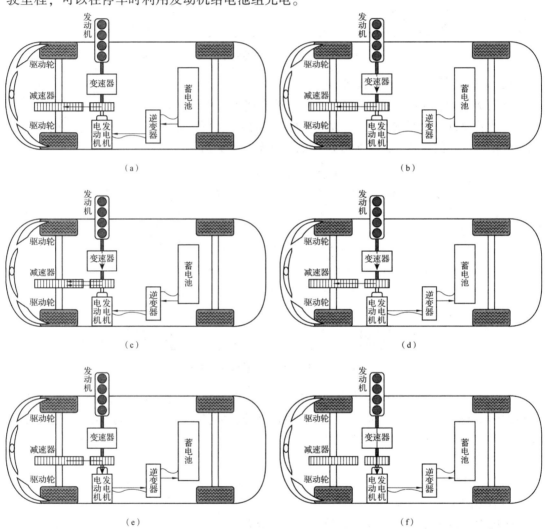

图 2-15　并联式混合动力汽车的工作模式

(a) 纯电驱动；(b) 纯发动机驱动；(c) 混合驱动；(d) 行车充电；(e) 制动能量回收；(f) 停车充电

3) 系统特点

(1) 优点。

两条驱动路径并联增加驱动功率。并联式混合动力汽车具有发动机和电动机/发电机（或驱动电机）两套动力系统，增强了混合动力汽车的动力性。并联式混合动力汽车从发动机到车轮之间的动力传递过程中，除摩擦损耗外，没有机械能→电能→机械能的转换过程，总的能量转换综合效率要比串联式混合动力汽车高。

动力元件比串联式混合动力系统更小。由于在车辆需要较大输出功率时，电动机/发电机可以给发动机提供额外的辅助动力，可以选择功率较小的发动机，燃油经济性比串联式混合动力汽车要高，比串联式混合动力汽车的三个动力总成的功率、质量和体积要小很多。

储能元件容量要求减少。电动机/发动机的功率根据多能源动力总成匹配的要求，可以选择较小功率的发动机。与此相对应，电动机/发动机的质量和体积较小，与它们配套的动力电池组的容量也较小，这就使整车整备质量大大减小。

电动机/发动机根据工况灵活工作。电动机/发动机同时起到起动机和飞轮的作用，可以带动发动机起动，在发动机运转时起飞轮平衡作用，调节发动机动态变化和输出功率，使发动机基本稳定在高效率、低排放的状态下运转。发动机带动电动机/发电机发电，借助所发出的电能向动力电池组充电，从而增加续驶里程。

（2）缺点。

①发动机工作状态受路面行驶工况影响。发动机驱动模式是并联式混合动力汽车的基本驱动模式，发动机的工况会受到并联式混合动力汽车行驶工况的影响，无法一直运行在高效区域，因此发动机排放性能劣于串联式混合动力汽车。

②相比串联式混合动力汽车，结构和布置更复杂。并联式混合动力汽车发动机驱动路径需要配备与传统内燃机汽车相同的传动系统，包括离合器、变速器、传动轴和驱动器等传动总成，另外还有电动机/发电机、动力电池组，以及动力耦合器等装置，因此并联式混合动力汽车的多能源动力系统结构复杂，布置和控制困难。

3. 混联式混合动力系统的结构及原理

1）系统结构

混联式混合动力系统可以在串联式混合动力模式下工作，也可以在并联式混合动力模式下工作，即两种模式的综合。这就要求有两台电动机、一个比较复杂的传动系统和一个智能化控制系统。

混联式混合动力系统如图2-16所示，其工作原理如下：发动机发出的功率一部分通过功率分流装置（功率分配器），经机械传动系统至驱动轮，另一部分则驱动发电机发电，发出的电能输送给电动机或蓄电池，电动机的力矩同样也可以通过传动系统传送给驱动轮。混联式混合动力系统的一般控制策略是：在汽车低速行驶时，动力系统主要以串联式工作为主；当汽车高速稳定行驶时，则以并联式工作为主。

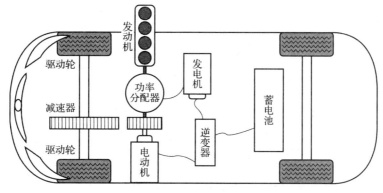

图2-16 混联式混合动力系统

混联式混合动力系统的结构形式和控制方式充分发挥了串联式和并联式的优点，能够使发动机、发电机、电动机等部件进行更优化的匹配，在结构上保证了在更复杂的工况下使系统工作在最优状态，因此更容易实现排放和油耗的控制目标。与并联式相比，混联式的动力复合形式更复杂，因此在机械结构和控制方面对动力复合装置提出了更多的要求。目前的混联式混合动力系统一般以行星齿轮机构作为动力复合装置。

2）工作模式

混联式混合动力汽车兼具并联式和串联式混合动力汽车的工作模式，如图2-17所示。

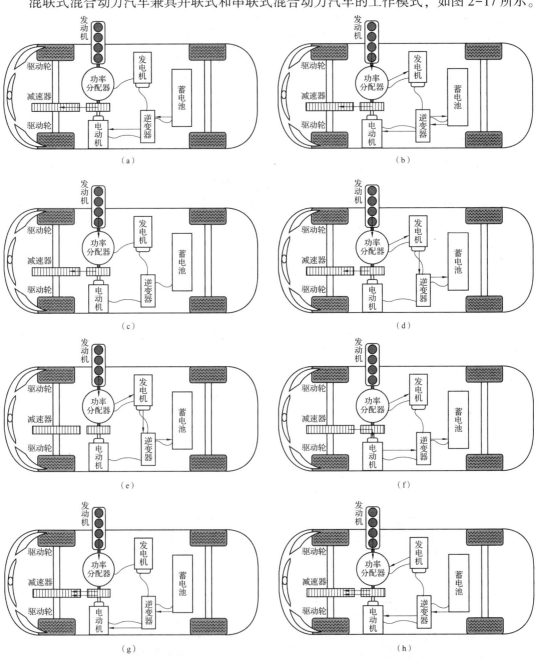

图 2-17 混联式混合动力系统的工作模式

(a)纯电驱动；(b)串联驱动；(c)纯发动机驱动；(d)行车充电；(e)停车充电；(f)制动能量回收；(g)并联驱动；(h)全加速

(1) 纯电驱动。

利用电池的电能,通过电动机单独驱动汽车行驶。

(2) 串联驱动。

一是低速区间,大功率驱动工况,如连续爬坡等,此时依照工作状况设定,由电动机驱动,将会消耗大量的电能,需要发动机为电池补足电量;二是电池电能不足,低于预设值,发动机需要为电池及时补充电能。汽车以串联驱动模式行驶时,发动机工作在经济区且输出恒定功率。

(3) 纯发动机驱动。

此种情况和传统内燃机汽车工作状况相同,因此适用于发动机经济转速区域,即此时为巡航车速。

(4) 行车充电。

一般工作在发动机中速区域,且此时的发动机动力负荷偏低,效率低。通过这种模式来提高发动机的工作负荷,从而提高发动机的工作效率和为电池补充电能。

(5) 停车充电。

当电池荷电状态低于设定限值时,采用停车充电模式,发动机在经济区域以输出恒定功率的方式带动发电机发电,以此为电池补充能量。

(6) 制动能量回收。

汽车制动时,车轮提供反向扭矩,带动发电机来发电,以此回收能量。通过回收制动能量,混合动力汽车能很好地控制油耗和排放。这种模式工作在中高速滑行和制动的工况下。

(7) 并联驱动。

发动机和电动机同时工作,能提供较大的动力输出,因此这种模式通常适合工作在中低速加速和高速区。

(8) 全加速。

发动机、发电机及电动机同时驱动。此时,所有的能量都用于驱动汽车,这种模式能获得最大的驱动力,一般用于极限速度行驶、超车等情况。

3) 系统特点

(1) 优点。

与串联式混合动力汽车相比,动力系统更小,成本降低。混联式混合动力汽车是在并联式混合动力汽车的基础上,再增加电动机/发电机或驱动电机,因此混联式混合动力汽车由三个动力总成组成,三个动力总成以 50%～100% 的功率驱动车辆,但比串联式混合动力汽车动力总成的功率、质量和体积要小。

多种工作模式获得更好的性能。混联式混合动力汽车有多种工作模式可供选择,包括串联驱动和并联驱动,使发动机的工作状态在多变的工况中可以选择最优的模式。

发动机参与驱动减少能量转换损失。纯发动机驱动是混联式混合动力汽车的工作模式之一,从发动机到车轮之间动力传递过程中,除摩擦损耗外,没有机械能→电能→机械能的转换过程,能量转换的综合效率要比传统内燃机汽车高。

纯电行驶降低排放。纯电驱动也是混联式混合动力汽车的工作模式之一,在车辆起动时,发挥电动机低速大转矩的优点,带动车辆起步,实现"零污染"行驶。

(2) 缺点。

发动机参与驱动在特殊工况下排放劣于串联式混合动力汽车。混联式混合动力汽车的动力性能更接近传统内燃机汽车，发动机的工况会受串联式混合动力汽车行驶工况的影响，发动机的有害气体排放高于串联式混合动力汽车。

结构复杂，布置困难。混联式混合动力汽车需要配备两套动力系统，发动机传动系统需要装置离合器、变速器、传动轴和驱动轮等传动总成。另外，还有电动机/发动机、驱动电机、减速器、动力电池组，以及多能源的动力组合或协调发动机驱动为与电机驱动力的专用装置，因此混联式混合动力汽车的多能源动力系统结构复杂，总布置也更加困难。

整车多能源控制系统要求更高、更复杂。多能源动力的匹配和组合有不同的组合形式，只有装配一个复杂得多的能源动力总成控制系统，才能达到较高的经济性和超低污染的控制目标。

2.3.5　混合动力汽车发展关键技术

混合动力汽车发展关键技术如下。

(1)传统混合动力汽车的核心目的基本都是降低油耗，提高燃油经济性，因此其存在动力偏弱和驾驶感略差的缺点，且因无纯电里程使其无法快速融入纯电驱动的时代。

(2)插电式混合动力汽车在纯电驱动时百公里油耗标定值与实际续驶里程有不小差距，尤其是在电池电量不足的情况下，节能效果往往大打折扣。

(3)插电式混合动力汽车目前普遍不支持快充，在城市慢充桩较少的情况下，充电难的问题一直难以得到解决，这也是制约插电式混合动力汽车销量增长的重要因素。

(4)目前市面上的插电式混合动力汽车价格普遍要高于同档次的传统内燃机汽车，如何合理有效地降低其成本是提高销量的关键所在。

2.3.6　混合动力汽车技术发展前景

为顺应时代要求，混合动力汽车不断发展至今，其产品技术已经有了极大的提高，但这并不意味着混合动力汽车已经达到了技术上限，从各方面来说混合动力汽车仍然有极大的提升空间。

1. 配套的燃油发动机

虽然在很多人看来燃油发动机技术已经达到了发展瓶颈，但其进一步的改造和优化仍然是可期的，比亚迪新发布的骁云-插混专用1.5 L高效发动机已经做到了43.04%的热效率，更先进、更节能的燃油发动机仍然会在未来出现。

2. 更强大的动力电池技术

尽管动力电池技术在不断进步，如高安全性的磷酸铁锂刀片电池、基于中镍高电压不起火的三元电池等，但距离完全满足混合动力汽车的功能要求还有一定的距离，电池技术的不断革新势必带动混合动力汽车性能的不断优化提升，越高的电池能量密度也就意味着越小的电池体积，越高的设计灵活性，也意味着更多的可能性。混合动力汽车还有很大的市场空间，如高档的乘用车，尤其是对商用车而言。

3. 更先进的混动系统

无论是丰田混动 THS、本田 i-MMD 等老牌混动系统，还是比亚迪 DM-i、长城柠檬 DHT、奇瑞鲲鹏 DHT 等新生代的混动系统，其技术力都在不断提升，为了实现弯道超越而不断推陈出新,可以预见今后更先进的混动系统还将不断涌现,这也为混合动力汽车产业奠定更为雄厚的发展基础。

2.4 燃料电池汽车

2.4.1 燃料电池概述

1. 燃料电池的发电原理

氢燃料电池是最常见的燃料电池(Fuel Cell,FC),它是将氢燃料的化学能转化为电能的发电装置,但是它的工作方式却与内燃机相似。其原理是电解水的逆反应,它在工作(即连续稳定地输出电能)时,必须不断地向电池内部送入燃料与氧化剂(如氢气和氧气);与此同时,它还要排出与生成量相等的反应产物(水),并产生热量。氢燃料电池能量转化过程不涉及燃烧,不受卡诺循环的限制,能量转化率高达90%。氢燃料电池化学反应的产物仅为水,不产生 CO、NO_x、SO_x、颗粒物(PM)等大气污染物。

氢燃料电池还具有低温下正常工作、无振动、噪声等级低的优点。目前氢燃料电池因寿命短、成本高等诸多问题制约了氢燃料电池汽车的普及。

2. 燃料电池的分类

按照不同的分类标准,燃料电池可划分为不同的类别。按电解质种类不同划分,燃料电池大致可分为五类,即质子交换膜燃料电池(PEMFC)、磷酸燃料电池(PAFC)、固体氧化物燃料电池(SOFC)、碱性燃料电池(AFC)、熔融碳酸盐燃料电池(MCFC)。五种类型燃料电池的对比如表2-3所示。

表2-3 五种类型燃料电池的对比

类型	电解质	导电离子	工作温度/℃	燃料	氧化剂
质子交换膜燃料电池	质子交换膜	H^+	80~100	氢气、重整氢	空气
磷酸燃料电池	H_3PO_4	H^+	200	重整气	空气
固体氧化物燃料电池	ZrO_2-Y_2O_3	O^{2-}	1 000	净化煤气、天然气	空气
碱性燃料电池	KOH	OH^-	80	纯氢	纯氧
熔融碳酸盐燃料电池	Na_2CO_3	CO_3^{2-}	650	净化煤气、天然气、重整气	空气

1)质子交换膜燃料电池

质子交换膜燃料电池的关键材料与部件为:电催化剂、电极(阴极与阳极)、质子交换膜、双极板。工作时,氢在阳极被转变成氢离子的同时释放出电子,电子通过外电路回到电池阴极,与此同时,氢离子则通过电池内部高分子膜电解质到达阴极。在阴极,氧气转变为氧原子,氧原子得到从阳极传过来的电子变成氧离子,与氢离子结合生成水。氢燃料不断输入,电化学反应不断进行,持续电流即可带动负载工作,其工作原理如图2-18所示。

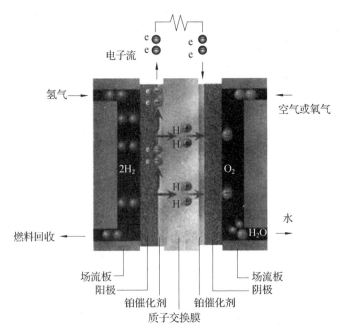

图 2-18 质子交换膜燃料电池工作原理

化学反应为：

(1) 阳极反应：$2H_2 \longrightarrow 4H^+ + 4e^-$；

(2) 阴极反应：$O_2 + 4H^+ + 4e^- \longrightarrow 2H_2O$；

(3) 总反应：$2H_2 + O_2 \longrightarrow 2H_2O + Q$。

2) 磷酸燃料电池

磷酸燃料电池是当前商业化发展较快的一种燃料电池，使用液体磷酸为电解质。磷酸燃料电池的工作温度为 200 ℃ 左右，但仍需电极上的铂催化剂来加速反应。由于其工作温度较高，因此其阴极上的反应速度要比质子交换膜燃料电池阴极的快，且较高的工作温度也使其对杂质的耐受性较强。磷酸燃料电池的效率比其他燃料电池低，约为 40%，其加热的时间也比质子交换膜燃料电池长。优点是构造简单，稳定，电解质挥发度低等。磷酸燃料电池可用作公共汽车的动力源。

3) 固体氧化物燃料电池

固体氧化物燃料电池工作温度高，为 800~1 000 ℃。在这种燃料电池中，当氧离子从阴极移动到阳极时，氧化燃料气体（主要是氢和一氧化碳的混合物）便产生电能，即在阳极生成电子，电子通过外部电路移动返回到阴极上，减少进入的氧，从而完成循环发电。

4) 碱性燃料电池

碱性燃料电池是技术发展很快的一种电池，电池的设计基本与质子交换膜燃料电池相似，但其使用的电解质为水溶液或稳定的氢氧化钾基质。

5) 熔融碳酸盐燃料电池

熔融碳酸盐燃料电池与上述讨论的燃料电池差异较大，这种电池使用融化的锂钾碳酸盐或锂钠碳酸盐作为电解质。当温度加热到 650 ℃ 时，这种盐就会融化，产生碳酸根离子，从阴极流向阳极，与氢结合生成水、二氧化碳和电子。电子通过外部回路返回到阴极，从而完成循环发电。

3. 燃料电池的特点及应用

1）燃料电池的特点

（1）能量密度大，比能量可达到 200 W·h/kg 左右。燃料电池汽车要求采用氢气作为燃料电池的质量比功率不小于 150 W/kg，采用甲醇作为燃料电池的质量比功率不小于 100 W/kg。

（2）一般在常温条件下运行，当温度在 80 ℃ 左右时易于快速起动。减少了温度对燃料电池材料的影响，提高了电池性能，延长了电池的寿命。

（3）可以连续不断地工作，符合部分负荷特性的要求，这些优越的性能为 PEMFC 在燃料电池汽车上使用带来了很大便利。

（4）单体电池的电压高，是电动汽车较理想的一种电源，有利于减小电动汽车的整备质量和降低电动汽车使用费用。

燃料电池的燃料有氢气、甲醇和汽油三种。根据燃料电池的发电原理，氢气是最理想的燃料，原因是氢气可以直接参与电化学反应；氢气燃料电池的产物中只有洁净的水蒸气，对环境不会造成任何污染。

2）燃料电池的应用

燃料电池作为移动式电源的应用领域分为两大类。一是可用作便携式电源、小型移动电源、车载电源等，适用于军事、通信、计算机等领域，以满足应急供电和高可靠性、高稳定性供电的需要。实际应用是手机电池、军用背负式通信电源、卫星通信车载电源等。二是用作自行车、摩托车、汽车等交通工具的动力电源，以满足环保对车辆排放的要求。从目前发展情况看，PEMFC 是技术最成熟的电动汽车动力电源。

燃料电池除适用于作为交通电源外，也非常适用于固定式电源。既可与电网系统互联，用于调峰，也可用作海岛、山区、边远地区，或国防（人防）发供电系统电源。采用多台燃料电池发电机联网还可构成分散式供电系统。分散式供电系统有以下优点：

（1）可省去电网线路及配电调度控制系统；

（2）有利于热电联供（由于 PEMFC 电站无噪声，可就近安装，PEMFC 发电所产生的热可进入供热系统），可使燃料总利用率高达 80%；

（3）受战争和自然灾害等影响比较小，尤其适用于现代战争条件下的主动防护需要；

（4）通过天然气、煤气重整制氢，可利用现有天然气、煤气供气系统等基础设施为燃料电池提供燃料；

（5）通过再生能源制氢（电解水制氢、太阳能电解制氢、生物制氢）可形成循环利用系统（这种循环系统特别适用于边远地区），使系统建设成本和运行成本降低。

国际上普遍认为，随着燃料电池的推广应用，发展分散式供电系统将是一个趋势。

燃料电池的诸多优点使其在重要的民用设施（如智能大厦、医院等）及国防（人防）领域都具有极好的应用前景。目前这些地方的供电系统均采用以外电为主、柴油发电机组为辅的供电方式。当外电毁坏而启用柴油发电机组时，由于柴油发电机组存在排放烟气、隐蔽性差、振动大、噪声高、环保性能差等许多缺点，更不适合在未来高科技战争中使用。因此，研究基于 PEMFC 的供电系统可有效利用氢能实现环保，对民用供电和国防建设都有极为重大的意义。

2.4.2 燃料电池汽车发展

1. 我国燃料电池汽车发展现状

从 20 世纪 50 年代开始,我国一直在进行燃料电池相关技术的研究,但直到 20 世纪 90 年代,全球环境署支持在我国进行燃料电池公共汽车示范,我国才对其产生浓厚兴趣。从那时起,我国在此方面有了很大进步。2010 年上汽集团、同济大学、清华大学等企业和高校合作推出了 6 辆燃料电池客车、68 辆燃料电池轿车和 100 辆燃料电池观光车在世博会示范运行,是当时世界上规模最大的一次燃料电池汽车示范性活动。2014—2020 年,以上汽集团为代表的乘用车企业在氢燃料电池技术和工程化方面做了大量的努力,燃料电池性能大幅提升,成本大幅下降。

2016 年,国家能源局和国家发改委联合颁布《能源技术革命创新行动计划(2016—2030 年)》和《能源技术革命重点创新行动路线图》,积极推动燃料电池汽车的示范运行和推广应用。《中国制造 2025》提出,到 2025 年,制氢、加氢等配套基础设施基本完善,燃料电池汽车实现区域小规模运行。因此,我国要抓住新能源汽车战略性新兴产业培育和发展的政策机遇,发挥政策引导作用,聚焦重大、重点突破燃料电池汽车关键技术和共性技术,稳步推进燃料电池汽车技术进步。

2. 我国燃料电池汽车的研发进展

2015 年,上汽集团推出了续航 400 km、"无污染,零排放"的荣威 750E 燃料电池车。2017 年,上汽集团在中国国际工业博览会上展示了两款氢燃料电池车型,分别为荣威 950 和燃料电池轻型客车大通 FCV80。2020 年,上汽集团正式发布全球首款燃料电池 MPV——上汽大通 MAXUS EUNIQ 7,如图 2-19 所示。并同时宣布中国汽车行业首个"氢战略":在 2025 年前,推出至少 10 款燃料电池整车产品,上汽捷氢科技达到百亿级市值,建立起千人以上燃料电池研发运营团队,形成万辆级燃料电池整车产销规模,市场占有率在 10% 以上。

图 2-19 上汽大通 MAXUS EUNIQ 7

2018 年 10 月,红旗推出国内首款用于搭载乘用车的 50 kW 级别燃料电池发动机,是国内第 1 款采用金属双极板电堆的发动机,系统功率达到 50 kW,体积比功率达到 400 W/L。2021 年,红旗 H5-FCEV 燃料电池轿车正式亮相,如图 2-20 所示。该车搭载了一台最大功率为 140 kW 的驱动电机，最高车速可达 160 km/h，零百加速也在 10 s 之内。该车还配备两个储氢罐，每个储氢罐可存储 2 kg 氢气，百公里耗氢量小于 0.82 kg，续驶里程可达 520 km。

图 2-20　红旗 H5-FCEV

2020 年，东风首款全功率氢燃料电池汽车东风氢舟 AX7-FCV 发布亮相。

2021 年，广汽首款燃料电池乘用车 AION LX Fuel Cell 开始示范运营，如图 2-21 所示。该车是一款基于广汽集团 GEP2.0 平台开发的氢燃料电池汽车，在保留豪华智能超跑 SUV AION LX 的基础上，自主开发了燃料电池系统和车载储氢系统，最大输出功率超过 135 kW，百公里耗氢量为 0.77 kg，续驶里程超过 650 km，一次加氢仅需 3~5 min。

图 2-21　AION LX Fuel Cell

3. 国外燃料电池汽车的进展

美国是当前全球运行燃料电池汽车数量第 2 个破万的国家，截至 2021 年 6 月，美国运行的燃料电池汽车数量达到 10 803 辆。在美国能源部、交通部和环保局等政府部门的支持下，燃料电池技术取得了很大进步，通用、福特、丰田、戴姆勒-奔驰、日产、现代等整车企业都参加了美国加州的燃料电池汽车的技术示范。2007 年，通用开始推行燃料电池汽车发展计划，同年，通用对 119 辆燃料电池车进行了路试，同时，其将 100 辆雪佛兰 E-quinox 燃料电池汽车投放到市场供消费者使用。2010 年，通用推出新一代燃料电池汽车，与雪佛兰 Equinox 相比，燃料电池电堆体积减小到原来的 1/2，质量减小 220 磅（约 99.8 kg），使用的铂金量只有原来的 1/3。到 2014 年，通用燃料电池汽车累计行驶里程突破

480万千米,个别车辆已行驶超过19.3万千米。2014年,生产燃料电池混合动力汽车的尼古拉公司成立。2016年5月,尼古拉发布Nikola One原型机,该车续驶里程可以达到1 200英里(约1 930 km)。2019年,尼古拉发布全新设计的Nikola Two和基于依维柯S-WAY牵引车平台的车型Nikola Tre。2019年,北美最大巴士制造商New Flyer推出Xcelsior CHARGE燃料电池-电动重型运输巴士,该车型续驶里程可达300英里(约483 km),可根据不同型号和运行条件在6~20 min内完成加氢,无须夜间插电式电动充电。

日本丰田自1992年开始燃料电池汽车的研究,直到2014年,丰田发布当时最具成本优势、性能最先进的Mirai燃料电池汽车。根据丰田的官方数据,Mirai的巡航里程达到650 km,完成单次充氢仅需约3 min,10 s内可以完成百公里加速,完全能够应付日常的行车需求。2020年12月,丰田汽车公司经过对燃料电池堆和系统的重新设计开发,全球正式发布第2代Mirai燃料电池汽车,新款Mirai电堆峰值功率为128 kW,体积功率密度高达5.4 kW/L,由330片燃料电池发电单元串联组成。3个70 MPa的高压储罐容量为141 L(64 L+52 L+25 L),续驶里程高达850 km。2018年4月,丰田发布了其首款氢燃料电池重卡Alpha。2018年8月,又在美国北密歇根汽车研究中心发布第2代氢燃料重卡Beta。第2代氢燃料电池重卡最大的突破是续驶里程的提高,由第1代的200英里增加到300英里。2019年4月,丰田在Alpha和Beta两个概念验证原型卡车基础上,在洛杉矶推出新版零排放燃料电池重型电动卡车FCET。该燃料电池重卡由丰田和美国卡车制造商Kenworth共同开发,发动机采用丰田燃料电池技术,具有增强的功能和性能,续驶里程预计为300英里。本田早在1999年的东京车展就展示了名为FCX的燃料电池车,并于1999—2001年多次推出试验车进行测试,为量产做准备。2008年,本田对FCX进行了升级,并命名为FCX Clarity,能够在-30 ℃顺利起动,续驶里程达到620 km。2014年,本田宣布其燃料电池电堆功率密度也达到3 kW/L。2015年,本田在东京车展上官方首发了旗下的燃料电池汽车Clarity,该车最高续驶里程达750 km。

2.4.3　PEMFC的结构与工作原理

1. PEMFC的结构

质子交换膜是PEMFC的核心,质子交换膜有酚树脂磺酸型膜、聚乙烯磺酸型膜、聚三氟乙烯磺酸型膜、部分氟化质子交换膜、全氟磺酸质子交换膜和非氟化质子交换膜等。全氟磺酸质子交换膜兼有电解质、电极活性物质的基底和能够选择透过氢离子的功能,它只允许氢离子(H^+)透过,但不允许其他离子和氢分子(H_2)透过,而普通多孔性的电解质膜不具备这些功能。

正、负电极通常称为膜电极(MEA)。正、负电极以多孔碳或石墨为载体,在电极内浸入氟磺酸并与质子交换膜压合,在负电极和正电极之间为催化剂和电解质层,它们共同组成单体PEMFC,如图2-22所示。

在正、负电极的两侧装有双极性集流板,集流板的材料有石墨板、表面改性的金属集流板和碳-聚合物复合材料板等。在正电极集流板(氧化剂集流板)面向膜电极的一面,刻有用于输送氧气的凹槽,氧气通过凹槽将扩散到整个正极中。在负电极集流板(燃料集流板)面向膜电极的一面,刻有用于输送氢气的凹槽,通过凹槽将氢气扩散到整个负电极中。负电极集流板中的氢气在催化剂的作用下转化为电子和氢离子,氢离子通过质子交换膜到达正电极,与正电极集流板中的氧发生氧化作用后转化为水。在正、负电极集流板的背面刻有输送冷却水的凹槽,冷却水在凹槽中流动将热量导出。双极性集流板对燃料电池气体均匀分布程度、水和热量导出的效率、导电性能及燃料电池的密封性等有重要作用。

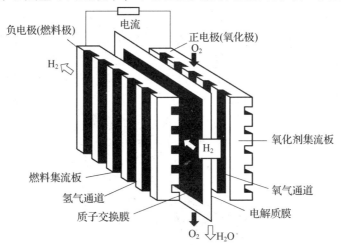

图 2-22 单体 PEMFC 的基本结构

2. 单体 PEMFC 工作原理

PEMFC 的负极（燃料极）上产生的化学反应方程式为

$$H_2 \longrightarrow 2H^+ + 2e^-$$

PEMFC 的正极（氧化极）上产生的化学反应方程式为

$$\frac{1}{2}O_2 + 2H^+ + 2e^- \longrightarrow H_2O$$

PEMFC 总的化学反应方程式为

$$H_2 + \frac{1}{2}O_2 \longrightarrow H_2O$$

PEMFC 中氢离子从负极以水合物作为载体向正极移动。因此，在 PEMFC 的正、负极间必须保持有 53 kPa 压力的水蒸气，并在工作过程中不断地补充水分，使得燃料气体流和氧化剂（空气等）气体流被湿润，保持一定的"保湿性"。在氢离子流过质子交换膜时，将水分附着在质子交换膜上，保持质子交换膜处于湿润状态，来防止电极处质子交换膜脱水，质子交换膜脱水时会使得燃料电池的内电阻大幅度上升。

PEMFC 需要用铂等贵金属作为催化剂，在催化剂的催化作用下，才能成为离子从负极向正极移动，并与氧发生化学反应生成电能和水。如果燃料气体中含有 CO，CO 会优先附着在铂的表面，阻碍氢离子与铂表面相接触，使铂出现中毒现象，降低 PEMFC 的性能，甚至使得 PEMFC 失效。CO 的吸附作用与燃料电池的温度成反比，温度越低，CO 的吸附作用越强。因此，在燃料气体中必须严格控制 CO 的含量，用增加燃料气体中的氢气的方法，使 CO 的值控制在允许的范围内。

甲醇经过改质后所获得的干氢气中含有 0.5%～1.0% 的 CO，会对燃料电池带来不利的影响。因此，在甲醇改质装置的系统中，必须设置氢气的净化处理装置，通过净化器使氢气中 50% 以上的 CO 被氧化成 C。控制气中的 CO 的含量不超过 10×10^{-6}（体积含量）才能将改质后产生的氢气输送到 PEMFC 的氢电极中去。

催化剂的关键技术在于减少催化剂中铂的用量。丰田汽车公司在 PEMFC 中使用铂催化剂，铂的载量为 0.25 mg/cm，可以使成本更低。开发不含铂的催化材料和耐 CO 的新型催化剂的材料，对提高 PEMFC 的寿命和降低 PEMFC 的成本有重要意义。

3. PEMFC 组(堆)结构

单体 PEMFC 的电压一般在 1 V 左右,需要用多个单体 PEMFC 串联成实用的 PEMFC 组(堆),才能获得燃料电池汽车电动机所需要的工作电压。用端板将不同个数单体 PEMFC 紧密地装配到一起组成不同规格(电压和容量)的 PEMFC 组,如图 2-23 所示。在模式整体的 PEMFC 组中,各个单体电池之间的密封性要求很高,密封性不良的 PEMFC 会因为泄漏而降低氢气的利用率,使 PEMFC 的效率降低。

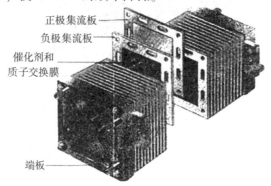

图 2-23 PEMFC 组(堆)结构

4. PEMFC 的技术性能

当 PEMFC 的电流输出时,受到极化的影响,在正极上的电位损失称为正极极化损失,在负极上的电位损失称为负极极化损失。它们共同表现出 PEMFC 的电压随着电流的增加逐渐下降的特性。

极化影响包括以下几种。

(1)活化极化损失:受到 PEMFC 在电化学反应过程中化学反应速度限制所引起的电位损失。

(2)欧姆极化损失:受到 PEMFC 中的质子交换膜的电阻所引起的电位损失。

(3)浓差极化损失:受到参加 PEMFC 中的反应剂所引起的电位损失。

影响 PEMEC 性能的因素包括内在因素和外在因素。影响 PEMFC 性能的内在因素主要有:

(1)燃料电池的结构形式和尺寸;

(2)质子交换膜的材质和工艺;

(3)质子交换膜的电导率;

(4)质子交换膜厚度;

(5)采用的氧气的纯度;

(6)燃料气体中所含的其他气体等。

影响 PEMFC 特性的外在因素主要有:

(1)气体的含水率;

(2)燃料电池的工作温度;

(3)氢气和氧化剂的压力;

(4)燃料电池的密封性等。

PEMFC 使用的氧化剂有纯氧、不同纯度的氧化剂和一般的空气(含氧气 21% 左右)。氧化剂的纯度不同,使得 PEMFC 所产生的电压、电流和功率也随着变化。在 PEMFC 使用的氢燃料气体中难免会混合大气中的一些其他气体,最常见的有氮气、二氧化碳和一氧化碳等，这些气体混杂在氢燃料气体中会对 PEMFC 的性能造成损害并使电压大大降低。

PEMFC 使用的氢气有液态超低温的高压氢气、不同压力的气态压缩氢气、储氢合金吸附的氢气、用甲醇及汽油经过改质所产生的氢气等，因此氢气的压力各不相同。不同压力的氢气在进入 PEMFC 之前，有的需要用减压阀，将氢气的压力降低到 PEMFC 的工作压力。氧化剂或空气则是采用空气压缩机来增压，随着 PEMFC 所采用的氢气压力不同，氧化剂或空气压力也有所不同，氢气和氧化剂的压力变化，使得 PEMFC 所产生的电流、电压和功率也随着变化。

在 PEMFC 中，要求质子交换膜对氢离子有良好的透过性，但又不允许其他物质和氢气透过，这是质子交换膜的主要特性。质子交换膜的厚度对膜的电阻和对氢离子透过性有重要的影响。质子交换膜的厚度为 $50\sim180~\mu m$。质子交换膜的厚度选用与质子交换膜的材质抗拉强度及工作环境有关。薄的质子交换膜可以降低电阻和提高电导率，加快燃料电池的反应速度，但质子交换膜太薄会因为强度不足而破损，影响燃料电池的正常工作。

在工作时质子交换膜必须保持湿润。用含水率来表示质子交换膜的含水量。含水率对膜的质子扩散、质子传递、质子渗透和膜电阻有重要的影响，不同材质的质子交换膜要求有不同的含水率。在一定的含水率条件下工作时 PEMFC 处于最佳状态，含水率过低或过高，会使 PEMFC 的效率降低。为保证 PEMFC 的正常工作，必须按质子交换膜含水率的需要，对参加反应的氢气和氧气进行加湿。加湿的方法有外部加湿和内部加湿，一般主要采用内部加湿。

若水中含有离子，则有可能产生漏电现象，使燃料电池的效率降低，因此，对水要进行脱离子处理。但是，脱离子水对铝制散热器的构件有腐蚀作用，而且在 0 ℃ 时会结冰，因此脱离子水需要采用独立的封闭循环系统。脱离子水采用热交换器与外界冷却水系进行热交换，因而需要加大散热器的散热面积，同时保持 $2\sim3$ ℃ 的余热，以防止冷却水结冰。基于以上原因，燃料电池冷却所消耗的功率要比内燃机冷却所消耗的功率更大一些。

PEMFC 在反应过程中要保持一定的温度，要求控制 PEMFC 反应后生成的水不会因温度过高而变成蒸汽。在常压条件下，PEMFC 的温度控制在 $70\sim80$ ℃；压力为 3 MPa 左右时，PEMFC 的温度控制在 $70\sim90$ ℃；压力为 $0.4\sim0.5$ MPa 时，PEMFC 的温度控制在不超过 102 ℃。PEMFC 的温度低于限定温度时，会导致极化增大，使 PEMFC 性能恶化；PEMFC 的温度高于限定温度时，则会影响质子交换膜的热稳定性，也会使 PEMFC 的性能恶化。

PEMFC 在限定的温度范围内温度增高时，参加反应的气体分子运动加快，分子向催化层扩散，质子从阴极向阳极的运动速度也加快，因此，在相同的电流密度下，PEMFC 工作电压会升高，功率会增大，效率也有所提高。但反应时的温度增高有一定限度，需要采取热管理系统和冷却系统来控制反应的温度，控制 PEMFC 反应过程能够正常进行。

燃料电池在反应过程中有氢气、氧气、其他混杂气体和水蒸气等，它们必须严格地分离，因此，在膜电极、集流板之间要有严密的密封。通常采用膜电极、集流板和交换膜整体压合的密封工艺。在燃料电池系统中的各种管道、阀件、仪表和控制器的连接处也必须保证严密的密封。氢气的泄漏不仅会降低燃料电池的效率，而且会引发氢气燃烧的事故。

PEMFC 组本身的结构比较简单，没有运动构件，不需要润滑，便于维修。在燃料电池汽车所采用的燃料电池发动机中，为保证 PEMFC 组的正常工作，除以 PEMFC 组为核心外，还装有氢气供给系统、氧气供给系统、气体加湿系统、反应生成物的处理系统、冷却系统和电能转换系统等。只有这些辅助系统匹配恰当和正常运转，才能保证燃料电池发动机正常运转。

由于燃料电池工作时要连续不断地向电池内送入燃料电池使用的燃料和氧化剂,因此燃料电池使用的燃料和氧化剂均为流体(即气体和液体)。最常用的燃料为纯氢、各种富含氢的气体(如重整气)和某些液体(如甲醇水溶液);常用的氧化剂为纯氧、净化空气等气体和某些液体(如过氧化氢和硝酸的水溶液等)。

由于燃料电池通常以气体为燃料和氧化剂,而气体在电解质溶液中的溶解度很低,为了提高燃料电池的实际工作电流密度,减少极化,一方面应增加电极的真实表面积,另一方面应尽可能地减少液相传质的边界层厚度。

多孔气体扩散电极就是为了适应这种要求而被研制出来的。正是它的出现,才使燃料电池从原理研究阶段发展到实用阶段。由于多孔气体扩散电极采用担载型高分散的电催化剂,不但比表面积比平板电极提高了 3~5 个数量级,而且液相传质层的厚度也从平板电极的 0.1 mm 压缩到 0.001~0.01 mm,从而大大提高了电极内部保持反应区的稳定性。

2.4.4 燃料电池发电系统

1. 燃料电池发电系统

单独的燃料电池堆是不能发电并用于汽车的,它必须和燃料供给与循环系统、氧化剂供给系统、水/热管理系统和一个能使上述各系统协调工作的控制系统组成燃料电池发电系统(简称燃料电池系统),如图 2-24 所示。

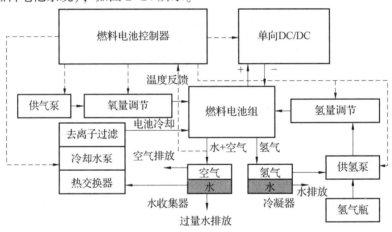

图 2-24 PEMFC 燃料电池发电系统示意图

燃料电池系统的运作一般采用计算机进行控制,根据燃料电池汽车的运行工况,通过 CAN 总线系统进行信息传递和反馈,并经过计算机处理,以保证燃料电池正常运行。燃料电池控制器根据外需的电功率控制燃料电池组的燃料调节、电池的温度调节(冷却)、湿度调节从而控制发电功率,燃料电池发电后经单向 DC/DC 输出。燃料电池汽车是以燃料电池为主要电源和以电动机驱动为唯一的驱动模式的电动汽车,目前因受到燃料电池起动较慢和燃料电池不能用充电来储存电能的限制,在燃料电池汽车上还需要增加辅助电源来增加燃料电池汽车的起动所需要的电能和储存车辆制动反馈的能量。燃料电池汽车上的关键装备为 DC/DC 转换器、电动机、传动系统及蓄电池等。

1)以氢为燃料的燃料电池系统

以氢为燃料的燃料电池系统包括:氢气供应、管理和回收系统,氧气供应和管理系统,水循环系统,电力管理系统等,如图 2-25 所示。

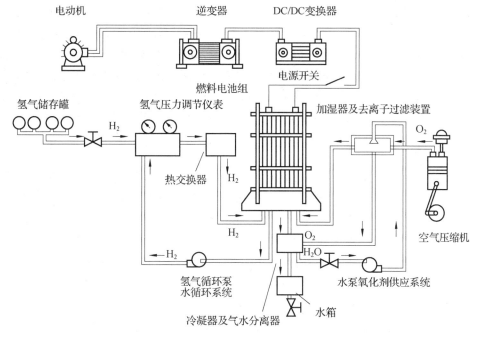

图 2-25 以氢为燃料的燃料电池系统

(1) 氢气供应、管理和回收系统。

气态氢通常用高压储气瓶来装载,对高压储气瓶的品质要求很高,为保证燃料电池汽车一次充气有足够的续驶里程,就需要多个高压储气瓶来储存气态氢。一般轿车需要 2~4 个高压储气瓶,大客车则需要 5~10 个。液态氢虽然比能量高于气态氢,但由于液态氢是处于高压状态,不但需要用高压储气瓶储存,还要用低温保温装置来保持低温,而低温保温装置是一套复杂的系统。

在使用不同压力的氢(高压气态氢和高压低温液态氢)时,就需要用不同的氢储存容器,不同的减压阀、调压阀、安全阀、压力表、流量表、热量交换器和传感器等来进行控制,并对各种管道、阀和仪表等的接头采取严格的防泄漏措施。从燃料电池中排出的水,含有未发生反应的少量的氢气。正常情况下,从燃料电池排出的少量的氢气应低于 1%,应用氢气循环泵将这少量的氢气回收。

(2) 氧气供应和管理系统。

氧气的来源有从空气中获取氧气或从氧气罐中获取氧气两种。空气需要用压缩机来提高压力,以增加燃料电池反应的速度。在燃料电池系统中,配套压缩机的性能有特定的要求,压缩机质量和体积会增加燃料电池系统的质量、体积和成本,压缩机所消耗的功率会使燃料电池的效率降低。空气供应系统的各种阀、压力表、流量表等的接头要采取防泄漏措施。在空气供应系统中还要对空气进行加湿处理,保证空气有一定的湿度。

(3) 水循环系统。

燃料电池系统在反应过程中将产生水和热量,在水循环系统中用冷凝器、气水分离器和水泵等对反应生成的水和热量进行处理,其中一部分水可以用于空气的加湿。另外,还需要装置一套冷却系统,以保证燃料电池的正常运作。

燃料电池是以燃料的电化学反应发电,只要不断提供燃料就可以不断发电,燃料电池的工作温度一般为 60~100 ℃(燃料电池组的出口温度约为 80 ℃),一般其排热方式有:电池组本体外部冷却法,冷却剂通过电池组内部管道进行循环,电极气体通过外部冷却器进行循环，电解液通过外部冷却器循环等方法。电动机和控制器的允许冷却液温度为55~60℃，这和燃料电池的最佳工作温度相差较大，不能将电动机、电动机控制器和燃料电池串联，须设有专门的冷却装置。因此，整车一般采用高低温两套冷却循环回路：一套称为高温回路，采用燃料电池串联汽车空调的加热器和散热器，加热器在冬季用来为暖风供热，散热器用来冷却电池组；另一套为低温回路，用来冷却电动机和控制器。燃料电池的冷却介质为无离子水，这是由电池本身决定的，因此要有去离子装置。由于冷却水温度在100℃以下，与外界的温差小，因此燃料电池汽车用的散热器体积大。

(4) 电力管理系统。

燃料电池所产生的是直流电，需要经过 DC/DC 转换器进行调压，在采用交流电动机的驱动系统中，还需要用逆变器将直流电转换为三相交流电。以氢气为燃料的燃料电池系统的各种外围装置的体积和质量占系统总体积和质量的 1/3~1/2。

2) 以甲醇为燃料的燃料电池系统

在以甲醇为燃料的燃料电池系统中，用甲醇供应系统代替了上述的氢气供应系统，包括甲醇储存装置，燃烧器、加热器和蒸发器，改质器，氢气净化器等。

(1) 甲醇储存装置。

甲醇可以用普通容器储存，不需要加压或冷藏，可以部分利用传统内燃机汽车的供应系统，有利于降低燃料电池汽车的使用费用。

(2) 燃烧器、加热器和蒸发器。

甲醇进入改质器之前，要用加热器加热甲醇和纯水的混合物，使甲醇和纯水的混合物一起受高温(621℃)热量的作用，蒸发成甲醇和纯水的混合气，然后进入改质器。

(3) 改质器。

改质器是将甲醇用改质技术转化为氢气的关键设备。不同的碳氢化合物采用不同的改质技术，在改质过程中的温度、压力会有所不同，例如，甲醇用水蒸气改质法的温度为621℃；用部分氧化改质法的温度为985℃；用废气改质法的第一阶段温度为985℃，第二阶段温度为250℃。在燃料电池汽车用甲醇经过改质产生的氢气作燃料时，就需要对各种改质方法进行分析，选择最佳改质技术和最适合燃料电池汽车配套的改质器。

(4) 氢气净化器。

改质器所产生的氢气含有少量的 CO，因此必须对氢进行净化处理。净化器中用催化剂来控制，使氢气中所含的 CO 被氧化成 CO_2 后排出，最终进入 PEMFC 的气中的 CO 的含量不超过规定的 10×10^{-6}。甲醇经过改质后所获得的氢气作为燃料时，燃料电池的效率为40%~42%。

以甲醇为燃料的燃料电池系统中的氧气供应、管理系统，反应生成的水和热量的处理系统和电力管理系统与以氢为燃料的燃料电池系统基本相同。

3) 燃料电池汽车电源复合结构

纯燃料电池只有燃料电池一个能量源。这种结构中燃料电池的额定功率大，成本高，对冷起动时间、耐起动循环次数、负荷变化的响应等提出了很高的要求。为了提高燃料电池汽车的性能，采用了以下几种电源复合结构。

(1) 燃料电池+辅助电池联合驱动(FC+B)结构。

如图 2-26 所示，在 FC+B 结构的复合电源中，有燃料电池和辅助动力装置(蓄电池或超级电容)两个动力源。通常，燃料电池系统输出车辆常规速度行驶时所需的平均功率，而辅助动力装置用来提供峰值功率以补充车辆在加速或爬坡时燃料电池输出功率能力的不足。这样动力系统的动力性增强，运行状态比较稳定，因而它的总体运行效率得到提高。

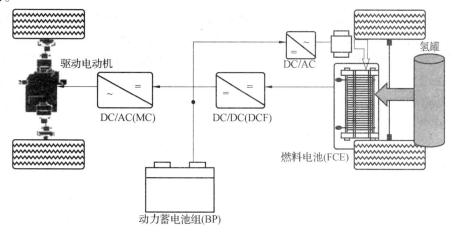

图 2-26　FC+B 结构的复合电源

（2）燃料电池+辅助电池+超级电容联合驱动（FC+B+C）结构。

现代燃料电池汽车上采用了 FC+B+C 结构的复合电源，超级电容具有大电流的充电和放电特性，恰好弥补了蓄电池的不足，可以避免在回收制动反馈的能量时，电流过大造成的蓄电池的热失控和发生安全事故。

（3）单、双两向 DC/DC 燃料电池混合动力系统结构。

该系统采用的电力电子装置只有电动机控制器，燃料电池和辅助动力装置都直接并联在电动机控制器的入口，也称功率混合型动力系统，如图 2-27 所示。

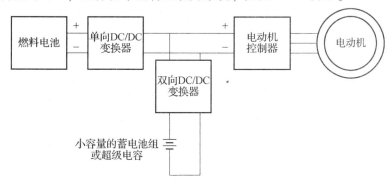

图 2-27　功率混合型动力系统

辅助动力装置扩充了动力系统总的能量容量，增加了车辆一次加氢后的续驶里程；扩大了系统的功率范围，减轻了燃料电池承担的功率负荷。许多插电式混合的燃料电池汽车也经常采用这样的构架，可以有效地减少氢燃料的消耗。另外，辅助动力装置蓄电池组或超级电容的存在使得系统具备了回收制动能量的能力，并且增加了系统运行的可靠性。

在系统设计中，可以在辅助动力装置和动力系统直流母线之间添加了一个双向 DC/DC 变换器，使得对辅助动力装置充放电的控制更加灵活、易于实现。由于双向 DC/DC 变换器可以较好地控制辅助动力装置的电压或电流，因此它还是系统控制策略的执行部件。燃料电池和辅助动力装置之间对负载功率的合理分配还可以提高燃料电池的总体运行效率,双向DC/DC变换器可使电动机的工作电压维持在高压,提高电动机的效率。

(4) 单向DC/DC燃料电池混合动力系统结构。

这种结构通常在燃料电池和电动机控制器之间安装了一个单向DC/DC变换器,燃料电池的端电压通过DC/DC变换器的升压或降压来与系统直流母线的电压等级进行匹配。尽管系统直流母线的电压与燃料电池功率输出能力之间不再有耦合关系,但DC/DC变换器必须将系统直流母线的电压维持在最适宜电动机系统工作的电压点(或范围)。该系统又称能量混合型动力系统,如图2-28所示,由于蓄电池组在使用中电压下降,这时能量主要由燃料电池来维持。

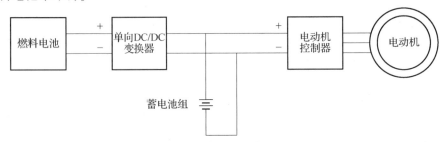

图2-28 能量混合型动力系统

4) 燃料电池汽车的多电源电力总成控制策略

负责燃料电池汽车的多电源电力总成管理的是一个多层次的管理系统,燃料电池汽车上的最高层次的管理是整车管理,整车管理策略是以整车性能、节能、环保等方面管理为核心,以控制多电源电力的匹配和电流的流向为基本方法。蓄电池、燃料电池、DC/DC变换器、电动机和电动机的控制系统等,属于第二层次的子管理系统。电力驱动的空调系统、线控转向系统和线控制动系统等属于第三层次的子管理系统。燃料电池汽车的电力系统和驱动系统的基本组成如图2-29所示。

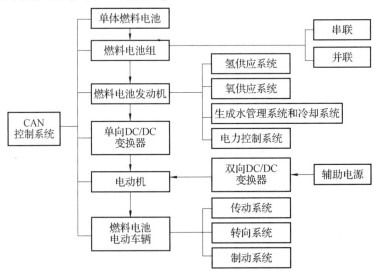

图2-29 燃料电池汽车的电力系统和驱动系统的基本组成

燃料电池的特点是冷起动的性能较差,输出功率在20%~60%之间时是系统效率最高的区域,随着输出功率增大,效率逐渐降低。为了弥补以上缺点,在燃料电池汽车上采用辅助电源,在燃料电池汽车起动时,辅助电源可以加速燃料电池的起动,为压缩机和加热等装置提供所需要的功率。在燃料电池汽车加速或爬坡时提供辅助电力,调整燃料电池的输出峰值功率,保持燃料电池在经济区域内运行。燃料电池是不可以充电的电池,因此,在燃料电池汽车上还需要装置辅助电源来回收制动反馈的能量。

2. 车载氢气系统安全措施

氢气很容易从小孔中泄漏,对于透过薄膜的扩散,氢气的扩散速度是天然气的3.8倍。另外,氢气在空气很低的体积浓度时即可燃烧。

燃料电池汽车上应有压力过高安全报警等措施,不允许发生诸如下游压力升高的现象。燃料电池汽车燃料系统中应设有低压保护装置,当储氢罐内部压力低于要求的压力时,其防护装置应能够及时切断燃料的输出。在起动、行车、停车、关闭等常规操作中,应保证在释放、吹扫和其他溢出等情况下,跟氢气有关的危害不会发生。汽车排气时,不能导致汽车周围、乘员舱及其他舱中氢气浓度超过限制。当发生故障或意外事故时,燃料系统需要通风放气。气体流动的方位、方向应远离人、电、点火源。放气装置应安装在汽车的高处,且应防止排出的氢气对人员造成危害,避免流向汽车的电气端子、电气开关器件或点火源等部件。在可能发生泄漏的部位,都应合理地安装氢气泄漏探测器。燃料电池系统部件的导体外壳应同电平台连接,确保在氢气泄漏时,不会因静电而引燃氢气。所有的燃料系统应安装牢固,避免因汽车振动而导致损坏、泄漏等故障。所有燃料系统的部件都要采取适当的保护措施,且不应放置在汽车的最外端,压力释放装置和排气管除外。可能排出或泄漏出氢气的出口应远离可能产生火花或高热的器件。

总的来说,车载氢气系统安全措施应从预防与监控两方面着手。图2-30所示为从预防的角度给出的车载氢气安全实例。

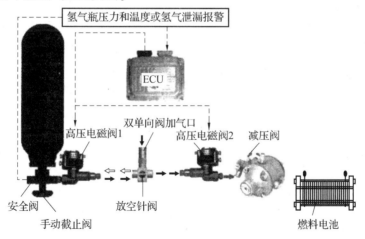

图2-30 从预防的角度给出的车载氢气安全实例

通过借鉴美国国家航空和宇航局储存氢气的经验,选择合适的储罐材料,可以有效地解决氢气泄漏问题。例如,用塑料内胆和铝内胆碳纤维缠绕的高压储氢罐,因其质量小、单位质量储氢密度高,与钢制容器相比很好地解决了氢脆问题,同时也大大降低了成本。在美国加州进行的燃料电池示范项目中基本都采用了碳纤维缠绕高压储氢罐。目前高压储氢罐一般工作压力为 350 bar（1 bar=10^5 Pa）。工作压力可高达 700 bar 的高压储氢罐也已经通过了相应的试验。储氢罐应使用符合国家相关标准规定的车用储氢压力容器，在无国家标准之前，可参考相关的国际标准执行。储氢系统应有反映储氢罐内温度的传感器，能够反映罐内气体温度。

汽车燃料应包含能够保证燃料加注时切断向燃料电池系统供应燃料的功能。燃料加注口应具有能够防止灰尘、液体和污染物等进入的防尘盖。防尘盖旁边应注明燃料加注口的最大加注压力。燃料加注口应设置在汽车侧面，且应有消除汽车静电的措施。燃料加注口应能够承受来自任意方向的 670 N 的载荷，不应影响到燃料系统气密性。

气体流动的高压管路的材质一般会选用不锈钢，耐压要大于 5 000 psi（1 psi=6 894.757 Pa）。在国内，同济大学自行开发设计的燃料电池轿车采用了泰克公司提供的铝内胆碳纤维缠绕的高压储氢罐。以"超越 3 号"储氢罐为例，其工作压力为 350 bar，储氢总量为 2.67 kg，续驶里程为 230 km。在开放空间碰撞的情况下，如果存储罐不破裂，它可以承受比汽车本身更高的压力。

在燃料电池轿车上有多个装置保证车载氢气系统的安全性。具体包括以下几种。

(1) 气罐电磁阀。气罐电磁阀为 12 V 直流电源驱动，无电源时处于常闭状态，主要起到开关气瓶的作用，与氢气泄漏传感器系统联动，一旦泄漏氢气浓度达到保护值便能自动关闭，从而达到切断氢源的目的。驾驶员离开车时，此电磁阀断电，管路截止。

(2) 管路电磁阀。该阀放在减压阀前部，当外界给气瓶充气时，可有效防止气体进入电池。

(3) 减压阀。该阀位于管路电磁阀和电池堆之间，可以将氢气的压力调节到电池所需要的压力。

(4) 手动放气针阀。当出现危险的时候，该阀可以将氢气瓶中的残余氢气安全放空。

(5) 安全阀。该阀位于存储罐上，当气瓶中氢气压力超过设定值后，能通过气罐安全阀自动泄压。例如，在气瓶体温度由于某种原因突然升高造成气瓶内气体压力上升，且超过安全阀设定值时，安全阀自动泄压，保证气瓶在安全的工作压力范围之内。

(6) 单向阀。当注气接头出现损坏情况，为防止气体向外泄漏并提高受气头的使用寿命，通常采用两单向阀串联提高可靠性。

(7) 手动截止阀。手动截止阀通常处于常开状态，当气罐电磁阀失效时能手动切断氢源。气罐电磁阀和手动截止阀联合作用，有效地避免了氢气泄漏。

(8) 温度传感器和压力传感器。温度传感器是用来检测气罐内气体温度的部件，可以将气体的温度信号发送到驾驶室仪表盘上，通过气体温度的变化来判断外界是否有异常情况发生。例如，在气体温度突然急剧上升时，若排除温度传感器故障，则在氢气瓶周围可能有火警发生。压力传感器主要用于判断气瓶中的氢气量，保证车辆的正常行驶，当压力低于某值可以提示驾驶员加注氢气。加气口在加注的时候与加气机的加气枪相连，从而达到加注的目的，同时具有单向阀的功能，应与未遮蔽的电气接头、电气开关和其他点火源保持至少 200 mm 的距离。

(9) 氢气泄漏传感器和报警仪。由于氢气传感器的测量原理不同，因此其测量灵敏度及测量范围有差别，主要有半导体式、催化燃烧式、电化学式及光化学式等。根据传感器的量程不同，又可以分为低量程 TGS821（1 000×10^{-6} ~ 5 000×10^{-6}）传感器和高量程 TGS813（1 000×10^{-6} ~ 10 000×10^{-6}）传感器。灵敏度上低量程的反应比较快，并且两种传感器在低浓度时反应比较明显。传感器可以等效于两个电阻,一个是可变电阻,另一个是固定电阻。可变电阻随着氢气浓度、湿度、温度变化而变化,其中氢气浓度和湿度对它的影响比较大。传感器的可变电阻随着浓度变大而变小(即信号端的输出电压也变大)。固定电阻是用来加热的。根据不同的要求,在车上对氢气传感器类型、数量及布置的位置均有一定的要求。一般来说,出于对安全性能的考虑,氢燃料电池汽车总共要求安装4个氢气传感器,而所有传感器信号需直接传送到仪表盘的醒目位置,及时通知驾驶员。

一般在后备厢布置两个氢气泄漏报警仪,报警值设置为以下三级。

一级:氢气浓度达到 $1\,000\times10^{-6}$ (2.5%LEL) 时报警,系统自动切断氢气供应,由驾驶人将车移至指定的安全区域并由专人检查整个系统。

二级:氢气浓度达到 $5\,000\times10^{-6}$ (12.5%LEL) 时报警,红色报警,建议驾驶员切断氢气供应,将车开至指定的安全区域并由专人检查整个系统。

三级:氢气浓度达 $10\,000\times10^{-6}$ (25%LEL) 时报警,黄色报警,建议提醒驾驶员及时停机并用氢气检漏工具检查供氢系统。

车内布置两个报警仪,报警值设在 $1\,000\times10^{-6}$ (2.5% LEL) 和 $5\,000\times10^{-6}$ (12.5% LEL),报警级别为一级和二级,分别安装在后座的左右两侧。

报警系统需要自带蜂鸣器,氢气传感器需要常供电,在不开车的情况下如果测到氢气泄漏,蜂鸣器可以发出报警声音。

(10)碰撞传感器。在车辆发生碰撞的情况下,整车控制系统能通过车上安装的碰撞传感器关闭气罐电磁阀。

3. 典型的氢燃料电池汽车

1)本田 FCX Clarity

本田燃料电池车首次亮相于 1999 年,到现在其燃料电池汽车的发展已经发生了很大的变化。本田新一代的燃料电池汽车 FCX Clarity(见图 2-31)以本田独创的燃料电池堆"V Flow FC Stack"技术为核心实现了燃料电池汽车所特有的 CO_2 零排放。本田 FCX Clarity 的电动机可从燃料电池获取 100 kW 的电功率,在 13 500 r/min 的转速时可提供 98 kW 功率及 256 N·m 的扭矩,能够以大约 9.2 s 的时间驱动一辆中型轿车由零加速至 96 km/h。这和装备了功率为 130 kW、2.4 L 直列四缸发动机的 2008 款本田 Accord 轿车的加速时间一致。该车型每消耗 1 L 燃料可行驶 30 km。

图 2-31 本田 FCX Clarity

(1) 动力系统布置结构。

由此款燃料电池汽车的动力结构透视图(见图2-32)可知,燃料存储装备布置在车身的下方,燃料电池则放置在车中部。锂电池作为辅助的动力电池布置在车后部,通过驱动电动机直接驱动燃料电池汽车的前轮。

电驱动系统　燃料电池系统　锂离子电池系统　高压氢气供应系统

图2-32　本田FCX Clarity动力结构透视图

(2) 燃料电池堆。

FCX Clarity搭载本田新开发的燃料电池堆"V Flow FC Stack"(见图2-33),采用本田独创的氢气和空气竖直流动的"V Flow电池单体结构",还采用使氢气和空气波状流动的波状隔板。新型燃料电池堆的最高功率可提升至100 kW,与上一代燃料电池堆相比体积功率密度提高50%,质量功率密度提高67%。低温起动性能提升至-30 ℃。该燃料电池堆的直角造型使它便于安装在轿车上,垂直结构还可以更有效地提升燃料电池冷却、氢电转换效率和低温下的工作性能。因为电池是垂直分布的,所以表面的水分会向下排出,使它不会结冰。来自燃料电池的电流对288 V的电池组进行充电或者驱动电动机进行工作。

图2-33　V Flow FC Stack燃料电池堆

(3) 动力电池组。

在FCX Clarity燃料电池汽车中,电池作为一个补充电源,取代了在早期FCX原型车中的超级电容,其体积适合安放在车辆后部从而节省空间。

(4) 电动机。

FCX Clarity采用功率达100 kW的交流永磁同步电动机,最大输出扭矩为189 N·m。与上一代相比,整体动力单元的质量功率密度提高1倍,体积功率密度提高1.2倍,实现了轻质小型化和高功率的高度统一。此外,节能性提高20%,续驶里程提高30%。

2) 奥迪Q5 HFC

奥迪Q5 HFC(见图2-34)有两个70 MPa的高压罐,可以储存3.2 kg氢气。低温氢燃料电池的功率可达98 kW,混合电池容量为1.3 kW。靠近车轮的两个电动机最高功率可达90 kW,扭矩可达420 N·m。

奥迪Q5 HFC可在13.4 s之内由零加速到100 km/h,最高速度可达160 km/h,氢气的利用非常节约和高效,燃料电池的能量转换效率可以达到50%以上。该车型实现了500 km

的最长续驶里程,而且其"加油"时间也不比采用传统驱动系统的车型长。

图 2-34 奥迪 Q5 HFC

奥迪 Q5 HFC 动力结构布置图如图 2-35 所示,它采用燃料电池和电池共同为前轮驱动提供电能。这款车与传统前驱车不同,采用轮毂电动机,因此可以实现左右前轮的动力分配,而后轮不参加驱动。

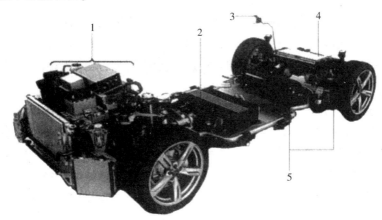

1—燃料电池系统和电动机;2—燃料电池堆;3—氢气供应系统;4—动力电池组;5—储氢罐。

图 2-35 奥迪 Q5 HFC 动力结构布置图

2.5 天然气汽车与氢发动机汽车

2.5.1 天然气汽车

天然气是一种以甲烷(CH_4)为主要成分的矿物燃料,天然气汽车是以天然气为燃料的汽车。根据产地的不同,天然气中甲烷的质量分数高达 80%~99%,其余成分是二氧化碳、氮气和低分子质量烃。天然气在汽车上可以以液态形式存储,或者以气态压缩的形式存储。以液态形式存储是指在 -162 ℃时作为液化天然气存储。以气态压缩的形式存储时,压缩天然气的压力高达 20 MPa。由于存储液化天然气成本高,因此,一般将天然气以气态压缩的形式存储。天然气的抗爆性极好,可使用 13∶1 的压缩比。然而,在双燃料发动机，如汽油和天然气组合使用的发动机上，由于压缩比必须按照汽油来调整，因此这个优点不能得到很好的利用。国内改装的双燃料汽车，因要兼顾燃油、燃气两种条件，对原发动机压缩比和燃烧结构等均不作变动，发动机功率、汽车最高车速、加速性能不低于原车90%，所以汽车输出功率略有下降，但城区地势较为平坦，不会影响驾驶效果。

$1 m^3$天然气可代替1 kg以上的汽油，一次充气可行驶200 km左右。天然气用于点燃式发动机和柴油机驱动的优点：具有优异的燃烧特性和CO_2、NO、CO低排放特性。实际上，废气中不含颗粒物和含硫排放物。火花塞无积炭，减轻了机油的污染。天然气用于点燃式发动机和柴油机驱动的缺点：由于天然气的热值低，因此发动机功率降低；天然气存储费用高；在同样的燃料箱容量的情况下，续驶里程缩短。

天然气汽车发动机动力性下降的原因有混合气热值低和分子变更系数小，以及充气效率下降等诸多因素。混合气热值低和分子变更系数小是由于燃料分子中含氢比例较大，对于天然气，其分子结构是固定的无法改变。要提高天然气发动机的动力性，只能从增压、缸内直喷、降低进气温度、大负荷工况减气增油等方面进行。天然气辛烷值为115~139，比汽油高出50%，抗爆性能强。提高压缩比、增大点火提前角也是提高天然气发动机功率简单易行的有效方法。压缩天然气发动机的扭矩除在高转速时略有下降外，呈现出较好的低速特性，这是由于压缩天然气抗爆性能好，低转速时不需要推迟点火。

目前，国内天然气汽车的开发中采用的主要是压缩天然气技术，在实际应用中遇到了如车辆续驶里程短，动力性、经济性不够理想，安全性能较差等问题，从而限制了其应用范围。与之相比液化天然气具有更多的优点。

(1) 液化天然气和压缩天然气的主要成分均为甲烷，液化天然气通过深冷前的净化处理几乎除掉了天然气中的全部杂质，深冷净化处理过程中又分离出不同液化点的重烃类成分和其他气体成分，因此液化天然气的纯度很高，甲烷含量为97.5%~99.5%，而压缩天然气中的甲烷含量只有81.3%~97.5%。液化天然气燃料成分的单一性和一致性有利于发动机压缩比等设计参数的确定，避免了乙烷、丙烷等成分的爆燃对发动机及其部件造成的不良影响。

(2) 液化天然气的能量密度是压缩天然气的3.5倍，这表明液化天然气储存效率更高，可以使车辆获得较长的续驶里程，或者说在相同续驶里程的情况下可以使车辆的总质量更小，从而比使用压缩天然气有更好的燃料经济性。同时，储存效率高也使液化天然气更利于运输，扩大了液化天然气使用的地域范围。

(3) 液化天然气的储气瓶为具有绝热夹层的压力气瓶，储存温度为-162 ℃，储存压力稍高于1.0 MPa，而压缩天然气通常以2 025 MPa的高压储存在储气瓶中，因此使用液化天然气更安全。

(4) 使用液化天然气可以充分利用其低温特性降低混合气的温度，从而降低燃烧温度提高发动机的热效率，同时减少NO_x的排放。

(5) 使用液化天然气易于使发动机对负荷变化获得更好的响应性。

我国天然气储量丰富，总资源量约为54万亿立方米，西气东输工程已覆盖120个城市，推广使用天然气汽车有良好的资源条件。压缩天然气汽车发动机历经了几代产品的演变和发展之后，呈现出如下发展趋势：燃料供给系统从机械式混合器发展到电子控制喷射系统；电喷系统由单点开环控制发展到闭环多点喷射控制系统；喷射方式从缸外预混合到复合供气、缸内直接喷射；燃料的使用从两用燃料、双燃料到单一燃料。液化天然气作为后起之秀，具有无与伦比的优势，以及很好的发展前景。随着液化天然气低温液化技术的不断成熟，液化天然气的制取、气瓶、传输管路等的价格将不断下降，届时液化天然气将成为天然气汽车发动机的主要发展方向。

液化天然气燃料开发和应用的难点之一在于天然气常温下难以液化，因此液化天然气的制取比压缩天然气要复杂，而且液化天然气在常压下只有保持在-162 ℃以下才能呈现为液态，故液化天然气的气瓶和传输管路需要具有良好的绝热性能，其设计制造相当复杂，成本较高。

为从根本上解决以往预混合供气方式中，压缩天然气气体燃料挤占进气空气体积，造成充气效率下降问题，人们研制出压缩天然气缸内直喷发动机。与常见的缸外混合压缩天然气发动机不同，该发动机将空气的吸入和压缩天然气的喷射分开进行，先将纯净空气吸入气缸，在接近压缩行程上止点时将压缩天然气喷入气缸，借助高温（约1 300 ℃）的电热塞使天然气压燃。燃烧效率比传统火花点燃式压缩天然气发动机提高25%。压缩天然气喷射压力为19 MPa，发动机热效率超过原柴油机。无可见烟排放，NO_x排放低于同类型柴油机。

如图2-36所示，当压缩天然气发动机起动后，天然气便从储气瓶流入燃料软管中。在发动机附近，天然气将进入压力调节器从而实现降压。然后，天然气将进入多点气体燃料喷射系统，该系统会将其引入气缸中。传感器和计算机将对燃料和空气的混合气体进行调节，以便使火花塞点燃天然气时燃烧更有效。

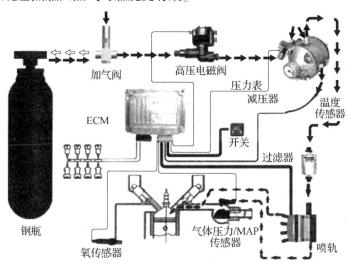

图2-36 压缩天然气汽车工作示意图

有的汽油/压缩天然气两用燃料汽车在中、小负荷工况下，发动机燃用纯压缩天然气，当发动机负荷达到50%以上时，减少压缩天然气供气量并加入少量汽油掺烧，或在大负荷工况下完全切断压缩天然气供气，改为纯汽油供给方式。

需要说明一点，如果定期更换高压储气瓶，并且按照制造厂家的说明，对天然气系统进行维护检查，那么就没有必要对供气系统进行规定的养护检查。在维护检查的范围内，必须对天然气储气瓶和管路、电磁式截止阀、关闭盖和天然气加注管、天然气储气瓶上的通风管进行检查。必须按照制造厂的规定，使用气体泄漏检查仪等仪器进行泄漏试验，且需要遵守天然气汽车操作、使用和修理方面的安全法规。

天然气储气瓶内的天然气储存压力约为 20 MPa。天然气储气瓶内的气态天然气经过管路，到达调压器。在这里，经过多级降压，使压力达到 0.9 MPa。ECU 根据需要给进气歧管上的气体喷射器通电，从而使其开启。喷出的气体与进入的空气进行混合，然后进入燃烧室。

天然气动力系统对环境构成一定的威胁，如气体泄漏未被检查出来，或者是储存压力的提高存在爆炸的危险。为此，天然气动力系统必须装有各种安全装置。止回阀位于充气接头内的截止阀上，其作用是防止天然气经过充注阀倒流。在车内布置管路和部件上，需包缠密封护套。螺纹套管接头为双卡环螺纹套管接头。天然气储气瓶由钢或玻璃钢制成，每个储气瓶都要通过两个护圈安装到汽车上。钢瓶的爆炸压力约为 40 MPa，而玻璃钢气瓶的爆炸压力约为 50 MPa。储气瓶上安装易熔塞和热熔断器，这些装置可以防止过高的压力增长，从而防止起火时所引起的储气瓶爆炸。限流器可以防止管路破裂时所造成的天然气突然大量泄漏。

电磁截止阀安装在天然气储气瓶上。在转换成汽油模式的情况下，在发生电源故障时，发动机停机后，或者在发生事故时，此阀都要关闭。另有一个截止阀安装在调压器上。在低压侧管路上采用软管，如在调压器与气体喷射器之间的管路上，使用这样的软管可以防止疲劳损伤所引起的断裂现象。过压调节器安装在调压器上，可防止低压侧出现过高压力。

1. 天然气发动机结构和工作原理

1）压缩天然气发动机系统原理

该发动机基本原理为高压的压缩天然气从储气瓶出来，经过天然气滤清器过滤后，经高压电磁阀进入高压减压器，高压电磁阀的开合由电子控制模块（Electronic Control Module，ECM）控制，高压减压器的作用是将高压的压缩天然气（工作压力 20~30 MPa）经过减压加热将压力调整至 7~9 MPa。高压天然气在减压过程中由于减压膨胀，需要吸收大量的热量，为防止减压器结冰，从发动机将发动机冷却液引出到减压器对燃气进行加热。经减压后的天然气进入电控调压器，电控调压器的作用是根据发动机运行工况精确控制天然气喷射量。天然气与空气在混合器内充分混合，进入发动机气缸内，经火花塞点燃进行燃烧，火花塞的点火时刻由 ECM 控制，氧传感器即时监控燃烧后的尾气的氧浓度，推算出空燃比，ECM 根据氧传感器的反馈信号和控制进气压力（Manifold Absolute Pressure，MAP）传感器及时修正天然气喷射量。图 2-37 所示为压缩天然气发动机电控系统组成。

注意：若采用增压技术，发动机进气量有显著增加，使压缩天然气发动机的动力性恢复到原汽油机水平。

图 2-38 和图 2-39 所示分别为玉柴压缩天然气发动机和液化天然气发动机工作原理。

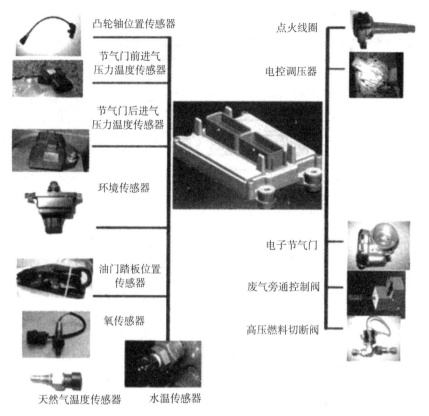

图 2-37 压缩天然气发动机电控系统组成

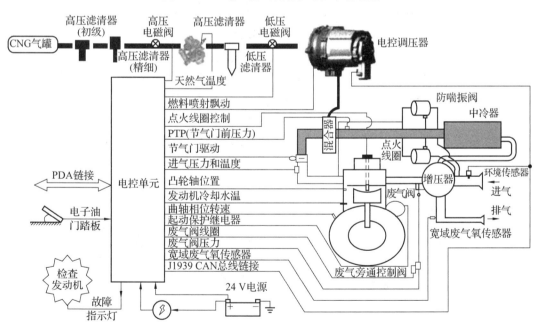

图 2-38 玉柴压缩天然气发动机工作原理

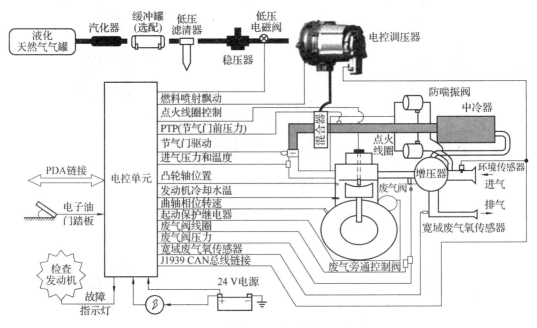

图 2-39 玉柴液化天然气发动机工作原理

2)天然气发动机主要零部件作用和工作原理

(1)高压燃料切断阀(见图 2-40)。高压燃料切断阀由 ECM 控制其开合,停机状态下处于常闭状态。作用是及时切断或恢复燃料供给。为有效防止高压电磁阀进气接头与高压电磁阀结合部位漏气,安装该接头时,必须使用螺纹密封胶,并且锁紧接头使铜垫略有变形,有效密封。高压燃料切断阀进气口自带滤芯,维护时可用汽油浸泡,并在用压缩空气吹干净后装好即可;如果拆检时发现高压电磁阀滤芯污染严重,必须拆下高压电磁阀阀芯、阀座,用汽油浸泡后,再用压缩空气吹干净后装好。

(2)高压减压器(见图 2-41)。高压减压器通过压力膜片克服弹簧阻力,带动杠杆,调整节流孔的流通面积,从而控制减压后的天然气压力。通过节流和加热,使高压的压缩天然气减压至 7~9 MPa 的低压天然气。

图 2-40 高压燃料切断阀

图 2-41 高压减压器

安装时要求高压减压器进气接头螺纹部分必须使用螺纹密封胶,并且使用铜垫进行密封;高压减压器出气接头使用 O 形圈进行密封,出气接头与低压电磁阀、低压电磁阀与电磁阀出气接头采用锥螺纹连接,安装时必须使用螺纹密封胶;高压减压器通过两根水管与发动机的冷却水循环水路连通，安装水管时应锁紧环箍，以免漏水；高压减压器必须通过一根压力反馈管与进气管连接，目的是根据工况控制调压器出口压力；高压减压器应安装在靠近发动机进气管和振动较小的位置，但不应直接安装在发动机上。所以，高压减压器必须安装在汽车（底盘）大梁上。设计高压减压器支架时，应注意高压减压器的安装位置不能高于发动机散热器顶部。否则会导致加热水不能流经减压器，导致减压器结冰冻裂。

每行驶 5 万公里维护高压减压器，用汽油或化油器清洗剂清洗高压减压器一级压力腔并用干压缩空气吹干净后装好；拆除高压减压器进气接头，检查滤芯是否被污染，若被污染，则进行更换；更换易损件（如橡胶密封圈），检查轴销的磨损情况，若磨损，则更换轴销；并对减压压力进行检查、调整；每行驶 10 万公里更换膜片及密封件，并对减压压力进行检查、调整。

（3）低压电磁阀（见图 2-42）。低压电磁阀由线圈驱动阀芯，由 ECM 控制其开合，停机状态下处于常闭状态，有及时切断或恢复燃料供给的作用。为有效防止高压电磁阀进气接头与高压电磁阀结合部位漏气，安装该接头时，必须使用螺纹密封胶有效密封，要求安装于电控调压器上面。

（4）电控调压器（见图 2-43）。电控调压器内部有一控制芯片，该控制芯片接收来自 ECM 的控制指令，通过高速电磁阀控制天然气气量，从而实时有效控制空燃比，其还可控制天然气喷射量。

图 2-42　低压电磁阀

图 2-43　电控调压器

安装时因该零件内部有控制芯片，应避免高频振动。该零件自带减振软垫，切勿自行拆卸。电控调压器出气口中心水平高度不能低于混合器进气口中心高度，电控调压器天然气出气口与混合器天然气进气口的距离要求控制在 500 mm 以内。目的是让天然气中的杂质流到混合器中随空气进入缸内燃烧掉，保持阀内清洁，并且保持天然气供给响应速度快。

电控调压器在使用中需进行定期的维护，由于电控调压器处于低压减压部分在长期的使用中会在其内部沉积大量的油污和杂质，长时间的油污和杂质会导致电控调压器工作不良、传感器损坏及内部的密封件和橡胶膜片提前老化和破损，因此该部件的维护尤为重要。每行驶 5 万公里需对内部零部件进行清洗，更换易损件，检查轴销的磨损情况；每行驶 15 万公里需更换膜片及密封件，并对压力进行校准。

（5）混合器。混合器将天然气和中冷后的空气充分混合，使燃烧更充分、柔和，有效减少 NO 排放并降低排气温度。安装时要求调压器出气管安装在混合器天然气入口处，安装时锥螺纹部分必须使用螺纹密封胶以防止漏气。将混合器两垫片安装在混合器接管与混合器的结合面，注意拧紧螺栓以防止漏气。

E330、E480混合器拥有极少的活动部件和坚固的设计，因此工作非常稳定。由于使用不当及使用区域气体洁净度的影响，混合器中的部件也将产生损坏。根据使用情况的调查和分析，由于使用和维护不当该部件会产生两种故障模式：一是膜片损坏，发动机经常性回火会导致膜片老化加剧，致使膜片出现皱裂和破损；二是燃料空气阀卡滞，在压缩天然气中所含的压缩机机油过多，以及空气中的杂质过滤不充分的情况下，如果没有及时对混合器内部进行清洁，油污会附着在燃料空气阀和阀座上。长时间的积累会导致燃料空气阀运动受阻，甚至完全卡死，从而导致发动机工作不稳定。因此，空滤器对空气、天然气的过滤效果将直接影响混合器的使用寿命。

(6)电子节气门。电子节气门通过控制蝶阀的开度，控制进入气缸内的混合气的量从而控制发动机的转速和负荷。驾驶员通过油门踏板，将动力需求传送给ECM，ECM接收到油门踏板信号后，根据发动机运行工况控制电子节气门开度。通过控制蝶阀开度，控制怠速转速和调速特性曲线。

安装时要求电子节气门电动机轴线必须保持水平方向。每行驶10万公里(视当地气体清洁度而定)，从发动机上拆下节气门，检查节气门内部是否有明显的油污，若有，则需用节气门清洗剂清洗节气门蝶阀部分，清洗后用干压缩空气吹干。清洗后，用手按压碟阀，检查碟阀运动有无卡滞、是否回位，若出现卡滞，则需要更换电控节气门总成。

(7)点火线圈(见图2-44)。点火线圈接收来自ECM的点火指令，产生高电压并将高电压传递给火花塞，产生火花，点燃天然气。点火线圈能根据ECM指令控制点火时刻使发动机实现低排放、低气耗。

图2-44 点火线圈

安装时要求拧紧点火线圈安装螺栓，以保证点火线圈胶套内弹簧与火花塞头部紧密接触。由于高压电源会在接触表面产生电弧，弹簧与火花塞头部接触的部位易受热氧化，导致接触部位电阻过大，分压作用过大导致火花塞点火能量降低，严重时会导致失火，因此安装火花塞和点火线圈时，必须在火花塞头部与点火线圈弹簧结合部位涂抹导电膏。在胶套与火花塞接触的陶瓷部位应该涂抹绝缘润滑油脂，以防止因胶套老化导致火花塞与缸盖之间漏电。

点火线圈次级输出电压高达4万伏，所以在发动机使用过程中，绝对不允许用水直接冲洗发动机，特别是点火线圈部位；每三个月或2万公里要清理弹簧与火花塞之间的氧化物并涂抹导电膏；每三个月要检查点火线圈胶套是否老化开裂，如有开裂，应及时更换。

(8)防喘振阀(见图2-45)。当发动机突然减速时，通过防喘振阀通气软管将节气门后的低压压力传递到防喘振阀压力反馈接头上，打开防喘振阀单向截止膜片，使增压器压气机前后压力平衡，避免增压器喘振，保护增压器。

图2-45 防喘振阀

该零件共有三个接口。通过防喘振阀通气软管连通防喘振阀和进气管压力，另外两个 $\phi25$ 外径的接口分别连接增压器前进气管和增压器后进气管。6G 系列压缩天然气发动机使用两个防喘振阀，两个防喘振阀安装时进出气口刚好相反，使气流能相互流通。4G 系列压缩天然气发动机只需要一个防喘振阀即可满足要求。防喘振阀两端内径 $\phi25$ 的连接管由汽车厂配备。

（9）火花塞。火花塞接收来自点火线圈的高电压，产生火花，点燃天然气。安装时要求拧紧点火花塞，拧紧力矩为 30 N·m。拧紧火花塞必须使用专用火花塞套筒。由于高压电源会在接触表面产生电弧，弹簧与火花塞头部接触的部位受热氧化，导致接触部位电阻过大，分压作用过大导致火花塞点火能量降低，严重时会导致失火，因此安装火花塞和点火线圈时，必须在火花塞头部涂抹导电膏。在胶套与火花塞接触的陶瓷部位应该涂抹绝缘润滑油脂，以防止因胶套老化导致火花塞与缸盖之间漏电。

火花塞属易损件。玉柴目前所使用的火花塞为 NGK 铂金和铱金火花塞两种。火花塞使用寿命一般为 6 万~8 万公里。其维护内容为：每行驶三个月或 2 万公里，必须检查火花塞电极燃烧情况，清理电极头部杂质，并调整间隙。间隙调整要求如下：天然气发动机 NGK 铂金火花塞（PFR7B-D）电极间隙为 (0.33 ± 0.05) mm；天然气发动机 NGK 铱金火花塞（IFR7F-4D）电极间隙为 (0.4 ± 0.05) mm；每行驶 6 万~8 万公里，检查火花塞头部电极贵金属烧蚀情况，若使用情况较好，调整间隙后可继续使用。要求行驶 8 万公里后直接更换火花塞，必须使用玉柴指定火花塞，否则可能会导致炽热点火、动力下降、气耗升高、点火线圈击穿等故障。

（10）废气旁通控制阀（见图 2-46）。废气旁通控制阀通过控制废气旁通控制阀的占空比，控制废气旁通控制阀的出口压力，从而控制发动机的增压压力。采用该技术能有效提升发动机低速扭矩，满足公交车频繁起步的工作要求。安装时要求安装在散热条件较好的低温区，保证零部件可靠性。

（11）氧传感器（见图 2-47）。氧传感器检测排气中氧气分子浓度，从而测量燃烧时的空燃比，ECM 根据测量所得的空燃比修正燃气供给量。

安装要求为在离增压器出口或排气弯管下游，焊接一个氧传感器安装座，该零件由玉柴提供，汽车厂安装，供安装氧传感器用；氧传感器应安装在排气管远离发动机一侧（不能安装在排气管下方），传感器线束走向应尽量远离发动机和排气管，并可靠固定；氧传感器不能安装在排气管转弯处；氧传感器在满足前面的要求的情况下尽可能靠近涡轮增压器；如果有排气制动阀，氧传感器应安放在排气制动阀的下游；氧传感器的安装位置处不能进雨水；氧传感器和发动机之间最好有隔热罩等隔热装置。

图 2-46　废气旁通控制阀

图 2-47　氧传感器

(12)环境传感器(见图2-48)。通过测量进气压力、温度、湿度,并根据所测得的湿度、压力来修正实际控制空燃比和天然气供给量,使发动机运行在最佳状态。

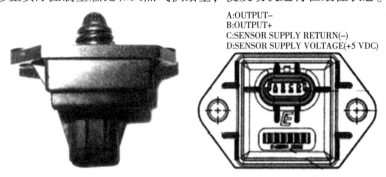

图 2-48 环境传感器

安装要求:该传感器要求安装在空气滤清器和增压器之间的空气管路上,安装座由玉柴提供,汽车厂负责将安装座焊接在进气管路上,焊接时必须保证焊接部位密封可靠。为保证传感器测量值正确,安装时必须保证传感器底面4个湿度测量小孔不被挡住,并且该传感器温度、压力探头必须置于气流中以测量正确值。

该传感器内置湿度、温度、压力传感器,工作环境温度为-40~105 ℃;安装螺栓2×M6×1;拧紧力矩最大为3.3 N·m。

(13)进气压力温度传感器(见图2-49)。通过测量中冷后的压力、温度,结合发动机转速、排量、充气效率,利用速度密度法即可计算出混合气流量。

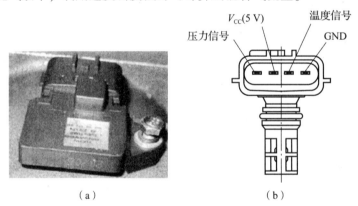

图 2-49 进气压力温度传感器
(a)外形图;(b)针脚定义

安装要求:按零件要求安装在电子节气门下游的进气管上,安装时尽可能让传感器温度、压力探头置于混合气气流中,以测量出正确的值。

(14)凸轮轴位置传感器(见图2-50)。通过信号轮的触发信号,将第一缸活塞压缩上止点位置及时准确地传递给ECM,同时有测量曲轴转速的功能。ECM根据触发信号及控制MAP来控制发动机的点火提前角、空燃比、增压压力等参数。

(15)水温传感器。水温传感器将发动机的冷却液温度信号及时准确地传递给ECM,根据冷却液温度修正点火提前角、空燃比及怠速车速等参数,同时在水温失控的情况下限制发动机的功率,从而保护发动机。

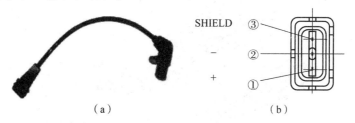

图 2-50 凸轮轴位置传感器

(a)外形图;(b)针脚定义

传感器采用负温度系数热敏电阻;两个输出端子为信号和接地;工作电压为 DC 5 V;工作环境温度为-40~135 ℃;传感器外壳材料为黄铜;拧紧力矩为 15~20 N·m;20 ℃电阻值为 25 000 Ω。安装时要求牢固安装在发动机上指定位置,拧紧力矩为 15~20 N·m。

(16)天然气温度传感器(见图 2-51)。天然气温度传感器实时测量电控调压器出口处的天然气温度,ECM 根据测量到的温度、压力等参数及所需要的目标空燃比计算出需要提供给发动机的天然气供给量。

图 2-51 天然气温度传感器

安装时要求牢固安装在电控调压器上指定位置,要求加密封胶,确保不发生天然气泄漏,拧紧力矩为 15~20 N·m。

(17)电子油门踏板(见图 2-52)。驾驶员通过电子油门踏板驱动和控制发动机运行工况,反映驾驶员的实际动力需求。该油门踏板为接触式电子油门踏板,安装时注意将油门踏板布置在防油、防水、防电磁干扰条件较好的地方。为防止整车电磁干扰影响电子油门踏板传递给 ECM 的信号,要求电子油门踏板至整车接口信号线必须使用屏蔽线,并且屏蔽层要接得牢固可靠。

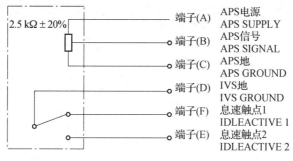

图 2-52 电子油门踏板

(18)电子控制模块(见图 2-53)。电控压缩天然气发动机管理核心,通过各种传感器监控发动机运行工况,根据发动机运行工况控制 MAP 控制各执行器,并且通过 CAN 总线与汽车各子系统通信。

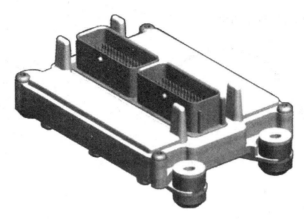

图 2-53 电子控制模块

工作环境温度为-40~105 ℃；最大振动为8G(在 10~1 000 Hz 范围内)；工作电压为 6~32 V，安装 ECM 时，应尽可能将 ECM 安装在振动小的位置，并且要有可靠的防水、防油散热措施。

2. 典型的天然气汽车

1) 一汽 CA6100URN1 城市客车

CA6100URN1 车型是一汽客车开发的一款天然气城市客车，其外形如图 2-54 所示。该车型匹配压缩天然气后置 CA6SE1-21E4N 型直列 6 缸、增压中冷电控天然气欧Ⅸ发动机，更加环保。

图 2-54 一汽 CA6100URN1 城市客车

2) 东风雪铁龙新爱丽舍 CNG 双燃料轿车

如图 2-55 所示，东风雪铁龙的新爱丽舍 CNG 双燃料车型承袭了新爱丽舍系列车型承载式车身结构，拥有全新外形及独有的后轮随动转向技术。该车是国内第一款天然气供给系统由原厂流水线一体化设计制造的 CNG 双燃料车，设计和制造要求完全符合国家标准，同时工艺规范比较严格，更主要的是完善了天然气与原发动机的匹配问题，提高了整车的质量稳定性和安全性，因而避免了其他线外改装车型可能会遇到的质量难以控制、出现问题后索赔难等诸多问题。

图 2-55 东风雪铁龙新爱丽舍 CNG 双燃料轿车

新爱丽舍 CNG 双燃料轿车是在新爱丽舍标准型轿车的基础上，采用汽油及压缩天然气电控多点喷射燃料供给系统的 1.6 L 16 V 小型高能的两用燃料发动机，其汽油喷射系统选用与新爱丽舍相同的 BOSCHME 7.4 汽油电控单元，更安全、科技含量更高。其中，CNG 系统适配意大利 LOVATO 最新一代的压缩天然气多点喷射系统，该系统处于国内汽油与压缩天然气两用燃料轿车市场的领先水平。先进的设备带来了良好的燃料经济性，使爱丽舍 CNG 车型的能量损耗低。CNG 双燃料车型在汽油和压缩天然气两种燃料之间进行转换时，由于两种燃料固有的特性，会存在 12%~30% 的动力损失。新爱丽舍 CNG 双燃料车动力损失仅为 14.1%，是各车型中动力损失最少的一款。

新爱丽舍 CNG 是国内唯一一款加气口外置的双燃料车，与国内其他品牌的 CNG 双燃料车将加气口和压力表设置于发动机舱内相比，最大的好处就是每次加气无须打开发动机盖。既做到了加气便利，又防止了高温发动机舱加气的安全风险。

2.5.2 氢发动机汽车

1. 氢发动机汽车基本结构原理

目前，车用氢能主要有两种方案：一种是燃料电池，它是通过氢的离子化转化成电能；另一种是氢发动机，它通过氢的燃烧使化学能转化为机械能。

然而，燃料电池汽车存在体积庞大、冷起动性差、高负荷运行时效率低、续驶里程及寿命有限、价格昂贵等缺点。目前燃料电池汽车相关基础设施建设较少，也缺少健全的标准和规范，所以在短期内很难达到大规模产业化和市场化。相比较而言，发展氢发动机汽车更实际可行。氢发动机工作原理和点燃式内燃机相同，只需在结构上对传统内燃机作局部(如供氢系统、喷氢系统等)修改即可。

氢气在常温、常压下是无色、无味、无毒的气体。氢气本身的天然储量不大，而且自然界中的氢绝大部分以化合态的形式存在。作为其来源之一的水是十分丰富的，而且氢气燃烧后生成的物质还是水，故能形成资源的快速循环。

1) 氢发动机的分类与工作原理

氢发动机属于点燃式发动机，根据氢燃料储存的压力和形态分为压缩氢、液态氢和吸附氢三种。根据混合气形成方式不同可分为外部混合式(预混式)、内部混合式(缸内喷射式)和内外混合结合式等几种方式。

（1）预混式氢发动机。所谓预混式，即缸外混合技术，是让气态氢与空气在气缸外形成混合气，然后由进气道在进气行程送入气缸。由火花塞或电热塞引燃，也可以用柴油引燃。这是使用氢燃料最简单的技术，所以目前国内外研发的氢发动机大部分都采用这种形式。采用预混式燃烧对传统发动机结构不需要作很大改动，而且由于在该种发动机内各缸燃料分配均匀，因此混合气形成和燃烧较易组织。但是，预混式氢发动机在运行中无法避免回火和早燃等异常燃烧现象，输出功率一般也较低。一旦出现这些现象，发动机性能将会急剧下降，甚至无法正常工作。针对这些异常燃烧的现象，可以采用下列措施避免其发生。

①避免回火现象。回火一般是由早燃引起的，所以首先需要保证气缸清洁和减少热点。采用在进气歧管加引管喷射的方式，将减压后的氢气喷射到进气门处以减少进气歧管内的氢气量，也可以很好地减轻回火程度。另外，还可以采用进气管喷水的方法，但是这种方式要求有较大的喷水率才会有明显的效果，并且会对气缸产生腐蚀，使功率下降。

②避免早燃现象。为了抑制早燃的产生，氢发动机必须采用各缸独立点火系统，而不能采用分组式电子点火系统。为了避免早燃，还应该根据氢气的燃烧特性选用冷型的火花塞和较狭小的火花塞间隙。为了克服极稀混合气状态下（130∶1～180∶1）火焰传播速度显著下降引发的断火，应采用双火花塞点火。另外，在混合气中添加甲烷、氮气等可抑制早燃，而且在其中添加甲烷还可以弥补使用氢气燃料而带来的功率不足，并解决燃烧过快和过慢的问题。

③避免其他异常燃烧现象。通过调整喷氢提前角和点火提前角及它们之间的匹配，可以在一定程度上消除氢发动机的异常燃烧，而且研究表明，当这两个参数很接近时，氢发动机运转正常。采取废气再循环方式也可防止异常燃烧现象，不过若要有明显效果，需要保证废气再循环（EGR）率为25%～30%。

（2）缸内喷射式氢发动机。缸内喷射是指在进气阀关闭后将氢气直接喷入缸内。压缩行程开始后，气缸内气体压力是逐步上升的，在压缩行程的不同时期喷入缸内氢气压力必须是不同的，压力高低需要与缸内气体压力相匹配。氢气在压缩行程初期喷入称为低压喷射型，在压缩行程末期将压力为8 MPa以上的气喷入气缸的称为高压喷射型。采用缸内喷射，氢气不再占据气缸容积，这样就避免了预混式氢发动机气缸内可燃混合气总量较少的缺点。另外，由于换气过程中新鲜空气对燃烧室的冷却作用，大大减少了不正常表面点火的发生，因此发动机工作平稳可靠。低压喷射型虽可控制回火，但喷入常温下的氢气时易发生早燃等异常燃烧，功率只能与汽油机水平相当。而喷入低温（-50～0 ℃）气虽可抑制早燃和提高发动机功率（功率比汽油机高20%），但是运行成本上升，还受到发动机运动副的耐冻能力和循环工作情况的限制。高压喷射型由于氢气和空气混合不良，指示热效率稍低，但不会发生回火和早燃等异常燃烧，并可提高压缩比，从而提高输出功率和补偿热效率，改进发动机的整体性能，但是高压喷射型对喷氢系统有很高的要求。

为了使氢喷束贯穿整个燃烧室，喷射压力必须大于8 MPa。这么高的压力只有通过采用液氢泵来获得。

氢极易通过射阀和阀座间的狭缝泄漏，因此这些偶件要求加工得十分精密，并需使用少量润滑油。这些特殊的低温防泄漏设备的采用增加了发动机的成本。

与汽油相比,氢的密度很小,因而在高压空气中,氢喷束的喷射速度较低,且射程较短,不利于及时形成混合气。因此,要实现快速燃烧,必须合理组织燃烧室内的气流运动。

氢的喷射、点火正时、循环喷氢量均应精确控制。

(3) 内外混合结合式氢发动机。在采用缸内高压喷射时,由于氢喷入缸内会吸热,氢的自燃温度又高,因此着火困难。采取缸内喷射与进气道喷射相结合的方式喷氢,使得少量氢和空气在进气管预混后进入气缸,其余大部分氢气在压缩末期高压喷入气缸,可以有效改善发动机的着火性能,从而降低 NO_x 的排放。日本古滨庄一等人采用缸内喷射(喷射压力为 5 MPa)和预混(过量空气系数为 4)相结合的方式进行试验。结果表明,与全部预混的方式相比,这种方式更有利于在过量空气系数为 1 的附近正常燃烧,并能获得较低的 NO_x 排放量。

2) 关键零部件

如上所述,采用缸内高压喷射时,对供氢系统的要求很高。典型的液氢汽车供氢系统如图 2-56 所示。由直流电动机驱动的液氢泵将液氢箱的氢抽出,氢迅速由液态变为气态,经高压输油管送入热交换器,提高温度,然后保持在室温左右。氢气由储氢筒,经喷氢器在高压作用下喷入发动机的燃烧室中。其中,最主要的两个关键部件为液氢泵和喷氢器。

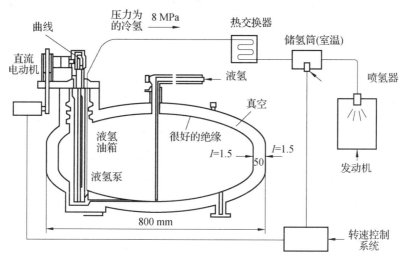

图 2-56 典型的液氢汽车供氢系统

(1) 液氢泵。液氢泵的局部结构及工作原理如图 2-57 所示,图中画有阴影的部分是固定在液氢油箱中不动的。在泵送液氢的过程中,图 2-57(a)中未画阴影部分表示的缸筒向上提起,吸氢阀关闭,并将缸筒中的氢气压上去,经过打开的供氢阀将汽化的氢在一定压力下,经高压输氢管送入热交换器。在液氢泵吸氢后[见图 2-57(b)],缸筒向下运动,供氢阀关闭,而吸氢阀打开,将液氢油箱中的氢吸入缸筒的空腔内。这种泵的特点就是通常作往复运动的活塞不动,而外面的缸筒作上下运动,这样受力情况由压缩变成拉伸,也提高了泵的工作效率。

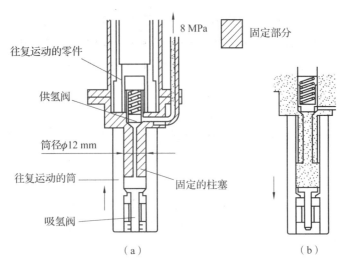

图 2-57 液氢泵的局部结构及工作原理
(a)缸筒向上;(b)缸筒向下

(2)喷氢器。喷氢器在燃烧室中布置的情况如 2-58(a)所示,利用了通常柴油机采用的喷油泵及吸嘴。此时被喷油泵压入喷氢器的柴油是作为工作液体起作用的,它推动喷氢器上端的针阀[见图 2-58(b)]向下压,将气阀打开,氢气便通过喷氢器下端喷头上的孔射入燃烧室。这种装置既利用了原柴油机的喷油泵等部件,又能将尺寸较小的喷氢器布置在紧凑的缸盖上,然而氢气阀与阀座之间的润滑剂磨损问题不易解决,有待研究。

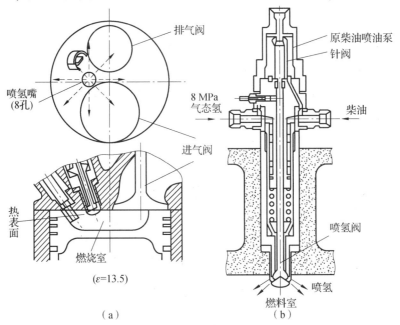

图 2-58 喷氢器在燃烧室中布置的情况及工作原理
(a)在燃烧室中布置的情况;(b)工作原理

2. 典型车型

1)宝马车型

(1)7 系氢发动机轿车。7 系氢发动机轿车上装备的是 6.0 L 12 V 发动机,最大输出功率为 191 kW，相对同款发动机的汽油版本，功率有所调低。这款氢发动机可使用氢/汽油双燃料，使用氢时与采用汽油时的运行模式相同，由活塞压缩，火花塞点火燃烧。车上的燃料罐可容纳约 8 kg 的液态氢，同时保留了容量为 74 L 的普通油箱。

（2）H2R 氢燃料研究车（见图 2-59）。2004 年 9 月，宝马 H2R 氢燃料研究车在法国 Miramas 高速试车场创造了 9 项速度纪录，显示了氢发动机汽车的无限潜力。

图 2-59　H2R 氢燃料研究车

H2R 氢燃料研究车搭载的氢发动机是以宝马 760i 6.0 L 12 V 汽油发动机为基础改造而成，与改造前的量产型发动机将燃油直接喷入燃烧室不同，氢发动机的喷射阀直接安装在进气支管内。由于氢没有以往油/空气混合气那种润滑效应，因此阀和弹簧等部件均采用特殊材料制成。

由于氢/空气混合气更高的燃烧速度能产生比汽油发动机更高的燃烧温度，因此其发动机管理系统经过特殊改进，将点火过程推到活塞到达上止点时才开始，从而确保了最大的输出功率。

尽可能推迟向进气支管内喷射氢燃料对喷射阀提出了很高的要求。宝马为该发动机开发了一个特殊的喷射阀，其体积比传统的喷射阀大，覆盖范围也得以增大。

H2R 氢燃料研究车位于驾驶席旁的真空隔离双层燃料箱可容纳超过 11 kg 的液态氢，燃料箱上由一个工作阀和两个附加安全阀组成的双重安全系统能确保其不会因压力过高而发生爆炸。该车还装备了源自 F1 赛车的遥感全程监控整体安全系统，位于关键位置的 4 个传感器可实时监测并告知任何泄漏现象。

2）福特 U 型概念车

在 2003 年 1 月的底特律车展上，福特公司向全球展示了第一台增压燃料发动机汽车，即 U 型概念车，如图 2-60 所示。该车将福特模块式混合动力车系统、远程信息处理与先进材料结合在一起，开创了福特公司第二个新纪元。

氢发动机是基于福特 Ranger、福特 Mondeo 和许多马自达汽车所使用的福特 EcoBoost 2.3 L 发动机而设计的。此发动机经过优化，以便于采用 12.2∶1 高压缩比活塞、专门设计用来处理氢气的

图 2-60　福特 U 型概念车

注油嘴、线圈在火花塞上的点火系统、电子油门和新的发动机管理软件来燃烧氢气。U 型概念车由进行过优化的、使用氢运行的内燃机来提供动力。为使效率、功率和里程范围最大化,发动机采用了增压、内冷技术。其全部污染物包括二氧化碳的排放几乎为零,其发动机比汽油机节省燃料 25%。氢电混合的变速系统进一步提高了燃烧效率。

U 型概念车可携带的氢量达 7 kg,储氢装置是由 3 mm 厚的铝和碳纤维制成的,其额定工作压力能达到 70 MPa。

2.6 醇类与生物燃料汽车

2.6.1 甲醇汽车

甲醇是一种无色、透明、高度挥发、易燃且具有水溶性的液体。甲醇可单独作为汽车燃料,也可与汽油混合作为混合燃料。甲醇的理化性质表明,可以在内燃机中掺烧或全部烧甲醇,都可获得较好的性能。甲醇的辛烷值较高,有一定的挥发性,又较易和汽油混溶,较适合作汽油机的燃料。甲醇的十六烷值低,虽不易在柴油机中燃烧,但由于柴油机热效率高,利用现代技术也可在柴油机中掺烧甲醇,从而获得满意的结果。为了发动机利用甲醇燃料时能有良好的效果,要根据不同掺烧方式的需要调整燃料性质,改进发动机结构及设计良好的掺烧及控制装置。

在燃料性质方面,可调整汽油的组分或加入添加剂,以改善发动机的起动性能和避免气阻,如在甲醇燃料中加入着火改善剂,以改善在柴油机中使用时的着火性能。

1. 甲醇燃料对甲醇汽车的影响

甲醇汽车是指以甲醇作为发动机燃料的汽车。根据掺混的比例不同,可以分为低中比例甲醇汽车和全甲醇汽车。低中比例甲醇汽车一般指的使用 M3、M5、M10、M15、M30、M40、M50 类型甲醇燃料的汽车,其掺混比小于或等于 50%,使用这种燃料不需要改变发动机的结构,但是甲醇特性与汽油机不适应,需要改变甲醇的特性变成燃料甲醇,使之可与汽油搭配使用。使用 M85、M100 类型甲醇燃料的汽车称为全甲醇汽车(包括高比例甲醇和纯甲醇),全甲醇汽车需要对发动机进行重新设计制造。各种不同掺烧比例的甲醇汽油对于汽车性能的影响各不相同,具体特性如表 2-4 所示。

表 2-4 不同配比的甲醇燃料的特性比较

特性	方案一 低比例甲醇 (M3、M5、M10、M15)	方案二 中比例甲醇 (M30、M40、M50)	方案三 高比例甲醇 (M85)	方案四 纯甲醇 (M100)
燃油经济性	一般	中	良	优
适应性材料	良	差	良	优
低温起动性	良	中	差	优
低温排放	良	差	差	优

另外,由于甲醇与汽油的理化性质与燃烧特性的一些不同,相比传统内燃机汽车带来一些有利的变化和改进,主要是降低排放和提高发动机热效率。

1)降低排放

甲醇是含氧燃料且其含碳量比汽油低,在燃烧过程中有自供氧效应,在内燃机中燃烧较均匀,减少了局部富氧或缺氧的概率,CO、HC和碳粒的产生量减少,排放量降低。

2)提高发动机热效率

(1)辛烷值比汽油高,因此可以提高发动机的压缩比,发动机的热效率明显提高。甲醇的燃烧速度和火焰传播速度比汽油快,所以燃烧的定容性较好,燃烧持续期短,也有利于热效率的提高。

(2)甲醇的汽化潜热比汽油高2倍多,当其进入气缸后,能吸收沿途管壁面周围高温零件壁面的热量而使自己蒸发,利用了废热余热而使自身的能量提高,又降低了气缸、燃烧室和气缸盖的温度,从而减少了外传热量,提高了热效率。

(3)甲醇的着火燃烧浓度界限比汽油的相应范围宽得多,所以比汽油更容易稀燃。稀燃是一种节能燃烧和完善燃烧的形式,它有利于热效率的提高,而且压缩比越高,负荷越大,越容易自燃。

(4)使用甲醇可将点火提前角和喷油提前角调整到最佳值,从而获得更高的热效率和更大的功率。

但是,甲醇燃料本身的特性也给甲醇汽车带来了一些问题,常见的几种情况和相应的改进措施如下。

1)甲醇对部分金属有腐蚀性

甲醇含氧量高,具有较强的化学活性。甲醇氧化时会产生微量的有机酸,对部分金属材料如铝、铜、铅、锌等产生酸性腐蚀和电化学腐蚀。因此,要在甲醇燃料中加入腐蚀抑制剂、缓蚀剂、抗氧稳定剂等添加剂,以减弱对金属的腐蚀作用。甲醇燃烧后排放水蒸气,此外还有甲酸等酸性物质,两者共同作用加速对排气管道尤其是焊接处的腐蚀,因此排气管道应尽量采用模压一体成型技术减少焊接。

2)甲醇对橡胶和塑料有溶胀作用

甲醇是一种极性有机溶剂,会使塑料件发生溶胀、变黏;使橡胶件发生溶胀、变硬、变脆等提前老化现象。甲醇的溶胀作用易使燃料供给系统中的橡胶塑料件提前老化,引起密封不严、漏油等现象。因此,要在甲醇燃料中添加抗溶胀剂,相关的涉醇部件也要使用改性橡胶和改性塑料等有耐醇性的专用部件。

3)甲醇汽化潜热大,发动机低温不易起动

甲醇的汽化潜热为1 109 kJ/kg,是汽油(310 kJ/kg)的3.7倍,在汽化时需要吸收更多的热量。甲醇在进入发动机气缸汽化后会引起缸内温度下降,进一步降低甲醇的挥发性能,使混合气的浓度很难达到最低着火极限,尤其是在冬季低温时造成起动困难。需要通过一些技术措施解决甲醇汽车低温冷起动困难的问题。

4)非常规排放物多

甲醇燃烧反应过程中产生甲醛、甲酸等化合物作为非常规排放的污染物比汽油燃烧排放量要多,但当用专用催化器处理后可以达到尾气排放标准要求。

5)甲醇和汽油的互溶性差

甲醇和汽油的互溶性差,特别是含有少量水分时,分层现象更为严重,当采用低比例甲醇掺烧时,可以用加入添加剂的办法解决。

6)甲醇汽油的溶水性

甲醇极性很强,与水可以无限互溶,水分对甲醇汽油的稳定性影响很大,水分的存在会使甲醇与汽油的临界互溶温度提高,甚至在某些情况下从空气中吸收的水分,也会导致稳定均一的甲醇汽油重新分层。改进甲醇汽油的溶水性,其本质在于增加甲醇与汽油的相容性。目前,改善甲醇汽油相容性所用的助溶剂有醚类、高级醇及脂肪烃、低碳杂醇、芳香族化合物等,如MTBE、异丁醇、叔丁醇等。

7) 甲醇汽油的高温气阻性

汽车的气阻是指输油管因高温而使汽油汽化产生气泡,堵塞油路导致发动机供不上油而熄火。汽油沸程很宽(30~200℃),如果其馏程曲线合理,汽车的输油管通风良好或在输油管与发动机之间有隔热垫片(板),隔开了发动机产生的热辐射,一般不会产生气阻。甲醇汽油则不能,甲醇沸程单一(64.8℃),大量加入后,甲醇汽油馏程严重偏离原馏程曲线,因而需要添加高沸点的组分以调整馏程曲线,确保甲醇汽油在输油管中不汽化。另外,如果燃烧不完全、烃类物质裂解、氧化聚合而产生炭渣的沉积,也会阻塞汽化室喷嘴发生气阻。因此,应促进甲醇汽油充分燃烧,抑制高温下的氧化聚合,添加抗阻沉积剂以抑制甲醇汽油发生气阻。

2. 甲醇汽车发动机的结构特点

甲醇燃料的一些性质也会对发动机造成影响,汽油机在使用甲醇燃料时,发动机上的一些参数要在考虑甲醇的理化、燃烧特性的基础上进行选择,如甲醇的辛烷值、汽化潜热、着火温度等。主要情况如下。

1) 压缩比的调整

汽油机在使用甲醇燃料时,其压缩比可进一步提高,因为甲醇燃料辛烷值高、抗爆燃性好。一般汽油机的压缩比可以提高到12~14,同时提高压缩比要考虑燃烧室的形状、缸内气流运动方向及强度、与火花塞的位置配合能否实现最佳的燃烧过程。提高压缩比时,应有较强的气流运动,使甲醇燃料与空气更有效混合。较强的扰动会使激冷层范围减少,激冷层变薄,同时在提高压缩比、改动燃烧室形状及尺寸时,应尽量减少有害缝隙容积,在高压缩比及高功率情况下,要注意甲醇早燃及爆燃的可能。

2) 改善燃油分配均匀性及供油特性

甲醇的容积耗量在功率相等时比汽油大1倍多,因此选用甲醇燃料时,采用喷油器的汽车要考虑其流量特性是否满足要求及材料的相容性,重新确定混合气的空燃比。由于甲醇的汽化潜热高,每循环供应量大,在发动机实际运转时很难完全汽化,如用单点喷射,各缸间分配不均匀性比汽油突出。若采用使各缸进气管长度及阻力尽可能一致,混合气进行预热等措施,则有可能改善混合气的形成及均匀分配。甲醇混合气的预热可以提高中、低负荷特性时的燃油经济性,降低排放,但预热过度则会使最大功率下降。

3) 混合气空燃比的调整

甲醇燃料混合气的可燃界限范围宽,通常汽油机改用甲醇燃料后会提高压缩比,提高了缸内气流运动速度及压缩行程终点的缸内温度,这都有可能使用更稀的混合气。因此,汽油机改用甲醇燃料后,都需要调整混合气空燃比,使用更稀的混合气工作。

4) 火花塞及点火时间的选择

甲醇容易因炽热表面引起着火,最大火花塞温度易低于汽油机的火花塞温度,所以需要较冷型火花塞。尽管甲醇的着火界限宽,但是由于汽化潜热大、蒸气压低及各缸间混合气较大的不均匀性,在发动机较冷的状态下,难以稳定着火。可能改善的措施包括:增加点火能量、延长点火时间、采用多电极及电极局部侧面有屏障的特种火花塞等。

3. 典型车型

1）吉利帝豪甲醇动力轿车（见图 2-61）

2022 年 6 月 30 日，吉利第四代帝豪甲醇动力轿车上市，该车是全球首款醇电混合动力轿车。该车百公里平均醇耗 7.7 L（相当于油耗 2.9 L），每公里成本 0.24 元，同时相比传统内燃机汽车减少了 42% 的碳排放，是同级最节能、最低碳、最经济的混动轿车。该车搭载了全新一代 1.8 L 醇电混动专用发动机，热效率达到 41.5%；其变速器采用世界一流 DHT 混动电驱变速器，拥有 40% 的节能率（同级最强）及 4 920 N·m 差速器设计输出扭矩（全球最高），传动效率高达 97.5%；其电池则选择了 1.83 kW·h 大容量高性能三元锂电池，采用三面豪华液冷科技，具有换热快、性能高、更节能、更安全的优势。

图 2-61 吉利帝豪甲醇动力轿车

2）奇瑞旗云甲醇汽车（见图 2-62）

旗云甲醇汽车是由奇瑞公司潜心研发成功的一种新型甲醇汽车，它是在旗云车基础上研发的环保节能型轿车，延续了旗云车经济实用的特点，可使用甲醇和汽油双燃料。该车型出租车兼具经济、环保、可靠、安全四大优势。由于采用甲醇作为主要燃料，该车型在作为出租车运营时，实现了更低的运营成本和更优的排放指标。据计算，与同排量汽油车型相比，甲醇汽车燃料费用按照目前的价格，比汽油可节省 1/3 左右。另外，经过多次试验证明，旗云甲醇汽车动力性和可靠性达到原汽油机的水平，各项性能指标均居国内领先水平，并兼具经济、环保、安全优势。

图 2-62 奇瑞旗云甲醇汽车

2.6.2 乙醇汽车

将乙醇掺入汽油可以作为车用燃料，常规使用的是 E85 燃料，其按汽油 15% 和生物乙醇燃料 85% 的比例混合而成。既可以使用此种混合乙醇燃料又可以使用常规汽油的汽车，通常也称为灵活燃料汽车。乙醇是一种绿色可再生资源，随着科学技术的发展，粮食和各种植物纤维都可以加工生产出乙醇，乙醇的原料来源相当丰富，而且可以循环再生。

乙醇是无色、透明、具有特殊香味的易挥发液体，密度比水小，能跟水以任意比例互溶，是一种重要的溶剂，能溶解醚、甘油等多种有机物和无机物。

乙醇和甲醇有很多共性，其一样可单独作为汽车燃料，也可与汽油混合作为混合燃料，其特点如下。

(1) 乙醇的热值比汽油低，约为汽油的 61.5%，但含氧量高，存在自供氧效应，减少 CO 生存条件，使 CO 较多地转变成 CO_2。CO 和 HC 排放量明显小于汽油，NO_x 排放量与汽油相当。

(2) 乙醇辛烷值远高于汽油，当汽油中加入一定量的乙醇后可提高混合燃料的辛烷值。

(3) 乙醇的着火性差，十六烷值只有 8，在压燃式发动机中采用乙醇燃料要困难得多。

(4) 乙醇的沸点比汽油低，对形成燃油与空气的混合气有利，但缺少高挥发性成分，对发动机冷起动不利。

(5) 乙醇的汽化潜热是汽油的 3 倍，高的汽化潜热和低蒸气压对发动机冷起动不利，但可提高充气效率。

(6) 乙醇的着火极限比汽油宽，能在较稀薄混合气状况下工作。

另外，乙醇的理化性质较接近汽油，又容易与汽油混溶，国外首先以低比例（一般小于 1% 体积比）的乙醇与汽油形成混合燃料用于汽车上，尽管动力性能比只用汽油时略有减少，但为了用户方便，无混合燃料供应时，仍可使用汽油保持原来发动机性能，所以对发动机不变动不调整。当需要以较多的乙醇代替汽油时，可以在汽油中掺入中比例或高比例的乙醇，如 E20、E40、E50、E60 及 E85 等，但是需要对发动机乙醇混合气空燃比及点火提前角进行调整，这一点和甲醇混合燃料是类似的。

1. 乙醇混合燃料汽车发动机的结构特点

汽油机改用乙醇燃料后，发动机结构方面需要做一些变动和改进，这取决于乙醇燃料的理化性质、燃烧特点等。乙醇与甲醇同属于醇类燃料，在性质特点方面类似，所以发动机结构方面的变动和改进也与甲醇汽车类似。具体内容如下。

1) 提高压缩比

要充分利用乙醇汽油辛烷值高、抗爆燃性好的特点，一般汽油机的压缩比可以提高到 12~14，同时提高压缩比要考虑燃烧室的形状、缸内气流运动方向及强度，与火花塞的位置配合，能否实现最佳的燃烧过程。从理论上分析，一般汽油机缸内有组织的气流运动较弱，在改用乙醇燃料，提高压缩比时，应组织较强的气流运动，使乙醇燃料与空气更有效混合。

2) 改善燃油分配均匀性及供油特性

乙醇的容积耗量在功率相等时比汽油大 1 倍多，因此选用乙醇燃料时，采用喷油器的汽车要考虑其流量特性是否满足要求及材料的相容性，重新确定混合气的空燃比。由于乙醇的汽化潜热高，每循环供量大，在发动机实际运转时很难完全汽化，如用单点喷射，各缸间分配不均匀性比汽油突出。各缸分配不均匀将导致燃烧不完善，负荷不均匀，功率下降及油耗增加。若采用使各缸进气管长度及阻力尽可能一致，混合气进行预热等措施，则有可能改善混合气的形成及均匀分配。

3）混合气空燃比的调整

乙醇燃料混合气的可燃界限范围宽，通常汽油机改用乙醇燃料后会提高压缩比，提高了缸内气流运动速度及压缩行程终点的缸内温度，这都有可能使用更稀的混合气。如果不采用三元催化器、不要求在理论空燃比附近工作，那么汽油机改用乙醇燃料后，需要调整混合气空燃比，使用更稀的混合气。

4）点火时间的选择

由于乙醇的着火温度和汽化潜热比汽油高，致使乙醇滞燃期比汽油长，因此乙醇发动机相对于汽油机，点火时间应当提前才能使乙醇发动机输出最大功率。点火提前对 CO 排放基本无影响，推迟点火，HC 和 NO_x 排放可以降低。

5）进气预热以改善冷起动性能

在乙醇发动机未起动加热前，要利用电加热或其他加热系统为混合气预热，以保证乙醇发动机的冷起动。但是在乙醇发动机正常运转之后，维持乙醇发动机自然进气温度即可使发动机获得良好的性能指标。

2. 典型车型

1）通用汽车

由于美国全境分布着众多的 E85 燃料加油站，因此此种类型的汽车在美国的应用十分广泛，得到了良好的发展。目前，美国有超过 800 万辆的灵活燃料汽车正在使用。

美国通用汽车旗下有多款可以使用 E85 燃料的发动机，涵盖四缸、六缸和八缸系列，排量从 2.4~6.0 L，其应用的品牌涵盖了通用汽车旗下所有的品牌系列，如雪佛兰、别克、凯迪拉克和 GMC。

雪佛兰 Impala 2012 款轿车采用可变气门正时技术及 206 kW 3.6 L 6 V DOHCSIDI 发动机，EPA 估计燃油经济性在高速公路上为百公里 7.8 L（常规汽油）或 10.69 L（E85）。其车身油箱加注口有明显的标志，表明此车可以加注 E85 燃料。

2）福特汽车

美国福特汽车开发了多款发动机可以燃烧 E85 燃料，其中 2013 款福特福克斯轿车搭载 2.0 T i-VCTGDII-4 发动机，EPA 估计燃油经济性在高速公路上为 40 mpg（常规汽油）或 33 mpg（E85）。mpg 表示每加仑（美）燃油可以跑多少英里，如 1 mpg 相当于百公里 235 L，40 mpg 相当于百公里 $\frac{235}{40}$ L。

3）沃尔沃汽车

沃尔沃 3 个系列（C30、S40、V50）的 9 种车型可以提供多种燃料车型。4 气门自然吸气发动机可以产生 125 马力（1 马力=735.5 W）的功率，生物乙醇和汽油可以同时注入一个 55 L 的油箱内。由于乙醇燃料具有腐蚀性，发动机的油管、阀门和衬垫都经过了改良，燃油喷嘴也得到加固且较原来型号有所增大，目的是可以有更多的燃料同时注入发动机。同时，还对发动机管理系统作了相应的调校，该系统将会严格监测油箱内的混合燃料比例，自动调节燃油泵入量。

4）奇瑞汽车

奇瑞 A5 灵活燃料+压缩天然气多燃料轿车是一款能混合燃烧乙醇、汽油、压缩天然气燃料的新能源汽车，具有燃料价格便宜、排气污染小、安全性能高等众多优点。作为新型的节能型轿车，该轿车在节能环保方面具有极大的优势，其为发展汽车替代燃料技术、打造汽车能源多元化格局起到了急先锋的作用。

2.6.3 生物燃料汽车

生物燃料汽车是指以生物柴油为燃料的汽车。生物柴油通常是指利用可食用和不可食用的植物油，一些动物的油脂及废烹调油等原料，进行酯化反应得到的燃料，其性质与柴油很接近。美国材料学会（ASTM）对生物柴油的含义作了如下的叙述：生物柴油是由植物油、动物油等可再生油脂原料所衍生的长链甲基脂肪酸，可用于柴油机。生物柴油是生物质能的一种，它是生物质利用热裂解等技术得到的一种长链脂肪酸的单烷基酯。生物柴油是含氧量极高的复杂有机成分的混合物，这些混合物主要是一些相对分子质量大的有机物，几乎包括所有种类的含氧有机物，如醚、醛、酮、酚、有机酸、醇等。生物柴油是一种优质清洁柴油，可从各种生物质提炼，因此可以说是取之不尽、用之不竭的能源，在资源日益枯竭的今天，有望取代石油成为替代燃料。

生物柴油具有以下优点。

（1）生物柴油由动植物油脂及废烹调油转化的技术已基本成熟，不需要复杂的设备。生物柴油的储存、运输及分配供应系统，可使用原来用于柴油的容器及设备，对材料没有特殊要求。

（2）优良的环保特性。生物柴油和普通柴油相比含硫量低，使用后硫化物的排放量可降低约30%。生物柴油不含对环境造成污染的芳香族化合物，燃烧尾气对人体的损害低于普通柴油，同时具有良好的生物降解特性。和普通柴油相比，生物柴油尾气中有毒有机物排放量仅为1/10，颗粒物为20%，二氧化碳和一氧化碳的排放量仅为10%。

（3）低温起动性能。和普通柴油相比，生物柴油具有良好的发动机低温起动性能，冷滤点达到-20 ℃。

（4）生物柴油的润滑性能比普通柴油好。可以降低发动机供油系统和缸套的摩擦损失，增加发动机的使用寿命，从而间接降低发动机的成本。

（5）良好的安全性能。生物柴油不属于危险燃料，在运输、储存、使用等方面的优点明显。

（6）优良的燃烧性能。生物柴油的十六烷值比普通柴油高，在使用时具有更好的燃烧抗爆性能，因此可以采用更高压缩比的发动机以提高其热效率。虽然生物柴油的热值比普通柴油低，但由于生物柴油中所含的氧元素能促进燃料的燃烧，可以提高发动机的热效率，这对功率的损失会有一定的弥补作用。

（7）可再生性。生物柴油资源丰富，是一种可再生能源，不像石油、煤炭那样会枯竭。

（8）经济性。使用生物柴油的系统投资少，原用柴油的发动机、加油设备、储存设备和保养设备无须改动。

（9）可调和性。生物柴油可按一定的比例与普通柴油配合使用，降低油耗，提高动力，降低尾气污染。

（10）可降解性。生物柴油具有良好的可降解性，在环境中容易被微生物分解利用。由于生物柴油燃烧时排放的二氧化碳源低于该植物生长过程中所吸收的二氧化碳，从而改善二氧化碳排放而导致的全球变暖这一重大环境问题，因此是一种真正的绿色柴油。

目前在应用生物柴油作燃料时,主要存在如下问题。

(1)价格尚高于普通柴油。

(2)在大量生产时,还需要保证原料的供应,如用可食用植物油作燃料,就需要较多土地,这与我国的粮食紧缺状况是矛盾的;如用野生植物油,则还有待于开发;如用废烹调油,则需组织采购工作。

(3)发动机使用生物柴油,尚需进一步优化,解决可能产生的新问题。

1. 生物燃料汽车概况

由于使用生物柴油无须对原有柴油机进行较大调整,而且生物柴油本身良好的自润滑性能使其有利于降低磨损,因此相比于醚类和醇类代用燃料,有一定的优势。世界各国对生物燃料汽车的研究都得出了它能显著降低发动机污染物排放的结论。生物燃料汽车的排放性能不仅包括传统的排放物 CO、HC、NO_x 等,还包括非常规排放物如醛酮类、芳烃、硫化物等。多环芳香烃(PAHs)最突出的特点是致癌、致畸及致突变性,并且致癌性随着苯环数的增加而增加。当 PAHs 与 $-NO_2$、$-OH$、$-NH_2$ 等发生作用时,会产生致癌性更强的 PAHs 衍生物。目前,大多数国家都将 PAHs 列为环境监测的重要内容之一,中国政府列出的"中国环境优先污染物黑名单"中包括了 7 种 PAHs,汽车发动机尾气排放已成为 PAHs 污染的主要来源之一。对生物燃料汽车排放的研究中也包括了 PAHs。

一些研究机构和人员对生物柴油发动机的排放性能进行了研究,得出了一些具体的试验数据和结论。简要总结如下。

(1)油耗及排放的影响。因生物柴油燃料热值的下降,比油耗上升 12% 左右,但污染物排放明显下降,除 NO_x 的排放增加 5.6% 外,CO、HC 和 PM 的排放分别降低了 41.4%、38.3% 和 38.7%,烟度排放降低了 43.1%。另外,随着燃油中生物柴油掺混比例的增加,甲苯呈逐渐下降趋势。生物柴油与普通柴油可以任意比例混合燃烧而不会改变它们各自的排放特性,因此可以通过不同比例的掺混来找到排放和油耗的平衡点。

(2)随着负荷的增加,发动机燃用普通柴油、纯生物柴油、B20 燃油(指含 20% 生物柴油和 80% 普通柴油的掺混油)的甲醛和乙醛排放均呈下降趋势。纯生物柴油的甲醛排放则明显高于普通柴油。纯生物柴油的乙醛排放在中低负荷也低于普通柴油,在高负荷时高于普通柴油及 B20 燃油。随着负荷的增加,发动机燃用 B20 燃油和纯生物柴油的丙酮排放要高于普通柴油,但排放量均较低。

(3)随着负荷增加,发动机的二氧化硫排放逐渐上升。随着燃油中生物柴油掺混比例的增加,二氧化硫呈逐渐下降趋势,纯生物柴油的二氧化硫排放大幅降低。

(4)随着生物柴油掺混比例的增加,发动机的二氧化碳排放略有降低。这表明了生物柴油对减少温室气体有利,若考虑到其作为一种可再生燃料,可以实现二氧化碳排放的闭式循环,其对减少温室气体的效果更为显著。

(5)在大多数工况下,燃用生物柴油后,PAHs 的排放浓度均有下降。生物柴油的 PAHs 平均排放浓度比普通柴油低 26.9%,B20 的下降幅度为 10.0%。以苯并芘为标准,普通柴油、B20 燃油、生物柴油的毒性当量分别为 0.005 2、0.003 0 和 0.001 6,生物柴油 PAHs 排放的毒性大大低于普通柴油,仅为普通柴油的 30.8%。

2. 典型车型

(1)美国福特公司推出了多款重型载货汽车,如 F250、F350、F450(见图 2-63)。F450 属于福特 F 系列载货汽车中的重载车型,有强大的车辆载货与牵引车辆的能力,其装备可使用生物柴油的 6.7 L 八缸涡轮增压柴油机,其最大功率达到 400 马力,最大扭矩为 1 084 N·m,在 6 挡自动变速器的协助下可以在 9 s 内完成 0~100 km/h 的加速。

图 2-63　福特 F450 重型载货汽车

(2)雷诺 2020 款 T 系重卡(见图 2-64),应用在长途领域的 T 系配备了欧 6D 阶段的 DTI11 或 DTI13 发动机,既省油又环保。与上一代产品相比,燃料消耗和二氧化碳排放量都减少了 3%。新车还可选配能够使用合成燃料和生物柴油的发动机,从而再额外节省 3% 的燃料。

图 2-64　雷诺 2020 款 T 系重卡

2.7　其他新能源汽车

新能源汽车包括混合动力汽车、纯电动汽车、燃料电池汽车、氢发动机汽车、其他新能源汽车等各类产品,而在其他新能源汽车中,以太阳能汽车、压缩空气动力汽车、二甲醚汽车的发展最为受人关注。

2.7.1　太阳能汽车

1. 太阳能汽车的发展

汽车工业的发展给人们的日常生活带来质变的同时,也给地球带来了一个严重的问题,那就是环境污染。环境污染问题在汽车刚诞生时,并没有引起人们的关注。直到全球气候不断变暖,南极冰川的面积不断变小,世界各地的极端天气变得更加频繁时,才开始引起全世界的广泛关注。减少由于二氧化碳排放过量造成的温室效应,保护环境,促进人类社会的可持续发展,共建人类命运共同体,就成为摆在我们面前的一个急需解决的问题。使用清洁可再生能源能够帮助我们解决这一问题。如今汽车领域最火的词就是"新能源汽车",但是目前这些新能源汽车都还只是油电混合或者纯电动汽车,需要频繁充电以保证能量供给,而且并没有做到真正的环保。在这种情况下,太阳能汽车便再次成为人们视线的焦点。发展作为多种清洁的能源之一的太阳能技术,可以作为促进汽车工业能源发展的有效措施,也是扩大汽车发展的有效措施。

太阳能汽车的正式研究始于英国,1978 年,世界上第一辆太阳能汽车在英国诞生,其车速可达 13 km/h。1982 年,墨西哥研制出三轮太阳能车,速度达 40 km/h,受限于太阳能电池的转换效率,该车的续航时间仅为 40 min。1991 年,瑞士洛桑联邦理工学院迈克尔·格兰泽尔制成光电转化效率为 7% 的染料敏化电池,应用于太阳能汽车。2001 年开始人们研究半导体薄膜太阳能电池,相较于第一代太阳能电池,它具有制作工艺简单、电池使用寿命增加、电池转化效率稳定和衰退现象不明显的优点。2010 年,比亚迪 F3DM 车型推出了配备车顶太阳能电池组件的版本;2012 年,丰田首次为其混合动力车型普锐斯推出车顶太阳能充电系统的可选配置;2014 年,福特推出了一款名为"C-MAX Solar Energi"的太阳能概念车。该车车顶由集光性强的菲涅尔聚光透镜组和太阳能电池板组成,能够更为高效地吸收太阳光,数据显示该太阳能转化系统的发电量可供汽车行驶 33 km。2015 年 7 月 24 日,由荷兰方面研发了一款新型太阳能汽车,最高车速可达 125 km/h。该车型在充满电的情况下,续驶里程可达 1 000 km。2015 年 8 月 23 日,澳大利亚墨尔本电动汽车公司研制了一款太阳能动力超级跑车,该车优化了空气动力外形并进行了轻量化处理,车身质量仅有 250 kg,百公里加速仅需 7 s,最高速度可达 150 km/h。2017 年 7 月,德国 SONO 汽车初创公司在慕尼黑发布了首款接近量产的太阳能汽车"Sion",最高时速可达到 140 km/h。2017 年,中国汉能控股集团旗下的太阳能电池公司推出四款全太阳能动力汽车,其太阳能电池组件的光电转化效率达到 31.6%。2018 年,万向公司旗下的子公司推出了一款太阳能混动式电动汽车。通过在车顶加装一套功率 200 W 的太阳能电池板来同时给低压 12 V 电池和高压电池组提供电能,以此增加整车的动力性能。2019 年,韩国现代推出索纳塔混动车型,其车顶的太阳能系统可为混合动力系统的电池充电。2022 年 6 月,荷兰 Lightyear 公司发布了太阳能电动汽车 Lightyear0。

2. 太阳能汽车的优势

完全依靠太阳能来驱动的汽车或者将太阳能作为汽车辅助设备的能源汽车被称为太阳能汽车。太阳能汽车行驶的原理:在阳光下,太阳能光伏电池板采集阳光,并产生直流电流。产生的直流电流一部分可以输送给发动机,驱动太阳能汽车前进;另一部分通过控制器向蓄电池充电。蓄电池储存的电能既可直接通过控制器输送给发动机,驱动汽车运行,也可为阴雨天气或者夜间行驶时提供动力。

早在 20 世纪,人们就开始了对太阳能的研究。然而由于当时科技水平的限制,太阳能技术并没有能够应用到汽车领域。由于全球能源危机的不断加重,人类急需找到能够替代石油的清洁能源,太阳能作为清洁能源进入汽车领域的应用研究摆到了汽车行业技术人员的面前,在进行了一系列的研究试验后,太阳能技术在汽车能源的应用上终于取得了长足的进步。

将太阳能技术应用到汽车领域作为新能源驱动汽车，其具有诸多优势，不但能够节约资源，保护环境，而且对当前的科技发展是具有非常重大的意义的。

太阳能汽车的优点如下。

(1) 太阳能汽车无污染，无噪声。因为不用燃油，太阳能汽车不会排放污染大气的有害气体；没有内燃机，太阳能汽车在行驶时听不到燃油汽车内燃机的轰鸣声。

(2) 太阳能汽车耗能少，只需采用 $3\sim4\ m^2$ 的太阳电池组件便可使太阳能汽车行驶起来。传统内燃机汽车在能量转换过程中要遵守卡诺循环的规律来做功，热效率比较低，只有 1/3 左右的能量消耗在推动车辆前进上，其余 2/3 左右的能量损失在发动机和驱动链上；而太阳能汽车的热量转换不受卡诺循环规律的限制，90% 的能量都能用于推动车辆前进。

(3) 太阳能汽车易于驾驶，无须电子点火，只需踩踏加速踏板便可起动，利用控制器使车速变化。不需换挡、踩离合器，简化了驾驶的复杂性，避免了因操作失误而造成的事故隐患。

(4) 太阳能汽车结构简单，除了定期更换蓄电池，基本上不需日常保养，省去了传统内燃机汽车必须经常更换机油、添加冷却水等定期保养的烦恼。

(5) 在都市行车，为了等候交通信号灯，必须不断地停车和起动，既造成了大量的能源浪费，又加重了空气污染，使用太阳能汽车，减速停车时，可以不让电动机空转，大大提高了能源使用效率且减少了空气污染。

3. 太阳能汽车的基本构造

1) 太阳电池方阵

太阳电池方阵是太阳能汽车的能源。方阵是由许多 PV 光伏电池板（通常有好几百个）组成的。方阵类型受到太阳能汽车尺寸和部件费用等的制约。目前，主要有两种类型的光伏电池板：硅电池和砷化合物电池。环绕地球卫星使用的太阳电池是典型的砷化合物电池，而硅电池则更为普遍地为地面基础设备所使用。一般等级的太阳能汽车通常使用硅电池板。许多独立的硅片（接近 1 000 个）被组合，形成太阳电池方阵，依靠光伏电源供电动机驱动太阳能汽车。这些方阵的工作电压通常为 $50\sim200\ V$，并能提供 1 000 W 的电力。方阵输出功率的大小受到太阳、云层的覆盖度和温度的影响。超级太阳能汽车也能使用通常类型的太阳能光电板，但更多的是使用太空级光电板。这种板很小，但是比普通的硅片电池板要昂贵得多，然而它们的使用效率非常高。

一般情况下，汽车在运动时，被转换的太阳能直接送到发动机控制系统。但有时提供的能量要大于发动机需求的电力，那么多余的能量就会被蓄电池储存以备后用。当太阳电池方阵不能提供足够的能量来驱动发动机时，蓄电池内储存的备用能量将会自动补充。当然，当太阳能汽车不运动时，所有能量都将通过太阳能光伏阵列储存在蓄电池内，也可以利用一些回流的能量来推动汽车。当太阳能汽车开始减速时，换用通用的机械制动，这时发动机将变成一个发电机，能量通过发动机控制器反向进入蓄电池内进行储存。回充到蓄电池中的能量是非常少的，但是却非常实用。

2) 电力系统

太阳能汽车的核心就是电力系统，它由蓄电池组和电力系统控制器组成。电力系统控制器管理全部电力的供应和收集工作。蓄电池组就相当于普通汽车的油箱。太阳能汽车使用蓄电池组来储存电能以便在必要时使用，太阳能汽车起动装置控制着蓄电池组，但是当太阳能汽车开动后,是通过太阳能阵列提供能量,从而再充到蓄电池组内。蓄电池组由几个独立的模块连接起来,并形成系统所需的电压。比较有代表性的系统电压一般为84~108 V。

3)电力控制系统

在太阳能汽车里最高级的组成部分就是电力控制系统,它包括峰值电力监控仪、发动机控制器和数据检测系统。电力控制系统最基本的功能就是控制和管理整个系统中的电力。峰值电力监控仪所需电力来源于太阳能光伏阵列,光伏阵列把能量传递给另外的蓄电池用于储存或直接传递给发动机控制器用于推动发动机。当太阳能光伏阵列给蓄电池充电时,峰值电力监控仪能防止蓄电池组因过充而被损坏。峰值电力监控仪是由轻质材料构成的,并且效率一般能达到95%以上。发动机控制器控制发动机的起动,而发动机起动信号是来自驾驶员的加速装置。对发动机控制器电力管理是通过程序来完成的。发动机的起动需要配备不同型号的发动机控制器,使用的工作效率一般超过90%。很多太阳能汽车使用精确数据检测系统来管理整个太阳能汽车的电力系统,其中包括太阳能光伏阵列、蓄电池组、发动机控制器和发动机。在有些时候,需要掌控蓄电池的电压和电流。从监控系统获得的数据常常用来判断太阳能汽车的状况,并用来解决太阳能汽车出现的问题。

4)电动机

在太阳能汽车里使用什么类型的电动机没有限制。大多数太阳能汽车使用的电动机是双线圈直流无刷电动机,这种直流无刷电动机的材质很轻,在额定的转速达到98%的使用效率。但是它们的价格比普通有刷型交流电动机要贵一些。

4. 发展太阳能汽车面临的问题

太阳能汽车想要真正走进大众生活,还有很多难题需要解决。

(1)太阳能的采集与转换问题。根据一般的材料应用与技术能力,太阳能转换率只能达到20%左右,难以满足汽车高速行驶所需要的足够动力,而7~8 m^{2}的太阳能电池板导致车身过大转动不够灵活,内部空间过于狭小。除此之外,电动机、电控也是太阳能汽车发展的关键技术。用于电动汽车的电动机有很多类型,目前太阳能汽车用电动机通常有直流电动机、交流诱导电动机、永磁同步电动机三种,其中交流诱导电动机存在效率滑落的缺点,永磁同步电动机目前价钱过高,所以目前太阳能汽车多用直流电动机,而直流电动机的工作效率也有待提高。

(2)造价昂贵。为了使车体轻、速度快,太阳能汽车普遍采用质轻价贵的航空航天材料,造价昂贵,所以开发新的、经济的替代材料迫在眉睫。

(3)汽车公司及石油公司缺少生产推广太阳能汽车的内在需求。因为目前的许多汽车公司都处于高利润期,不愿意投资开发新一代太阳能汽车。某些公司研发太阳能汽车也多是出于宣传导向和企业形象的考虑,而没有大力发展、投入市场的决心。

基于以上问题,太阳能汽车研究者采用一种比较折中的方式,即利用太阳能与电能或者传统燃油进行组合的方式实现混合动力驱动。这种混合驱动方式在表面上看起来和传统太阳能汽车并没有较大区别:这两种汽车都在车体表面安装了光伏电池板。目前主流的设计为,以光伏电池板吸收太阳能并将其转化为电能,燃油发动机驱动前轮,电动机供电驱动后轮。太阳能负责低速状态,燃油发动机负责高速状态。这种混合驱动模式的汽车能够有效解决当电能不足时彻底无法驱动的问题。其次,这种混合式驱动方式的汽车能够有效地改善城市的环境问题,降低城市污染,减少污染气体的排放。

5. 国内太阳能汽车的未来发展政策

目前，国内的新能源汽车主要是以纯电动汽车、混合动力汽车和燃料电池汽车为主，其中前两者仍然需要依赖以煤、油、气为主要能量来源的电力系统，尚无法完全满足当前节能减排的政策要求。因此，发展太阳能汽车有较好的应用前景。

我国是硅材料和太阳能电池的出口大国，但自用安装量则相对较少。现在欧美等太阳能电池应用较多的地区都在推行反倾销政策，太阳能电池出口量已大幅减少，甚至不少企业面临倒闭，所以我国应调整经济结构，发展高端太阳能产品核心技术，来推广太阳能电池的安装应用，扩大内需，从而加快太阳能汽车发展之路。

6. 国内太阳能汽车的技术发展路线

目前，国内太阳能汽车的主要技术路线如下。

(1) 在电动汽车的基础上，加装太阳能电池板，无论车在行驶中还是停止状态只要有太阳，就可对蓄电池充电，减少蓄电池的放电深度，可大大延长蓄电池寿命，减少蓄电池的容量要求。

(2) 尽量实现车体的轻量化，如采用铝合金、镁合金和复合材料，就可减少整车质量和功率要求，或者在同等功率条件下增加载重量或相应提高运行速度。

(3) 提高太阳能电池单位面积和单位质量的输出功率和最大功率利用。

(4) 提高蓄电池单位质量的输出电量和功率，并进一步与车载太阳能电池实现匹配。

(5) 薄膜太阳能汽车是一个较好的技术发展方向。薄膜电池薄而轻，有柔性，可以直接粘贴在车体上，高效的化合物薄膜电池的转换效率比硅电池高出接近一倍，而且对光照强度和方向敏感性较低。该技术过去应用于航天工程，现在技术成本有所降低。该技术可有效提高单位面积太阳能电池板的输出功率，且易于在车身上铺设。车辆采用薄膜太阳能电池后，可实现更长的续驶里程、更长的运行时间及更高的运行速度。

(6) 基于大功率交通工具领域的太阳能技术应用，必须依靠高转换率和高输出能量密度的太阳能电池板、高功率和低质量的蓄电池、车体结构质量小及运行阻力小等多种高科技的有机结合。该领域的成果会推动太阳能汽车、高速列车和其他运载工具装备新材料、新结构、新设备和新工艺的协同发展。

2.7.2 压缩空气动力汽车

1. 压缩空气动力汽车的发展

近年来，除广为人知的纯电动汽车、生物燃料汽车、氢发动机汽车外，压缩空气动力汽车(Air Powered Vehicle，APV)也逐渐进入人们的视野。

1938年，法国人成功制造利用压缩空气驱动的三轮车。1982年，美国飞机机械师塔瑞·米勒将四缸发动机的欧宝汽车改装为压缩空气动力汽车，其最高时速可达 50 km/h，续驶里程可达 30 km。1991年，法国设计师 Guy Negre 获得了压缩空气动力发动机的专利，并创建了 MDI 公司。1997年，美国华盛顿大学研制了第一台以液氮作为动力的气动原型汽车。1998年，法国 MDI 公司推出了第一台压缩空气动力汽车的样车，其续驶里程可达 200 km，最大时速可达 100 km/h。1999年年底，中国浙江大学气动汽车课题组成立，并于 2003 年春节前夕完成样车制造及试验。2007 年 5 月，印度塔塔汽车公司研制出一款 City Cat 空气动力汽车，其最高时速可达 109 km/h。2009 年，法国 MDI 公司研发成功三人座的三轮空气动力汽车,并采用玻璃纤维等质量较轻、有一定强度的材料制作,其全重仅 220 kg,最高时速可达 70 km/h,续驶里程可达 220 km。2012 年 5 月 30 日,中国祥天集团研发的空气动力客车亮相于第十五届北京科技产业博览会,该车最高车速可达 140 km/h,续驶里程可达 200 km,储气罐容量可达 2 000 L。2013 年法国标致雪铁龙公司在日内瓦车展及上海车展上推出一款全新的压缩空气混合动力汽车。2014 年初法国标致雪铁龙公司的穆卡德姆和搭档安德雷·亚尔斯两位工程师将汽油发动机与液压系统这两种成熟可靠的技术组合,设计开发了"空气混合动力系统"。

2. 压缩空气动力汽车的结构与工作原理

压缩空气动力汽车通常称为气动汽车。它以高压压缩空气为动力源,将压缩空气存储的压力能通过气动发动机或者气动马达转换为旋转的机械能,从而驱动汽车行驶。气动汽车整车结构与传统内燃机汽车类似,可以分为动力系统、传动系统、底盘、车身和电气系统。气动汽车能量传递路线示意图如图 2-65 所示。

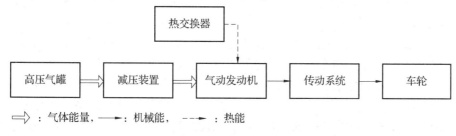

图 2-65 气动汽车能量传递路线示意图

1)气动发动机

气动发动机是压缩空气动力汽车动力系统的核心元器件,是汽车的动力输出元件。气动发动机的工作原理与传统内燃机汽车的发动机工作原理不同,进入发动机和排出发动机的都是纯净的空气,整个做功过程只有物理变化没有化学反应。因此,以气动发动机作为动力源的压缩空气动力汽车是一种真正无污染、无热辐射、噪声小的新能源汽车。因为气动发动机工作过程中没有燃料的燃烧,所以它还具有其他一系列传统内燃机汽车不具有的优点。比如,气动发动机的机体材料对耐高温程度要求低,发动机制造成本低;气动发动机工作平稳,振动小,维护成本低;工作过程具有低温特性,不需要外界能量就可以实现车内低温空调作用,可以节约能源等。目前气动发动机的形式有很多种,但是其原理基本都一样,常见的有往复式气动发动机、叶片式气动发动机和旋转式气动发动机。

2)压缩空气动力汽车动力系统

高压储气罐是压缩空气动力汽车动力系统的能量存储部分,类似于燃油汽车的油箱,但是它的材料要求比燃油箱更严格。储气罐需要承载高压的空气,因此其既要能承受较高的压力,又要尽量拥有较小的质量和尺寸。经过一系列高标准的承压、耐火、耐热等试验证明,目前最理想的高压储气罐材料是碳纤维,气罐内附薄壁铝合金衬垫,外绕高强度碳纤维丝。在尺寸方面,为了充分发挥汽车的空间利用率,目前最理想的高压储气罐是做成与底盘容易结合的形状。

3)高压系统减压装置

压缩空气动力汽车的储气罐中存储的是高压气体,一般压力在 30 MPa,而气动发动机所需要的进气压力小很多,为了给气动发动机提供可使用的低压气体,在储气罐和气动发动机之间会安装减压装置。目前传统的减压装置主要是通过减压阀(也称为节流减压装置)达到减压作用,这种减压方式输出稳定,但是工作时造成的能量损失较大;另外一种减压装置是容积式减压系统,工作过程能量损失较小。此外,经研究表明,两级减压模式比单级减压模式的能量利用率更高,工作更平稳。

4) 热交换器

在压缩空气动力汽车的动力系统中,高压气罐中的气体在经过减压装置减压的过程中温度不断降低,影响整体做功能力。因此,增加热交换器可以使气体吸收环境温度,热交换环节可以显著地提高气体膨胀的做功能力。目前热交换器主要是采用通过固体壁面将热量从高温流体传递到低温流体的间壁式热交换器。

5) 辅助装置

压缩空气动力汽车的辅助装置是用来完成气动发动机工作过程以及提高整车效率,主要包括控制系统和能量回收装置等。气动发动机控制系统主要包括单片机和一些传感器,如温度传感器、压力传感器等。能量回收装置可以充分地利用气动发动机排出的具有一定压力的气体的能量及汽车制动等过程中的能量,这样可以大大提高整车能量利用率。

3. 压缩空气动力汽车应用前景展望

气动发动机由于内部无燃烧过程,其机体并不承受高温及高压,因此无须专门设置冷却系统,整机结构简易、质量小,有效降低了其制造及维护成本。同时,其扭矩特性较为优越,具备低速高扭矩的特点,可直接起动。相较于传统内燃机汽车"化学能→热能→机械能"的能量转换过程,压缩空气动力汽车由于无须经过燃烧过程,通过储存的压缩空气压力势能经气动发动机转换即可输出机械能,其能量损失比传统内燃机汽车更小,整车效率较高,更具节能效益。而经气动发动机做功后的空气温度较低,成分亦较为简单,不存在诸如 NO_x、HC、PM 等多种污染物质,其环保方面优势十分明显。相比于纯电动汽车,压缩空气动力汽车在效率方面并不占据优势,但纯电动汽车自身固有的较高成本及充电时间较长等问题一定程度上限制了其应用。通常而言,即使不考虑更换储气罐的方式,压缩空气动力汽车补充压缩空气的时间通常也要短于纯电动汽车的充电过程。尽管这两类新能源汽车均不产生排放,但纯电动汽车的蓄电池等装置在废弃后较难处理,如直接填埋,其化学成分会对水体、土壤等造成较为严重的污染。反观压缩空气动力汽车则无污染之虞,且其气罐等设备可多次重复利用。压缩空气动力汽车在节能与环保方面的优势独树一帜,既不产生排放,又有较高的能量转换效率,还可以多次循环使用,废弃后也不会对环境产生负面影响,可谓是一类充满前景的新能源汽车。

4. 推广压缩空气动力汽车的主要问题

(1) 压缩空气动力汽车自身的劣势也同样明显,压缩空气的储存压力可达 30 MPa 及以上,对储气罐的尺寸规格参数要求也较高,同时对压缩空气的储存及携带远不如传统的石油类燃料简易、便捷。

(2) 压缩空气动力汽车自身的安全性是一大重要指标,在如此高的储气压力下,一旦储气罐发生物理性爆炸,后果不堪设想。

(3) 目前的压缩空气动力汽车的续驶里程和动力性能均较有限,无法与传统内燃机汽车相提并论。而压缩空气的储气压力随着车辆的行驶里程的延伸而逐渐衰减,伴随着不可避免的漏气现象,显著影响其动力性能。

(4) 就基建设施方面而言,目前国内提供压缩空气的加气站尚未得以普及,一定程度上限制了该新能源车型的大范围推广。

压缩空气动力汽车有清洁、高效、成本较低、扭矩特性优异、可重复利用的显著优势,但也存在动力性较低、续驶里程有限、安全性较低、存在漏气现象、相关基建设施仍未普及等一系列缺陷。但不可否认,随着石油资源的日渐减少及环境要求的提高,压缩空气动力汽车必将在公路运输领域崭露头角。

2.7.3 二甲醚汽车

二甲醚(DME)又称甲醚,是由氢气和一氧化碳反应生成的,化学式为 CH_3OCH_3O。二甲醚在常温常压下是一种无色气体,具有轻微醚香味。此外二甲醚作为一种含氧燃料,压缩性高,可在常温 0.5 MPa 时液化,具有与液化石油气相似的物理特性。

二甲醚具有良好的燃烧性能,可以替代柴油用作清洁的汽车燃料。十六烷值是评定柴油自燃性的指标,燃料自燃性对柴油机的起动性和燃烧过程都有影响。燃料的十六烷值高意味着它的自燃性好,用于柴油机时起动容易,工作柔和。但若十六烷值过高,则柴油机冒黑烟,经济性下降;若过低,则起动困难,运转粗暴。一般柴油机燃油的十六烷值在 40~55 范围之内。二甲醚具有最高的十六烷值,能在发动机缸内与空气迅速混合形成可燃混合气,因此发动机爆发力大,机械性能好,非常适合压燃式发动机,可应用在城市公交车、出租车、家庭用车上,其动力性能与 93 号汽油相当,有优良的性价比,燃料成本可降低 10%。

二甲醚的排放性能优于液化石油气。由于二甲醚分子结构中无 C—C 键的存在且其本身含氧量高达 34.8%,使得二甲醚容易氧化燃烧,并在燃烧过程中基本无炭烟形成,CO、NO 排放较少,不需要任何特殊处理即可达到相关排放标准,因此是一种理想的清洁燃料。可以替代柴油作为柴油汽车燃料,这是其他同类替代燃料不具备的优势。

以二甲醚作为燃料的柴油机与直喷式柴油机热效率几乎相同,运转柔和。二甲醚作为超低排放代用燃料已经引起国内外行业的关注。二甲醚不需要辅助点火装置,炭烟排放为零。在低燃油喷射压力下即可很好地燃烧,并且二甲醚发动机的噪声水平低于普通柴油机的水平,接近汽油机。同时,二甲醚在燃料体积上相比其他替代燃料有很大的优势。在行驶相同里程数下,所花费的燃料体积是柴油的 1.7 倍,但比乙醇、液化天然气等体积都小。

二甲醚相变潜热比柴油高,液相二甲醚蒸发而吸收的热量比柴油更加显著,可以降低燃烧室内混合气的温度。二甲醚的饱和蒸气压比液化石油气低,二甲醚装置的设计承载压力为 1.2 MPa,而液化石油气的承载压力为 1.77 MPa。二甲醚在空气中的爆炸下限比液化石油气高出 1 倍。所以,二甲醚在储存、运输、使用上比液化石油气更加安全。二甲醚可以和传统矿物燃料以任何比例混合成高十六烷值的燃料。混合 10%左右二甲醚可使炭烟排放降低接近 30%,NO 和 HC 排放也略有减少。柴油和二甲醚混合可获得良好的润滑和雾化性能。

1. 二甲醚的优缺点

通过多种燃料的分析比较,可以看到二甲醚具有如下的优点:

(1)二甲醚相较柴油其分子结构中没有 C—C 键,只有 C—O 和 C—H 键,并且含氧量也要高一些,承受废气再循环更多,因此燃烧更加成分,尾气排放中 CO、CH、NO_x、PM 更少,排放更加清洁;

(2)二甲醚较柴油的十六烷值更高,自燃温度更低,因此二甲醚发动机的发火性好、滞燃期短,燃烧均匀,发动平稳;

(3)二甲醚的汽化潜热为柴油的 1.64 倍,与柴油作为燃料相比,最高温度大幅降低,

有利于减少 NO_x 和 PM 的排放；

（4）二甲醚常温为气体，当喷入缸内后立即汽化，因此其雾化特性要比柴油好很多，有利于降低燃料喷射系统的喷射压力；

（5）我国为煤和天然气储量大国，二甲醚可以从煤和天然气中提炼，因此使用成本要低于柴油。

二甲醚的缺点如下：

（1）二甲醚在常温常压下为气态，为了便于其供给，需要在低压供给系统中将其压缩成液态，因此，在低压燃料供给系统中二甲醚的压力远高于柴油燃料供给系统的压力；

（2）二甲醚的黏度很低(5%)，因此使需要燃料作为润滑剂的燃料系统中的精密件润滑不足，导致部件磨损加剧，甚至出现泄漏卡死等状况，降低燃料系统的寿命和稳定性；

（3）二甲醚的低热值为柴油的65%，因此其做功能力差，燃料消耗量大，能量密度较低；

（4）二甲醚的弹性模量较低，在油管中二甲醚的压力传播速度低于柴油，导致二甲醚的喷油迟滞比柴油大。

2. 二甲醚汽车的基本结构

现阶段，二甲醚燃料一般用在柴油机上，因此二甲醚汽车一般在载货汽车或者大客车的基础上改制而成。例如，以上海申沃客车有限公司 SWB6115-3 系列城市公交客车为基础进行改制的二甲醚燃料客车，在设计上主要采取以下措施。

（1）采用两只二甲醚储罐，其中一只为主燃料罐，布置在车辆左侧前后轮之间纵梁旁，另外一只辅燃料罐，布置在车辆右前轮后、中客门之间的纵梁旁。

（2）仪表板上增加了泄漏报警器。在每只二甲醚储罐上方和发动机上方设燃气泄漏报警传感器，以便及时发现可能发生的二甲醚泄漏。

（3）在仪表板上增设二甲醚管路压力指示灯并调整发动机起动电路。当车辆电路接通后电动增压泵首先工作，当二甲醚管路压力达到要求后，压力指示灯亮，发动机方能起动。

（4）拆除原燃油箱和供油管路，适当调整蓄电池位置。

（5）为满足燃料电动增压泵对 12 V 工作电压的要求，增加 DC/DC 转换器。

3. 二甲醚发动机

二甲醚发动机作为二甲醚汽车的核心，研究其结构改进有重要意义。二甲醚十六烷值高，具有很好的压燃性，是非常适合压燃式发动机使用的代用燃料。国内外关于二甲醚作为柴油机代用燃料的研究重点集中在如何开发适合二甲醚燃料特性的发动机，实现高效清洁燃烧。丹麦技术大学在柴油机上进行了燃用二甲醚的试验研究，结果表明，燃用二甲醚燃料的发动机，在保持原柴油机效率和动力性的前提下，NO_x 排放显著下降，PM 排放几乎为零。

4. 二甲醚汽车的燃油供给系统

在20世纪90年代初提出二甲醚作为柴油的替代燃料之后，国内外首先试验研究如何改动原柴油机的供油系统，使其参数化，并验证获得的性能及排放指标。由于采用了现代的试验鉴别技术及计算机数值模拟分析方法，在二甲醚燃料的供油参数的优化及燃烧过程的分析等方面获得了大量的试验研究成果。二甲醚汽车的供油系统(见图2-66)主要由液化二甲醚燃料罐、油泵压力调节器、燃油冷却器、燃油过滤器、喷油泵、截止阀和回油冷却器及管路系统组成。

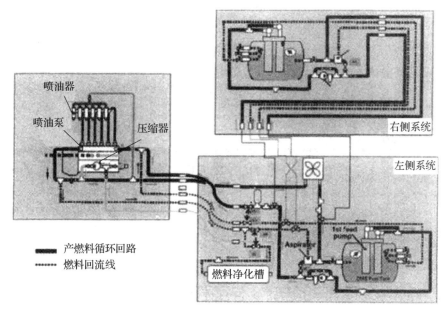

图 2-66 二甲醚汽车的供油系统

二甲醚相对柴油排放更加清洁、发火性更好、燃烧均匀、运行平稳、热效率高，同时我国作为煤储量大国，发展二甲醚汽车的意义更加重大。但是，其喷射系统部件磨损过快、泄漏等问题不利于其在实际中使用。未来汽车燃料将朝着多元、经济、绿色的趋势发展，发展替代性燃料作为我国一项战略性措施，有助于缓解我国对石油进口的依赖性，对改善我国能源安全和能源消费结构具有重大意义。

思考题

1. 简述纯电动汽车的分类。
2. 纯电动汽车的相关技术有哪些？
3. 混合动力汽车与纯电动汽车比较有哪些优点？
4. 简述燃料电池的发电原理。
5. 燃料电池的特点有哪些？可以应用在哪些方面？
6. 简述天然气发动机的结构和工作原理。
7. 针对发动机内异常燃烧的现象，可以采用哪些措施？
8. 甲醇燃料本身的特性也给甲醇汽车带来了一些问题，如何解决？
9. 简述乙醇混合燃料汽车发动机的结构特点。
10. 简述太阳能汽车行驶的原理。

第 3 章 纯电动汽车

3.1 纯电动汽车的结构与工作原理

3.1.1 纯电动汽车的基本结构

纯电动汽车主要由电力驱动系统、电源系统和辅助系统三部分组成。典型的纯电动汽车组成框图如图 3-1 所示。

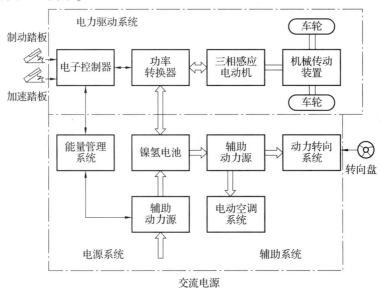

图 3-1 典型的纯电动汽车组成框图

当汽车行驶时，由蓄电池输出电能（电流），通过控制器驱动电动机运转，电动机输出的转矩经传动系统带动车轮前进或后退。纯电动汽车续驶里程与蓄电池容量有关，蓄电池容量受诸多因素限制。要提高一次充电续驶里程，必须尽可能地节省蓄电池的能量。

1. 电力驱动系统

电力驱动系统是纯电动汽车的心脏，也是纯电动汽车与传统内燃机汽车的根本区别之处，该系统包括电动机驱动装置、机械传动装置和车轮。电动机驱动装置是电力驱动系统的核心，针对纯电动汽车设计的电动机驱动装置需要灵活有效地驱动车轮。电动机驱动装置最重要的部分就是电力电子变流器，通过对它的控制，对电动机提供合适的驱动电压。

电力电子变流器需要实现四类电能变换：AC 到 DC 的整流变换、DC 到 DC 的直流变换、AC 到 AC 的交流变换及 DC 到 AC 的逆变变换。根据电力电子应用场合的不同，可以选择不同变换类型的变流器及各种变换组合。电压型逆变器的主要功能是将输入的直流电压转换为所需要的交流电压，在保证一定功率容量的同时，获得满足需要的动态响应及输出控制精度，在电动机驱动等电力电子应用领域，电压型逆变器是十分关键的部分。

纯电动汽车应用较多的电动机有直流电动机和交流电动机两大类。纯电动汽车的驱动系统采用直流电动机时，虽然在结构上有许多独到之处，如不需要离合器、变速器，并具有起步加速牵引力大、控制系统较简单等优点，但它的整个动力传动系统效率低，所以逐渐被其他驱动类型的电动机替代。纯电动汽车使用的交流电动机驱动系统，突出优点是体积和质量小、效率高、调速范围宽和基本免维护等，但其制造成本较高。随着电力电子技术的进一步发展，成本将逐步降低，采用这类驱动系统的纯电动汽车将具有强大的生命力。

纯电动汽车控制系统的性能直接影响着汽车的性能指标。该控制系统控制汽车在各类工况下的行驶速度、加速度和能源转换情况。它类似于传统内燃机汽车的加速踏板和变速器，包括电动机驱动器、控制器及各种传感器，其中最关键的是电动机逆变器。电动机不同，控制器也有所不同。控制器将蓄电池直流电逆变成交流电后驱动交流电动机，电动机输出的转矩经传动系统驱动车轮，使纯电动汽车行驶。

2. 电源系统

电源系统是纯电动汽车的重要组成部分，其中动力蓄电池及其充电技术一直是纯电动汽车技术研究的重点，无论哪一种结构的纯电动汽车都离不开动力蓄电池的充电，动力蓄电池的应用都存在补充电能的问题。尤其是纯电动汽车运行的能量全部来源于车载动力蓄电池，在满足车辆装载质量的前提下，车载动力蓄电池的容量大，理论上讲充一次电的续驶里程要长一些。车载动力蓄电池能量的补充主要依赖于外源来完成，也就是需要经过充电才能完成。充电质量直接影响车载动力蓄电池运行条件下的能量供给、储存和蓄电池的使用寿命，最终影响电动汽车的使用成本。纯电动汽车的充电是维持电动汽车运行的一种必备手段，纯电动汽车充电器总体可以分为两大类：车载充电器和非车载充电器。

（1）车载充电器装在车辆上面，作为车辆的一个部件，主要用于应急情况。它连接外部的交流电，把交流电转换后为纯电动汽车蓄电池组进行充电。由于受到车辆空间和负载的限制，车载充电器功率相对较小，一般为 3~5 kW。

（2）非车载充电器装在地面，作为家用充电器或公共充电桩，一般采用单相或三相交流电，将交流电变成高质量稳定的直流电，根据纯电动汽车蓄电池组的要求，在充电控制器的管理下，安全自动地完成纯电动汽车蓄电池组的充电。为了满足各种充电模式，其功率、体积和质量相对于车载充电器较大。

3. 辅助系统

1）动力转向系统

对于轮式车辆，驾驶员通过一个专设的机构，使汽车转向桥上的车轮相对于汽车纵轴线偏转一定角度，这时路面作用于转向轮上的反作用力使汽车作转弯运动。当车辆直线行驶时，转向轮会受到路面侧向干扰力，使车辆产生自动偏转，从而干扰行驶方向，此时驾驶员通过利用这套机构使转向轮向相反的方向偏转,从而使汽车保持原来的行驶方向。改变或恢复汽车行驶方向的机构即称为转向系统。

动力转向系统又可分为液压电动助力转向系统、电动助力转向系统和线控电动助力转向系统。

(1)液压电动助力转向系统。在该系统中,助力转向系统由液压驱动控制,只是液压泵不再是发动机驱动,而是由 ECU 控制的直流无刷电动机驱动,它们根据转向系统需要向液压助力转向器提供压力油。该系统与发动机驱动系统相比降低了油耗,同时提高了车辆的操纵性。

(2)电动助力转向系统。它取消了传统的液压油泵、液压助力油缸、油管、液压油等部件,直接由电动机对转向系统助力,与传统液压电动助力转向系统相比,降低了结构的复杂性。电动助力转向系统的工作原理:首先,转矩传感器测出驾驶员施加在转向盘上的操纵力矩,车速传感器测出车辆当前的行驶速度,然后将这两个信号传递给 ECU;ECU 根据内置的控制策略,计算出理想的目标助力力矩,转化为电流指令给电动机;然后,电动机产生的助力力矩经减速机构放大作用在机械式转向系统上,和驾驶员的操纵力矩一起克服转向阻力矩,实现车辆的转向。

(3)线控电动助力转向系统。它与传统的转向系统相比,去掉了转向盘与车轮之间的机械连接。比传统的转向系统更节省安装空间,质量更小,提高了布局的灵活性,通过控制算法可以实现智能化的车辆转向,保证车辆的操纵稳定性。

转向盘总成包括转向盘、转向盘转角传感器、力矩传感器、转向盘回正力矩电动机。转向盘总成的主要功能是将驾驶员的转向意图(通过测量转向盘转角)转换成数字信号,并传递给主控制器;同时接收主控制器送来的力矩信号,产生转向盘回正力矩,以提供给驾驶员相应的路感信息。转向执行总成包括前轮转角传感器、转向执行电动机、转向电动机控制器和前轮转向组件等。转向执行总成的功能是接收主控制器的命令,通过转向电动机控制器控制转向车轮转动,实现驾驶员的转向意图。

主控制器对采集的信号进行分析处理,判别汽车的运动状态,向转向盘回正力矩电动机和转向电动机发送指令,控制两个电动机的工作,保证各种工况下都具有理想的车辆响应,以减少驾驶员对汽车转向特性随车速变化的补偿任务,减轻驾驶员负担。同时控制器还可以对驾驶员的操作指令进行识别,判定在当前状态下驾驶员的转向操作是否合理。当汽车处于非稳定状态或驾驶员发出错误指令时,线控转向系统会将驾驶员错误的转向操作屏蔽而自动进行稳定控制,使汽车尽快恢复到稳定状态。

自动防故障系统是线控转向系统的重要模块,它包括一系列的监控和实施算法,针对不同的故障形式和故障等级作出相应的处理,以求最大限度地保持汽车的正常行驶。作为应用最广泛的交通工具之一,汽车的安全性是必须首先考虑的因素,是一切研究的基础,因而故障的自动检测和自动处理是线控转向系统最重要的组成系统之一。它采用严密的故障检测和处理逻辑,以更大地提高汽车安全性能。

电源系统承担着控制器、两个执行电动机及其他车用电器的供电任务,其中仅前轮转角执行电动机的最大功率就有 500~800 W,加上汽车上的其他电子设备,电源的负担已经相当沉重。所以要保证电网在大负荷下稳定工作,电源的性能就显得十分重要。

2)电动空调系统

汽车空调的功能就是把车厢内的温度、湿度、空气清洁度及空气流动性保持在使人感觉舒适的状态。在各种气候环境条件下,纯电动汽车车厢内应保持舒适状态,以提供舒适的驾驶和乘坐环境。

对于纯电动汽车来说，车上拥有高压直流电源，因此，电动空调、压缩机采用电动机直接驱动，成为纯电动汽车可行的解决方案。

电动空调有以下优点：可以提高车载空间的自由度，甚至可以实现空调系统的模块化，有利于降低开发成本；电动空调的压缩机通过由变频器驱动的电动机提供的动力，可以根据实时的反馈温度进行连续调节，效率高，省能源；电动空调提高了制冷性能，同时吹出的温度波动小，提高了乘员的舒适感。

由于在纯电动汽车中，无法利用发动机产生的热量来进行制热，因此需要通过别的途径来达到这一目的。电动空调有以下三种制热方法。

(1) 采用 PTC 加热器加热。PTC 热敏电阻是一种典型具有温度敏感性的半导体电阻，超过一定的温度(居里温度)时，它的电阻值随着温度的升高呈阶跃性的增高。该加热方式成本低，安装方便，但是能耗高，安全系数低。

(2) 采用电动机冷却液余热，同时 PTC 辅助加热。该方式下以电动机的冷却液为主要的热量来源，不足部分由 PTC 加热器来提供，因此能耗要比纯 PTC 加热要低。

(3) 采用热泵型空调系统。热泵型空调系统是在传统内燃机汽车上进行改进的，压缩机由永磁直流无刷电动机直接驱动。该系统与普通的热泵空调系统并无本质区别，由于在电动车上使用，压缩机等主要部件有其特殊性。国外热泵技术具备了一定的基础，该技术最大的优点就是制冷、制热效率高，相关企业开发的全封闭电动涡旋压缩机，是由一个直流无刷电动机驱动，通过制冷剂回气冷却，具有噪声低、振动小、结构紧凑、质量小等优点。

3) 电动制动器

电动制动器施加在制动摩擦片上的作用力不是通过液压油或空气压力实现的，而是通过力矩电动机驱动滚珠丝杠，或者将电动机的输出经过减速齿轮后加在制动盘上。

电动制动器是以电能作为能量来源，由中心控制模块控制，由电动机经过传动装置产生促动动力驱动制动钳，实现制动功能的全新制动系统。与传统制动系统相比，它具有以下优点。

(1) 电动制动器采用电线传递能量、数据线传递信号，完全摒弃了原有的液压管路等部件，而且无真空助力器，结构简洁、质量小、体积小，便于发动机舱其他部件的布置，也有利于整车结构的设计与布置。

(2) 电动制动器采用了电控方式，易于并入车辆综合控制网络中，并且可以同时实现 ABS、TCS、ESP、ACC 等多种功能，这些电子装备的传感器、控制单元等部件可以与电动制动器共用，而无须增加其他的附加装置。避免了像传统制动系统那样，在制动系统线路上安装大量的电磁阀和传感器，使得制动系统结构更加复杂，也增加了液压回路泄漏的隐患。

(3) 在传统的制动系统中，制动踏板至制动主缸的机械结构及气压、液压系统的固有特性，使得制动反应时间长、动态响应速度慢。制动力由零增长到最大需要 $0.2 \sim 0.9\,\text{s}$，而且当需要较小的制动力时，动态响应更慢。而电动制动系统就不存在这样的问题，电动制动系统以踏板模拟器代替了传统的机械踏板传力装置，中心控制单元接收踏板模拟器传来的电信号，判断驾驶员的意图，产生相应的控制命令，这样便大大缩短了制动反应时间，而且改善了制动时的脚感。

(4) 传动效率高、安全可靠、节能。

(5) 无须制动液，降低了对环境的污染。

3.1.2 纯电动汽车驱动系统布置方案

1. 纯电动汽车驱动系统的布置形式

按驱动系统的组成和布置形式不同(见图3-2),纯电动汽车分为机械传动型、无变速器型、无差速器型和电动轮型等类型。

1)配置多挡传动装置和离合器的传统驱动系统

配置多挡传动装置和离合器的传统驱动系统[见图3-2(a)]由发动机前置后轮驱动的传统内燃机汽车发展而来,保留了传动系统,把内燃机换成了电动机。这种结构可以提高纯电动汽车的起动转矩及低速时的后备功率,对电动机要求低,可选择功率较小的电动机。

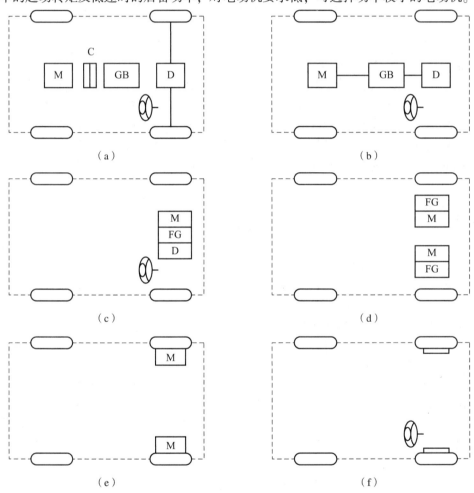

图3-2 纯电动汽车驱动系统的布置形式

(a)配置多挡传动装置和离合器的传统驱动系统;(b)无离合器需求的单挡传动装置;
(c)固定挡的传动装置和差速器的集成;(d)两个独立电动机和带有驱动轴的固定挡传动装置;
(e)配置两个独立电动机和固定挡传动装置的直接驱动;(f)两个分离的轮式驱动形式

2)无离合器需求的单挡传动装置

无离合器需求的单挡传动装置[见图3-2(b)]借助电动机在大范围转速变化中所具有的恒功率特性,可用固定挡的齿轮传动装置替代多挡变速箱,并缩减了对离合器的需要,从而减小了机械传动装置的尺寸和质量,且不需要换挡,简化了驱动系统的控制。

3) 固定挡的传动装置和差速器的集成

固定挡的传动装置和差速器的集成[见图 3-2(c)]是电动机-驱动桥整体式驱动系统的布置形式，这种驱动系统布置形式与发动机横向前置-前轮驱动的传统内燃机汽车的布置形式类似，把电动机、固定减速比减速器和差速器集成为一个整体，两根半轴连接驱动车轮。

4) 两个独立的电动机和带有驱动轴的固定挡传动装置

两个独立的电动机和带有驱动轴的固定挡传动装置[见图 3-2(d)]是指差速器被两个牵引电动机所替代，双侧独立驱动，转向则通过控制两个电动机以不同的转速运转来实现。

5) 配置两个独立电动机和固定挡传动装置的直接驱动

配置两个独立电动机和固定挡传动装置的直接驱动[见图 3-2(e)]将电动机安装在车轮内，为轮式驱动。一个行星齿轮组可用以降低电动机转速，增大转矩。该薄型行星齿轮组具有高减速比，以及输入输出轴纵向配置的优点。

6) 两个分离的轮式驱动形式

两个分离的轮式驱动形式[见图 3-2(f)]是指将驱动电机直接安装在车轮上，可以缩短甚至可以去掉电机与车轮之间的机械传递装置。

2. 纯电动汽车驱动电机的驱动方式

纯电动汽车的驱动电机主要采用高速内转子电机和低速外转子电机两种。

（1）高速内转子电机：必须装固定减速比的减速器来降低车速。其驱动方式如图 3-3 所示。

（2）低速外转子电机：可以完全去掉变速装置，外转子就安装在车轮轮缘上，而且电机转速和车轮转速相等，因而就不需要减速装置。但它是以低速电机的体积、质量和成本为代价的。其驱动方式如图 3-4 所示。

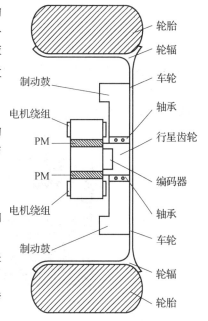

图 3-3 高速内转子电机驱动方式

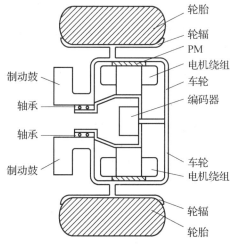

图 3-4 低速外转子电机驱动方式

3. 纯电动汽车的传动装置

电动机的力矩变化范围不能满足纯电动汽车行驶性能的要求，因此在电动机和驱动轮之间需要安装一个机械减速箱或变速箱。

为使电动机经常保持在高效率的工作范围内工作，应减轻电动机和动力电池组的负荷。采用一个两挡变速箱，既可满足纯电动汽车行驶阻力变化范围的要求，同时可以减轻电动机和动力电池组的负荷，提高工作效率。然而，传动装置的结构也不复杂，可采用固定传动比齿轮箱。

3.1.3 纯电动汽车的工作原理

纯电动汽车上各系统按电压进行分类可分为低压系统和高压系统。所有的高压系统都是通过低压系统进行控制的，以保证使用与维护的安全。早期的纯电动汽车在没有形成规模化生产之前，是在传统内燃机汽车的基础上加以改装而实现的。例如，特斯拉第二代Roadster（见图3-5）使用了吉利旗下莲花汽车Elise的平台，除了车身材料，对莲花汽车Elise的车灯、门锁、座椅、底盘高度等进行了升级。因此，在分析学习纯电动汽车的原理时，可以和传统内燃机车进行对比。

图3-5 特斯拉第二代 Roadster

纯电动汽车用动力电池取代了传统内燃机汽车上的油箱，用电机控制器取代了发动机，用驱动电机取代了变速器，如图3-6所示。纯电动汽车不需要起动，因此取消了起动机；纯电动汽车玻璃窗、座椅的调节等与传统内燃机汽车一样需要12 V或24 V的低压，故保留了12 V或24 V的低压电源，并用DC/DC代替了传统内燃机汽车上的发电机。传统内燃机汽车上空调系统的压缩机由发电机曲轴上的皮带轮通过皮带进行驱动，纯电动汽车没有发动机，因此空调压缩机需要通过高压电进行驱动，且空调的制热需要加装PTC进行制热。

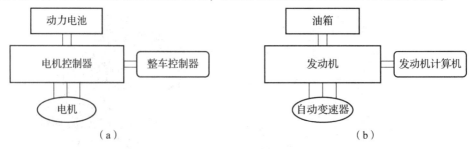

图3-6 纯电动汽车与传统内燃机汽车结构对比框图
(a)传统内燃机汽车；(b)纯电动汽车

纯电动汽车在取消了传统内燃机汽车的各元器件后，布置相对灵活。不同的车企在对纯电动汽车各元器件布置时有所不同，由于思维方式的不同，有些布置位置差别相对较大。如图3-7所示为北汽纯电动汽车的基本结构，绝大多数元器件装在了原有发动机的位置。而有些车型如特斯拉的Model S、Model X等车型原有发动机位置空出来形成前备厢，可以像后备厢一样使用，其各元器件进行分散布置。

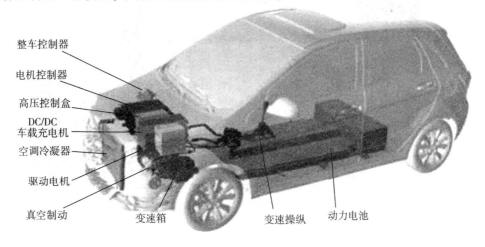

图3-7 北汽纯电动汽车的基本结构

1. 整车控制器

整车控制器是进行纯电动汽车动力控制及电能管理的载体。一方面，其通过自身数据采集模块获取驾驶员需求信息；另一方面，与电机控制器、电池管理系统、电动辅助系统等部件组成CAN-Bus网络，可以实时获取当前整车状态以及电机、电池、电动辅助部件等的参数，采用优化算法协调电动辅助部件和电机运行，在满足驾驶员对整车动力性和舒适性需求的前提下，最大限度地节约电能。

2. 动力电池系统

动力电池系统主要由动力电池模组、电池管理系统、电池箱体及辅助元器件等四部分组成。主要参数的计算如下：

动力电池系统的额定电压＝单体电芯额定电压×单体电芯串联数量

动力电池系统的容量＝单体电芯容量×单体电芯并联数量

动力电池系统总能量＝动力电池系统的额定电压×动力电池系统的容量

动力电池系统质量比能量＝动力电池系统总能量÷动力电池系统质量

3. 驱动电机及控制器

驱动电机及控制器的结构如图3-8所示。电机控制器又称逆变器，用来将动力电池的直流电转变成驱动电机的交流电。其主要作用如下。

(1) 控制电机的正转。

(2) 控制电机的反转。

(3) 实现汽车的加速。

(4) 能量回收。

(5)通信与保护。

(6)电机温度保护。当控制器监测到驱动电机温度为120~140℃时,降功率运行;驱动电机温度大于140℃时,降功率至0,即停机。当控制器监测到散热基板温度大于85℃时,超温保护,即停机;散热基板温度为75~85℃时,将运行。

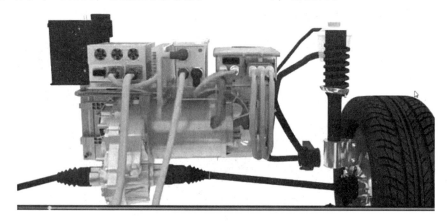

图3-8 驱动电机及控制器的结构

(7)故障诊断。

4. 车载充电机

车载充电机的主要作用如下。

(1)为动力电池进行充电,补充电能。

(2)具有CAN通信功能,收到允许充电信号后,将输入220 V交流电,经过滤波整流后,通过升压电路和降压电路,输出适合电压电流给动力电池充电。

5. DC/DC转换器

DC/DC转换器的作用如下。

(1)将动力电池的高压直流电转换为能够为整车所使用的低压直流电。

(2)整车上所用的电是蓄电池提供的12 V的低压电。整车起动后动力电池代替蓄电池,通过DC/DC转换器为整车提供低压电。

6. PTC加热器

PTC加热器(见图3-9)由PTC陶瓷发热元件与铝管组成。该类型PTC发热体有热阻小、换热效率高的优点,是一种自动恒温、省电的电加热器。突出特点在于安全性能上,任何应用情况下均不会产生如电热管类加热器的表面"发红"现象,从而引起烫伤、火灾等安全隐患。纯电动汽车上的PTC加热器分为座舱PTC和冷却液PTC,7座的纯电动汽车在后排座椅增加一个PTC座舱加热器。

恒温加热PTC热敏电阻具有恒温发热特性,其原理是PTC热敏电阻加电后自热升温使电阻值进入跃变区。恒温加热PTC热敏电阻表面温度将保持恒定值,该温度只与PTC热敏电阻的居里温度和外加电压有关,而与环境温度基本无关。两级PTC原理示意图如图3-10所示。

图 3-9 PTC 加热器

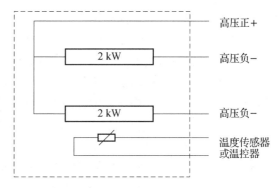

图 3-10 两级 PTC 原理示意图

7. 高压控制盒

高压控制盒又称高压接线盒,相当于高压的配电箱,完成动力电池电源的输出和分配,实现支路用电器的保护及切断,即负责将动力电池的高压电分配给各高压部件,内有高压保险丝。

3.2 纯电动汽车电能源

3.2.1 蓄电池的基础知识

1859 年,法国物理学家 Plante 发明了第一块铅酸蓄电池。由于铅酸蓄电池具有使用安全、耐用、价格相对较低的特点,在将近一个世纪的时间里,都是电动车辆动力蓄电池的首选。

1889—1901 年,瑞典人 Jungner 和美国人 Edison 先后研制出镍铁蓄电池和镍镉蓄电池。这两种蓄电池在各种不同用途的实际应用过程中,在结构、工艺、材料等方面都经历了多次改进,使得其性能有了大幅度的提高。在 20 世纪,先后出现了数十种不同类型的蓄电池,其中镍铁蓄电池、镍镉蓄电池、锌空气蓄电池、铝空气蓄电池等均作为大容量的动力蓄电池,在各种电动车上得到了应用。

20 世纪 80 年代,出现了镍氢蓄电池,其性能和使用寿命均优于铅酸蓄电池及原先已应用于电动车上的其他碱性蓄电池。因此,镍氢蓄电池逐渐替代了铅酸蓄电池和其他碱性蓄电池在新能源汽车上得到了广泛的应用。到了 20 世纪 90 年代,又出现了性能更好的锂离子蓄电池,这种蓄电池很快就被用作手机、数码相机及其他便携式设备的电源,而大容量的锂离子蓄电池也开始被应用在新能源汽车上。

目前,在各种类型的新能源汽车上,应用较多的动力蓄电池主要有铅酸蓄电池、镍氢蓄电池和锂离子蓄电池等。

1. 新能源汽车用蓄电池分类

动力蓄电池是一种化学蓄电池,其基本组成是正极板、负极板和电解质。应用于新能源汽车的动力蓄电池有很多,下面用不同的分类方法来概括不同类型的动力蓄电池。

1)按动力蓄电池电解质不同分类

按照动力蓄电池电解质的不同,可将动力蓄电池分为酸性蓄电池、碱性蓄电池、中性蓄电池和有机电解液蓄电池四类。

(1) 酸性蓄电池：主要以硫酸水溶液为电解质。新能源汽车用动力蓄电池中属于酸性蓄电池的主要是铅酸蓄电池。

(2) 碱性蓄电池：主要以氢氧化钾水溶液为电解质。新能源汽车用动力蓄电池中的锌锰蓄电池、镍镉蓄电池、镍氢蓄电池等均属于此类。

(3) 中性蓄电池：以盐溶液为电解质。这种动力蓄电池由于稳定性较差，目前在新能源汽车上还很少使用。

(4) 有机电解液蓄电池：以有机溶液为电解质，主要有锂蓄电池、锂离子蓄电池等。

2) 按动力蓄电池所用正、负极材料不同分类

按照动力蓄电池正极和负极材料的不同，可将动力蓄电池分为锌系蓄电池、镍系蓄电池、铅系蓄电池、锂系蓄电池及金属空气(氧气)系列蓄电池等。

(1) 锌系蓄电池：有锌锰蓄电池、锌银蓄电池等。

(2) 镍系蓄电池：有镍镉蓄电池、镍锌蓄电池、镍氢蓄电池等。

(3) 铅系蓄电池：有铅酸蓄电池等。

(4) 锂系蓄电池：有锂离子蓄电池、锂聚合物蓄电池、磷酸铁锂蓄电池等。

(5) 金属空气(氧气)系列蓄电池：有锌空气蓄电池、铝空气蓄电池等。

2. 新能源汽车用动力蓄电池性能指标

1) 电压

动力蓄电池的电压(端电压)是指其正极与负极之间的电位差，单位为 V(伏特)，是表示动力蓄电池性能与状态的重要参数之一。

(1) 开路电压：动力蓄电池未向外电路输出电流时的端电压。动力蓄电池在充电状态下的开路电压最高，随着动力蓄电池放电程度的增加，动力蓄电池的开路电压会相应降低。

(2) 放电电压：动力蓄电池向外输出电流时的端电压。放电电压也称为工作电压，动力蓄电池在放电时的放电电流越大，放电电压就越低；在同样的放电电流下，随着动力蓄电池的放电程度增加，其放电电压也会相应降低。

(3) 充电电压：充电电源对动力蓄电池进行充电时，动力蓄电池的端电压。充电电流越大，动力蓄电池内的极化(欧姆极化、浓差极化、电化学极化)就越大，充电电压也就越高；在同样的充电电流下，动力蓄电池充电初期的充电电压较低，当动力蓄电池充足电时，其充电电压达到最高。

2) 内阻

动力蓄电池的内阻主要与极板的材质、结构及装配工艺有关。不同的电解质呈现的电阻也不同。因此，不同类型的动力蓄电池，其内阻是不同的。对某种类型的动力蓄电池来说，随着放电程度的增加，其内阻也会相应增大。动力蓄电池内阻的单位为 Ω(欧姆)。

3) 容量

动力蓄电池的容量是指在允许放电范围内所能输出的电量，单位为 $A \cdot h$ (安时)。容量用来表示动力蓄电池的放电能力。在不同条件下，动力蓄电池所能输出的电量是不同的。

(1) 理论容量：假设动力蓄电池极板上的活性物质全部参加电化学反应而输出电流，根据法拉第定律计算出的电量。理论容量通常用质量容量($A \cdot h/kg$)或体积容量($W \cdot h/L$)

表示。

(2) 实际容量：充足电的动力蓄电池在一定条件下所能输出的电量。其值是在允许放电范围内，放电电流与放电时间的乘积。动力蓄电池的实际容量小于理论容量，当放电电流和温度不同时，其实际容量也会有所不同。

(3) 1 h放电率容量：充足电的动力蓄电池以某一恒定电流放电，放电1 h后将动力蓄电池放电至终止电压，此时动力蓄电池所能输出的电量称为1 h放电率容量，通常用C表示。

(4) 额定容量：充足电的动力蓄电池在规定的条件下所能输出的电量。额定容量是制造厂标明的动力蓄电池容量，为动力蓄电池性能的重要技术指标。在我国的国家标准中，用3 h放电率容量（C3）来定义新能源汽车用动力蓄电池的额定容量，用20 h放电率容量（C20）来定义汽车用起动型动力蓄电池的额定容量。

4) 能量

动力蓄电池的能量是指在一定的放电条件下，动力蓄电池所输出的电能，单位为W·h（瓦时）或kW·h（千瓦时）。动力蓄电池的能量表示其供电能力，是反映动力蓄电池综合性能的重要参数。

(1) 标称能量：在一定的放电条件下动力蓄电池所能输出的电能。动力蓄电池的标称能量是其额定容量与额定电压的乘积。

(2) 实际能量：在一定的放电条件下动力蓄电池所能输出的电能。动力蓄电池的实际能量是其实际容量与放电过程的平均电压的乘积。

(3) 比能量：即质量比能量，是指动力蓄电池单位质量所能输出的电能，单位为W·h/kg或kW·h/kg。动力蓄电池的比能量越高，汽车充足电后的续驶里程就越长。

(4) 能量密度：即体积比能量，是指动力蓄电池单位体积所能输出的电能，单位为W·h/L或kW·h/L。动力蓄电池的能量密度越高，新能源汽车的载重量和车内的空间就越大。

5) 功率

动力蓄电池的功率是指在规定的放电条件下，动力蓄电池单位时间所能输出的电能，单位为W或kW。动力蓄电池的功率大小会影响新能源汽车的加速度和最高车速。

(1) 比功率：即质量比功率，是指动力蓄电池单位质量所能输出的功率，单位为W/kg或kW/kg。动力蓄电池的比功率越大，汽车的加速和爬坡性能就越好，最高车速也越高。

(2) 功率密度：即体积比功率，是指动力蓄电池单位体积所能输出的功率，单位为W/L或kW/L。动力蓄电池的功率密度越高，新能源汽车的载重量和车内的空间就越大。

6) 寿命

动力蓄电池的寿命通常用使用时间或循环寿命来表示。动力蓄电池经历一次充电和放电过程称为一个循环或一个周期。在一定的放电条件下，当动力蓄电池的容量下降到某规定的限值时，动力蓄电池所能承受的充放电循环次数称为动力蓄电池的循环寿命。

不同类型的动力蓄电池，其循环寿命有所不同。对于某种类型的动力蓄电池，其循环寿命与充电和放电电流的大小、动力蓄电池的温度、放电的深度等均有关系。

3. 新能源汽车对动力蓄电池的基本要求

(1) 比能量高。为了提高新能源汽车的续驶里程，要求新能源汽车上的动力蓄电池尽可能储存多的能量，但新能源汽车又不能太重，其安装动力蓄电池的空间也有限，这就要求动力蓄电池具有高的比能量。

(2) 比功率大。为了使新能源汽车在加速行驶、爬坡能力和负载行驶等方面能与燃油汽车相竞争，要求动力蓄电池具有大的比功率。

(3) 充放电效率高。动力蓄电池中能量的循环必须经过充电—放电—充电的循环，高的充放电效率对保证整车效率具有至关重要的作用。

(4) 相对稳定性好。动力蓄电池应当在快速充放电和充放电过程变工况的条件下保持性能的相对稳定，使其在动力系统使用条件下能达到足够的充放电循环次数。

(5) 使用成本低。除了降低动力蓄电池的初始购买成本，还要提高动力蓄电池的使用寿命以延长其更换周期。

(6) 安全性好。动力蓄电池应不会引起自燃或燃烧，在发生碰撞等事故时，不会对乘员造成伤害。

3.2.2　铅酸蓄电池

以酸性水溶液为电解质的蓄电池称为酸性蓄电池，由于酸性蓄电池电极以铅及其氧化物为材料，故又称铅酸蓄电池。铅酸蓄电池经过一百多年的发展，技术成熟，成本比镍氢蓄电池和锂离子蓄电池低得多，而民用蓄电池结构方面的新技术继续提高着铅酸蓄电池的性能，尤其是阀控密封式铅酸蓄电池的比能量、比功率、使用寿命和快速充电性能等都高于普通铅酸蓄电池。因此，在一定时间内铅酸蓄电池仍然会在一些低端低速新能源汽车中得到使用。但是铅对人体有毒，而且铅酸蓄电池性能大幅度提高的可能性不大，所以从长远来看，在新能源汽车领域，铅酸蓄电池将会逐渐被其他新型电池所取代。从最近国内外生产的新能源汽车车型可以看出，很少有采用铅酸蓄电池作能量源的。

1. 铅酸蓄电池的分类

铅酸蓄电池分为免维护铅酸蓄电池和阀控密封式铅酸蓄电池。

1) 免维护铅酸蓄电池

免维护铅酸蓄电池具有自身结构上的优势，电解液的消耗量非常小，在使用寿命内基本不需要补充蒸馏水。它具有耐振、耐高温、体积小、自放电小的特点，使用寿命一般为普通铅酸蓄电池的两倍。市场上的免维护铅酸蓄电池有两种：一种在购买时一次性加电解液，以后使用中不需要添加补充液；另一种是蓄电池本身出厂时就已经加好电解液并封死，用户根本不能添加补充液。

2) 阀控密封式铅酸蓄电池

阀控密封式铅酸蓄电池在使用期间不用加酸、加水维护，蓄电池为密封结构，不会漏酸，也不会排酸雾，蓄电池盖子上设有溢气阀(也称安全阀)，该阀的作用是当蓄电池内部气体量超过一定值，即当蓄电池内部气压升高到一定值时，溢气阀自动打开，排出气体，然后自动关闭，防止空气进入蓄电池内部。阀控密封式铅酸蓄电池分为吸液式蓄电池和胶体蓄电池两种，吸液式蓄电池采用吸附式玻璃纤维棉作隔膜，电解液吸附在极板和隔膜中，蓄电池内无流动的电解液，蓄电池可以立放工作，也可以卧放工作；胶体蓄电池以SiO_2为凝固剂，电解液吸附在极板和胶体内，一般立放工作。如无特殊说明，阀控密封式铅酸蓄电池皆指吸液式蓄电池。

新能源汽车使用的动力蓄电池一般是阀控密封式铅酸蓄电池。

2. 铅酸蓄电池的结构

铅酸蓄电池的基本结构如图 3-11 所示。它由正/负极板、隔板、电解液、溢气阀、壳体等组成。

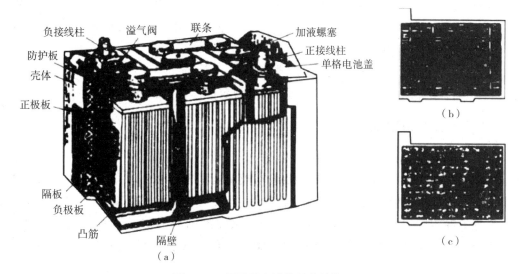

图 3-11　铅酸蓄电池的基本结构

(a)蓄电池结构；(b)隔板；(c)极板

极板是铅酸蓄电池的核心部件，正极板上的活性物质是二氧化铅，负极板上的活性物质是纯铅。隔板隔离正、负极板，防止短路，并作为电解液的载体，吸收大量的电解液，起到促进离子良好扩散的作用；同时是正极板产生的氧气到达负极板的"通道"，以顺利建立氧循环，减少水的损失。

电解液由蒸馏水和纯硫酸按一定比例配制而成，主要作用是参与电化学反应，是铅酸蓄电池的活性物质之一。蓄电池槽中装入一定密度的电解液后，由于电化学反应，正、负极板间会产生约 2 V 的电动势。

溢气阀位于蓄电池顶部，起到安全、密封、防爆等作用。

3. 铅酸蓄电池的工作原理

1）铅酸蓄电池的放电

当蓄电池的正、负极板浸入电解液中时，正、负极板间就会产生约 2.1 V 静止电动势。此时若接入负载，在电动势的作用下，电流就会从蓄电池的正极经外电路流向蓄电池的负极，这一过程称为放电，将蓄电池储存的化学能转化为电能输出。正、负极的化学反应式如下：

$$\text{正极化学反应式：} Pb^{4+} + 2e^- + SO_4^{2-} \longrightarrow PbSO_4 \tag{3-1}$$

$$\text{负极化学反应式：} Pb + SO_4^{2-} - 2e^- \longrightarrow PbSO_4 \tag{3-2}$$

蓄电池放电截止的标志是：

(1)单个蓄电池电压下降到终止电压；

(2)电解液密度下降到最小许可值。

2) 铅酸蓄电池的充电

充电时蓄电池的正、负极分别与直流电源的正、负极相连，当充电电源的端电压高于蓄电池的电动势时，在电场的作用下，电流从蓄电池的正极流入、负极流出，这一过程称为充电。蓄电池的充电过程是电能转化为化学能的过程。正、负极的化学反应式如下：

$$\text{正极化学反应式：} Pb^{2+} - 2e^- \longrightarrow Pb^{4+} \tag{3-3}$$

$$\text{负极化学反应式：} Pb^{2+} + 2e^- \longrightarrow Pb \tag{3-4}$$

蓄电池充电终了的标志是：

(1) 电解液中有大量气泡冒出，出现沸腾状态；

(2) 电解液的密度和蓄电池的端电压上升到规定值，且在 2~3 h 内保持不变。

3.2.3 镍氢蓄电池

镍氢蓄电池属于碱性电池，是 20 世纪 90 年代发展起来的一种新型绿色蓄电池。1988 年日本松下、东芝等公司先后开发成功镍氢蓄电池。由于镍氢蓄电池具有比镍镉蓄电池高的比能量以及无毒性、无致癌物质等特点，在通信设备和其他一些小型移动性用电装置上逐步取代了镍镉蓄电池，与此同时又逐渐向动力蓄电池方向发展。20 世纪 90 年代随着新能源汽车尤其是混合动力新能源汽车的规模化应用，镍氢蓄电池得到迅速的发展。

1. 镍氢蓄电池的分类

按照外形不同，镍氢蓄电池分为方形镍氢蓄电池和圆形镍氢蓄电池。

2. 镍氢蓄电池的结构

镍氢蓄电池主要由正极、负极、极板、隔板、电解液等组成。

镍氢蓄电池正极是活性物质氢氧化镍，负极是储氢合金，用氢氧化钾作为电解质，在正、负极之间有隔膜共同组成镍氢单体蓄电池。在金属铅的催化作用下，完成充电和放电的可逆反应。

镍氢蓄电池的极板有发泡体和烧结体两种，发泡体极板的镍氢蓄电池在出厂前必须进行预充电，且放电电压不能低于 0.9 V，工作电压也不太稳定，特别是在存放一段时间后，会有近 20% 的电荷流失，老化现象比较严重。为避免发泡镍氢蓄电池老化所造成的内阻增高，镍氢蓄电池在出厂前必须进行预充电。经过改进的烧结体极板的镍氢蓄电池，其烧结体本身就是活性物质，不需要进行活性处理，也不需要进行预充电，电压平衡、稳定，具有低温放电性能好、不易老化和寿命长的优点。

图 3-12 所示为美国通用奥旺尼克公司镍氢蓄电池的结构。镍氢蓄电池的基本单元是单体蓄电池，每个单体蓄电池都由正极、负极和装在正极和负极之间的隔板组成。每节蓄电池的额定电压为 13.2 V（充电时最大电压为 16.0 V），将其按使用要求组合成不同电压和不同容量的镍氢蓄电池总成。该种镍氢蓄电池比能量达到 70 W·h/kg，能量密度达到 165 W·h/L，比功率在 50% 的放电深度下为 220 W/kg，在 80% 的放电深度下为 200 W/kg，可以更大地提高电动汽车的动力性能。

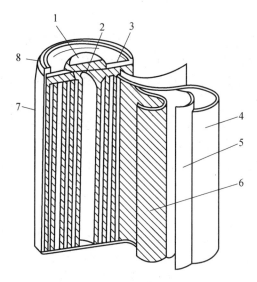

1—帽盖(+)；2—正极；3—密封板；4—负极片；5—隔板；6—正极片；7—外壳(-)；8—绝缘环
图 3-12　美国通用奥旺尼克公司镍氢蓄电池的结构

3. 镍氢蓄电池的工作原理

镍氢蓄电池是将物质化学反应产生的能量直接转化成电能的一种装置。镍氢蓄电池由镍氢化合物正极、储氢合金负极以及碱性电解液(如30%的氢氧化钾溶液)组成。镍氢蓄电池的性能特点主要取决于本身体系的电极反应。镍氢蓄电池在碱性电解液中进行反应的模型如图3-13所示。

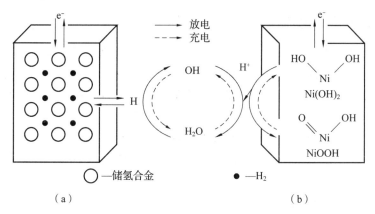

图 3-13　镍氢蓄电池在碱性电解液中进行反应的模型
(a)储氢合金负极；(b)镍氢化合物正极

4. 镍氢蓄电池的充放电特性

1) 放电特性

D型镍氢蓄电池(6个单体电池组件)放电时，以2C(C为按额定电流放电时的实际放电容量)的功率输出时的比功率可达到600 W/kg以上，以3C的功率输出时的比功率可达到500 W/kg以上，深度范围内比功率的变化比较平稳，对混合动力汽车的动力性能的控制十分有利，蓄电池的寿命可以达到100 000 km以上。

2) 充电特性

D型镍氢蓄电池的充电接收性很好，充电效率几乎达到100%，能够有效地接收混合动力汽车在制动时反馈的电能。另外，由于能量损耗较小，镍氢蓄电池的发热量被抑制在最小的极限范围内，可以有效地控制剩余电量，并用电流来显示蓄电池的剩余电量。

3) 寿命

混合动力汽车动力蓄电池组经常处于充电、放电状态，而且充电、放电是不规则地进行，这对蓄电池的寿命造成严重的影响，松下电池公司模拟混合动力汽车行驶工况对镍氢蓄电池进行仿真试验，证实镍氢蓄电池的特性几乎不发生变化，因此镍氢蓄电池用于混合动力汽车是比较合适的。

5．镍氢蓄电池的特点

(1) 比功率高，目前商业化的镍氢功率型蓄电池能做到1 350 W/kg。

(2) 循环次数多，目前应用在新能源汽车上的镍氢蓄电池，80%放电深度(Depth of Discharge，DoD)循环可以达1 000次以上，为铅酸蓄电池的3倍以上，100%DoD循环也在500次以上，在混合动力汽车中可使用5年以上。

(3) 无污染。镍氢蓄电池不含铅、镉等对人体有害的金属，为21世纪"绿色环保电源"。

(4) 耐过充过放。

(5) 无记忆效应。

(6) 使用温度范围宽。正常使用温度范围为-30~55 ℃；储存温度范围为-40~70 ℃。

(7) 安全可靠。经短路、挤压、针刺、安全阀工作能力、跌落、加热、耐振动等安全性及可靠性试验测试，无爆炸、燃烧现象。

3.2.4 锂离子蓄电池

1990年，日本索尼公司推出一种新型高能蓄电池——锂离子蓄电池。与其他蓄电池相比，锂离子蓄电池具有高电压、高比能量、长充放电寿命、无记忆效应、无污染、快速充电、自放电率低、工作温度范围宽和安全可靠等优点，成为未来新能源汽车较为理想的动力电源。

随着锂离子蓄电池生产成本的急剧降低和性能的大幅度提高，许多生产厂家开始投入锂离子蓄电池的生产。我国已经把锂离子蓄电池作为新能源汽车用动力蓄电池的重要发展目标。

1．锂离子蓄电池的分类

按照锂离子蓄电池外形不同，可以分为：方形锂离子蓄电池、圆柱形锂离子蓄电池。

按照锂离子蓄电池正极的材料不同，可以分为：锰酸锂离子蓄电池、磷酸铁锂离子蓄电池、钴酸锂离子蓄电池或镍钴锰锂离子蓄电池等。

2．锂离子蓄电池的结构

锂离子蓄电池由正极、负极、隔板、电解液和安全阀等组成。圆柱形锂离子蓄电池的结构如图3-14所示。

1) 正极

正极在锰酸锂离子蓄电池中以锰酸锂为主，在磷酸铁锂离子蓄电池中以磷酸铁锂为主，在镍钴锂离子蓄电池中以镍钴锂为主，在镍钴锰锂离子蓄电池中以镍钴锰锂为主。在正极活性物质中再加入导电剂、树脂黏合剂，在铝基体上涂覆为细薄层。

2）负极

负极由碳材料与黏合剂的混合物，加上有机溶剂调和制成糊状，并在铜基体上涂覆薄层形成。

3）隔板

隔板具有关闭或阻断功能，大多使用聚乙烯或聚丙烯材料制成的微多孔膜。所谓关闭或阻断功能是在蓄电池出现温度异常上升时，阻塞或阻断作为离子通道的细孔，使蓄电池停止充放电反应。隔板可以有效防止因外部短路等引起的过大电流而使蓄电池产生异常发热现象。这种现象只要产生一次，蓄电池就不能正常使用。

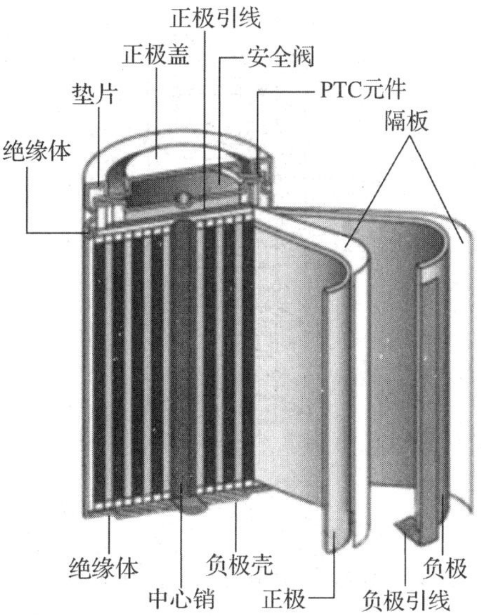

4）电解液

图3-14 圆柱形锂离子蓄电池的结构

电解液是以混合溶剂为主体的有机溶液。为了使电解质主要成分的钾盐溶解，必须使用具有高电容率，并且与钾离子相容性好的溶剂，即不阻碍离子移动的低黏度的有机溶液为宜，而且在锂离子蓄电池的工作温度范围内，必须呈液体状态，凝固点低，沸点高。电解液对于活性物质具有化学稳定性，必须适应充放电反应过程中发生的剧烈的氧化还原反应。由于使用单一溶剂很难满足上述严酷条件，因此电解液一般混合不同性质的几种溶剂使用。

5）安全阀

为了保证锂离子蓄电池的使用安全性，一般通过对外部电路进行控制或者在蓄电池内部设异常电流切断的安全装置。但是，在实际使用过程中，仍可能因其他原因导致蓄电池内压异常上升，这时，通过安全阀释放气体，可以有效防止蓄电池破裂。安全阀实际上是一次性非修复式的破裂膜，一旦进入工作状态，就可以保护蓄电池使其停止工作，因此是蓄电池的最后保护手段。

3. 锂离子蓄电池的工作原理

锂离子蓄电池的正负极均由可以嵌入和脱出 Li^+ 的化合物或材料组成。正极：锂化跃迁金属氧化物（$LiMO_2$、M-CO、Mn 或 Ni 等跃迁金属）；负极：可嵌入 Li^+ 的碳（形成 Li_xC 碳化锂）；电解质：有机溶液或固体聚合物。

锂离子蓄电池的工作原理如图 3-15 所示（以 Co 金属为例进行说明）。在蓄电池充电时，Li^+ 从正极脱出，经过电解质嵌入负极；在蓄电池放电时，Li^+ 则从负极脱出，经过电解质再嵌回正极。锂离子蓄电池的操作过程实际上是 Li^+ 在两电极之间来回嵌入和脱出的过程，故也称为"摇椅式电池"。由于 Li^+ 在正负极中有相对固定的空间和位置，因此锂离子蓄电池充放电反应的可逆性很好。

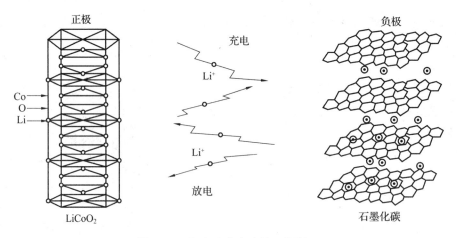

图 3-15 锂离子蓄电池的工作原理

4. 锂离子蓄电池的充放电特性

1) 电压方面

锂离子蓄电池对充电终止电压的精度要求很高,一般误差不能超过额定值的1%。若终止电压过高,则会影响锂离子蓄电池的使用寿命,甚至造成过充电现象,对蓄电池造成永久性的损坏;若终止电压过低,则会使充电不完全,导致蓄电池的可使用寿命变短。

2) 充电电流方面

锂离子蓄电池的充电率(充电电流)应根据蓄电池生产厂的建议选用。虽然某些蓄电池充电率可达2C,但常用的充电率为(0.5~1)C。在采用大电流对锂离子蓄电池充电时,因充电过程中蓄电池内部的电化学反应会产生热,因此有一定的能量损失,同时必须检测蓄电池的温度以防过热损坏或发生爆炸。此外对锂离子蓄电池充电,若全部用恒定电流,虽然可以在一定程度上缩短充电时间,但很难保证蓄电池充满,如果对充电结束控制不当还会造成过充现象。

3) 放电方面

锂离子蓄电池的最大放电电流一般被限制在(2~3)C。更大的放电电流会使蓄电池发热严重,对蓄电池的组成物质造成损坏,影响蓄电池的使用寿命。同时,由于大电流放电时,蓄电池的部分能量转换成热能,因此将会造成蓄电池的放电容量降低。在造成过放电(低于3 V)时,还会使蓄电池失效。对于过放电的锂离子蓄电池,在充电前需进行预处理,即使用小电流充电,使蓄电池内部被过放电的单元激活。在蓄电池电压被充电到3 V后再按正常方式充电,通常将这一阶段的充电称为预充电。

锂离子蓄电池的充电温度一般应该被限制在0~6 ℃范围内。如果蓄电池温度过高,就会损坏并可能引起爆炸;如果蓄电池温度过低,虽然不会造成安全方面的问题,但很难将电充满。由于充电过程中,蓄电池内部将有一部分热能产生,因此在大电流充电时,需要对蓄电池进行温度检测,并且在超过设定充电温度时停止充电以保证安全。

5. 锂离子蓄电池的特点

锂离子蓄电池有许多显著特点,其主要优点如下。

(1) 工作电压高。锂离子蓄电池的工作电压为3.6 V,是镍氢蓄电池和镍镉蓄电池工作电压的3倍。

(2)比能量高。锂离子蓄电池比能量已达到150 W·h/kg，是镍镉蓄电池的3倍，镍氢蓄电池的1.5倍。

(3)循环寿命长。目前锂离子蓄电池循环寿命已达到1 000次以上，在低放电深度下可达几万次，超过了其他几种蓄电池。

(4)自放电率低。锂离子蓄电池的自放电率仅为6%~8%，远低于镍镉蓄电池(20%~30%)和镍氢蓄电池(15%~20%)。

(5)无记忆性。锂离子蓄电池也可以根据要求随时充电，而不会降低蓄电池性能。

(6)对环境无污染。锂离子蓄电池中不存在有害物质，是名副其实的"绿色电池"。

(7)能够制造成任意形状。

锂离子蓄电池也有一些不足，主要表现在以下几个方面。

(1)成本高。成本高主要是因为正极材料$LiCoO_2$价格高，但按单位能量价格来计算，已经低于镍氢蓄电池，与镍镉蓄电池持平，但高于铅酸蓄电池。

(2)必须有特殊的保护电路，以防止过充电。

3.2.5 空气蓄电池

空气蓄电池是以空气中的氧气作为正极活性物质，常用金属为负极活性物质的一类蓄电池。它的电解质常用碱性氢氧化钾(KOH)溶液。因为作负极的金属材料可选的很多，所以空气蓄电池的种类也较多。一般以所选负极材料的金属名为蓄电池的第一个字，后加空气蓄电池即为蓄电池名。常见的有用锌(Zn)作负极的锌空气蓄电池和以铝(Al)作负极的铝空气蓄电池。

1. 锌空气蓄电池

1)锌空气蓄电池的基本原理

锌空气蓄电池用空气(氧气)作正极，以金属锌作负极，电解质采用氢氧化钾溶液。锌空气蓄电池的电化学反应与普通碱性蓄电池类似，在放电时，蓄电池负极上的锌与电解液中的OH^-发生电化学反应，释放出电子；与此同时，蓄电池正极反应层中的催化剂与电解液及氧气(通过扩散作用进入蓄电池的空气中)相接触而发生电化学反应，吸收电子。锌空气蓄电池放电时的电化学反应式如下：

$$负极反应式：Zn + 2OH^- \longrightarrow ZnO + H_2O + 2e^-$$

$$正极反应式：O_2 + 2H_2O + 4e^- \longrightarrow 4OH^-$$

$$总反应式：2Zn + O_2 \longrightarrow 2ZnO$$

锌空气蓄电池充电过程进行得十分缓慢，因此，锌空气蓄电池负极的锌板或锌粒在放电过程中，被氧化成氧化锌而失效后，通常采用直接更换锌板或锌粒和电解质的办法，使锌空气蓄电池完成"充电过程"。

2)锌空气蓄电池的特点

相比于铅酸蓄电池，锌空气蓄电池具有以下优点。

(1)比能量高。锌空气蓄电池的理论比能量可达1 350 W·h/kg，目前锌空气蓄电池的实际比能量只达到180~230 W·h/kg，是铅酸蓄电池的4.35~5.5倍。

(2)可采用机械式充电方式。锌空气蓄电池可采用更换锌板或锌粒的方式恢复其充足电的状态，这种充电模式可使蓄电池不再需要花很长的时间来充电，更换一块20 kW·h的蓄电池只需要100 s。

(3) 大电流持续放电的能力强。锌空气蓄电池具有大电流持续放电的能力,能够满足纯电动汽车加速和连续爬坡的要求。

(4) 自放电率低。锌空气蓄电池在电化学反应过程中,要与空气中的氧气发生作用,只要阻隔空气进入锌空气蓄电池,就可使锌空气蓄电池的电化学反应无法进行,锌就可长时间保持活性。因此,实际使用过程中锌空气蓄电池的自放电率很低(接近于零),可长期保持其电能。

(5) 性能稳定。成组的锌空气蓄电池具有良好的一致性,没有其他类型蓄电池的充电和放电的不均匀现象;允许深度放电,容量不受放电强度和温度的影响;能在-20~80 ℃的温度范围内正常工作。锌空气蓄电池可以完全实现密封免维护,便于蓄电池组能量的管理。

(6) 安全性好。锌空气蓄电池没有因泄漏、短路而引起蓄电池起火或爆炸的可能性。锌没有腐蚀作用,可以完全实现密封免维护,对人体不会造成伤害和危险。

(7) 锌可以回收利用。锌的来源丰富,生产成本较低,回收再生方便,且回收再利用的成本也较低,可以建立废蓄电池回收再生工厂。锌在循环使用过程中,不会污染环境。

2. 铝空气蓄电池

1) 铝空气蓄电池的原理

铝空气蓄电池以高纯度铝(铝的质量分数为99.99%)为负极,以空气(氧气)为正极,以氢氧化钾或氢氧化钠为电解质。铝空气蓄电池的化学反应与锌空气蓄电池类似,铝摄取空气中的氧气,在蓄电池放电时产生电化学反应,铝和氧气相互作用并转化为氧化铝。铝空气蓄电池充放电时的电化学反应式为

$$4Al + 3O_2 + 6H_2O \underset{\text{放电}}{\overset{\text{充电}}{\rightleftharpoons}} 4Al(OH)_3$$

2) 铝空气蓄电池的特点

(1) 比能量大。铝空气蓄电池的理论比能量可达8 100 W·h/kg。目前,铝空气蓄电池的实际比能量只达到350 W·h/kg,但这已是铅酸蓄电池的7~8倍、镍氢蓄电池的5.8倍、锂离子蓄电池的2.3倍。

(2) 质量小。铝空气蓄电池质量仅为铅酸蓄电池质量的12%。由于蓄电池质量大大减小,车辆的整备质量也大幅度减小,因而可以提高车辆的装载量或延长续驶里程。

(3) 铝没有毒性和危险性。铝对人体不会造成伤害,可以回收循环使用,也不污染环境。

(4) 生产成本较低。铝的原材料丰富,生产成本较低。铝回收再生方便,回收再生成本也较低。

3.2.6 超级电容器

超级电容器简称超级电容,又称双电层电容器,具有超强的储存电荷的能力,是一种介于蓄电池和普通电容器之间的新型蓄能装置。

1. 超级电容的工作原理

超级电容的主要组成部件是集电极、电容板、电解液和绝缘层,其工作原理如图3-16所示。

电解质和绝缘层装在两活性炭多孔化电极之间,电荷沿集电极和电解液成对排列,形

成双层电容器,这样就扩大了电容器的电荷储存量。当充电电源加在两电极上时,在靠近电极的电介质界面上产生与电极所携带的电荷极性相反的电荷并被束缚在电介质界面上,形成事实上的电容器的两个电极。两个电极的距离非常小,只有几纳米,而活性炭多孔化电极可以获得极大的电极表面积。因此,超级电容具有极大的电容量,可以储存很大的静电能量。目前,单体超级电容的最大电容量可达 5 000 F。

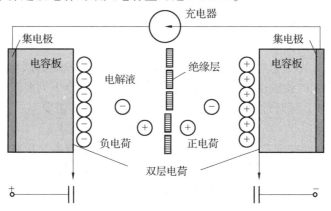

图 3-16 超级电容的工作原理

当两电极板间的电动势低于电解液的氧化还原电极电位时,电解液界面上的电荷不会脱离电解液,超级电容处于正常工作状态(通常在 3 V 以下)。若电容器两端电压超过电解液的氧化还原电极电位,则电解液将发生分解,处于非正常工作状态。随着超级电容的放电,正、负极板上的电荷被外电路释放,电解液界面上的电荷相应地减少。由此可以看出,超级电容的充、放电过程始终是物理过程,没有化学反应,因而性能较化学蓄电池稳定得多。

2. 超级电容的特点

与蓄电池相比,超级电容具有以下几点优势。

(1)充、放电循环寿命很长。超级电容的充、放电循环寿命可达 500 000 次,或使用时间可达 90 000 h,而蓄电池的循环寿命很难超过 1 000 次。

(2)可以提供很大的放电电流。例如,2 700 F 的超级电容额定放电电流不低于 950 A,峰值放电电流可达 1 680 A,而蓄电池通常不可能有如此高的放电电流。一些高放电电流的蓄电池,在如此高的放电电流下,其使用寿命也会明显缩短。

(3)可以实现快速充电。超级电容可以在数十秒到数分钟内快速充电,而蓄电池的可接收充电电流是有限的,因此不可能在如此短的时间内充足电。

(4)工作温度范围很宽。超级电容可以在很宽的温度范围内正常工作,而蓄电池在高温或在低温环境下不能正常工作。

(5)安全无毒。超级电容的材料是安全和无毒的,而铅酸蓄电池、镍镉蓄电池均具有毒性。

虽然超级电容的能量密度不能与蓄电池相比,但是大电流充放电的特点使其特别适合用作纯电动汽车的辅助电源。在车辆起步、加速、爬坡等行驶工况时,由超级电容提供大电流,在确保纯电动汽车动力性的同时,又可有效地保护蓄电池,延长蓄电池的使用寿命。在车辆制动时,超级电容可接收大电流充电,从而回收制动能量。超级电容不仅可以用作纯电动汽车的辅助蓄能装置,而且可以用作纯电动汽车主要的或唯一的蓄能装置。

3.3 纯电动汽车电机

3.3.1 纯电动汽车电机概述

1. 纯电动汽车的电机驱动系统

1)电机驱动系统的要求

电机驱动系统是纯电动汽车的核心,也是其区别于传统内燃机汽车的最大不同点。纯电动汽车对驱动系统的要求很高。一般认为,驱动系统应符合下列要求。

(1)瞬时功率大,短时过载能力强,以满足爬坡及加速的需要。

(2)调速范围宽广。

(3)在运行的全部速度范围和负载范围内,具有较高的效率。也就是在电机所有工作范围内综合效率高,以尽量延长纯电动汽车的一次充电续驶里程。

(4)可靠性高,使用方便简单,价格低廉。

(5)功率密度高,体积和质量小。

2)电机驱动系统的组成

一般地,电机驱动系统由电气系统和机械系统组成,如图3-17所示。

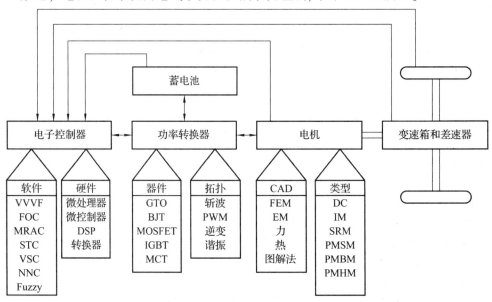

图3-17 电机驱动系统的组成

电气系统由电子控制器、功率转换器和电机组成;机械系统由机械传动装置和车轮组成。电机驱动系统的功能是将储存在蓄电池中的电能高效地转化为车轮的机械能,进而推动汽车行驶,并能够在汽车减速制动或者下坡时,实现再生制动。电子控制器即电动调速装置,是为纯电动汽车的变速和方向变换等设置的,其作用是控制电机的电压或电流,完成电机的驱动转矩和旋转方向的控制。在早期的纯电动汽车上,直流电机的调速通过串联电阻或改变电机磁场线圈的匝数来实现。因其调速是有级的,且会产生附加的能量消耗,使用的电机结构复杂,现在已很少使用。目前,纯电动汽车上应用较广泛的是晶闸管斩波调速，通过均匀地改变直流电机的端电压控制电机的电流，来实现电机的无级调速，在电力电子技术的不断发展中，它也逐渐被其他电力晶体管（如 GTO、MOSFET、BJT 及 IGBT 等）斩波调速装置所取代。纯电动汽车用的功率转换器包括 DC/DC 转换器和 DC/AC 转换器。DC/DC 转换器又称直流斩波器，用于直流电机驱动系统。两象限直流斩波器能把蓄电池的直流电压转换为可变的直流电压，并能将再生制动能量进行反向转换。DC/AC 转换器通常称为逆变器，用于交流电机驱动系统，它将蓄电池的直流电转换为频率和电压均为可调的交流电。纯电动汽车一般只使用电压输入式逆变器，因为其结构简单又能进行双向能量转换。而且，通常采用的是正弦波 SPWM 逆变器。其原理是将正弦调制波与三角载波进行比较，得到相应的 PWM 脉冲序列。SPWM 的优点在于它的算法简单，而且容易实现。电机的作用是将电源的电能转化为机械能，通过传动装置驱动或直接驱动车轮。早期，纯电动汽车上广泛采用直流串励式电机，这种电机具有"软"的机械特性，与汽车的行驶特性非常适应。但直流电机由于存在换向火花、比功率较小、效率较低、维护保养工作量大等缺点，随着电机控制技术的发展，正在逐渐被直流无刷电机（BCDM）、开关磁阻电机（SRM）和交流异步电机取代。纯电动汽车传动装置的作用是将电机的驱动转矩传给汽车的驱动轴。因为电机可以带负载起动，所以电动汽车上不需要传统内燃机汽车的离合器。电机的转向可以通过电路控制来实现变换，因此，纯电动汽车无须传统内燃机汽车变速器中的倒挡。当采用电机无级调速控制时，纯电动汽车可以省去传统内燃机汽车的变速器。在采用电动四轮驱动时，纯电动汽车也可以省去传统内燃机汽车传动系统的差速器。针对驱动轮所施加驱动转矩的来源，纯电动汽车所采用的驱动方式总体上可分为两种：集中驱动和车轮独立驱动。集中驱动利用一个动力源变速器和减速器（或只通过减速器）降速增扭，最后经差速器将驱动转矩大致平均地分配给左右驱动半轴，可以采用前轮驱动、后轮驱动或四轮驱动的形式，其结构形式如图 3-18 所示。车轮独立驱动是指利用多个动力源分别驱动单个车轮，可以分为两轮独立驱动（见图 3-19）和四轮独立驱动。

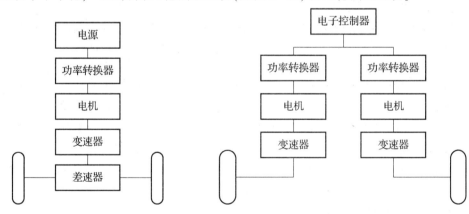

图 3-18 集中驱动结构形式　　　　图 3-19 两轮独立驱动结构形式

集中驱动和车轮独立驱动优缺点的比较如表 3-1 所示。

表 3-1　集中驱动和车轮独立驱动优缺点的比较

项目	集中驱动	车轮独立驱动
成本	较低	较高
体积	笨重	轻便

续表

项目	集中驱动	车轮独立驱动
质量	集中	分散
效率	较低	较高
差速方式	机械式	电子式

3）电机驱动系统的分类

现代纯电动汽车常用的电机驱动系统有四种：直流电机驱动系统、交流异步电机驱动系统、永磁无刷电机驱动系统和开关磁阻电机驱动系统。

（1）直流电机驱动系统。

直流电机驱动系统采用有刷直流电机，电机控制器一般采用斩波器控制方式。它具有成本低、易于平滑调速、控制器简单、控制相对成熟等优点。但由于需要电刷和换向器，结构复杂，运行时有火花和机械磨损，因此电机运行转速不宜太高。尤其是其存在对无线电信号的干扰，这对高度智能化的未来纯电动汽车是致命的弱点。鉴于直流电机驱动系统的驱动控制器部分优势突出，直流电机驱动系统在当前燃料电池汽车领域仍占有一席之地。

（2）交流异步电机驱动系统。

交流异步电机驱动系统采用交流异步电机。这种电机结构简单，制造容易，效率比直流电机高，与永磁无刷电机、开关磁阻电机相比，成本低廉，但控制较为复杂。总的来说，异步电机系统的综合性价比具有一定的优势。

我国已建立具有自主知识产权的异步电机驱动系统开发平台，形成了小批量年产的开发、制造、试验及服务体系；产品性能基本满足整车需求，大功率异步电机系统已广泛应用于各类电动客车；通过示范运行和小规模市场化应用，产品可靠性得到初步验证。

（3）永磁无刷电机驱动系统。

永磁无刷电机驱动系统采用永磁无刷电机。其最大的特点是效率高、质量小、体积小，且无须维护。与异步电机相比，永磁无刷电机成本较高，可靠性较差，使用寿命较短，同时永磁体还存在失磁的可能。另外，制造工艺也比异步电机复杂。在控制上，由于永磁体的存在，弱磁控制有一定的难度，因此限制了这种系统在纯电动汽车上的大量使用。国内企业通过合理设计及改进控制技术，有效提高了无刷直流电机产品的性能，基本满足了纯电动汽车的需求，已形成一定的研发和生产能力，开发了不同系列的产品，可应用于各类纯电动汽车；产品部分技术指标接近国际先进水平，但总体水平与国外仍有一定差距；基本具备永磁同步电机集成化设计能力；多数公司仍处于小规模试制生产阶段，少数公司已投资建立车用驱动电机系统专用生产线。

（4）开关磁阻电机驱动系统。

开关磁阻电机驱动系统采用开关磁阻电机。该电机转子没有绕组，做成凸极，结构简单，可靠性高，快速响应性好，效率与异步电机相当。由于转子无绕组，该系统特别适合正反转频繁及冲击负载等工况。开关磁阻电机驱动系统驱动电路采用的功率开关元件较少，电路简单，能较方便地实现宽调速和制动能量的反馈，如图3-20所示。这种系统在纯电动汽车中亦有一定的应用，其缺点主要在于噪声和振动较大。

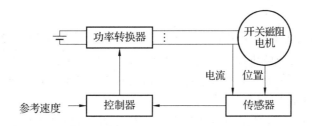

图 3-20 开关磁阻电机驱动系统的组成

2. 电机

电机驱动系统的核心在于电机。

1）电机的定义

广义而言，电机可泛指所有实施电能生产、传输、使用和电能特性变换的机械或装置。然而，由于生产、传输、使用电能和实施电能特性变换的方式很多，原理各异，如机械摩擦、电磁感应、光电效应、磁光效应、热电效应、压电效应、记忆效应、化学效应、电磁波等，内容广泛，而应用在纯电动汽车上的电机，主要研究范畴仅限于那些依据电磁感应定律和电磁力定律实现机电能量转换和信号传递与转换的装置，严格来说，这类装置的全称应该是电磁式电机。发电机和电动机只是电机的两种运行形式，其本身是可逆的。也就是说，同一台电机，既可以作发电机运行，也可以作电动机运行。

2）电机的分类

电机的种类繁多，分类方法也很多。按运动方式分，静止的有变压器，运动的有直线电机和旋转电机。在电动汽车上，以旋转电机为主。按电源性质分，有直流电机和交流电机；按运行速度与电源频率的关系分，有同步电机和异步电机。电机的分类如图 3-21 所示。

图 3-21 电机的分类

3）我国驱动电机及其控制器存在的问题

(1) 电机原材料、控制器核心部件研发能力较弱，依赖进口，如硅钢片、电机高速轴承、位置/转速传感器、IGBT 模块等。进口产品成本高，影响电机系统的产业化。

(2) 车用电机的机电集成水平与国外差距较大，控制器集成度较低，体积、质量相对偏大。

(3) 车用电机系统尚处于起步阶段，制造工艺水平落后，缺乏自动化生产线，造成产品可靠性、一致性差。产业化规模较小，成本较高。

(4) 现阶段国家出台的纯电动汽车驱动电机系统标准较少，且不完善。例如，不同类型电机系统采用同一检测标准，缺乏可靠性、耐久性评价方法等。

4）纯电动汽车用电机的要求

纯电动汽车用电机相比常用的工业电机，在负载、技术性能和工作环境等方面有特殊的要求。

(1)纯电动汽车驱动电机需要有4~5倍的过载以满足短时加速或爬坡的要求,而工业电机只要求有2倍的过载就可以了。

(2)纯电动汽车的最高转速要求达到在公路上巡航时基本速度的4~5倍,而工业电机只需要达到恒功率时基本速度的2倍即可。

(3)纯电动汽车驱动电机需要根据车型和驾驶员的驾驶习惯设计,而工业电机只需根据典型的工作模式设计。

(4)纯电动汽车驱动电机要求有高功率密度(一般要求达到1 kW/kg以上)和高效率(在较宽的转速范围和转矩范围内拥有较高的效率),从而能够降低车重,延长续驶里程;而工业电机通常对功率密度、效率和成本进行综合考虑,在额定工作点附近对效率进行优化。

(5)纯电动汽车驱动电机要求工作可控性高、稳态精度高、动态性能好,而工业电机只有某一种特定的性能要求。

(6)纯电动汽车驱动电机被装在机动车上,空间小,工作在高温、坏天气以及频率振动等恶劣环境下,而工业电机通常在某一个固定位置工作。

3.3.2 直流电机

直流电机是指通入直流电流而产生机械运动的电机,其外观和组成分别如图3-22和图3-23所示。

图3-22 直流电机的外观

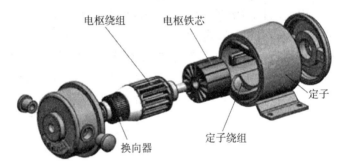

图3-23 直流电机的组成

与交流电机、无刷直流电机及开关磁阻电机等其他类型的电机相比,直流电机有以下优点。

(1)调速性能良好。直流电机具有良好的电磁转矩控制特性,可实现均匀平滑的无级调速,且具有较宽的调速范围。

(2)起动性能好。直流电机具有较大的起动转矩,能适应电动汽车起步驱动特性的需要,可实现快速起步。

(3)具有较宽的恒功率范围。直流电机恒功率输出范围较宽,可确保纯电动汽车具有良好的低速起动性能和高速行驶能力。

(4)控制较为简单。直流电机可采用斩波器实现调速控制,具有控制灵活且高效、质量小、体积小、响应快等特点。

(5)价格便宜。直流电机的制造技术和控制技术都比较成熟,虽然直流电机本身的价格不低,但是控制装置简单、价格较低,因而整个直流驱动系统的价格较便宜。

直流电机有以下缺点。

(1) 效率较低。总体上,直流电机的效率低于交流电机和开关磁阻电机。

(2) 维护工作量大。直流电机工作时电刷与换向器之间会产生换向电火花,换向片容易烧蚀,电刷也容易磨损。因此,直流电机的工作可靠性较差,需要经常进行维护。

(3) 转速低。直流电机转速越高,换向电火花就越大,严重时形成火花环,这就限制了直流电机转速的提高。

(4) 质量和体积大。直流电机的结构较复杂,功率密度低,质量大,体积也大。

电动汽车用直流电机的要求:抗振动性,对环境的适应性,低损耗性,抗负荷波动性,小型、轻量化,免维护性。

1. 直流电机的结构

直流电机的结构形式有很多,但总体上不外乎由定子部分(静止部分)和转子部分(运动部分)组成,如图3-24所示。

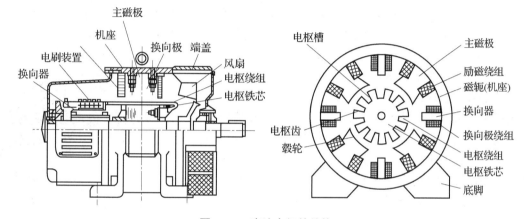

图 3-24 直流电机的结构

1) 定子部分

定子部分用于安放磁极和电刷,并作为机械支撑,具体包括主磁极、换向极、电刷装置、机座、端盖等。

(1) 主磁极。

主磁极(见图3-25)的作用是产生主磁通 Φ。主磁极铁芯包括极芯和极掌两部分。极芯上套有励磁绕组,各主磁极上的绕组一般是串联的。极掌的作用是使空气隙中磁感应强度分布最为合适。只要改变励磁电流 I_f 的方向,就可改变主磁极极性,也就改变了磁场方向。

(2) 换向极。

换向极的作用是产生附加磁场,改善电机的换向,使气隙磁场均匀,减小电刷与换向器之间的火花,不致使换向器烧坏。它由铁芯和绕组构成,如图3-26所示。

在两个相邻主磁极之间的中性面内有一个小磁极,这就是换向极。它的构造与主磁极相似,它的励磁绕组与主磁极的励磁绕组相串联。主磁极中性面内的磁感应强度本应为零,但是电枢电流通过电枢绕组时所产生的电枢场,主磁极中性面内的磁感应强度不能为零,这就使得其转到中性面内进行电流换向的绕组产生感应电动势,使得电刷与换向器之间产生较大的火花。

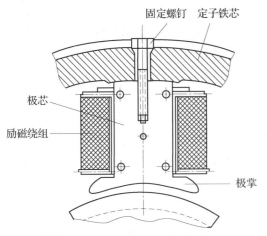

图 3-25 直流电机的主磁极结构

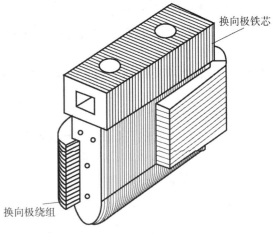

图 3-26 直流电机的换向极

用换向极的附加磁场来抵消电枢磁场,使主磁极中性面内的磁感应强度接近于零,这样就改善了电枢绕组的电流换向条件,减小了电刷与换向器之间的火花。

(3)电刷装置。

电刷装置主要由用碳-石墨制成导电块的电刷、加压弹簧和刷盒等组成,如图 3-27 所示。固定在机座上(小容量电机装在端盖上)不动的电刷,借助加压弹簧的压力和旋转的换向器保持滑动接触,使电枢绕组与外电路接通。它是电枢电路的引出或引入装置。电刷数一般等于主磁极数,各同极性的电刷经软线汇在一起,再引到接线盒内的接线板上,作为电枢绕组的引出端。

(4)机座。

机座(见图 3-28)的作用是固定主磁极、换向磁极和端盖,是电机磁路的一部分。机座由铸钢或铸铁制成。机座上的接线盒有励磁绕组和电枢绕组的接线端,用来对外接线。

图 3-27 直流电机的电刷装置

(5)端盖。

端盖(见图 3-29)的作用是密封,保护电机的内部结构。端盖由铸铁制成,用螺钉固定在底座的两端,盖内有轴承用以支撑旋转的电枢。

图 3-28 直流电机的机座

图 3-29 直流电机的端盖

2)转子部分

转子一般称为电枢,主要包括电枢铁芯、电枢绕组和换向器等。电机转子的作用是输出转矩。

(1) 电枢铁芯。

电枢铁芯(见图3-30)由硅钢片冲制叠压而成,在外圆上有分布均匀的槽,它用来嵌放绕组。铁芯为电枢绕组的支撑部件,也作为电机磁路的一部分。

(2) 电枢绕组。

电枢绕组(见图3-31)是直流电机的电路部分,是产生感应电动势或电磁转矩,实现能量转换的主要部件。它由许多绕组元件构成,按一定规则嵌放在铁芯槽内和换向片相连,使各组线圈的电动势相加。绕组端部用镀锌钢丝箍住,防止绕组因离心力而发生径向位移。

图 3-30 直流电机的电枢铁芯

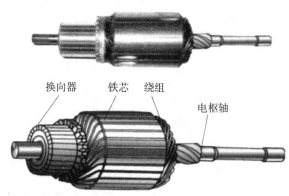

图 3-31 直流电机的电枢绕组

(3) 换向器。

换向器(见图3-32)由许多铜制换向片组成,外形呈圆柱形,换向器片与片之间用云母绝缘。

图 3-32 直流电机的换向器

2. 直流电机的工作原理

直流电机的工作原理是基于电磁力定律。试验表明,长度为 l 的载流导体置于磁场 B 中,通入电流 i 后,导体在磁场中将会受到力的作用,称为电磁力。若磁场与载流导体互相垂直,作用在导体上的电磁力大小为:$F=Bli$。电磁力的方向用左手定则确定。一个通电线圈相当于一个具有 N-S 极的磁体,形成电磁力,如图3-33所示。

如图3-34所示,定子有一对 N 极、S 极,电枢绕组的末端分别接到两个换向片上,正、负电刷 A、B 分别与两个换向片接触。

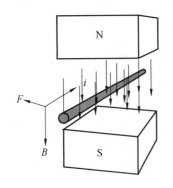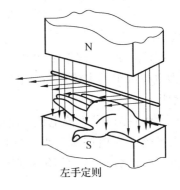

图 3-33 直流电机的工作原理

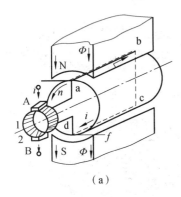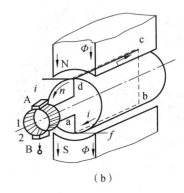

图 3-34 直流电机的工作原理示意图
(a) 导体 ab 处于 N 极侧；(b) 导体 ab 处于 S 极侧

若给两个电刷加上直流电源，则有直流电流从电刷 A 流入，从电刷 B 流出。根据电磁力定律，载流导体受到电磁力的作用，其方向可用左手定则判定，两段导体受到的力形成了一个转矩，使得转子逆时针转动。

外加的电源是直流的，但由于电刷和换向片的作用，在线圈中流过的电流是变化的，其产生的转矩方向却是不变的。

3. 直流电机的励磁方式

按励磁方式不同，直流电机可分为他励直流电机、并励直流电机、串励直流电机和复励直流电机 4 种类型。在图 3-35～图 3-39 中，I_a 为电枢电流，E_a 为电枢反电动势，I_f 为他励和并励方式下的励磁电流，I_s 为串励和复励方式下的励磁电流。

1) 他励直流电机

他励直流电机的电枢和励磁绕组由两个独立的直流电源供电，如图 3-35 所示。励磁绕组与电枢绕组无连接关系，用外加电流进行励磁。他励直流电机具有良好的线性和工作稳定性。此外，由于他励直流电机可分别通过控制励磁电流和电枢电压来控制电机的转速，因而其调速范围大。其另一个特点是很容易连接成发电机工作电路，实现纯电动汽车的制动能量回馈。

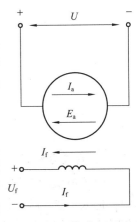

图 3-35 他励直流电机示意图

2）并励直流电机

并励直流电机的电枢和励磁绕组并联后由一个独立的直流电源供电，如图3-37所示。其性能与他励直流电机接近。并励直流电机的励磁电流与电枢电压相关，负载变化时转速比较稳定，具有比较硬的机械特性，调速范围较宽，但提供大转矩的能力较差。

3）串励直流电机

串励直流电机的电枢和励磁绕组串联后由一个独立的直流电源供电，如图3-38所示。串励直流电机在低速时有很大的转矩，即其起动转矩大，能很好地适应纯电动汽车起动大转矩的要求。机械特性很软，有较宽的恒功率调速范围。其缺点是加速性能较差，因此，串励直流电机较少用作纯电动汽车的驱动电机。

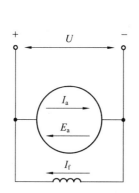 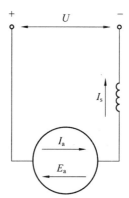

图3-36　并励直流电机示意图　　图3-37　串励直流电机示意图

4）复励直流电机

复励直流电机有两个绕组：一个为并励绕组，另一个为串励绕组。并励绕组和电枢并联，并和串励绕组串联后由一个独立的直流电源供电。若两绕组产生的磁通势方向相同，称为积复励（见图3-38）；若相反，称为差复励（见图3-39）。纯电动汽车上常用积复励直流电机，其特点是负载变化时转速变化大，机械特性优于并励直流电机，适用于负载转矩变化较大的场合。

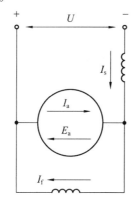 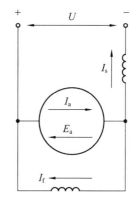

图3-38　积复励直流电机示意图　　图3-39　差复励直流电机示意图

思考题

1. 简述纯电动汽车的特点。
2. 纯电动汽车的基本结构有什么？简述其各部分作用。
3. 简述新能源汽车用动力蓄电池种类。
4. 简述新能源汽车对动力蓄电池的基本要求。
5. 电机驱动系统的组成部分有哪些？简述其工作原理。

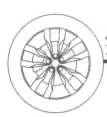

第4章 发动机节能技术

4.1 发动机性能指标与性能特征

4.1.1 发动机性能指标

发动机的性能指标主要有动力性能指标(功率、转矩、转速)、经济性能指标(燃料及润滑油消耗率)及运转性能指标(冷起动性能、噪声和排气品质)等。其中,动力性和经济性是发动机最为重要的两个性能,也与节能的关系最为密切,它们相互联系,又相互制约。

1. 动力性能指标

动力性能指标用来评价发动机做功能力的大小。通常用发动机有效转矩、有效功率、转速、平均有效压力等评价发动机的动力性。

1) 有效转矩

有效转矩是指发动机曲轴对外输出的转矩,等于回转中心到力作用线的垂直距离与力的积。通常把有效转矩以 T_{tq} 表示,单位为 N·m。

可以用测功器来直接测出有效转矩。

2) 有效功率

有效功率是指发动机曲轴单位时间内输出的有效功,以 P_e 表示,单位为 kW。若改变发动机转速,则发动机的转矩和功率也会随之改变,它们之间的关系为

$$P_e = \frac{T_{tq} n}{9\,550} \tag{4-1}$$

式中,T_{tq}——有效转矩(N·m);
P_e——有效功率(kW);
n——转速(r/min)。

在通过测功器和转速仪分别测出有效转矩和发动机转速后,便可以通过式(4-1)算出有效功率。

如果要计算出转矩或者发动机功率的数值,需要指明相应的转速。例如,162 N·m/4 500 r/min指当转速为4 500 r/min时,转矩为162 N·m。出厂标牌上的标定转速和标定

功率就是发动机的有效转速和功率。

3) 转速

发动机曲轴每分钟的旋转次数称为发动机转速,通常用 n 表示,单位为 r/min。转速仪能测出发动机的转速。

4) 平均有效压力

平均有效压力指单位气缸容积所发出的有效功,通常用 p_{me} 表示,单位为 MPa。它是衡量发动机动力性能的重要指标之一。发动机转速的增加或平均有效压力的增大,都可以使有效功率增大;排量变大,气缸数增加,发出的功率也越大。平均有效压力与其他指标的关系为:

$$P_e = \frac{p_{me} V_s n i}{30\tau} \times 10^{-3} \tag{4-2}$$

式中,P_e——有效功率(kW);

p_{me}——平均有效压力(MPa);

i——气缸数;

V_s——气缸工作容积(L);

τ——冲程数(二冲程 $\tau=2$,四冲程 $\tau=4$)。

2. 经济性能指标

经济性能指标包括有效热效率和有效燃油消耗率等。

1) 有效热效率

发动机循环获得的有效功率与消耗的燃料完全燃烧放出的热量之比称为有效热效率,以 η_e 表示。热效率的数值小于 1,不同的发动机和动力装置有不同的热效率。节约能源的重要手段之一就是提高发动机的热效率。

有效热效率受热损失和机械损失的影响,它可以表示发动机气缸内热变动和其输出的整个过程的完善度。

2) 有效燃油消耗率

发动机每输出 1 kW·h 的有效功所消耗的燃料量,称为有效燃油消耗率,以 b_e 表示,单位为 g/(kW·h)。有效燃油消耗率与有效功率的关系公式为

$$b_e = \frac{G_T}{P_e} \times 10^3 \tag{4-3}$$

式中,G_T——每小时耗油量(kg/h);

P_e——有效功率(kW)。

热效率和有效燃油消耗率成反比。有效燃油消耗率越低,热效率越高,经济性越好。柴油机:$\eta_e = 0.3 \sim 0.4$,$b_e = 218 \sim 285$ g/(kW·h)。汽油机:$\eta_e = 0.2 \sim 0.3$,$b_e = 270 \sim 380$ g/(kW·h)。

4.1.2 发动机性能特征

发动机是为汽车提供动力的装置,它决定着汽车的动力性、经济性和环保性等。发动机是汽车的心脏,它的输出特性与车辆的行驶特性紧密相关。若要研究有效利用动力源和提高整车性能,了解和掌握发动机性能是非常重要的。发动机的性能特征指一定条件下,发动机的性能指标与特性参数随使用工况变化的关系。通常用特性曲线来表示发动机的性

能特征。

对于发动机性能特征,主要通过发动机各项性能指标随工况的变化特性来研究,包括发动机的速度特性、负荷特性等。

1. 发动机的工况

发动机的工况就是发动机的运行状况,常用发动机转速 n 和负荷表示。发动机的输出功率是发动机工况特征的重要指标。

发动机的工况可能稳定,也可能不稳定。在稳定工况时,发动机的性能指标参数(如转速、功率、转矩等)不随时间变化;若随着时间变化,则工况不稳定。发动机配套机构给曲轴施加的阻力矩或消耗功率称为负荷或负载。要使发动机稳定运转,则需要让发出的功率或转矩与负载消耗的功率或施加于曲轴上的阻力矩相等。因此,发动机的负荷经常用功率等表示,把表示负荷的参数称作负荷参数,也就是把功率或者与功率成单一正比的参数称作负荷参数。常见的负荷参数有汽油机节气门开度、平均有效压力等。

根据使用条件的不同,可将发动机的工况分为以下三大类。

1)面工况

面工况特点是发动机的输出功率与转速之间没有特定的约束关系。如图4-1所示,坐标系以转速为横坐标,以功率(或转矩)为纵坐标。两条竖线对应的是发动机的最高转速 n_{max} 和最低转速 n_{min},两条竖线、横坐标轴与曲线3(最大油门时的功率或转矩随转速变化的曲线)所限定的面积是发动机全部可能的工况点的范围。

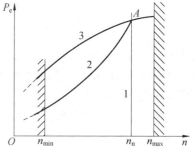

图4-1 发动机工况

因为面工况在工作区域内,转速和功率没有特定的约束关系,是独立的变化,所以发动机可能运行的范围是其实际工况变化的范围。

2)恒速工况

恒速工况是指功率随负载而变化,而发动机的转速保持不变的工况。在图4-1中表现为竖线1。

发电用发动机的工况就是恒速工况,为了保证发电机工作频率稳定,要求发动机转速稳定不变,而功率随发电机负荷(用电量)的大小而变化。点工况是恒速工况的特例,发动机运转过程中转速和负荷均保持不变时称为点工况(见图4-1中的点 A)。例如,用发动机带动排灌用水泵工作时,除了起动和过渡工况,一般按点工况运行。

3)线工况

发动机输出功率与转速成一定关系的工况称为线工况(见图4-1中曲线2)。例如,螺旋桨工况等。

2. 速度特性

速度特性是指当汽油机节气门(或柴油机供油拉杆)位置不变时,主要性能指标(功率、转矩、燃油消耗率、排气温度等)随着转速变化的关系。当汽车沿阻力变化的道路行驶(如上坡、下坡),而节气门的位置保持不变时,发动机转速会因路况的变化而变化(上坡时速度下降,下坡时速度增加),这时发动机按速度特性工作。

速度特性分为外特性和部分特性。外特性是当油门开启位置最大时的速度特性。部分特性是指油门部分开启位置时的速度特性。汽油机与柴油机的速度特性曲线分别如图4-2（a）、（b）所示。图中横坐标为转速，纵坐标是其他性能指标参数。

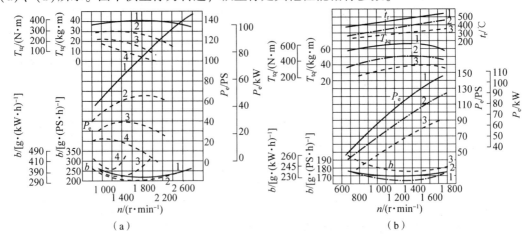

图 4-2　发动机速度特性曲线

(a)汽油机速度特性曲线；(b)柴油机速度特性曲线

根据图4-2可知，转速升高，则功率也相应地增长，有效功率与转速成正比。这是因为转速升高，单位时间内做功的次数增加。但是，由图4-2（a）可知，汽油机在最高转速附近，使转速继续升高，导致摩擦功率增大，进气流动阻力增加，燃烧恶化，使功率降低。发动机转矩外特性曲线平坦一些，在中间某转速位置取得最大值。燃油消耗率速度特性曲线在中等转速时处于最低燃油消耗率点。降低或升高转速会使油耗加大。

3. 负荷特性

在一定的转速下，发动机实际的输出有效功率与所能输出的最大功率之比称为负荷。负荷特性是在转速一定的情况下，发动机经济性能指标（主要指燃油消耗率、小时耗油量、排气温度等）随负荷变化而变化的关系。图4-3所示为发动机负荷特性曲线。

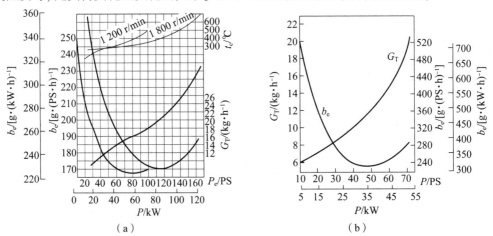

图 4-3　发动机负荷特性曲线

(a)汽油机速度特性曲线；(b)柴油机速度特性曲线

在负荷范围内，存在最低燃油消耗率负荷。在怠速工况下（负荷等于0时），输出功率为0，发动机所发出的功率都用在克服内部损失，热效率为0，有效燃油消耗率 $b_e \to \infty$。

若负荷增加,则输出有效功率和热效率都增大,有效燃油消耗率降低。有效燃油消耗率在负荷增加到一定程度时(柴油机在90%左右,汽油机在80%左右),达到最低值b_{emin}。若负荷再增大,则混合气浓度增加,导致燃烧不充分,热效率低,有效燃油消耗率又会增加。

4.2 影响发动机节能的因素

随着汽车产业的飞速增长,石油供给面临着一定的压力。汽车节能问题迫在眉睫,对于发动机节能而言,影响因素主要包括发动机热效率和发动机轻量化两方面。

4.2.1 汽车发动机热效率

汽油机定容加热循环的热效率:

$$\eta_{tv} = 1 - \frac{1}{\varepsilon^{k-1}} \tag{4-4}$$

低速柴油机定压加热循环的热效率:

$$\eta_{tp} = 1 - \frac{1}{\varepsilon^{k-1}} \frac{\rho^k}{k(\rho-1)} \tag{4-5}$$

高速柴油机混合加热循环的热效率:

$$\eta_{tm} = 1 - \frac{1}{\varepsilon^{k-1}} \frac{\lambda \rho^k - 1}{(\lambda-1) + k\lambda(\rho-1)} \tag{4-6}$$

式中,ε——压缩比;

k——绝热指数;

λ——压力升高比;

ρ——预胀比。

根据上述公式可以看出,可以通过升高压缩比ε和绝热指数k来提高发动机的热效率。根据高速柴油机混合加热循环的热效率公式可知,加热量和压缩比不变时,应提高压力升高比λ(预胀比ρ下降)来提高发动机的热效率。

发动机热量分配的大致情况和机械损失分配情况分别如表4-1和表4-2所示。实际上发动机循环受到工质具有不同的成分、比热、分子数和不同的高温分解特性等因素的影响。又因为存在不可避免的损失,如换气损失、传热损失、燃烧损失、涡流和节流损失、泄漏损失、机械损失等,所以发动机的热效率远远小于理想循环的热效率。

表4-1 发动机热量分配的大致情况

名称	汽油机	柴油机
理论循环热效率η_t	0.54~0.58	0.64~0.67
指示热效率η_i	0.30~0.40	0.40~0.45
各种损失使热效率下降	0.1~0.12	0.09~0.1
工质比热容变化	0.08~0.1	0.06~0.09
燃烧不完全及热分解传热损失	0.03~0.05	0.04~0.01
提前排气	0.01	0.01

表 4-2 发动机机械损失分配情况

机械损失名称	占机械损失功率 P_m 的百分比/%	占指示功率 P_i 的百分比/%
摩擦损失(具体如下)	62~75	
活塞及活塞环	45~60	8~20
连杆、曲轴轴承	15~20	
配气机构	2~3	
驱动各种附件损失(具体如下)	10~20	
水系	2~3	
风扇	6~8	1~5
机油泵	1~2	
电气设备	1~2	
带动机械增压器损失	6~10	—
泵气损失	10~20	2~4
总功率损失	—	10~30

提高发动机热效率的主要措施：提高压缩比，稀燃技术，直喷技术，增压，中冷技术，可变进气技术，改善进排气过程，改善混合气在气缸中的流动方式，改进点火配置提高点火能量，优化燃烧过程，电控喷射技术，高压共轨技术，绝热发动机技术等。

4.2.2 发动机轻量化

发动机的轻量化要在保证汽车强度和安全性能的前提下，减小发动机的质量。发动机节材、轻量化是节能的重要方面，它既节约金属材料，降低制造成本，还能使整车有效载荷增加，减少无效载荷油耗。

比质量 m_e（发动机质量功率比）是影响发动机产品制造过程中材料消耗多少的指标，而升功率 P_L 又是影响比质量大小的主要因素。升功率 P_L 与表面发动机工作容积利用率成正比，因此升功率越高，发出一定数量的有效功率的发动机尺寸也就越小。下式是升功率 P_L 的表达式：

$$P_L \propto \frac{H_\mu}{l_o} \cdot \frac{\eta_{it} \cdot \eta_m}{\varphi_a} \cdot \frac{1}{\tau} \cdot \varphi_c \cdot n \cdot \rho_s \tag{4-7}$$

式中，H_μ——燃料低热值；

l_o——化学计量空燃比（燃烧 1 kg 燃料理论所需的空气质量）；

φ_a——过量空气系数；

η_{it}——指示热效率；

η_m——机械效率；

τ——行程数；

φ_c——充量系数；

n——发动机转速；

ρ_s——发动机进气管的空气密度（简称进气密度）。

式(4-7)指出了影响升功率 P_L 的各因素。要降低过量空气系数 φ_a，可以通过合理地组织燃烧过程；要提高充量系数 φ_c，可以通过改善发动机换气过程；提高发动机转速，以增加单位时间内发动机每个气缸做功的次数；通过增压技术，来增加进气密度 ρ_s。除此之外，应用现代设计理论和方法，在结构上采用大刚度、轻量化、低摩擦设计，以及采用高强度轻质材料，也是发动机节材、轻量化的重要途径之一。

4.3 提高充量系数的技术

4.3.1 可变配气系统技术

进排气门的主要特征参数有气门升程、气门开启相位，气门开启持续角度。发动机处于不同的转速与负荷时，最佳的特征参数不同，合理调整其参数可提高发动机的动力性、燃油经济性与排放性。

进气门早开的目的是在进气开始时进气门能有较大的开度或较大的进气通过断面，以减小进气阻力，使进气顺畅。进气门晚关则是为了充分利用气流的惯性，在进气滞后角内继续进气，以增加进气量。进气阻力减小不仅可以增加进气量，还可以减少进气过程消耗的功率。

排气门早开的目的是在排气门开启时气缸内有较高的压力，使废气能以很高的速度自由排出，并在极短的时间内排出大量废气。当活塞开始排气行程时，气缸内的压力已大大下降，排气门开度或排气通过断面明显增大，从而使强制排气的阻力和排气消耗的功率大为减小。排气门晚关则是为了利用废气流动的惯性，在排气滞后角内继续排气，以减少气缸内的残余废气量。

由于进气门早开和排气门晚关，活塞在上止点附近出现进、排气门同时开启的现象，因此称其为气门重叠。重叠期间的曲轴转角称为气门重叠角，它等于进气提前角与排气滞后角之和。

气门升程增大，一方面在高负荷时有利于提高体积效率；另一方面在低负荷时又不得不将节气门关得更小，造成更大的泵气损失和节流损失。

综上所述，若要提高发动机功率，需提早开启、推迟关闭进气门，并提高进气门升程；若为提高低速转矩，则要提早关闭进气门；为了改善起动性能并提高怠速稳定性，则要推迟开启进气门，减小气门重叠角。因而，进气门特性参数对发动机的影响比排气门特性参数更大；进气门关闭相位的影响比开启相位大。

但是，传统的气门正时只能设计成对某一个转速或狭小的转速范围最有利于提高其体积效率。于是，人们想到能否设计成气门特性参数可变的进、排气门的系统，以便达到使各种工况都能优化的目的，这就是可变配气系统。可变配气系统按驱动方式不同分为机械式和电子控制无凸轮机构两类。目前商品化的系统有可变凸轮机构(Variable Camshaft System，VCS)和可变气门正时(Variable Valve Timing，VVT)及其组合，基本可以实现可变气门正时、可变气门升程和可变气门持续角等功能。

可变配气系统的效果可归纳为以下6个方面。

(1)提高标定功率。

(2)提高低速转矩。

(3)改善起动性能。

(4)提高怠速稳定性。

(5)提高燃油经济性达 15%。据估计,提高燃油经济性的潜力可达 20%。这是因为在部分负荷工况只要缩短或延长进气门开启持续角度和/或降低进气门升程,不必减少节气门开度便能减少进气量,从而减少进气管真空度造成的泵气损失和节气门的节流损失;低速时降低气门升程至 1 mm 左右能增强紊流,加速燃烧,改善冷起动和怠速性能而节油。同时,减小气门重叠角能减少进气和排气过程的互相干扰。燃油经济性得以提高还有一个原因是:在怠速工况通过减小气门重叠角减少残余废气提高怠速稳定性,从而可以在较低转速下达到稳定的怠速运转。在全负荷工况下若能够增大气门升程,则减小了气门节流损失,也有利于提高燃油经济性。

(6)降低排放。因为低转速时减小气门重叠角可减少新鲜混合气窜入排气管的量,从而减少 HC 排放。中等负荷和中等转速时增大气门重叠角可提高内部排气再循环的废气再循环率,从而减少 NO_x 排放。

1. 可变气门正时技术

如上所述,发动机转速不同,要求不同的配气定时。这是因为:当发动机转速改变时,由于进气流速和强制排气时期的废气流速也随之改变,因此在气门晚关期间利用气流惯性增加进气和促进排气的效果将会不同。例如,当发动机在低速运转时,气流惯性小,若此时配气定时保持不变,则部分进气将被活塞推出气缸,使进气量减少,气缸内残余废气将会增多。当发动机在高速运转时,气流惯性大,若此时增大进气滞后角和气门重叠角,则会增加进气量和减少残余废气量,使发动机的换气过程趋于完善。总之,四冲程发动机的配气定时应该是进气滞后角和气门重叠角随发动机转速的升高而加大。若气门升程也能随发动机转速的升高而加大,则将更有利于获得良好的发动机高速性能。采用可变配气定时机构对发动机性能的改善,可由图 4-4 看出,图 4-5 为发动机在不同工况下的最佳配气相位。

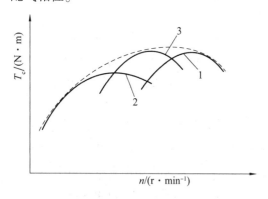

1—高速发动机;2—低中速发动机;
3—装有可变配气定时机构的发动机。

图 4-4 发动机速度特性

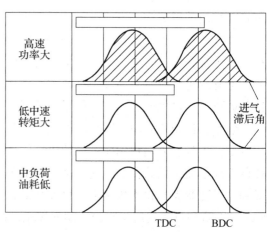

图 4-5 发动机在不同工况下的最佳配气相位

根据负荷和转速调节配气相位可以控制充量系数和缸内残余废气量。若发动机用不同凸轮轴分别驱动进排气门，而且一根凸轮轴不是通过另一根驱动，则可以用图4-6所示的相位可变凸轮轴达到移动配气相位的目的。凸轮轴的相位借助一个螺旋花键套的移动来改变。花键套内孔的直齿花键与凸轮轴端头的花键啮合，它的外螺旋花键与驱动链轮的螺旋花键孔啮合。当花键套在油压作用下克服复位弹簧的弹力轴向移动时，凸轮轴与驱动相对角位移 $\Delta\varphi_c$ = 10°~20°。油压用电磁阀控制，机油通过中空的凸轮轴供给。

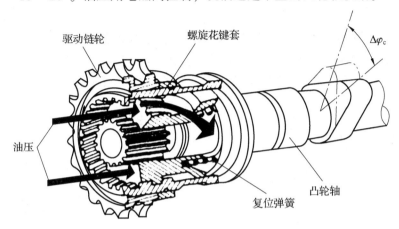

图4-6 相位可变的凸轮轴

采用VVT技术可以使发动机的低速转矩得到大幅度的提高，如图4-7所示。

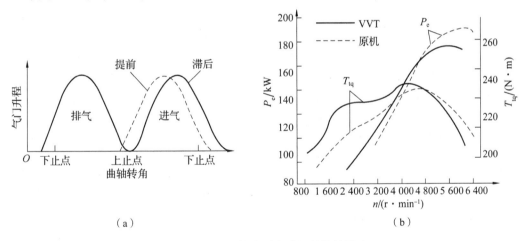

图4-7 VVT技术对发动机性能的影响

2. 可变气门升程技术

可变凸轮机构一般是通过两套凸轮或摇臂来实现气门升程与持续角的变化，即在高速时采用高速凸轮，气门升程与持续角都较大，而在低速时切换到低速凸轮，升程与持续角均较小。这一技术称为可变气门升程（Variable Value Life，VVL）技术。VVL技术的采用，使发动机在高速区和低速区都能得到满足需求的气门升程，从而改善发动机高速功率和低速扭矩。

与国外相比，国内对可变气门升程技术研究起步晚，同国外存在一定差距，国内高校在可变气门升程对进气和燃烧的影响方面进行了研究。在进气方面,天津大学的王天友等人对可变气门升程下的缸内气流的运动特性进行了研究。研究结果表明,低的气门升程使发动机的滚流比有所减小,但可以产生较强的湍流,进气行程湍流强度可以达到大气门升程时的两倍。

日本三菱公司为了减少泵气功率损失,更多地提高汽车的动力性能及降低有效燃油消耗率,研制开发了多模式可变配气机构(MIVEC)。它有三种工作模式,即高速、低速和排量可变。

三菱公司采用多模式可变配气机构发动机的主要参数如表4-3所示。

表4-3 三菱公司采用多模式可变配气机构发动机的主要参数

项目			MIVEC		常规的配气机构
发动机型式			四缸直列		四缸直列
缸径×冲程/(mm×mm)			81.0×77.5		81.0×77.5
排量/cm³			1 597		1 597
燃油			优质		优质
项目			MIVEC		常规的配气机构
压缩比			11.0		11.0
气门驱动			四气门双顶置凸轮轴		四气门双顶置凸轮轴
气门定时及升程	进气门	开/(°BTDC)	17	47.5	19
		关/(°ABDC)	31	72.5	53
		升程/mm	5.5	10	9.2
	排气门	开/(°BBDC)	41	70	60
		关/(°ATDC)	15	35	16
		升程/mm	6.8	9	9.5

该机构采用两根顶置凸轮轴,凸轮外形轮廓设计分为高速及低速两类,控制两个进气门及两个排气门的开关。由ECU根据发动机工况改变的需要,发出指令给专用液油压泵及液压电磁阀,让液压油进入对应该凸轮的摇臂油压活塞上(见图4-8),将摇臂卡紧在摇臂轴上,让摇臂能跟随凸轮动作,分别实现上述三种工作模式及表4-3中的气门定时及升程的变化。设置专用液压油泵是为了根据发动机工况需要,在上述三种工作模式中进行迅速而稳定的切换。

发动机在高速工况下,压力高的液压油进入摇臂轴的右端油道[见图4-8(c)],将其中活塞H向上推,使高速摇臂杆与摇臂轴卡紧在一起,于是高速凸轮通过高速摇臂杆及T形杆,控制气门的开关。此时,摇臂轴左端并无压力高的液压油进入,其中液压小活塞L并未被压上去,于是左端低速摇臂杆并未起作用。发动机在低速工况下,液压油则进入摇臂轴左端油孔,将其中小活塞向上压,使低速凸轮能带动左端低速摇臂杆工作。此时,右端高速摇臂杆中小活塞并无液压油将其压上去,因此不工作[见图4-8(d)]。当摇臂轴两端都无高压液压油输入时,两个气门都不工作[见图4-8(e)]。

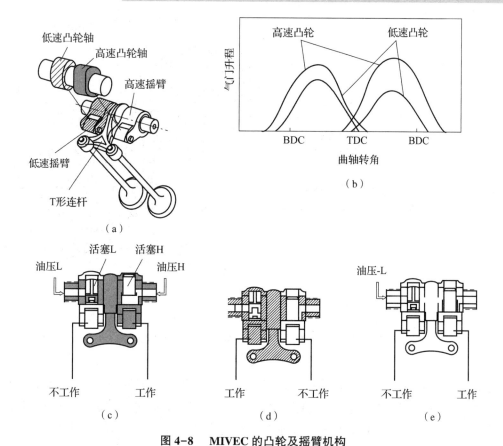

图 4-8 MIVEC 的凸轮及摇臂机构
(a)结构；(b)气门升程曲线；(c)高速凸轮模式；(d)低速凸轮模式；(e)气门不工作模式

上述发动机采用多模式可变配气机构后，当两个气缸停止工作时，发动机的泵气功损失减少了约一半，能合理控制进气涡流，充分利用高速工况下进气门关闭前形成的较高进气脉冲波等。与采用常规的配气机构相比，按典型的试验循环，发动机的最大功率增加 21%，高转速下的转矩显著提高，有效燃油消耗率降低约 16%。

图 4-9 为采用多模式可变配气机构发动机性能特性曲线。

图 4-10 为一种可使气门升程曲线连续变化的凸轮机构。一个特殊形状的杠杆 2 插在凸轮轴 3 上，移动杠杆 2 的位置即可改变气门升程曲线和开启持续角，从而改变发动机进气量和负荷高低，因而不必用节气门控制负荷。另外，进排气的相位还可用图 4-6 所示的结构加以调整。

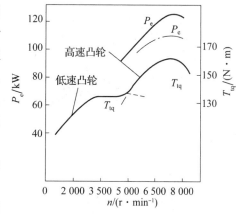

图 4-9 采用多模式可变配气机构发动机性能特性曲线

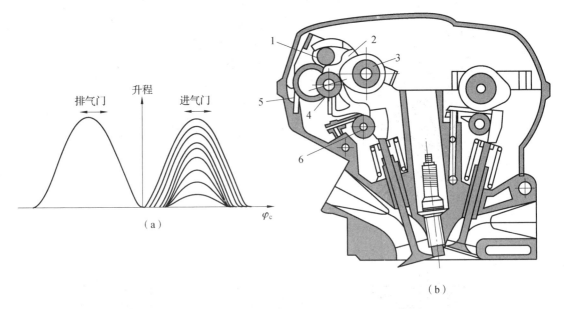

1—偏心轴；2—杠杆；3—凸轮轴；4—杠杆的滚轮；5—复位弹簧；6—气门摆臂。

图 4-10　一种可使气门升程曲线连续变化的凸轮机构

(a)气门升程曲线；(b)结构

宝马的 Valvetronic 系统沿用传统汽油机使用的滚轮摇臂+液压间隙调节器结构，但是驱动结构不是单纯用凸轮轴进行驱动，凸轮轴与传统滚轮摇臂之间增加了一个过渡摇臂，用来驱动滚轮摇臂，过渡摇臂依靠控制轴和凸轮轴共同驱动。驱动凸轮轴方式不变，依靠电机驱动控制轴，这套系统完全是机械结构，具体结构如图 4-11 所示。

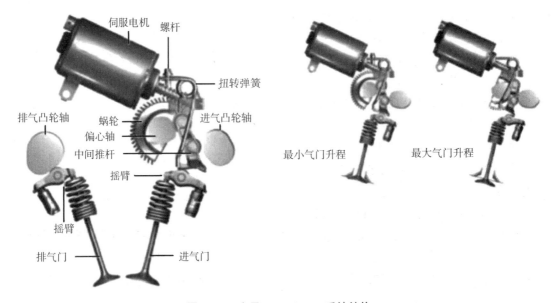

图 4-11　宝马 Valvetronic 系统结构

宝马 Valvetronic 系统通过纯机械的驱动方式实现气门升程调节，所以对于气门升程的控制受到一定限制。

这种机构的进气凸轮轴以及摇臂中间有一个推杆，而且，另一个比较特别的地方在于凸轮轴以及传统摇臂的中间还存在偏心轴。如果汽车的发动机有改变气门升降的具体需求，这时ECU可以按照油门所发出的信号来对步进电机进行有效的控制。步进电机会对涡轮螺杆机构产生一定的驱动力，确保偏心轴在 0～170°CA 的空间之内实现具有连贯性的调节，偏心轴会将推杆上端推动，让凸轮与推杆的位置发生变化，这时候推杆下面摆动的幅度就会和之前不同，这一系列的变化会导致进气门的升降发生变化，保证其能够在 0.13～9.80 mm 之间发生连续性变化。这一机构能够调节 300 ms 以内的气门升降，使其从怠速转变到全负荷，可以有效地达到对发动机无节气负荷的合理控制，最大限度地降低因为气门产生的泵气损失，除此之外还可以有效地提升燃油的经济性，减少空气中的有害物质，最终使得怠速具有更好的稳定性，同时也可以有效地降低转速。

如图 4-12 所示，无论控制轴驱动过渡摇臂如何旋转，都不会改变凸轮轴桃片的位置，也就是说凸轮轴旋转一周，凸轮轴桃片达到最大位置的时刻是唯一的，是初始设计的位置，通常称作 MOP，那么 MOP 的位置就是固定的，所以关于气门升程的实现形式就只有一种。如果需要改变 MOP 的位置，只能配合 VVT 技术进行适当的相位调节。

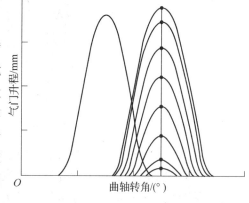

图 4-12　Valvetronic 系统气门升程实现形式

4.3.2　电磁气门机构

由于汽车的传统节气门控制需要拉索，在实际运作时存在滞后以及控制精确性差等缺陷，现在汽车上越来越多地采用了电磁气门控制系统，从而可以使汽车的燃油消耗降低、尾气排放减少，实现发动机全转速范围的最佳转矩输出。

下面介绍舍弗勒 Uni Air 系统，它打破了传统汽油机在凸轮轴和气门之间使用的滚轮摇臂+液压间隙调节器结构，使用液压方式实现气门驱动，液压油通过电磁阀建立油压，电磁阀由 ECU 根据发动机需求进行调解，如图 4-13 所示。

封装在高压腔中的机油将凸轮升程转化为气门升程。凸轮轴通过滚轮摇臂驱动泵体，在高压腔中建立压力，电磁阀关闭，油压通过气门制动单元里的活塞作用在气门上，气门打开。一旦电磁阀打开，机油流出高压腔，机油作用在气门上的力小于气门弹簧力，气门关闭。在凸轮升程段，电磁阀打开，机油流出高压腔进入中压腔的储油腔，凸轮轴继续旋转，当旋转到基圆位置，机油又会返回高压腔，这样减少了油压建立时间，使得系统响应性更好。这套系统实现控制模块完全集成，并且拥有自己的控制单元，直接和整车控制单元进行交互，实现在整车控制单元上的集成。由于此系统是液压驱动，凸轮只是驱动泵体的功能，可以将进气凸轮集成到排气凸轮轴上，配气系统可以取消进气凸轮轴。同理，液压驱动元件替代原有的滚轮摇臂+液压间隙调节器组件，以单杆四气门为例，可以取消 8 套滚轮摇臂+液压间隙调节器组件；进排气凸轮共用 1 根凸轮轴，可以取消进排气相位器 (VCT)；由于只有 1 根凸轮轴，正时链条的长度可以相应减短。这些发动机传动功能构件的取消，可以降低 Uni Air 系统整体的成本，提高系统的收益比。

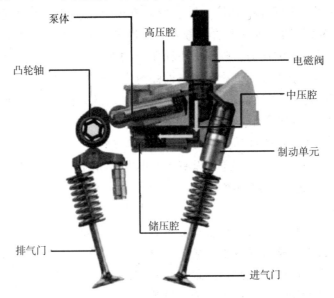

图 4-13　舍弗勒 Uni Air 系统结构

舍弗勒 Uni Air 系统不仅可以实现连续可变气门升程的基本功能，而且可以对气门升程的开启和关闭时刻进行灵活控制，使发动机可以尝试不同的燃烧模式。图 4-14 所示为进气门早关气门升程曲线。在进气门早关的前提下，保证开启时刻不变，此种模式的优点为：在低负荷条件下，可以降低节流损失，进而降低油耗，并且这种控制可以降低有效压缩比进而降低发动机的爆燃倾向，对未来发动机当量比燃烧（过量空气系数为 1）有一定贡献。对进气门晚关进行测试，结果如图 4-15 所示。测试数据证明可以和进气门早关得到基本相同的结果，当然，这个过程需要进行气门升程控制器选型，以适配不同气门升程的控制策略。

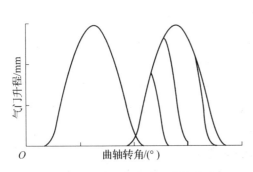

图 4-14　进气门早关气门升程曲线

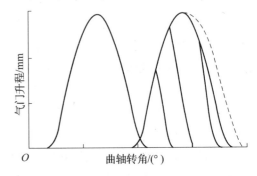

图 4-15　进气门晚关气门升程曲线

4.3.3　谐振进气与可变进气支管

谐振进气和可变进气支管都是利用进气管的动态效应来提高充量系数。由间断进气而引起的进气压力波动对发动机进气量影响很大，进气管长度、直径等进气系统参数会改变进气压力波。适当调整这些参数，可以有效地利用进气管的压力波，以提高充量系数，改善转矩特性,这已在车用发动机上得到应用。

进气管压力波动对充量系数的影响主要取决于下止点后到进气门关闭这一期间,进气管靠近气缸一端压力的变化情况。进气门打开初期,由于活塞向下运动以及气流惯性,气缸内产生很大的负压(即真空度),进气管内也产生很大负压,新鲜空气从进气管的外端流入。同时从气缸中传出膨胀波,通过气门、气道沿进气管向开口端传播。当膨胀波到达开口端后,又从开口端向气缸方向反射回压缩波。此压缩波反射到气缸后,使气缸内的压力上升。如果进气管的长度适当,使从膨胀波发出到压缩波回到气缸处所经过的时间,正好与进气门从开启到关闭所需的时间配合,即压缩波到达气缸时,进气门正好处于关闭前夕,则能把较高压力的空气关在气缸内,实现增压效应,这种效应是本循环的波动效应。反之,若进气管的长度不适当,进气门关闭时,压力不是处于波峰位置而是在波谷,即到达气门外的不是压缩波而是膨胀波,则会降低气缸压力,得到相反的结果。

当进气门关闭后,进气管里的气柱还在继续波动,对下一个进气循环的进气量有影响,这一影响称为前面循环波动效应。进气门关闭时,进气管内流动的空气因急速停止而受到压缩,在进气门处产生压缩波,向进气管的开口端(即入口端)传播。当压缩波传到管端时产生反射波,由于这种边界条件(开口、管外压力不变)的作用,反射波的性质与入射波的性质相反,即为膨胀波。该波向进气门处传播,到达进气门处时,若气门尚未打开,则其边界条件为封闭型(速度为0),那么在气门处的反射波的性质与入射波的性质相同,也为膨胀波。此膨胀波向进气管的管端传播,在开口端再次反射时,反射波为压缩波,又向进气门处传播。这样周而复始,气波在进气管中来回传播,进气门处的压力也时高时低,形成压力波动。如果使正压力波与下一循环的进气过程重合,就能使进气终了时压力升高,因而提高充量系数。如与负压力波重合,气门关闭时压力便会下降,充量系数降低。

压力波动的固有频率 f_0 为

$$f_0 = \frac{c}{4L}$$

式中,c——进气管内声速(m/s);
L——进气管长度(m)。

当发动机转速为 n(r/min)时,进气频率 f_n 为

$$f_n = \frac{n}{60 \times 2} = \frac{n}{120}$$

上式说明了进气管内压力波动的固有频率和发动机进气频率之间的配合关系。

当循环次数 $q = 1\frac{1}{2}$, $2\frac{1}{2}$, …时,下一次气门开启期间正好与正的压力波相重合,使充量系数提高。当 $q = 1$,2,…时,进气频率与压力波动频率合拍,下一次气门开启期间与负的压力波重合,使充气量减少。本次循环的压力波动衰减小、振幅大,而前面循环压力波动是经过多次反射后的波,衰减大、振幅小(见图4-16)。

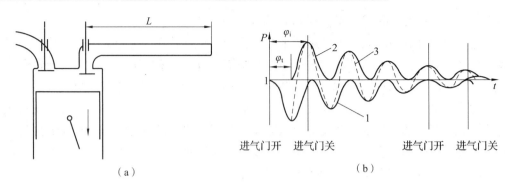

1—吸气波；2—反射波；3—合成波；φ_i—进气持续角；φ_t—曲轴转角；L—进气管长度。

图 4-16　进气管内压力波动

(a)进气系统简图；(b)进气门处压力波动

汽车发动机工作转速范围宽广。转速不同，理想的进气管长度不同，一般高转速用较短进气管，低转速所需进气管较长。传统的进气管常常是只能满足在某一常用的转速区域运转时，进气动态效果较佳。

谐振进气系统利用一定长度和直径的进气支管与一定容积的谐振室，在特定的转速下产生大幅值压力波，从而增加进气。在此基础上，随转速变化控制谐振室接入进气道，可以在特定的高、低两个转速阶段，利用进气管的动态效应来提高充量系数。

随着电子控制技术的发展，出现了可变进气支管。图 4-17 所示为可变长度进气支管。当发动机低速运转时，发动机 ECU 5 发出指令，转换阀控制装置 4 关闭转换阀 3，这时空气经空气滤清器 1 和节气门 2 沿着细长的进气支管流进气缸。弯曲细长的进气支管提高了进气速度，气流的动能增大，使进气量增多。当发动机转速增高时，转换阀开启，空气通过空气滤清器和节气门直接进入粗短的进气支管。粗短的进气支管进气阻力小，也使进气量增多。

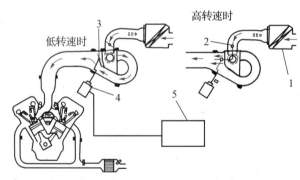

1—空气滤清器；2—节气门；3—转换阀；4—转换阀控制装置；5—发动机 ECU。

图 4-17　可变长度进气支管

另一种可变进气支管为双通道可变进气支管，如图 4-18 所示。它的每个支管有一长一短两个进气通道。根据发动机转速的高低，通过旋转阀控制空气流经哪一个通道。当发动机中、低速运转时，旋转阀将短进气通道封闭，空气沿长进气通道经进气道进入气缸。当发动机高速运转时，旋转阀使长进气通道短路，将长进气通道也变为短进气通道。空气同时经两个短进气通道进入气缸。

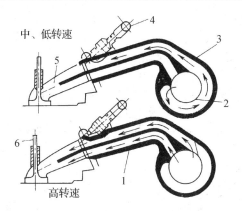

1—短进气通道；2—旋转阀；3—长进气通道；4—喷油器；5—进气道；6—进气门。

图 4-18 双通道可变进气支管

4.4 稀薄燃烧技术

稀薄燃烧(简称稀燃)是汽油机降低油耗的重要途径，为实现高度稀燃产生了分层稀燃式缸内直喷汽油机，后来又发展到兼顾排放和燃油经济性的均质当量比式缸内直喷汽油机。随着缸内汽油直喷技术和稀薄燃烧技术迅速发展，一般缸内汽油直喷发动机都采用了稀燃技术，这主要是解决 CO_2 排放过大造成的全球温室效应。对于汽车而言，要限制 CO_2 排放，其本质就是限制燃油消耗，而要在限制燃油消耗的情况下，保证汽车必需的动力性，发动机必须采用合适的燃烧模式。

4.4.1 发动机稀燃系统的特点

稀燃指发动机可燃混合气的空燃比 $\alpha>16$ 或过量空气系数 $\varphi_a>1.22$。由于汽车 HC、CO 的排放和 NO_x 的排放是一对矛盾，而汽车燃油消耗与发动机动力性也是一对矛盾，要降低 HC、CO 的排放，就需要提高空燃比，但提高空燃比以后，NO_x 的排放又会升高。因此，对于发动机稀燃系统，必须精确控制空燃比，以达到燃油消耗较低、排放在规定范围、动力性较理想的目的。

图 4-19 所示为常规的化学计量比燃烧、非直喷稀燃和缸内直喷稀燃三种燃烧方式的燃油经济性和 NO_x 排放特性对比。随空燃比变稀，油耗和 NO_x 排放均显著降低；但继续变稀时，着火和燃烧均变得不稳定，因而油耗开始上升。因此，关键问题是怎样才能使汽油机稳定工作在稀燃条件下。

发动机稀燃系统的特点主要有以下几点。

(1)喷油正时对稀燃系统的燃烧速度和燃烧稳定性具有一定的影响。一般来说，延迟喷油可以使燃烧稳定性提高，但相应又会造成较高的 NO_x 排放。

(2)稀燃系统的点火正时需要合理匹配。对于稀燃系统来说，由于混合气较稀，相应地着火延迟期和急燃期都将延长，因此点火提前角应该增大。

汽油机实现稀燃的关键技术主要有以下几点。

(1)提高压缩比。采用紧凑型燃烧室，通过进气口位置改进使缸内形成较强的空气涡流，提高气流速度；将火花塞置于燃烧室中央，缩短火焰传播距离；提高压缩比至 13∶1 左右，促使燃烧速度加快。

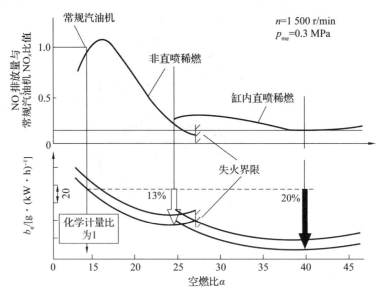

图 4-19 不同燃烧方式的性能对比

(2) 分层燃烧技术。如果稀燃技术的混合比达到 25∶1 以上,按照常规是无法点燃的,因此必须采用由浓至稀的分层燃烧方式。通过缸内空气的运动在火花塞周围形成易于点火的浓混合气,混合比达到 12∶1 左右,外层逐渐稀薄。浓混合气点燃后,燃烧迅速波及外层。为了提高燃烧的稳定性,减少 NO_x 的排放,现在采用燃油喷射定时与分段喷射技术,即将喷油分成两个阶段,进气初期喷油,燃油首先进入缸内下部随后在缸内均匀分布;进气后期喷油,浓混合气在缸内上部聚集在火花塞四周被点燃,实现分层燃烧。

(3) 高能点火。高能点火和宽间隙火花塞有利于形成火焰中心,火焰传播距离缩短,燃烧速度增快,稀燃极限大。有些稀燃发动机采用双火花塞或者多极火花塞装置来达到上述目的。

4.4.2 非直喷汽油机的稀燃方法

所谓非直喷稀燃主要是指在化油器式和进气道喷射式(Port Fuel Injection,PFI)汽油机上进行的稀燃,又可以分为均质稀燃和分层稀燃,一般只能在 $\alpha<25$ 的范围内工作。

1) 非直喷汽油机的均质稀燃

在均质混合燃烧的汽油机上,通过采用燃烧室改进、高涡流或湍流以及高能点火等技术,汽油机的稳定燃烧界限可扩展至 $\alpha=17$ 左右,随 α 提高,油耗和 NO_x 排放降低。但随着 α 继续增大,这种均质的稀混合气逐渐难以点燃并且燃烧速度也显著减慢,造成燃烧不稳定和 HC 排放回升,以致无法正常工作。

2) 非直喷汽油机的分层稀燃

轴向分层稀燃系统的工作原理如图 4-20 所示。在进气阀导气屏的作用下造成强烈的进气涡流;进气过程后期进气门开启接近最大升程时,安装在进气道上的喷油器将燃料对准进气阀喷入缸内,燃料在涡流的作用下,沿气缸轴向产生上浓下稀的浓度分层,并一直维持到压缩行程后期,以保证在火花塞附近存在较浓的混合气。这种燃烧系统可稳定稀燃在 $\alpha=22$ 条件下,部分负荷的油耗降低 12%。

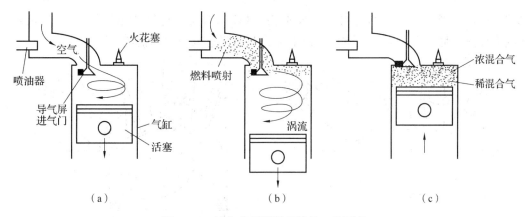

图 4-20 轴向分层稀燃系统的工作原理

(a)进气过程早期；(b)进气过程后期；(c)压缩过程

径向分层的典型实例有三菱公司在 1991 年开发成功的 MVV（Mitsubishi Vertical Vortex）稀燃系统，如图 4-21 所示。该系统采用滚流进气道，并在进气道中设置两块薄的隔板，燃料喷射在隔板之间，使进气在气缸内形成三股独立的滚流，两侧的滚流是空气，中间的一股是浓混合气，在气缸横截面上形成混合气浓度分层。即使在 $\alpha = 23 \sim 25$ 时，也能保证火花塞周围形成易点燃的较浓混合气。在 40 km/h 等速行驶时，比普通汽油机节油 13%。

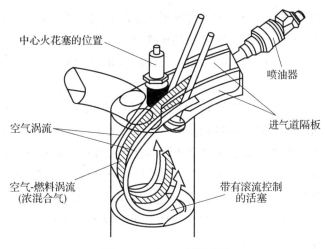

图 4-21 MVV 稀燃系统

4.4.3 缸内直喷汽油机的稀燃方法

缸内直喷（Gasoline Direct Injection，GDI）燃烧系统可实现均质混合气燃烧、分层混合气燃烧以及均质混合气压缩燃烧（Homogeneous Charge Compression Ignition，HCCI）。以下主要介绍缸内直喷分层混合气燃烧系统。

GDI 汽油机中燃料直接喷入燃烧室，喷油时刻控制灵活，可以实现均质当量比和分层稀燃两种混合气形成方式。如图 4-22 所示，在进气冲程中喷油（早喷），喷雾油滴在缸内经历进气和压缩两个冲程，点火时燃烧室内可以形成相对均匀的混合气；而在压缩冲程中喷油(晚喷),喷油到点火的时间短,同时缸内气体压力高,喷雾油滴的扩散和蒸发被限制在缸内局部区域,点火时燃烧室内可以形成火花塞附近浓而周围稀的分层混合气。

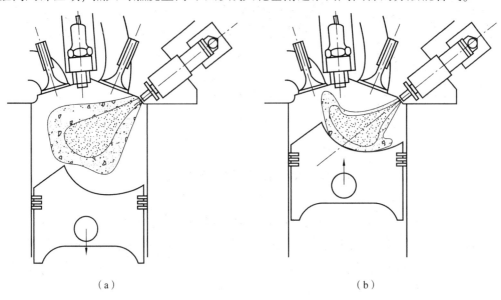

图 4-22　GDI 汽油机混合气形成模式
(a)早喷均质模式;(b)晚喷分层模式

由于 GDI 汽油机从喷油到点火的混合气形成时间相对气道喷射短,同时压缩冲程喷射时喷油背压高,因此 GDI 汽油机需要采用高压喷射。GDI 汽油机的喷油压力为 4~20 MPa,远高于 PFI 汽油机,喷雾粒径为 10~30 μm。GDI 汽油机有旋流式,多孔式以及外开式三种不同形式的喷嘴。

图 4-23 给出了三种不同形式喷嘴在不同背压和不同时刻的喷雾形态(室温,喷射压力为 0.1 MPa 和 0.6 MPa)。旋流喷嘴喷射时,燃油在喷孔内部被引导作旋流运动,由于离心力与喷射双重作用,燃油喷雾呈现中空圆锥形极薄液膜的特殊形状[见图 4-23(a)],并伴有旋转运动,也称螺旋伞喷。其具有很快的扩散混合速度,很好地弥补了 GDI 汽油机混合气形成时间短于 PFI 汽油机的不利因素。这种喷雾形态的喷雾贯穿距离受背压影响较小,但随背压增加(空气密度升高),喷雾锥角会明显减小,造成伞状喷雾收缩以及混合速度变慢,容易形成较高的局部混合气浓度。

多孔喷嘴[见图 4-23(b)]喷出的各个喷束在贯穿距离内是彼此分开的,油束方向由喷嘴设计决定,散开角度不受背压影响,其喷雾贯穿距离随背压增大而略微变小。多孔喷嘴主要缺陷是喷孔容易结焦堵塞,为获得好的雾化质量,需要比旋流喷嘴更高的喷油压力。

相比于前两种类型的喷嘴,外开式喷嘴的喷雾锥角最大[见图 4-23(c)]。通过和压电执行器组合,喷雾锥角几乎与背压无关,而喷雾贯穿距离受背压的影响很大。在喷雾锥的外缘形成环状回流区,有利于混合气形成并具有高度一致性。对于喷雾引导的燃烧系统,在此区域适合布置火花塞。外开式喷射的优点是小的喷雾液滴直径和短的喷雾贯穿距离,而且相比多孔喷嘴,外开式喷嘴孔不容易结焦堵塞。外开式喷油器适用于喷雾引导的燃烧系统,但目前产业化应用的尚不多见。

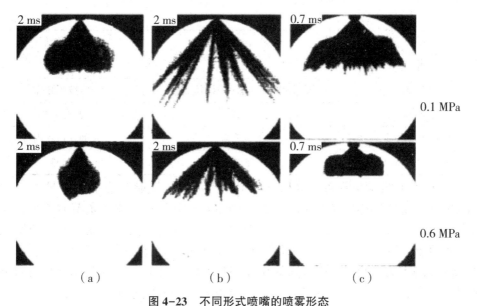

图 4-23 不同形式喷嘴的喷雾形态

(a)旋流喷嘴;(b)多孔喷嘴;(c)外开式喷嘴

4.4.4 典型稀燃 GDI 发动机燃烧系统

1. 三菱公司的 GDI 发动机

三菱汽车公司于 1996 年在世界上最先推出了商品化的 GDI 发动机,其结构和主要设计参数分别如图 4-24 和表 4-4 所示。与传统的 PFI 汽油机相比,它采用了很有特色的立式进气道,以保证高的滚流及充气系数;为追求喷油雾化特性使用了旋流喷嘴,喷射压力为 5.0 MPa 左右;燃烧室形状为单坡屋顶形以及曲面活塞凹坑。三菱 GDI 发动机的混合气形成过程基本属于壁面和气流引导相结合的类型,通过滚流、伞状喷雾以及燃烧室形状的合理配合,引导燃油向火花塞方向运动,在这个过程中全部汽化并与空气混合,最终在火花塞周围形成适于点燃的较浓混合气。

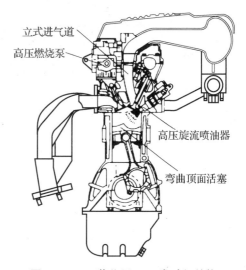

图 4-24 三菱公司 GDI 发动机结构

表 4-4 GDI 发动机的主要设计参数及与传统型的比较

型号		4G93 缸内直喷	4G93 传统型
缸径×冲程/(mm×mm)		81.0×89.0	81.0×89.0
总排气量/ mL		1 834	1 834
气缸数		直列 4 气缸	直列 4 气缸
进排气阀	形式	DOHC	DOHC
	阀数	吸气 2 阀,排气 2 阀	吸气 2 阀,排气 2 阀

续表

型号	4G93 缸内直喷	4G93 传统型
压缩比	12.0	10.5
燃气室	单坡屋顶型(弯曲顶面活塞)	单坡屋顶型
进气道	立式	普通方式
燃料供应方式	缸内直喷	进气道喷射
喷油压力/ MPa	5.0	0.33

三菱公司 GDI 发动机相对于同系列的 PFI 汽油机的性能改善效果如图 4-25 所示,可以在空燃比 $\alpha>40$ 的稀燃条件下稳定工作(转矩波动很小),中小负荷时的油耗比保持化学计量比工作的 PFI 汽油机节油 35%[见图 4-25(a)]。同时,在 $\alpha=40$ 的稀燃条件下,NO_x 可降低 60% 以上;若同时采用 30% 的 EGR 率,将进一步降低至 90% 左右;若再采用选择还原型稀燃催化剂,则可降低 97%[见图 4-25(b)]。由于采用稀燃方式并能保证燃烧安定性,怠速时的稳定工作转速可由 750 r/min 降低到 600 r/min,怠速节油 40%[见图 4-25(c)]。

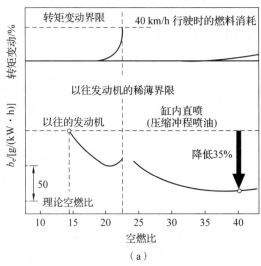

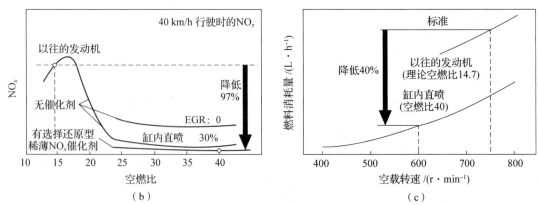

图 4-25 三菱公司 GDI 发动机性能改善效果

(a)稀燃对油耗的影响;(b)稀燃对 NO_x 的影响;(c)稀燃对怠速的影响

2. 大众公司的 FSI 发动机

大众公司于 1999 年推出了 EA111 型 1.4 L GDI 发动机,装在 LUPO 轿车上。该排气后处理系统中也采用了吸附还原型催化剂,但用 NO_x 传感器来控制催化剂的还原反应时间是其特点。

大众公司 2001 年推出的 FSI 发动机(见图 4-26),利用滚流阀来改变缸内流动结构,优化混合气形成过程。滚流阀位于进气道下部,低速时关闭滚流阀将进气道流通截面下半部分遮挡,空气经进气道上半部分高速直接进入气缸,产生强滚流,到压缩冲程末期形成强湍流,从而加快燃烧速度,提高热效率。中高转速时滚流阀完全打开,进气道获得全部的流通横截面,获得高的气缸充气量来实现目标功率。

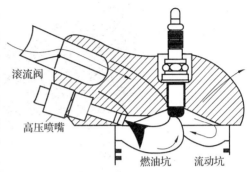

图 4-26 大众 FSI 发动机

该发动机采用多孔式喷油器。喷油器布置在进气侧。喷油器的每个油束单独设计方向,形成不同于传统旋流式喷油器的燃油束结构形状,避免了进气行程期间早期喷油沾湿已打开的进气门,有利于获得混合气均质化,从而减少排放和循环波动。

该燃烧系统的特点是采用双滚流混合气形成方式。低负荷时,可燃混合气仅在进气门一侧的滚流区形成;中负荷时,喷油可到达包括排气门在内的区域,混合气在两个滚流区域都可生成。

4.5 发动机增压技术

4.5.1 发动机增压系统的特性和种类

对于一般自然吸气式发动机,它工作时利用节气门上下方的压力差把空气吸入气缸内。当节气门处于怠速时,进气歧管真空度约为 73 kPa;而节气门全开时,进气歧管真空度最小,此时可以认为真空度为零,节气门上下方的压力接近相等。

对于增压发动机而言,在相同转速且有增压作用时,会有更多的混合气或空气进入气缸,以提高发动机的充气效率,从而改善发动机的动力性。这种将额外的混合气压入气缸的措施称为强制进气,采用增压进气可以使发动机的动力提升 35%~60%。

增压发动机并不是工作时一直都需要进气增压。在不需要增压时,发动机的工作情况与一般自然吸气发动机相同。因此,增压发动机可以采用较小的排量,在一般行驶时,可以达到省油的目的;而在大负荷和全负荷工况下,可以满足大功率输出的要求。

发动机增压器一般分为机械增压器、涡轮增压器、复合式增压器、惯性增压器、气波式增压器、冲压式增压器等。

1)机械增压器

机械增压器(见图 4-27)的压气机转子由发动机曲轴通过齿轮、传动带或链条等传动装置来驱动旋转,从而将空气压缩并送入发动机气缸,达到增压的目的。机械增压器的优点是：低速时就有增压作用，加速性能优异。但由于需要额外的传动装置，机械增压器的结构比较复杂，体积较大，同时要消耗一定的发动机有效功率，因此燃料经济性会受到一些影响。一般机械增压器的转速为发动机转速的2~3倍。

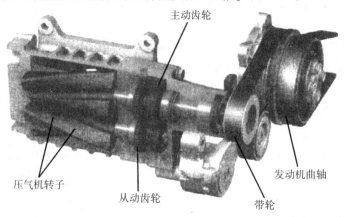

图4-27 机械增压器

2) 涡轮增压器

该增压器利用发动机排出的废气能量来驱动增压器的涡轮，并带动同轴上的压气机叶轮旋转，将空气压缩并送入发动机气缸。由于涡轮增压器利用排气能量驱动，与发动机之间没有任何机械传动连接，因此它的机械效率更好。同时，它不需要复杂的传动机构，而通过不断的技术积累，传统涡轮增压器的涡轮迟滞现象也得到了很好的控制。因此成为目前应用最为广泛的发动机增压装置。涡轮增压器的缺点是：发动机未增压前的动力输出比同排量的自然吸气发动机差，且高温废气使涡轮及外壳等承受相当高的温度。

3) 复合式增压器

该增压器把机械增压器与涡轮增压器联合起来工作，主要用于某些二冲程发动机上，以保证发动机起动和低速小负荷时有必要的扫气压力。复合式增压器还适用于排气背压较高的场合(如水下)，但它的结构过于复杂，体积过大，多用于固定式机器，并不适合小型乘用车辆。

4) 惯性增压器

该增压器利用空气在进气歧管中的惯性效应、脉冲波动效应及其综合效应来提高发动机气缸充气效率。惯性增压器通过特殊几何形状的凸轮轴控制气门的开启角度及时间：气缸在前半个进气行程中，进气门只开启很小的流通截面，使气缸中形成一定的负压，当活塞走过半个进气行程后，进气门迅速开启，很快达到最大流通截面，此时空气以很高的速度冲入气缸。从某种意义上来说，惯性增压器在很大程度上推动了发动机技术的发展，目前的可变进气歧管长度技术及可变气门控制系统均得益于这一原理，如丰田的VVT-i技术。

5) 气波式增压器

该增压器通过特殊的转子使废气与空气接触，利用高压废气对低压空气产生的压力波，迫使空气压缩，从而提高进气压力。气波式增压器具有充气效率高、低速转矩大，加速性好等优点。但由于它的特殊结构,气波式增压器同样存在体积大、质量大、噪声大等缺点。另外,空气压力波对进、排气阻力过于敏感,要求进气滤清器及排气消声器和管道尽可能地加大尺寸并减小阻力。由于存在许多问题,气波式增压器目前仍处于研究试验阶段。

6)冲压式增压器

该增压器利用储气筒内的高压诱导空气,通过喷管将周围的空气引射入喷射器中,并在喷射器内混合,然后通过扩压管,把空气压缩到所需的压力进入气缸。虽然冲压式增压器结构简单,工作可靠,但该系统需要高压空气泵、储气筒等部件,由于其连续工作时间较短,因此在应用方面受到限制。

4.5.2 机械增压器的结构和工作原理

机械增压器中最常见的是鲁兹式机械增压器。鲁兹式机械增压器有两个转子,每个转子上有两个或三个叶片,因此分别称为两叶鲁兹式和三叶鲁兹式机械增压器。三叶鲁兹式机械增压器结构如图 4-28 所示。

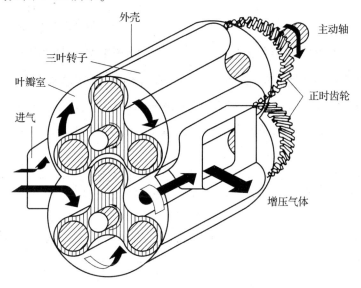

图 4-28 三叶鲁兹式机械增压器结构

机械增压器是一种强制性容积置换泵,也称容积泵。其工作时,可以增加进气管内的空气压力和密度,往发动机内压入更多的空气,使发动机每个循环可以燃烧更多的燃油,从而提高发动机的升功率和平均有效压力,使汽车动力性、燃油经济性和排放都得到改善。

工作过程中,机械增压器的转子由发动机曲轴通过传动带驱动,与废气系统不相干。机械增压器跟曲轴之间存在固定的传动比。两个相向旋转的转子各有若干个突齿,在工作时互相啮合。扭曲的转子跟特殊设计的进口和出口几何形状相结合,有助于减少压力波动,使空气流动平稳,工作时噪声较低。这种带有螺旋式转子和轴向进口的机械增压器可达到 14 000 r/min 的转速,从而缩小了体积。它可利用出口法兰直接通过螺栓连接到进气管上去。机械增压器通过它的置换体积和传动带传动来跟发动机相匹配,同时能够在任何发动机转速下提供过量的空气流。

4.5.3 涡轮增压器的结构和工作原理

涡轮增压是目前世界各主要汽车生产厂家广泛采用的发动机增压技术,涡轮增压器的结构和工作原理分别如图4-29和图4-30所示。

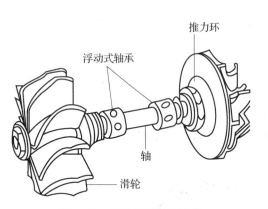

图4-29 涡轮增压器的结构

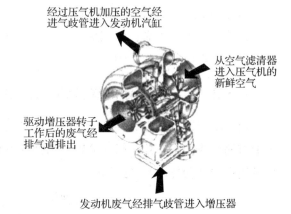

图4-30 涡轮增压器的工作原理

发动机工作时,只要符合增压的条件,发动机排出的废气就驱动废气涡轮高速旋转,废气涡轮再带动进气涡轮以同样的速度旋转,进气涡轮将空气压缩到气缸内燃烧。这种状况下产生的进气压力,要远远高于大气压力;因此,通过涡轮增压器产生的进气量,远远超过了自然吸气产生的进气量。

涡轮的叶轮一般由耐热的镍合金材料制造而成,在发动机大负荷以上工况工作时,其温度可达900 ℃以上,因此,现在有的发动机涡轮增压器叶片采用绝热和较轻的陶瓷材料制造。

涡轮轴一般采用浮动式轴承,其转速一般在120 000 r/min左右,因此对润滑的要求特别高,有的采用润滑油通过油道进行润滑,有的采用冷却水流经轴承外壳进行冷却。

4.5.4 发动机双增压技术

为了改善发动机的性能,有的发动机采用了双增压技术,即一台发动机采用两个涡轮增压器或在采用涡轮增压器的同时又采用机械增压器。

1. 双涡轮增压

对于排量2.5 L以上的发动机来说,通常会采用两个较小的涡轮增压器取代一个较大的涡轮增压器。小直径的涡轮增压器拥有更小的质量和更小的惯性,因此能有效地减小涡轮迟滞。

V型发动机和水平对置发动机更适合使用双涡轮增压,每一个增压器可以通过一列气缸的排气驱动。与单涡轮增压器相比,双涡轮增压有效减少了进气管的数量,减小了增压器的体积,更重要的是它减小了涡轮迟滞。

双涡轮增压器可以分为两种。一种是并联式双涡轮,它拥有两个小直径的涡轮增压器,高转速或低转速时,两个涡轮都是同时运转的。这种涡轮增压器通过小而轻的涡轮,可以改善发动机的响应性。另一种是串联式双涡轮,它由两个不同尺寸的涡轮构成,低转速时只采用小尺寸的涡轮,高转速时才启动大尺寸的涡轮(此时是两个涡轮同时工作),这种设计的好处是让发动机的输出更线性。

2. 综合运用机械增压和涡轮增压

机械增压有助于低转速时的转矩输出,但是高转速时功率输出有限,而涡轮增压在高转速时拥有强大的功率输出,但低转速时则力不从心。发动机的设计师们于是设想着把机械增压和涡轮增压结合在一起,来解决两种技术各自的不足,同时解决低速转矩输出和高速功率输出的问题。这项技术在1985年的蓝旗亚S4赛车上被采用,并获得了巨大的成功。但这种技术仅限于不计成本的赛车,由于其工艺极其复杂,成本非常高,很难运用到量产车型上。

2005年,大众开始将这一套技术装配量产的民用车型上。高尔夫1.4 T SI车型,就装配了这套被称作"双增压"的系统。

在低转速时,由机械增压提供大部分的增压压力,这些压力也用来驱动涡轮增压器,因此涡轮增压器的起动更平顺,响应速度更快。

在转速为1 500 r/min时,两个增压器同时提供增压压力,其总增压值达到0.25 MPa(如果涡轮增压器单独工作,只能产生0.13 MPa的增压压力)。

随着转速的提高,涡轮增压器能使发动机获得更大的功率,与此同时,机械增压器的增压压力逐渐降低。

在转速超过3 500 r/min时,由涡轮增压器提供所有的增压压力,此时机械增压器在电磁离合器的作用下完全与发动机分离,防止消耗发动机功率。

4.5.5 增压中冷技术

虽然通过增加进气压力可以提高发动机充气效率,并提升发动机的动力性能,但随着进气压力的增加,压气机出口的气温也会随之增加,在一定程度上影响了空气密度的提高,而进气温度的提高,还会使发动机排气歧管端的废气温度进一步提升。要解决这一问题,就要通过降低空气温度的方式来提高空气密度,从而提高发动机充气效率,于是发动机增压中冷技术出现了。

大量的试验表明,依靠中冷器,在增压压力保持不变的条件下,增压空气温度每下降10 ℃,它的密度就增大3%,当空气燃油消耗率都保持不变时,发动机的功率一般能够提高3%,同时大幅度降低废气中NO_x的含量。而发动机工作效率也会随着增压空气温度的下降而上升,进气温度下降10 ℃,发动机工作效率会相应提高约0.5%。因此,在同样的空燃比下,进气温度每下降10 ℃,发动机功率实际上可提高约3.5%。这项技术不仅可提高发动机的功率,而且可降低发动机在相同额定功率下的热负荷和排气温度以及最大爆发压力。在热负荷保持不变的情况下,发动机由于增压空气温度下降而提高的功率,较空燃比保持不变时的更高。

一般发动机的中冷器采用水冷或风冷的方式工作,但由于发动机冷却水的温度普遍在90 ℃以上,因此水冷的方式并不能达到最佳效果,虽然可以依靠独立的冷却系统工作,但独立的散热器安装方式和质量控制的问题却又无法回避。而依靠风冷方式,可以有效地把发动机进气温度降低至60 ℃左右,增压发动机的机械效率得以显著提升。

4.5.6 SDI 与 TDI 技术

SDI 是英文 Suction Direct Injection 的缩写,意为自然吸气直接喷射(柴油机);TDI 是英文 Turbo Direct Injection 的缩写,意为涡轮增压直接喷射(柴油机)。国内采用这两种技术的车型主要是捷达 SDI 与宝来 TDI,这两者都是柴油轿车。

捷达 SDI 采用德国领先技术的自然吸气式柴油机,在燃烧过程中,柴油机的热损耗和废气损耗都大大降低,热转化效率高出汽油机 15%,百公里燃油消耗比汽油机低 30% 以上,90 km 等速燃油消耗为 4.6 L,城市工况下百公里油耗只有 5.3 L。由于柴油车气缸燃烧温度比汽油车低,机件磨损程度大大降低,发动机使用寿命高出汽油机至少 20%,零部件损坏及更换频率也随之降低,同时柴油机采取燃油自喷方式,维修更为简单方便,可节约维修费用。另外,NO_x 排放比汽油机降低 5%~32%。

宝来 TDI 装备的大众首创的直喷式涡轮增压柴油机,采用了泵喷油系统和可调叶片式涡轮增压器。泵喷油系统使柴油与空气混合更充分,燃烧更彻底;同时采用氧化型催化反应器,大大降低了 CO、HC、颗粒的排放,其中 CO 的排放与同排量汽油车比可降低 30%。

泵喷油系统的喷射压力高达 192 MPa,是针对燃烧质量直接取决于燃油喷射进入气缸时的绝对压力这一因素研发的。宝来 TDI 的柴油机每缸一个泵喷嘴,每缸做功行程所需的柴油被分成预喷油和主喷油两部分,主喷油在预喷油开始之后曲轴转过几度之后才进行,它们之间的间隔由一个液压机构控制。喷油时刻、喷油量以及停喷时刻都是由一个电磁阀控制的。采用该技术使柴油机达到了平稳、高效燃烧的理想状态,并降低了燃烧噪声、降低了尾气中的 NO_x 的含量。

传统的涡轮增压器在发动机低转速时有增压滞后的缺点,而宝来 TDI 采用的可调叶片式涡轮增压器,在任何转速下均可产生所需要的充气压力,性能相比传统的涡轮增压器大大提高,改善了发动机的适应性,发动机转速较低时也可以保证大功率的输出。由于发动机进气压力始终处于最佳状态,从而在整个转速范围内提高了燃烧效率,节约了燃油并改善了排放。

4.6 柴油机燃油喷射系统

4.6.1 柴油机燃油喷射系统功能与要求

汽车在行驶过程中负荷随时发生变化,因此车用柴油机的负荷应随汽车的行驶条件相应地变化。柴油机作为"质调节"式,其负荷的大小通过喷油量控制。因此,车用柴油机燃油喷射系统的作用,就是根据负荷的变化在一定的喷射时刻,按一定的喷射压力和喷射方式,按各气缸的工作顺序,将一定量的清洁的燃油均匀地喷入各气缸。

为了保证各气缸工作均匀,要求燃油喷射系统向各缸喷射的燃料量、喷射定时以及雾化条件相同;同时,喷注雾化质量及其特性与燃烧室结构相匹配。

为了实现柴油机燃油喷射系统的上述功能,要求具备以下条件。

(1) 具备合适的喷油器,保证燃油的雾化质量,同时保证喷注和燃烧室空间合理匹配。

(2) 具备高压输油泵,保证向喷油器提供一定压力和一定量的燃油。

(3)具备随负荷的变化可自动调节喷油量的装置;具备喷射定时和喷射压力可调节的装置。

(4)具备柴油滤清器,以保证向燃油喷射系统提供清洁的燃料。

(5)能储存一定数量的柴油,以保证汽车的最大续驶里程。

因此,一般车用柴油机的燃油喷射系统包括燃油箱、燃油滤清器、输油泵、高压泵、高压油管以及喷油器等。随着柴油机电子控制技术的不断发展,为了适应日趋严格的节能与排放法规要求,柴油机燃油喷射系统的各部件结构及控制原理发生了很大的变化。图4-31为传统型和理想型柴油机燃油喷射系统的对比。相对传统的泵-管-喷嘴型机械式喷射系统,理想的喷射系统通过专用ECU独立控制喷油泵和喷油器,使喷油器和喷油泵的功能相对独立,即喷油泵只控制供油量和供油频率,由此控制共轨中的目标喷射压力,而喷射量、喷射时刻、喷射规律等由ECU通过喷油器直接控制,因此有效地提高了喷射系统的控制自由度。

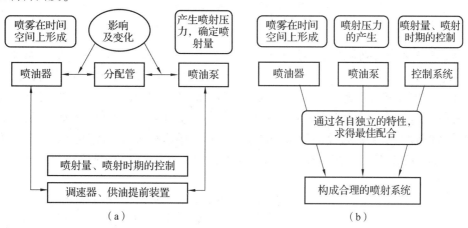

图 4-31 传统型和理想型柴油机燃油喷射系统的对比

(a)传统型;(b)理想型

4.6.2 柴油机燃油喷射系统分类

柴油机燃油喷射系统分为机械式喷射系统,电控位置式喷射系统及电控时间式喷射系统三大类。

机械式喷射系统主要由喷油泵、高低压油管、喷油器、调速器等组成。其中,喷油泵根据其结构特点又分为分配泵和直列泵。机械式喷射系统的主要控制对象是喷油泵,即通过驾驶员对加速踏板的控制或通过调速器,控制喷油泵的油门拉杆位置,由此控制喷油量。喷射时刻则通过喷油泵的供油时刻间接控制,并通过离心式提前装置来调节发动机不同转速下的供油时刻。喷射压力取决于供油速率和喷油器弹簧力。

电控位置式喷射系统,是在机械式喷射系统的基础上,将机械式调速器和离心式供油提前装置改进为由步进电动机或比例电磁阀控制的自动控制装置。由此将供油时刻和调速特性进行自动化控制。根据喷油泵的结构特点,将喷油泵分为VE型电控分配泵和直列型(TICS)电控分配泵。

电控时间式喷射系统,相对前两者喷射压力明显提高,同时控制方法也发生了根本性的变化,即相对位置式控制方法,喷油量及喷油时刻的控制改为时间式控制方法,喷射压力也提高到 80 ~ 220 MPa。电控时间式喷射系统，根据其结构特点不同又分为单体泵、泵喷嘴和高压共轨三种，如图 4-32 所示。

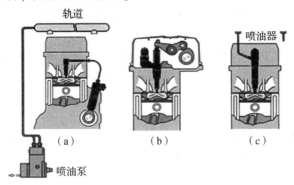

图 4-32　电控时间式喷射系统
(a)单体泵；(b)泵喷嘴；(c)高压共轨

1) 机械式喷射系统

图 4-33 为装有直列柱塞泵的柴油机燃油喷射系统。直列柱塞泵 3 一般由柴油机曲轴的定时齿轮驱动。固定在喷油泵体上的输油泵 5 由喷油泵的凸轮轴驱动。当柴油机工作时，输油泵从柴油箱 8 吸出柴油，经油水分离器 7 除去柴油中的水分后，再经柴油滤清器 2 滤除柴油中的杂质，然后送到直列柱塞泵。在喷油泵内柴油经过增压和计量后，经高压油管 9 供入喷油器 1，通过喷油器将柴油按一定压力喷入燃烧室。喷油泵前端装有喷油提前器 4，后端与调速器 6 组成一体。输油泵供给的多余柴油及喷油器顶部的回油均经回油管 11 返回柴油箱。

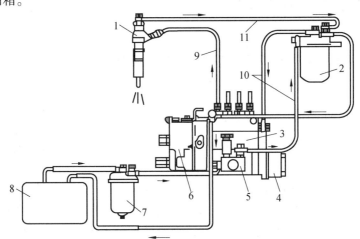

1—喷油器；2—柴油滤清器；3—直列柱塞泵；4—喷油提前器；5—输油泵；6—调速器；
7—油水分离器；8—柴油箱；9—高压油管；10—低压油管；11—回油管。
图 4-33　装有直列柱塞泵的柴油机燃油喷射系统

图 4-34 为装有 VE 型电控分配泵的柴油机燃油喷射系统。当柴油机工作时，一级输油泵 3 将柴油从柴油箱 1 吸出，经油水分离器 2 及柴油滤清器 5 滤清后送入二级输油泵 4，柴油在二级输油泵中加压后充入密闭的分配式喷油泵体 9 内，经分配式喷油泵 12 增压计量后送入喷油器 10。

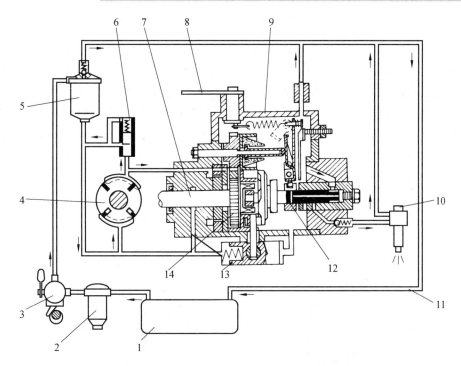

1—柴油箱；2—油水分离器；3——级输油泵；4—二级输油泵；5—柴油滤清器；6—调压阀；
7—分配式喷油泵的传动轴；8—调速手柄；9—分配式喷油泵体；10—喷油器；11—回油管；
12—分配式喷油泵；13—喷油提前器；14—调速器传动齿轮。

图 4-34　装有 VE 型电控分配泵的柴油机燃油喷射系统

一级输油泵为膜片式，由配气机构的凸轮轴驱动。二级输油泵为滑片式，装在分配式喷油泵体内，并由分配式喷油泵的传动轴 7 驱动。滑片式输油泵出口油压随转速的提高而增加。为控制喷油泵体内腔油压保持稳定，在二级输油泵出口处设有调压阀 6。当喷油泵体内腔油压超过规定值时，将部分柴油经调压阀返回输油泵入口。喷油泵体内腔油压一般控制在 0.3~0.7 MPa 之间。在分配式喷油泵体内还装有调速器和喷油提前器 13。

在直列式喷油泵上实施位置控制的主要有：日本杰克赛尔公司的 COPEC 系统和可变预行程 TICS 电控系统、德国博世公司的 EDR 系统及美国卡特彼勒公司的 PEEC 系统；1993 年，德国博世公司推出的带控制滑套直列式油泵 Rp39 和 Rp43；1989 年，日本杰克赛尔公司与三菱汽车工业公司生产的 HD-TICS 和 MD-TICS 电控直列式油泵；日本电装公司的 ECD-P1（电控喷油定时）、ECD-P2（电控调速器）、ECD-P3（电控定时和电控调速器）电控直列式油泵；日本小松公司于 20 世纪 80 年代后期开发的 KP21 型电控直列式油泵等。

在电控分配泵上实施位置控制的主要有：日本电装公司 ECD-V1 电控喷油系统、德国博世公司的 EDC 系统、日本杰克赛尔公司的 COVEC 系统、英国卢卡斯公司的 EPIC 电控喷油系统、美国思达耐公司的 PCF 系统、美国 AMBAC 公司的电控 100 型分配泵。

2）电控位置式喷射系统

电控位置式喷射系统的组成与机械式喷射系统基本相同，只是喷油泵的结构和控制方法不同。对 TICS 型电控分配泵而言，实际控制喷油量（油门拉杆位置）的执行机构，是用一种电子调速器替代传统的机械式调速器,其典型结构有20世纪90年代由日本杰克赛尔公司生产的REDⅢ型电子调速器。这种调速器实际上就是一种线性步进电动机,其结构如图4-35所示,主要由线性步进电动机、连杆、油量调节齿杆、齿杆位置传感器及线束等组成。可通过线圈中流通的电流方向和大小,控制线圈套筒的移动位置,由此控制油门拉杆位置。这种步进电动机取消了平衡弹簧,这与有平衡弹簧的线性电磁铁相比较,具有较宽的动态范围和较大的作用力。在REDⅢ型调速器上同时设有齿杆(油门拉杆)位置传感器,可实现齿杆位置的反馈控制(见图4-36)。相对机械式P型泵,TICS型电控分配泵在柱塞偶件上增设了一个控制滑套,由此取代原来的倒挂形固定柱塞套。通过控制滑套相对柱塞的位置来控制供油时刻,即供油预行程,由此在一定范围内实现供油时刻及供油规律的控制。

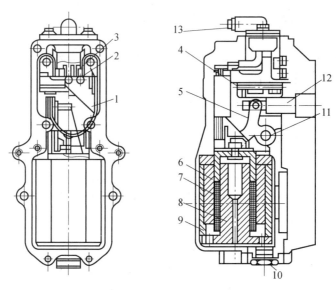

1—扁平电缆;2—印制电路板;3—柔性端头销;4—齿杆位置传感器;5—杠杆;6—永久磁铁;7—移动式线圈;8—内芯;9—外芯;10—润滑油回路;11—杠杆轴;12—调节齿杆;13—外线束。

图4-35 REDⅢ型电子调速器的结构

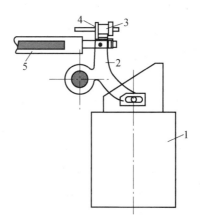

1—线圈套件;2—连杆;3—齿杆位置传感器;4—铜片;5—齿杆。

图4-36 齿杆控制装置

VE型电控分配泵是在VE型机械式分配泵的基础上,将油量控制滑套的控制方式,由机械式调速器改为线性比例电磁阀的控制方式。所以,其泵油原理和结构特点基本上与VE型机械式分配泵相同。只是在油量控制机构和喷油时刻的控制机构上进行了改动。消除了原机械式调速机构,增设了转速传感器、控制油量滑套位置比例电磁阀、油量控制滑套位置传感器、控制喷射定时的电磁阀及喷射定时器位置传感器等。图4-37所示为VE型电控分配泵的结构。

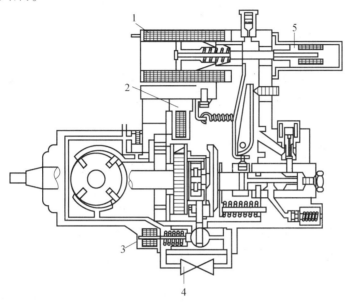

1—线性电磁阀;2—转速传感器;3—定时器位置传感器;4—定时控制阀;5—滑套位置传感器。

图4-37 VE型电控分配泵的结构

3)电控时间式喷射系统

(1)单体泵。电控单体泵是一种模块式结构的高压喷射系统,主要由柱塞偶件、柱塞回位弹簧、挺柱、电磁阀及阀芯偶件等组成。各缸柱塞泵泵体相互独立,单体泵与喷油器之间用一根很短的高压油管连接。每缸单体柱塞泵的泵油过程是通过ECU控制设在单体泵出口处的电磁阀(溢流阀)来实现的。

(2)泵喷嘴。电控泵喷嘴喷射系统是一种将柱塞偶件和喷油器偶件组合安装在一个壳体内的柴油机燃料喷射系统,主要由泵喷嘴体、控制阀及电磁阀等组成。相当于在机械式泵-管-喷嘴系统中取消了高压油管,需要在气缸盖上设置专用凸轮轴以直接驱动挺柱控制柱塞泵的泵油过程。由于无高压油管,因此柱塞泵压油时所产生的高压燃油直接进入喷油器的承压环槽内。喷油正时和喷油量是通过高频电磁阀控制泵喷嘴进油阀的开启时刻和开启持续时间来控制。

(3)高压共轨。博世第二代CR型高压共轨系统,主要由ECU、高压油泵共轨管、电控喷油器及各种传感器等组成。高压输油泵采用带有电控压力调节器的径向柱塞泵,可实现部分停缸控制,由此降低低压时的功率损耗。喷油器采用结构相对简单的二通阀。通过喷油器的通电时刻和通电持续时间来控制喷射定时和喷油量。

在分配泵上实施时间控制的系统主要有:日本杰克赛尔公司的Model-1电控喷油系

统、日本电装公司的 ECD-V3 系统；1985 年，德国博世公司首次将 VE 型电控分配泵应用在柴油机上，1995 年底，该公司又研制了一种新的高压电磁阀控制的分配泵；美国思达耐公司的 DS 型和 RS 型电控分配泵，DS 型电控分配泵已用于美国通用公司的 1994 年型 6.5 L 增压柴油机上，RS 型分配泵已用于美国通用公司客货两用车和轻型越野车；20 世纪 90 年代初，英国卢卡斯公司 Diesel System 开发的 EPIC-80 和 EPIC-70 电控分配泵；日本丰田公司的 ECD-2 电控分配泵。

4.7 可变压缩比技术

要说明一台发动机的技术参数，可以概略地用功率与转矩的大小表示出来，然而影响功率、转矩输出的因素却有很多，其中一个重要的因素就是发动机的压缩比，因此压缩比是影响发动机性能的一个重要参数。压缩比越高，活塞做功行程的距离就越长，做功就越多，发动机的输出功率就越大，发动机的热效率越高，但随着压缩比的增高，发动机的热效率增长幅度越来越小，而压缩比增高会使气缸压缩压力、最高燃烧压力均升高，故使内燃机的机械效率下降。对于汽油机而言，压缩比过高容易产生爆燃，从而容易损坏发动机；对于柴油机而言，压缩比过低会使压缩终点的温度变低，影响冷起动性能。高压缩比发动机可以更好地利用活塞式发动机的做功特点，在做功行程用同样数量的燃油可以爆发出更大的功率，用更小的排量就可以达到以前更大排量的发动机才能做出的功率，亦即高压缩比发动机的升功率和燃油利用率更高。

一般而言，发动机的压缩比是不可变动的，因为燃烧室容积及气缸工作容积都是固定的参数，在设计中已经定好。但固定的压缩比却不能充分发挥发动机的性能，特别是在发动机小负荷运转时，燃烧室中的废气占比较高，压缩终了的气缸压缩压力过低，发动机的做功效率低，因此，应该采用比较大的压缩比，以提高发动机的热效率。但在大负荷工况下，过高的压缩比却容易产生爆燃和较大的机械负荷，此时人们又希望发动机的压缩比能变小点。因此，为使现代发动机能在各种变化的工况中发挥更好的效率，以变对变来改善发动机的运行性能，人们希望作为发动机重要参数的压缩比也能由固定不变改为"随机应变"，即压缩比能随着发动机的负荷变化而变化，这就要采用可变压缩比技术。可变压缩比的原则是高负荷大功率时用低压缩比，低负荷时转换成高压缩比模式。

要改变压缩比就必然要涉及整个发动机结构的改变，牵一而动百，难度很大。由压缩比的定义可知，要想改变发动机的压缩比，就必须要改变决定压缩比大小的气缸总容积或燃烧室容积。发动机的燃烧室由气缸盖、气缸体和活塞顶 3 个部分组成，目前出现的可变压缩比设计基本上都是围绕这 3 个部分实现的。一般是通过改变气缸盖、气缸体的结构，或者改变活塞和曲柄连杆机构来实现压缩比可变的（见图 4-38）。将曾经提出过的可变压缩比技术方案进行归纳，有以下几种：一是气缸盖活动方式；二是偏心移位方式；三是多连杆方式；四是可变活塞高度方式（这里需要特别指出的是，如阿特金森循环或米勒循环发动机也同样具备压缩比可变的功效，但由于其已被特指为一种循环工况，因此人们在讨论可变压缩比技术时通常会将其略去）。下面重点介绍几种已经实现的可变压缩比技术。

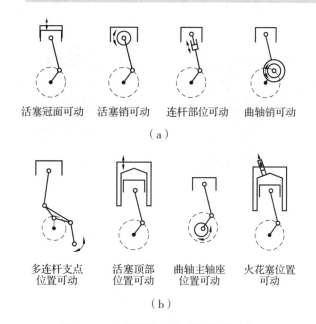

图 4-38 各种可变压缩比机构的形式

(a)运动要素中加入可变机构的结构；(b)静止要素中加入可变机构的结构

4.7.1 瑞典萨博公司的 SVC 技术

瑞典萨博(Saab)公司的可变压缩比技术，称为 Saab Variable Compression，简称 SVC。2000 年，萨博公司就推出一款采用 SVC 技术的、排量为 1.598 L 的、配有高增压值机械增压器的直列五缸发动机，其压缩比能在 8∶1~14∶1 之间连续调节，从而实现了发动机燃油消耗量的控制。为实现可变压缩比功能，萨博公司在其气缸体和气缸盖的设计上完全打破了传统的设计理念。如图 4-39 所示，SVC 发动机的气缸盖和气缸体是动态连接在一起的，气缸盖与气缸体通过一组摇臂连接(见图 4-40)，可分成上方的气缸盖与活塞、气门总成和下方连杆与曲轴箱。下方的曲轴箱保持固定不动，上方的气缸盖与活塞部分则会以曲轴为中心，控制单元能根据发动机的转速、负荷、工作温度、燃料使用状况等通过液压促动器控制摇臂偏转一定的角度，使得燃烧室与活塞顶面的相对位置发生变化，从而改变燃烧室的容积，实现压缩比的连续调节。在发动机小负荷时采用高压缩比以节约燃油，在发动机大负荷时采用低压缩比，并辅以机械增压器以实现大功率和高转矩输出，综合油耗比常规发动机降低 30%，并且能满足欧洲Ⅳ号排放标准。这款发动机的 ECU 还能通过传感器信息判断汽油标号，并根据汽油标号选择最适合的压缩比。但由于比普通发动机多出了一套摇臂装置，因此也就多需要一套冷却系统，通过气缸盖和气缸套周围的冷却液散热。由于气缸盖和气缸体会发生移位，在气缸盖和气缸体之间设计了一组橡胶套，起到密封作用。但由于这套系统过于复杂，萨博公司直到被通用公司收购，都没有能够实现量产。

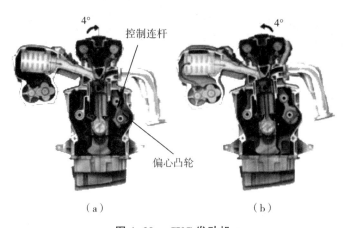

图 4-39 SVC 发动机
(a)高压缩比(14∶1); (b)低压缩比(8∶1)

图 4-40 SVC 发动机的气缸盖与气缸体通过一组摇臂连接

4.7.2 法国 MCE-5 公司的 VCR 技术

法国公司 MCE-5 发布的一款搭载可变压缩比(Variable Compression Ratio, VCR)技术的发动机(见图 4-41 和图 4-42),采用歧管喷射直列四缸串联式双涡轮设计,压缩比可变范围为 7∶1~20∶1。VCR 发动机通过"滚子导向活塞"(见图 4-43,即下部由特殊形状的转轴进行刚性连接的活塞)推动曲轴,相比于传统发动机多了一套液压控制机构。如图 4-44 所示,齿轮上有螺纹的转轴部分的运动由位于气缸壁之间的滚子与反向一侧的摆杆进行控制;位于机构中央的摆杆在两侧部分的齿轮刻有螺纹,一方面与活塞连接,另一方面与液压式执行器运动的控制齿杆连接,这种摆杆与齿杆连接,起到活塞的运动被传递到曲轴的作用。从整个机构的运动来看,若液压执行器使控制齿杆向上运动,则在摆杆的作用下活塞向下运动(反之亦然),从而可在活塞行程不改变的情况下,使上下止点的燃烧室容积发生变化。也就是说,采用液压控制的控制齿杆,使摆杆进行空间移动,即利用几何学的空间位移变化,在适应发动机负荷变化情况的同时,使压缩比改变。由此可见,VCR 发动机是通过杠杆原理改变活塞上止点位置的方式实现可变压缩比的。图 4-45 所示为可变压缩比的实现方式,当压缩比需要变化时,液压控制机构移动,通过杠杆原理,让活塞向反方向移动,改变活塞上止点的位置,从而改变压缩比。VCR 发动机结构上的另外一个优点是其活塞和连杆是刚性连接的（见图4-43），活塞只能作垂直运动，活塞不会产生出受点燃混合气的冲击力而挤压气缸壁的分离，从而大大降低了发动机的内部运动阻力。

图4-41　VCR发动机的外观

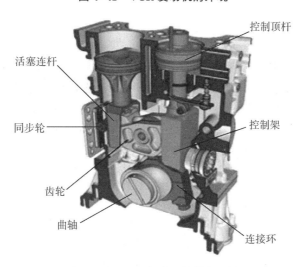

图4-42　VCR发动机的基本结构

图4-43　滚子导向活塞

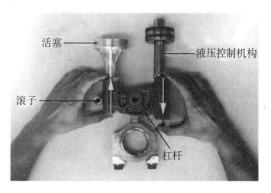

图4-44　VCR机构的基本结构

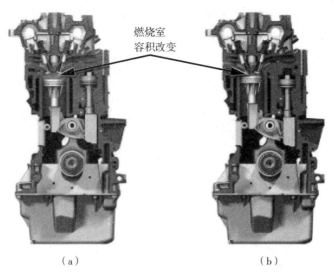

图 4-45　可变压缩比的实现方式

(a)低压缩比；(b)高压缩比

4.7.3　日产汽车公司的 VCR 技术

日产汽车公司在 VCR 领域早在 2009 年和 2014 年就注册相关专利，如图 4-46 所示，靠固定在发动机侧面的电机执行器控制一套 Multi-link 连杆机构来改变发动机压缩比。这种机构采用在曲柄销转动部位摆动的杠杆的一端与连杆连接，而杠杆的另一端则采用与控制轴延伸出来连杆相连接的构造。连杆与控制轴的偏心部分连接，当控制轴转动时，控制轴连杆使曲柄销回转而使杠杆摆动，活塞的上止点的位置作上下移动，则燃烧室容积改变，而活塞的行程没有改变，则工作容积不变，从而使压缩比可变。

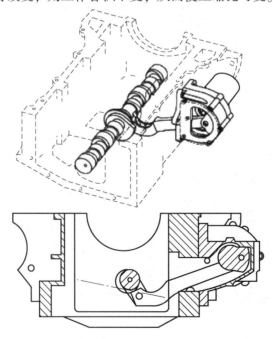

图 4-46　日产汽车公司 2014 年的 VCR 技术专利

2016年8月，日产汽车宣布首款拥有VCR技术的2.0 L量产增压汽油机被搭载于英菲尼迪QX50车上，这是自从各大公司于20世纪末开始研究可变压缩比技术以来的第一款量产发动机，其压缩比可以在8∶1~14∶1范围随意变化。这次日产汽车公司量产VCR技术和图4-46所示的VCR技术非常相似，靠固定在发动机侧面的电机执行器控制一套Multi-link连杆机构来改变发动机压缩比。一般的发动机每个气缸的活塞都和1根连杆连接，而日产汽车公司量产的VCR发动机每个气缸的活塞则是和2根连杆连接，为避免不稳定，又加了1根控制连杆（C连杆），如图4-47所示。这种做法可以维持气缸体和气缸盖牢固的结构，其设计特点是活塞连杆并不是直接推动曲轴转动的，而是通过连杆间接推动曲轴转动的。在需要高压缩比的情况下，电机会驱动C连杆和控制转轴，C连杆会把菱形结构往顺时针方向下推，把曲轴定位在高压缩比的位置[见图4-48(a)]。在需要低压缩比的情况下，C连杆的中心会朝着反方向控制，上面菱形的结构会向逆时针方向旋转，把曲轴定位在低压缩比的位置[见图4-48(b)]。日产汽车公司VCR采用多连杆结构实现可变压缩比，因为通过驱动器、控制轴就能够同时控制所有气缸的压缩比，其压缩比的可控性更强；因为多连杆结构就是由轴、销、轴承、衬套等一般机械要素构成的，其可靠性更高和量产的可能性更大；相对于传统发动机而言，活塞运动的轨迹更接近正旋曲线，则不存在二次振动的情况；由于推杆几乎处于直立的状态，可以大幅度减少活塞在运动过程中的摩擦，可实现更低的油耗，从而兼顾了油耗和发动机的输出功率两方面的需求。

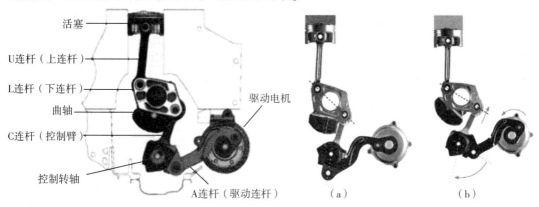

图4-47　VCR发动机的结构　　　　　图4-48　VCR发动机的工作状态
(a)高压缩比(14∶1)；(b)低压缩比(8∶1)

4.7.4　曲轴偏心移位方式的可变压缩比技术

德国FEV发动机技术公司早期提出的可变压缩比技术便是采用曲轴偏心移位方式，其技术原理如图4-49所示，曲轴支承在一个偏心盘上，通过特定手段使偏心盘摆转一个角度，便改变了曲轴在竖直方向上的位置，进而使活塞沿气缸中心线移动，活塞上、下止点的位置也相应改变，燃烧室容积随之改变，这样便实现了压缩比的连续调节，该方案实现的压缩比调节范围为8∶1~15∶1。该可变压缩比技术作用原理的核心是曲轴的偏心支承，支承曲轴的孔的中心线与其旋转中心线不重合（两者之间的距离称为偏心度）。偏心盘可通过一个调节执行器进行摆转，通过这种摆转曲柄中心线相对于气缸盖的位置就会发生改变，因而可以连续地调节压缩比。但是这种方案，曲轴移位后发动机的输出轴会出现移动，因此必须对驱动系统进行补偿，这种补偿还要通过专门开发的平行曲柄式传动装置进行，实际使用不方便，FEV 公司就放弃了这种方案。FEV 公司后来的想法是在活塞销上加一个偏心环，通过改变偏心环的位置来改变活塞的高度，从而达到改变压缩比的目的。

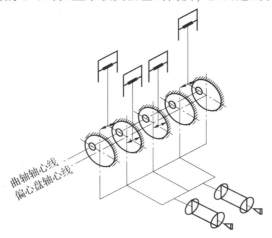

图 4-49　FEV 发动机技术公司曲轴偏心移位方式的可变压缩比技术原理

图 4-50 为另一种曲轴偏心移位方式的可变压缩比技术设计。该技术和 FEV 公司的一样，也是设置了曲轴偏心支承，不同的是，FEV 公司的曲轴偏心移位方式的可变压缩比技术设置的是分立的偏心套，且偏心套不具备下压的控制机构，而图 4-50 所示的曲轴偏心移位方式的可变压缩比技术设置了偏心套下压机构。

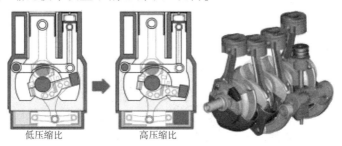

图 4-50　另一种曲轴偏心移位方式的可变压缩比技术设计

图 4-51 为日本本田汽车公司的曲轴偏心移位方式的可变压缩比技术，通过在曲轴位置加一套偏心轮来调整曲轴的位置，从而实现压缩比的可变。

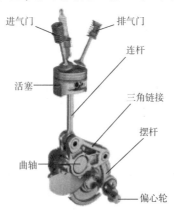

图 4-51　本田汽车公司曲轴偏心移位方式的可变压缩比技术

4.7.5 活塞销偏心移位方式的可变压缩比技术

如图 4-52 所示，在活塞销上外加了一个偏心环，偏心环通过连杆上的两个液压活塞（液压活塞 A 和液压活塞 B）控制，当需要改变压缩比时，液压活塞会根据需要驱动活塞销外的偏心环转动，从而使活塞高度发生变化，改变压缩比（见图 4-53）。控制偏心环的两个活塞是由连杆大头开始供油控制的，因此可变压缩比连杆相对于传统的连杆要更加粗一点。FEV 公司表示，活塞高度变化需要 0.6 s，能够减少燃油消耗 5%~7%，这种解决方案对于整个发动机的修改相对较少，所有系统都集成在连杆上，成本不会太高。有公开的专利文件显示，保时捷开发的可变压缩比技术（见图 4-54）与 FEV 公司的可变压缩比技术有点雷同，由图 4-54 可以看出，为了实现压缩比的可变，对传统发动机的活塞连杆进行了结构改良，在其两侧分别加装了一个由电动和液压控制的偏心调节部件。该部件可接收由 ECU 所发出的控制信号，并借助于液压回路对支柱位置进行调解，从而带动偏心元件发生旋转，使活塞位置发生移动，以达到改变压缩比的目的。不过出于对技术风险的评估，现阶段保时捷所研制的可变压缩比技术还仅限于在预先设定好的两个活塞位置间进行调整，换言之，也就是只可实现两种压缩比间的相互切换，并不是实现真正意义上的连续调整。

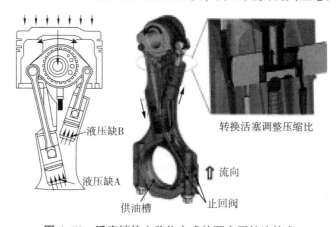

图 4-52 活塞销偏心移位方式的可变压缩比技术

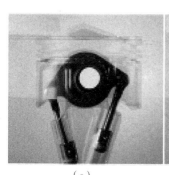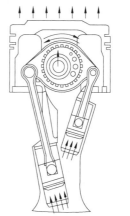

(a)　　　　　　　(b)

图 4-53 活塞销偏心移位方式的可变压缩比技术的不同工作状态
(a) 低压缩比；(b) 高压缩比

图 4-54 保时捷可变压缩比技术专利图

4.7.6 奔驰公司可变活塞高度方式的可变压缩比技术

奔驰公司提出的可变活塞高度方式的可变压缩比技术(见图 4-55)是利用液压油泵的原理改变活塞的位置,使活塞的高度可变,从而改变压缩比,该方案最突出的优点是相对于原型发动机的改动较小,易于实现。这是一个典型的采用润滑油液力特性的可变压缩比设计方案,因此如何控制润滑油的流量成为该方案的技术难点。液压活塞质量较大,不易于高速旋转,而且响应有滞后(需要几个热机循环的时间)。

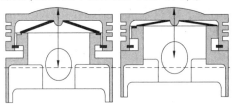

图 4-55 奔驰可变活塞高度方式的可变压缩比技术

4.7.7 韩国现代汽车公司在气缸盖内设置副活塞式的可变压缩比技术

图 4-56 为韩国现代汽车公司可变压缩比发动机的专利图,气缸盖上面增加了一个可变腔,里面设置了副活塞,活塞能够在腔内移动,当需要改变压缩比时,电动机控制蜗杆带动偏心凸轮,偏心凸轮转动便会改变副活塞的位置,使得气缸内容积发生改变,从而获得可变压缩比。这种方案比较简单,可行性也较高,但是容易产生密封问题,为了保证副活塞在高温高压下能够持久工作必须对其进行冷却,而且对燃烧室布置改变的不合理会导致放热损失急剧增加,使得内燃机的热效率下降。和韩国现代汽车公司可变压缩比技术相类似的方案,还有瑞典 Lund 技术学院提出的可变压缩比方案,不同的是在气缸盖处设置了一套完整的活塞连杆系统,副活塞由第二曲轴驱动。第二曲轴通过机械传递装置与主曲轴相连,转速与主曲轴保持1∶2的关系,这样就能与凸轮轴转数相同。当发动机工作时,根据不同工况的需要,调节副活塞的上止点位置与发动机主活塞上止点位置之间的相位差,从而改变燃烧室容积,达到压缩比可变的目的。

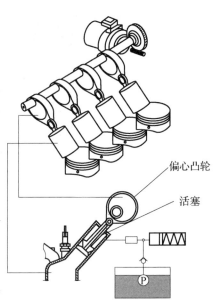

图 4-56 韩国现代汽车公司可变压缩比技术专利图

4.8 均质压燃技术

4.8.1 内燃机燃烧模式

HCCI 发动机综合了传统汽油机均质燃烧和传统柴油机压缩自燃的优点,而在燃烧方式上则完全有别于传统的汽油机和柴油机。它采用稀薄均质混合气多点同时着火及分布式燃烧方式,避免了火焰锋的传播及局部的高温区,因而不仅能达到较高热效率,还能大幅度地减少NO_x和微粒的排放。但它目前也存在火和燃烧速率难以控制以及运行工况范围有待拓宽等问题。诱人的前景和严峻的挑战并存,使得HCCI发动机的研究在世界范围内蓬勃发展,方兴未艾。

如图4-57所示,由两种混合气形成方式和两种着火方式可以形成4种燃烧模式。传统的汽油机采用均质混合气火花点火(Homogeneous Charge Spark Ignition,HCSI)模式,传统的柴油机采用分层混合气压燃(Stratified Charge Compression Ignition,SCCI)模式。近年来新出现的缸内直喷分层稀燃汽油机可以认为是一种非均质混合气火花点火模式,或称分层混合气火花点火(Stratified Charge Spark Ignition,SCSI)模式。而目前成为国际上研究热点的HCCI是第四种燃烧模式。在HCCI燃烧中,汽油或柴油首先用进气道喷射或缸内直喷方法形成均质混合气,然后在上止点附近被压缩着火。当然,若燃料可以同时使用两种或更多,则第五种及更多的燃烧模式也会产生。

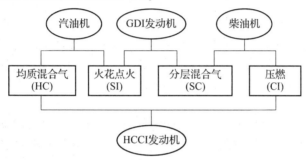

图4-57 内燃机可能的4种燃烧模式

图4-58给出了不同燃烧方式的NO_x及燃油消耗率对比,HCCI燃烧有可能使汽油机达到与柴油机同样高的热效率,而且可以使炭烟和NO_x排放同时降至几乎为零。由以下讨论可以看出,HCCI燃烧模式使柴油机采用了历来认为属于汽油机的均质混合气工作方式,使汽油机采用了柴油机的压缩着火工作方式,部分实现了研究者一直苦苦思索的"融合汽油机和柴油机优点于一身的"理想燃烧模式,是一百多年来内燃机燃烧理论的一次重大创新。

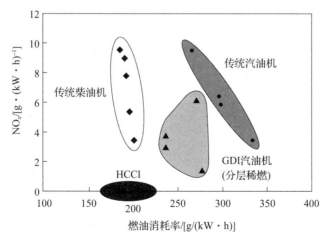

图4-58 不同燃烧方式的NO_x及燃油消耗率对比

4.8.2 HCCI 燃烧的化学反应动力学模型

众所周知，HCCI 发动机的着火与燃烧过程与传统的火花点火式和压燃式发动机有本质的区别。在 HCCI 过程中，化学反应动力学起着至关重要的作用。因此，与传统发动机数值模拟将研究重点置于湍流混合与燃烧模型相反，HCCI 发动机数值模拟的焦点主要集中在不同燃料的反应机理和化学动力学模型上。

HCCI 发动机的着火与燃烧过程的现象与机理均十分复杂。首先，它涉及重烃(高分子碳氢)燃料的两阶段氧化过程，即低温氧化阶段(600~800 K)和高温氧化阶段(1 000~1 100 K)，二者之间还存在一个过渡期。其中，低温氧化具有特别重要的意义，因为 HCCI 的压燃乃至火花点火发动机中的敲缸现象正是始于该低温范围。作为主要燃料成分的烷烃及相关有机化合物的低温氧化过程包含各种不同的链传播和分支反应。这些反应的相互作用导致在一定温度范围内出现负温度系数(NTC)现象(即随温度的增加，燃料总体反应率不增反降)，由此引发出振荡冷焰，以及单级、双级乃至多级着火现象。人们力图通过数值模拟计算来正确描述这些现象，并在此基础上寻求适当的物理和化学手段来实现 HCCI 燃烧的有效控制。显然，能实现这一目标的化学动力学模型不仅要具备传统燃烧模型能预测诸如滞燃期(着火延迟)放热率、燃烧率等参数的功能，还必须具备模拟上述复杂现象以及燃料分子结构、燃料成分及添加剂对燃烧过程影响的功能。这是 HCCI 模拟研究对化学动力学模型的基本要求。

这一要求对化学界和燃烧界是一个严峻的挑战。由于烃类燃料燃烧涉及复杂的反应机理(可包含几万种组分和几千个基元反应)，长期以来，除了几种最简单的燃料，如 H_2、CH 等之外，人们都致力于建立以一步总反应(全局反应)和多步反应表示的高度简化的化学动力学模型。仅仅是最近十年，由于汽车和发动机工业发展的刺激，特别是 HCCI 研究(包括火花点火发动机敲缸现象)的急需，发动机燃烧化学动力学模型的发展才进入一个新的阶段，具体表现为两个明显的趋势：一是高分子烃的模拟；二是研究的温度范围大大地向低温区域扩展。20 世纪 90 年代以前，对烃燃烧详细机理的探索，基本上到丁烷为止，而近年来，对更复杂的燃料($C_5 \sim C_8$)的氧化机理的研究已取得了很大进展。这些成果为 HCCI 燃烧机理的模拟和研究奠定了坚实的化学动力学基础。

模型越简单，所需计算成本即越低，但其模拟的精度也越差。而且各类简化模型往往都是针对一定的条件(温度、压力和当量比等)建立起来的，缺乏广泛的通用性，在应用时必须注意到这一点。

目前，已有多种产生简化机理或简化动力学模型的方法，它们大体上可分为两大类：第一类主要是基于数学工具和现代计算机科学与技术；第二类则带有一定程度的经验性，它不追求对反应系统中各种组分和反应步骤的真实模拟，而是按各化学成分的动力学和热化学性质，对其进行分门别类地统一处理，故可称为"集总"模型。以下对当前比较常用的两种简化方法加以介绍。

1. Shell 模型

该模型由 Shell 公司于 1977 年推出，迄今被广泛应用于发动机自燃着火与敲缸过程的模拟研究。它把着火与燃烧过程加以高度简化，把参与反应的所有成分归并为三类：第一类 R，为各种自由基的总和；第二类 Q，为各种不稳定的中间产物的总和；第三类 B，为反应过程中能进行链分支的自由基总和。整个反应过程被归结为一个 8 步反应机理。其中，速率常数是根据用速压机实测的滞燃期数据拟合而得出的。

Shell 模型通过 5 种通用化学组分和 8 个通用化学反应来描述烃燃料的着火过程。这 8 个反应及其速率常数是：

链引发	$RH + O_2 \longrightarrow R*$	k_q
链传播	$R* \longrightarrow R* + P + $ 热量	k_p
	$R* \longrightarrow R* + B$	$f_1 k_p$
	$R* \longrightarrow R* + Q$	$f_4 k_p$
	$R* + Q \longrightarrow R* + B$	$f_2 k_p$
链分支	$B \longrightarrow 2R*$	k_b
链终止	$2R* \longrightarrow$ 起反应的成分	k_t
	$R* \longrightarrow$ 不起反应的成分	$f_3 k_p$

以上各式中，RH 代表烃燃料（$C_n H_{2m}$），$R*$ 是由燃料形成的自由基，B 是支化剂，Q 是不稳定的中间成分，P 是由 CO、CO_2 和 H_2O 组成的氧化产物。

根据上述 8 个反应，并利用已知的反应速率常数，便可列出 RH，O_2，$R*$，B 和 Q 这 5 种成分的浓度变化的速率方程以及温度变化速率方程，即能量方程，从而可进行求解。

Shell 模型简便实用，计算量小，但能捕捉到着火过程的基本特征，堪称最成功的发动机燃烧动力学模型之一，至今仍得到普遍的重视和应用。针对其存在的一些缺点，不断有人提出改进方案。

2. Li 模型

Li 等人发现用 Hu-Keck 模型计算的放热率比试验结果（根据实测的缸内压力计算）大约要低 20%，其计算的燃油消耗率也有较大误差。针对这些缺点，他们对 Hu-Keck 模型作了改进，增加了 7 种组分和 11 个反应，主要是考虑了乙醛、烯烃和碳基的氧化，而且纳入了 CO 形成的机理。该模型较 Hu-Keck 模型有所改进，但与试验的比较显示，其给出的比放热率（单位质量燃料放热率）仍然偏低。为此，Li 等人将此模型进一步作了三点改进：一是修正了碳基和烯烃的氧化途径，以提高比放热率；二是为了将模型适用范围扩大到更多的燃料，增加或删除了某些反应，同时调整了一些反应的速率参数，这些反应包括 $RO_2 \cdot$ 的异构化，乙醛与 $OH \cdot$ 的反应，以及形成环醚的反应；三是更新了由烷烃生成其共轭烯烃的子机理。新的模型仍然由 20 种组分和 29 个反应组成。计算表明，它能较好地模拟烃燃料低温和中温阶段的氧化特性，但对高温燃烧反应仍有欠缺。

4.8.3 汽油机的 HCCI 燃烧

传统汽油机中的自燃现象是产生爆燃的根源，往往是需要极力避免的，而汽油机 HCCI 燃烧实际是一种燃烧速率可控的自燃着火燃烧过程，因此也被称为可控自燃着火（Controlled Auto Ignition，CAI）。

HCCI 燃烧现象最早于 1979 年由日本研究者 Onishi 等人在二冲程汽油机试验中发现，在一些中低负荷及中低转速工况时，不用火花点火也可以平稳运转；用高速摄影发现这种燃烧没有明显的火焰传播，混合气几乎是同时着火；用光谱分析在压缩行程中发现了 OH、CH 和 C_2 等活性成分，这些活性基团可能对着火有促进作用。这些现象被称为活化热氛围燃烧。

1983 年，美国 Wisconsin 大学的 Najt 等人首次在四冲程汽油机上研究证实了采用外部 EGR 和进气加热可以实现汽油和异辛烷燃料的自燃着火。1989 年，美国西南研究院的 Thring 等人第一次提出了均质混合气压缩着火（即 HCCI）的概念。

2000 年以后，国内外各研究部门和各大汽车公司纷纷开展对 HCCI 燃烧的研究，并重点围绕其产业化关键技术进行开发。

图 4-59 给出了汽油机 HCCI 燃烧与传统火花点火（SI）燃烧的高速纹影摄影，结合这组图片，可将汽油机 HCCI 燃烧的特征总结如下。

（1）HCCI 燃烧是多点大面积同时压缩着火，没有火焰传播前锋面，因而它可以在极短时间内（图中约 10°CA 以内）完成燃烧放热，其燃烧放热速率和等容度要比传统的 SI 燃烧方式高得多，因而指示热效率和油耗会明显改善。

（2）HCCI 采用稀薄均匀混合气，并引入大量 EGR，因而局部燃烧温度可控制在 1 800 K 以下，消除了热 NO 的基本生成条件。

（3）由于是稀薄燃烧，进气节流可大大减少或完全不节流（像 GDI 那样），改善了传统汽油机节流损失过高的弊端。

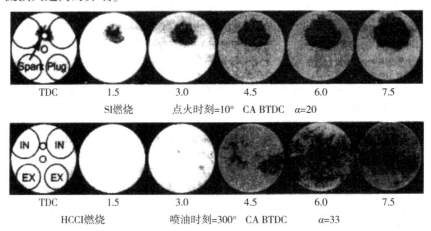

图 4-59　汽油机 HCCI 燃烧与传统 SI 燃烧的高速纹影摄影

（4）采用均质混合气燃烧，理论上不生成炭烟。

上述诸项中，核心问题是均质、低温和快速放热三点。均质可以避免扩散燃烧引起的炭烟生成；低温燃烧使 NO_x 无法产生；快速放热可以提高汽油机的热效率，而实现快速放热的最好方式是多点自燃。至于是否稀燃并不是必要条件，因为稀燃会限制功率密度；是否存在火焰传播也不重要，只要能保持整体放热速率较高即可。

HCCI 汽油机的油耗可以大幅度降低，甚至降至柴油机水平，其原因是 HCCI 燃烧能同时解决汽油机热效率低的 5 个问题，即压缩比低、比热容比低、泵吸损失大、燃烧等容度低以及循环波动率高。

不过，这种理想的燃烧方式在实际汽油机上很难控制其稳定燃烧。燃烧温度和压缩终点压力过低时，汽油混合气难以自燃着火，出现失火和着火时刻极不稳定等现象；燃烧温度和压缩终点压力过高时，着火时刻过于提前以及燃烧速率过快，出现粗暴燃烧等现象。因此，如何控制 HCCI 的着火和燃烧速率问题是目前研究的重点。

4.8.4　汽油机 HCCI 燃烧研究实例

1. 通用汽车公司 HCCI 概念车

美国通用汽车公司在 2007 年 8 月推出了世界上第一台汽油机 HCCI 概念车。其 HCCI 四缸汽油机的排量为 2.2 L，最大输出功率为 134 kW，最大转矩为 230 N·m。采用缸内直喷系统、可变气门相位机构、双凸轮实现负气门重叠(NVO)系统以及缸压传感器反馈控制等技术。道路测试表明，整车油耗降低15%，在90 km/h以内的车速行驶时发动机为HCCI燃烧模式，可在SI燃烧模式和HCCI燃烧模式之间顺畅切换。

2. 清华大学的ASSCI燃烧系统

清华大学在多年研究基础上，于2005年开发了分层混合气火花辅助(Assisted Spark Stratified Compression Ignition, ASSCI)燃烧系统。其主要技术特征如图4-60所示，在GDI发动机基础上通过多次喷射与NVO以及SI相结合，可根据工况不同分别实现完全的HCCI，低温预混合燃烧(RCCI)、分层混合气压燃(SCCI)以及火花点火辅助压燃(SICI)等多种汽油自燃着火燃烧方式，其中NVO是用一个循环内完成切换的双凸轮系统实现的，这就使HCCI燃烧模式与传统SI燃烧模式能够快速切换。

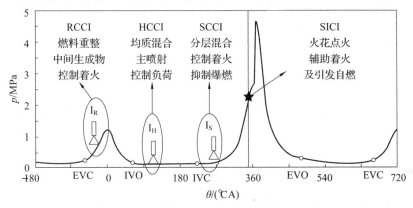

图4-60 清华大学ASSCI燃烧系统主要技术特征

ASSCI燃烧系统在一台四缸汽油机上取得试验结果。相对于传统进气道喷射汽油机，中小负荷的油耗降低10%~30%，NO_x降低99%，循环波动率明显优于传统汽油机，达到柴油机的燃烧稳定性。

思考题

1. 为什么说可变进气系统及配气相位能改善发动机的性能？
2. 发动机稀燃系统的特点有哪些？
3. 发动机稀燃系统的控制内容有哪些？
4. 可变压缩比发动机的优点有哪些？
5. 对比分析机械增压器和涡轮增压器的工作原理。
6. 汽油机、柴油机采用涡轮增压技术存在的共同问题是什么？目前，有哪些措施可较好地解决？
7. 分析汽油机燃油喷射技术节能的原因。
8. 试述瑞典萨博SVC发动机改变压缩比的原理。

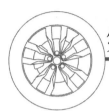

第5章 汽车底盘节能技术

5.1 概述

汽车底盘节能技术主要通过变速器、电控悬架、转向系统、全轮驱动等几个方面来实现。

5.1.1 变速器

机械变速器的传动效率高，然而传统的机械变速器需要驾驶员根据路况及行驶速度，频繁地换挡，使驾驶员神经紧张，体力负担较大。现代机械变速器上增加了传感器及控制器等，可以实现半自动或全自动换挡功能。

例如，ZF公司的自动机械变速器的换挡手柄与选择器组合成一个部件，通过选择可方便地使变速器处于自动换挡、手动换挡、空挡或倒挡的位置上。同时，在驾驶员前面的显示屏上显示出换挡的情况。该自动机械变速器与自动离合器组合在一起，并加上电子控制装置，明显地减轻驾驶员的体力及精神上的负担，提高了平均车速及燃油经济性。将计算机及电子控制应用于汽车自动换挡变速的技术，出现了多种自动换挡及无级变速的新产品，推动了汽车工业的发展。根据实现发动机最低油耗变化规律的要求，并用自动换挡及无级变速的理论，会进一步提高汽车燃油经济性，为城市用客车、山区用载货车及混合驱动电动汽车等提供省油、可靠、寿命长的传动系变速器。

5.1.2 电控悬架

悬架是连接车架(或承载式车身)和车桥(或车轮)之间的一切传动连接装置的总称。当汽车在不同的路面上行驶时，由于悬架系统实现了车身和车轮之间的弹性支撑，有效地降低了车身与车轮的振动，从而改变了汽车行驶的平顺性和操纵稳定性。同时，它也引起在汽车起步、制动、转向时车身的俯仰、点头和侧倾等现象，影响汽车的平顺性和操纵稳定性。

传统悬架主要由弹性元件、减振器和导向机构等组成。其中，弹簧、减振器和轮胎的综合特性决定了汽车的行驶性、操纵性和乘坐的舒适性。由于传统悬架系统使用的是一定刚度弹簧和定阻尼系数减振器，只能适应特定的道路与行驶条件，无法满足变化莫测的路面状况和汽车行驶状况,而且这种悬架只能被动地承受地面对车身的各种作用力,无法对各种情况主动地调节,从而使操纵性和乘坐舒适性达到和谐。

电子控制悬架系统,简称电控悬架系统,其主要功能是:汽车在行驶过程中,根据实际的需要,使悬架的基本参数(如刚度、阻尼)随时调节,从而达到最佳的行驶平顺性和操纵稳定性。电控悬架系统有以下功能。

(1)调整车高,当汽车行驶在不好的路面上时,车高增加,加大离地间隙;当汽车高速行驶时,车高可以降低,目的是减小空气阻力,提高操纵稳定性。

(2)控制弹簧系数,可以利用控制弹簧系数的方法,来控制汽车起步时的姿势,所以有的汽车拥有两种行驶状态:运动型和舒适型。

现代汽车电控悬架系统由于控制功能和控制方法不同,结构多种多样,但是基本组成是相同的。基本组成有:各种传感器、开关、控制单元及执行机构。传感器和控制单元向EMS、ECU 输入信号,EMS、ECU 接收传感器和控制单元输入的电信号,并向执行元件发出控制指令,执行元件产生一定的机械动作,从而改变车身高度、空气弹簧的刚度或减振器的阻尼。传感器一般有车高传感器、车速传感器、车身加速度传感器、转向盘转角传感器、节气门开度传感器等。开关有模式选择开关、制动灯开关、停车开关和车门开关等。执行机构有可调阻尼力的减振器,可调节弹簧高度和弹性大小的弹性元件等。表 5-1 是电控悬架系统各个传感器的用途。

表 5-1 电控悬架系统各个传感器的用途

传感器名称	传感器用途
车身加速度传感器	检测车身的振动,可间接反映汽车行驶的路面状况
车身位移传感器	检测车身相对车桥的位移,可反映车身的平顺性和车身的高度
车速传感器	检测车轮的转速,反映车速和用于计算车身的侧倾程度
转向盘转角传感器	检测转向盘转角,用于计算车身的侧倾程度
制动压力开关	检测制动管路的制动液压力,提供汽车制动信号
节气门开度传感器	检测节气门的开度,提供汽车加速度信号
加速踏板传感器	检测加速踏板的动作,提供汽车加速信号
制动灯开关	检测制动灯电路的通断,提供汽车制动信号

5.1.3 转向系统

随着汽车车速的提高,道路上行驶以及停车场上车辆密度的增加,要求提高汽车转向系统的操纵稳定性及轻便性。汽车在转向及低速行驶时,需要较大的力操纵转向盘,对于载货车更是如此。可以利用不同的机械加力装置,使作用在转向盘上较小的压力增大,变成转动车轮的较大力矩,减轻操纵转向盘所需的力。然而在汽车高速行驶时,过轻的操纵力会降低操纵稳定性。

当停车场内车辆密度大时,给汽车转向回旋的余地有限,要求汽车有更好的转向、倒车、拐弯的性能。上述这些情况要求汽车转向系统采用新技术,如四轮转向及动力转向等。

1)四轮转向

四轮转向就是前、后车轮都具有转向的功能。采用四轮转向就是为了提高低速时转向的操纵性、高速时操纵的稳定性以及在停车场时转向的灵活性。四轮转向的前轮及后轮转动的方向有两种可能：一种是转向时前、后车轮向同一方向转弯；另一种是后轮转弯的方向与前轮转弯的方向相反。

二轮转向时，前二轮转弯时产生侧向作用力，从前轮转弯到后轮开始跟着转弯的这段时间里，后轮上没有侧向力作用，这样会使后轮向外偏移一点。前、后四个车轮同时向一个方向转向时，在前、后车轮上都作用着同一方向的侧向力，于是后轮不会向外偏移。这样在汽车高速行驶换道时，汽车就会平稳正确地换道，提高了汽车操纵的稳定性。

四轮转向时，后边两轮转弯的方向可以与前轮转弯的方向相反，这样四轮转向的转弯半径可以比二轮转向时的转弯半径小，在拥挤的停车场转弯以及作 U 形转弯时，就比二轮转向要方便、灵活些。

2）其他转向技术

除了四轮转向，先进的转向技术还有磁力辅助转向、需要用液压泵及液压的电气动力转向以及电动液压动力转向等。

3）转向系统的构成

较典型的转向系统由转向齿轮箱、分流阀、电磁网、液压泵、动力缸及微机控制器等构成，如图 5-1 所示。

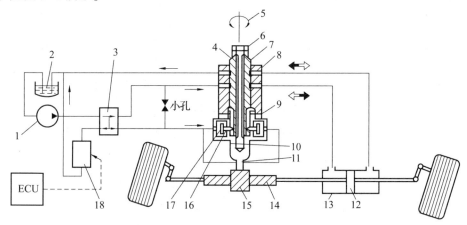

1—泵；2—储油箱；3—分流阀；4—扭力杆；5—转向盘；6、9、10—销；7—控制阀轴；8—转子阀；11—小齿轮轴；12—活塞；13—动力缸；14—齿条；15—小齿轮；16—柱塞；17—反作用室；18—电磁阀。

图 5-1 典型转向系统的构成

转向系统的机械核心部分是扭力杆、控制阀轴及转子阀等。扭力杆的上端用销子与控制阀轴连接在一起，而下端则与转向小齿轮连接。转向盘则与控制阀轴等连接。因此，驾驶员转动转向盘的力量通过扭力杆及控制阀轴的作用传递给转向小齿轮轴。当扭力杆上发出扭力时，转子阀绕控制阀轴进行相对旋转，并改变与各个通道口的连通状态，以便控制动力缸油压流量，并切换通向动力缸左室和右室的油路。当高压油作用于油压反作用室时，柱塞强制压住控制阀轴。这时，在扭力杆上即使发生扭力，也因为柱塞正力作用限制了控制阀与转子阀之间的相对旋转。

分流阀的作用是把来自油泵的机油向转子阀一侧和电磁阀一侧进行分流。按照车速与转向要求，改变转子阀一侧与电磁阀一侧的油压，以确保向电磁阀一侧供应稳定的机油流量。

4）转向系统的工作原理

转向系统的工作原理：传感器将汽车速度的信息输入控制器，ECU 根据车速信息判别车辆处于车辆停止、低速及中高速 3 种状态中的哪一种，然后根据车速状态发出指令，改变电磁线圈的通电情况。

当汽车以低速行驶时，由于电磁线圈的通电电流大，由分流阀进行分流的机油，通过电磁阀重新回流到储油箱。所以，作用于柱塞的背压(油压反作用室压力)降低，于是柱塞推动控制阀轴的力变小。利用转向盘转向力增大扭力杆扭力。转子阀被固定在小齿轮轴上，控制阀按照扭力杆的扭转角作相对的旋转，连接两个阀的通道口，使油泵油压作用于动力缸的右室，动力活塞向左方运动，或者作用于左室，动力活塞向右方运动，从而增强转向力。

汽车以中高速直线行驶时，操舵角小，扭力杆的相对扭力也小，转子阀与控制阀的连接通道的开度相应减小，转子阀一侧的压力升高。由于分流阀的作用，电磁阀一侧的油量增加，随着车速上升，线圈电流变小，电磁阀的节流开度随之变小，而作用于油压反作用室的反压增加，柱塞推进控制阀轴压力也变大，增加了操纵转向力，具有良好的转向路感。

汽车以中高速转向时，扭力杆扭转角变小，转子阀与控制阀的连通口开度减小，在转子阀一侧油压进一步升高。于是，机油从固定孔向油压反作用室供应。从分流阀向油压反作用室供应的机油加上固定孔出来的机油，增加对柱塞的推压力，操舵力随着操舵角线性增加，所以在高速时能获得稳定的转向手感。

5.1.4 全轮驱动

大多数小客车及轻型货车都是两根轴，而且是前轮转向，后轮驱动。这样的底盘结构较简单、成本低。重型载货及工程机械车则采用多轴的底盘，尤其是重型高越野性能的军用牵引车及特种车辆。例如，载运舟桥、坦克、导弹及火箭的军用车辆，有的采用多达 8 轴的底盘，而且是全轮驱动，即驱动型式为 16×16。

多轴全轮驱动的车辆是为了能在无道路的沙漠、矿山、丘陵地带及荒野中行驶，能够爬 30°的山坡，能涉过泥潭地带及浅水塘等，总之为了具有高的越野性能及良好的行驶操纵性。

在路面质量好、干燥及平坦的公路上行驶，二轴后轮驱动的汽车能够获得良好的行驶稳定性及转向操纵性能。汽车如果在较滑的路面上起步加速或者转弯，在后轮驱动情况下，后轮容易打滑，车轮侧向力很小，产生甩尾现象。若在前轮驱动情况下，则前轮易打滑，失去行驶方向稳定性。如果汽车四轮驱动，发动机的扭矩分配在前、后轮上，与二轮驱动相比，车轮难以打滑，能保持良好的转向性能及转向稳定性。

矿山、农村及荒野中的道路较差，车辆需要有较好的越野性能适应。小型军用乘坐车及指挥车要具有较好的灵活机动性及越野性，上述这些车辆采用两轴、四轮驱动比较合适。由于二轴四轮驱动及多轴多轮驱动的汽车在行驶稳定性、转向性及加速动力性比二轮驱动的好，因此城市居民往往也希望拥有四轮驱动的汽车。

在结构上，四轮驱动汽车要求前后桥间差速器根据道路情况，将发动机输出扭矩按一定的比例分配到前后车轮上。可以通过多种方案实现这种要求。例如，福特汽车公司新的电子四轮驱动系统，在行星齿轮的每一侧安装了一个转速传感器。行星齿轮在正常行驶条件下，将 1/3 的动力传给前轮，2/3 的动力传给后轮。当传感器检测到前后轮之间有速度差别时，分动行星齿轮利用电磁开关自动锁闭，动力均等地分配于前后驱动轴。3 s 后，分动器短时间解除锁闭,重新测估情况。当车轮驶到一段碎石路段时,虽然传动系统有明显的受阻现象,但福特的四轮驱动系统在各种情况下工作良好。

5.2 汽车传动系统与发动机匹配

5.2.1 传动系统匹配节能

汽车传动系统的功能是将发动机发出的动力传递给驱动车轮,使两者良好匹配。传动系统中对燃油经济性有重要影响的是变速器和驱动桥。发动机的转矩、转速与汽车牵引力和速度之间的匹配,主要通过主减速器和变速器的减速作用,提高汽车的牵引力。传动系统的这种减速增扭程度用传动比 i 表示,其数值如下:

$$i = i_d i_k = \frac{n}{N} \tag{5-1}$$

式中,n——发动机转速(r/min);
　　　N——汽车驱动轮转速(r/min);
　　　i_d——主减速器传动比;
　　　i_k——变速器传动比;
　　　i——传动系统传动比。

作用在汽车驱动轮上的牵引力 F 为

$$F = \frac{i M_e \eta}{r_k} \times 9.81 \tag{5-2}$$

式中,M_e——发动机转矩(N·m);
　　　η——传动系统效率;
　　　i——传动系统传动比;
　　　r_k——驱动轮半径(m)。

传动系统的最小传动比 i_{min} 应保证汽车能在平直良好路面上克服滚动阻力和空气阻力并以相应的最高车速行驶,而传动系统的最大传动比 i_{max} 应保证汽车能克服最大行驶阻力并具有适当大小的最低车速。为了达到最大传动比,需要通过变速器与主减速器串联传动,因此传动系统最大传动比 $i_{max} = i_d i_{kmax}$。一般机械式变速器的传动比挡数为 3~5 挡。在起动及爬坡时,选用传动比较大的(低速)挡位,在平路高速行驶时,可选用传动比较小的(高速)挡位。当变速器高速挡传动比 $i_k = 1$ 时,变速器不起减速作用,仅靠主传动器减速,即 $i = i_d = i_{max}$。

在汽车设计过程中,当发动机的性能和汽车的常用行驶工况确定后,合理选择传动比,进行传动系统与发动机的匹配优化,可使汽车的使用性能最大限度地发挥出来,从而改善燃油经济性。如图 5-2 所示,AB 线为发动机万有特性的最佳燃油消耗曲线,R 区为发动机的常用工作区,显然

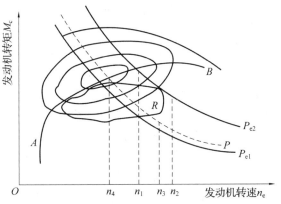

图 5-2　发动机与传动系统匹配示意图

R 区距 AB 线越近,发动机燃油经济性越好。当车速一定时,发动机的转速可以在等功率线 P 上任一点工作。因此,可以通过减小 i_d 或 i_k 使发动机在较低转速下工作,即使发动机万有特性曲线上的工作点沿着该节气门开度下的等功率曲线由下向上、由右向左移动,实现节油。例如,当发动机在转速 n_3 下工作时,离经济区较远,要使发动机切换到燃油经济性较好的转速 n_4 下工作,可通过减小传动比实现。

变速器的传动比范围、挡位数、传动比分配规律和主减速比等参数都影响整车的燃油经济性,在满足汽车动力性能的前提下,优化传动系各参数,使汽车常用工况处于发动机最佳经济区或接近最佳经济区,可有效地降低汽车的燃油消耗。

5.2.2 传动系统参数的合理选择

汽车动力传动核心部分为发动机、变速器、驱动桥、轮胎。对于汽车的燃油经济性而言,在很大程度上受这些总成的影响。因此,在整车参数和发动机确定后,必须根据汽车不同用途进行传动系统的优化匹配,才能得到节能的效果。

发动机与传动系统的合理匹配是指根据汽车的使用条件和要求,由给定的发动机特性,确定变速器的挡数及各挡传动比,以保证汽车在经常使用工况下,发动机能在万有特性曲线中的经济油耗区工作,并保证有足够的动力性。合理匹配对汽车的动力性能和经济性能有很大的影响,故如何设计传动系统的参数以达到与汽车发动机的合理匹配已成为汽车设计中一个重要的组成部分。

1. 合理选择变速器参数

在汽车动力传动部分设计中,变速器的最小传动比是由汽车最高车速确定的。确定最大传动比时,要考虑 3 方面问题,最大爬坡度、附着力及汽车最低稳定车速。汽车性能对于传动比有以下几点要求。

(1)最大传动比(最低挡传动比)应能保证实现给定的最大爬坡度和正常行驶中在最大爬坡度条件下顺利起步。最小传动比(最高挡传动比)应能达到设计要求的最高车速,应使汽车能顺利而迅速地加速,具有较好的坡道行驶性能以及保证汽车在常用工况下的行驶经济性;同时在最高挡与最低挡之间,应有适当数量的中间挡以及传动比的合理分配。

变速器的传动比范围、挡位数以及传动比间隔等参数与汽车的动力性、经济性有密切的关系。不同类型的汽车,由于其使用条件不同,对整车性能要求不同,且汽车本身的比功率不同,因此具有不同的挡位数及传动比间隔。所以,在传动系统参数匹配中,确定变速器的传动比范围、挡位数以及传动比间隔是一项非常重要的工作。

传动比范围与挡位数最低挡传动比与最高挡传动比之比(即传动比范围)的扩大可以明显地改善汽车的燃油经济性和动力性。传动比间隔过大会造成换挡困难。因此,扩大传动比范围的最好做法是增加挡位数,如增加一个超速挡,或者增加一个直接挡。

就动力性而言,挡位数多,可增加发动机发挥最大功率附近高功率的机会,从而提高汽车的加速与爬坡能力。就燃油经济性而言,挡位数多,可增加发动机在低燃油消耗率区工作的可能性,从而降低油耗。所以,增加挡位数会改善汽车的动力性和燃油经济性。

轿车的行驶车速高,比功率大,最高挡的后备功率也大,即相对而言最高挡的驱动力与挡驱动力间的范围小,即 $i_{t\,max}/i_{t\,min}$ 小。因此,以前美国装备手动变速器的轿车常采用操纵方便的三挡变速器;而对于注重节约燃油的国家,如欧洲各国,选用发动机的排量较小,则常采用四挡变速器。近年来,为了进一步节省燃油,装用手动变速器的轿车普遍采用五挡变速器,也有采用六挡变速器的。

轻型货车和中型货车比功率小，所以一般采用五挡变速器。重型货车的比功率更小，使用条件也更复杂，如矿山用重型汽车，行驶道路变化很大。重型牵引车要拖带挂车，有时要求有很大的驱动力。重型车辆发动机工作时间长，油耗量大，且本身自重很大，增加挡位数不会过多地增加汽车的制造成本，所以一般采用六至十几个挡位的变速器，以适应复杂的使用条件，使汽车具有足够的动力性与良好的燃油经济性。

越野汽车遇到的使用条件更为复杂，还要经常用引挂车或其他装备，所以 $i_{t\,max}/i_{t\,min}$ 的比值很大，其传动系统的挡位数较同吨位的普通货车要多 1 倍左右。

在变速器中，挡位数超过 5 个(指前进挡)会使结构大为复杂，同时操纵机构也相应复杂。为此，常在变速器后接上一个两挡或三挡位的副变速器。越野汽车因要求多轴驱动，故采用分动器。

（2）传动比间隔 挡位数影响倒挡与挡之间的传动比，即传动比间隔。传动比间隔过大，会造成换挡困难。一般认为传动比间隔不宜大于 1.8。变速器各挡传动比的确定一般有两种方法：等比级数分配或渐进式传动比分配。

采用等比级数分配时，传动比间隔为常数。以四挡变速器为例，各挡传动比之间的关系为

$$i_1 = i_2 q = i_3 q^2 = i_4 q^3 \tag{5-3}$$

图 5-3 为等比级数传动比分配的特性。由图可见，等比级数传动比分配使得相邻两挡特性场与理想曲线间形成的空隙(又称变速器空隙)是均匀的，且面积相等。

等比级数传动比分配的优点是使发动机总在同一转速范围内工作，因而可以从动力性和经济性角度选定最佳转速范围。但实际上，换挡不可能在瞬间完成，换挡必然带来车速降低，由于空气阻力影响，高速区域换挡车速降低量远大于低速区域。因此，只有较高挡间传动比小于较低挡间传动比，才能保持发动机工作的转速范围不变。载货汽车的车速范围较窄，可以基本上采用等比级数传动比分配。

现代轿车使用车速范围宽，多采用渐进式传动比分配。以四挡变速器为例，其各挡传动比之间的关系为

$$\frac{i_3}{i_4} = q_1 q_2^0, \quad \frac{i_2}{i_3} = q_1 q_2^1, \quad \frac{i_1}{i_2} = q_1 q_2^2 \tag{5-4}$$

其中，$q_2 = 1.1 \sim 1.2$。渐进式传动比分配与等比级数传动比分配相比较，高挡间的车速很明显减小。图 5-4 为渐进式传动比分配的特性，可以看出，低挡变速器空隙比高挡大得多。

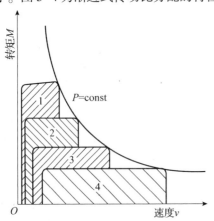

图 5-3 等比级数传动比分配的特性

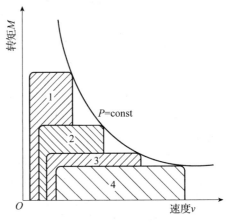

图 5-4 渐进式传动比分配的特性

现代汽车理论认为：传动比间隔越小越节油，换挡也越轻便；而且汽车多工作在高挡位置，换挡频次也大大多于低挡，因此，高挡的传动比间隔应比低挡小。鉴于这种原因，英国马丁博士提出了偏置等比级数的传动比分配方法。

这种传动比分配方法的特点是发动机在各挡的工作转速范围均不一样，低挡宽、高挡窄。这样，在低挡时由于转速范围过宽会使燃油经济性恶化，但因其利用率较低（如五挡变速器一、二、三挡的路程总利用率仅为 10%～15%），影响不大。同时，在高挡时，发动机的转速范围可以限制在较窄的经济转速区工作（因其利用率较高），因此总的燃油经济性有所改善。

2. 合理选择驱动桥参数

选择驱动桥参数，主要就是确定主减速器的传动比。在动力装置其他参数不变的条件下，若要选定最佳主减速器传动比，可根据燃油经济性与动力性的计算，绘制如图 5-5 所示的不同 i_0 时的燃油经济性-加速时间曲线。该曲线通常大体上呈 C 形，所以又称为 C 曲线。图中的纵坐标是 0～96.6 km/h 时的加速时间（单位为 s），横坐标为 EPA 循环工况的燃油经济性，单位为 km/L（或 mile/gal）。计算出不同 i_0 值时的

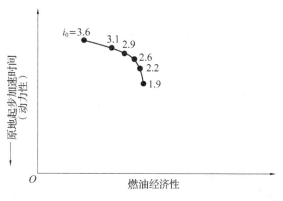

图 5-5　燃油经济性-加速时间曲线

加速时间与每升燃油行驶里程数后，即可作出该特性曲线。曲线表明，i_0 值较大时，加速时间较短但燃油经济性下降；i_0 值较小时，加速时间延长但燃油经济性改善。若选定 2.6 作为主减速器传动比，则能兼顾汽车的燃油经济性与动力性。若以动力性为主要目标，则可选用较大的 i_0 值；若以燃油经济性为主要目标，则可选较小的 i_0 值。

3. 变速器与主减速器传动比的匹配节能

在初步选择变速器与主减速器参数之后，可拟定供选用参数值的范围，进一步具体分析计算不同燃油经济性参数匹配下汽车的燃油经济性与动力性，然后综合考虑各方面因素，最终确定动力装置的参数。在不改变发动机的条件下，可利用 C 曲线从数种变速器中选择合适的变速器和合适的主减速器传动比。

图 5-6 为装用不用变速器时的燃油经济性-加速时间曲线。图 5-6(a) 是 3 挡变速器与 4 挡变速器 C 曲线，图 5-6(b) 是 4 挡变速器与 5 挡变速器的 C 曲线。3 挡变速器与 4 挡变速器均具有直接挡，由于 4 挡变速器的变速范围广，因此汽车动力性有所提高。5 挡变速器具有超速挡，汽车的燃油经济性与动力性均有显著提高。图 5-6(c) 是装用 3 种不同传动比的 5 挡变速器 A、B、C 时汽车的 C 曲线。可以根据设计汽车的主要目标选用其中的一个，并根据其 C 曲线确定主传动比。图 5-6(c) 上还画出 3 条 C 曲线的包络线，称为最佳燃油经济性-加速时间曲线，它表示 3 种 5 挡变速器与不同传动比主减速器匹配时，在一定加速时间要求下燃油经济性的极限。

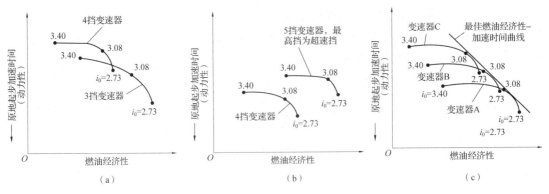

图 5-6 装用不同变速器时的燃油经济性-加速时间曲线

5.2.3 自动变速器类型

自动变速器主要有四种类型：液力自动变速器（Automatic Transmission，AT）、电控机械式自动变速器（Automatic Mechanical Transmission，AMT）、双离合器变速器（Dual-Clutch Transmission，DCT）、无级变速器（Continuously Variable Transmission，CVT）。

1）液力自动变速器

这种变速器消除了离合器操作和频繁的换挡，使驾驶操作简便省力。驾驶员只需控制加速踏板与制动踏板，减轻了驾驶员的疲劳强度，提高了行车的安全性。同时，因采用液力传动，发动机和传动系统是弹性连接，能缓和冲击，使挡位变换不但便捷而且平稳，提高了汽车乘坐的舒适性。

由于液力传动存在液力损失，与机械传动相比其效率较低，最高效率也只有 0.85~0.9，因而在正常行驶时油耗较高，经济性差。但是，通过与发动机的匹配优化，采用综合式液力变矩器、锁止式液力变矩器，增加挡位数等措施，可使 AT 接近机械变速器的效率水平。此外，随着汽车技术的迅速发展，尤其是汽车 AT 性能的不断改进和提高，最佳换挡理论的实践，使 AT 能按照汽车所获得的最佳油耗规律进行自动换挡。因此，在城市内使用时，已经有可能比机械式自动变速器的车辆更省油。

2）电控机械式自动变速器

它由传统的手动变速器改进而来，糅合了自动和手动两者的优点。AMT 既具有 AT 自动变速的优点，又保留了效率高、成本低、结构简单、易制造的原手动变速器的优点。此变速器是非常适合我国国情的机电液一体化自动变速器。它保留了绝大部分原总成部件，只改变其中手动操作系统的换挡杆部分，生产继承性好，制造成本低，很多厂家愿意生产制造。它的缺点是非动力换挡，这可以通过电控软件方面来得到一定弥补。AMT 是自动变速器中最好的变速器。驾驶员通过加速踏板和操纵杆向 ECU 传递控制信号；ECU 采集发动机转速传感器、车速传感器等信号，时刻掌握车辆的行驶状态；ECU 根据这些信号按存储于其中的最佳程序、最佳换挡规律、离合器模糊控制规律、发动机供油自适应调节规律等，对发动机供油、离合器的分离与结合、变速器换挡三者的动作与时序实现最佳匹配，从而获得优良的燃油经济性与动力性以及平稳起步与迅速换挡的能力，以达到驾驶员所期望的结果。

3) 双离合器自动变速器

这种变速器在德国被称为 DSG（Direct Shift Gear-box，中文直译为"直接换挡变速器"）。DCT 使用两个离合器单独运转。在整个换挡期间，DCT 最少有一组齿轮在输出动力，不存在换挡瞬间出现齿轮碰撞的现象，使换挡过程更加流畅、车辆加速性及其响应特性更强，车辆乘坐舒适性也大大提高。同时，DCT 基于机械变速器结构，没有 AT 的液力变矩器和 CVT 的（带/链）传动装置，进而在动力传递过程中体现出能量损失少、传动效率高的特点，有效地改善了整车燃油经济性。装备 DCT 的汽车的耗油量比装备其他自动变速器的低，甚至比装备手动变速器的同种车型还要低。

4) 无级变速器

这种变速器可以实现传动的连续改变，从而得到传动系统与发动机工况的最佳匹配，提高整车的燃油经济性和动力性。同时由于无换挡跳跃，减缓了汽车变速过程中的换挡冲击，从而提高了驾驶员的操纵性和乘客的舒适性，所以 CVT 是较为理想的汽车传动装置。

5) AT、AMT、DCT、CVT 在混合动力汽车上的应用

新能源汽车变速器中，AT、AMT、DCT 和 CVT 四种变速器（见图 5-7）在混合动力汽车上均有尝试和应用。它们的结构特点、变速原理和操控方法不尽相同，应用到混合动力汽车上也各有优缺点（见表 5-2）。

图 5-7 变速器类型

(a) AT；(b) AMT；(c) DCT；(d) CVT

表 5-2　4 种自动变速器的优缺点对比

自动变速器类型	优点	缺点
AT	换挡过程无冲击，换挡平稳；传递功率能力强；使用寿命长，即使在恶劣条件下也不受影响	结构复杂，制造成本高；变矩范围有限；速度反应不灵敏
AMT	传动效率高；结构简单，制造和维护成本低；适用于各种车型	舒适性较差，换挡不平稳；自动化控制难度大
DCT	换挡过程快且平稳，加速性能好；舒适性较好；质量可靠，维修费用低廉；无功率传递限制，应用广泛；安装空间紧凑，生产继承性好	电控系统复杂，不易实现；生产成本相对较高；只有少数厂家掌握核心技术
CVT	结构简单，零部件数量少；速度响应快，能源利用率高；传动效率较高；舒适性好	扭矩传递范围有限；使用寿命短，传动带易损坏；制造复杂，关键零部件的加工质量难以保证

AT 作为混合动力汽车变速机构通常是取消液力变矩器的位置，本田的 Accord 混合动力轿车和通用的 U-Model 混合动力概念车均采用 AT 作为变速机构。通过对电机的控制实现发动机的稳步起车和平顺换挡，既可以用于驱动又可以进行能量回收，提高了汽车的燃油经济性。

AMT 作为混合动力汽车变速机构的优点是成本低、传递转矩可靠、传动效率高，能与多种动力耦合方式相配合；AMT 的换挡控制策略可以加入整车控制策略中，使混合动力汽车具有更好的燃油经济性，换挡时通过电机对发动机驱动力矩加以补偿，可以提高汽车的动力性。其缺点是此种方案中电机不能参与变速。

DCT 作为混合动力汽车变速机构，本田的传动方案是把电机集成在奇数挡输入轴上，换挡时需要电机进行同步跟踪，以缩小同步器输入、输出部分的转速差，控制策略复杂；而比亚迪是把电机集成在输出轴上，电机输出不参与换挡，其最大的缺点是不具有停车充电功能。

CVT 作为混合动力汽车变速机构，既能克服传统 CVT 汽车的不足，又能充分发挥混合动力汽车节能减排的优势。与 CVT 技术的融合，必将把混合动力汽车节能、环保的优势发挥到极致。

5.3　无级变速器

5.3.1　CVT 的组成

1. 控制系统及液压泵

CVT 的控制系统主要是电子液压和机械液压两种控制系统。控制系统的基本组成为液压泵、压力控制网、加速踏板、转速传感器、液压缸和主、从动带轮等机构。液压泵主要是为了提供充足的压力和油液。目前，外啮合齿轮泵被大多数厂家采用，少数厂家采用内啮合齿轮泵。近年来，径向柱塞泵因其工作效率和流量控制率较高，逐渐成为各大厂家的选择之一。

2. 液力变矩器

为了使汽车可以平顺起步，减少起步时的振动冲击，多数 CVT 上选择搭载液力变矩器，保证汽车起步时车引力充足。

3. DNR 机构

DNR 机构主要组成为离合器和行星齿轮系统。其中，离合器的主要作用是根据需要阻断动力并对行驶方向进行控制调整，目前电控多片湿式离合器因其造价低、结构简单等优点成为多数车辆的选择；行星齿轮系统的主要作用是改变主动带轮的旋转运动方向，从而让汽车的工作挡位在前进挡和倒挡之间顺利切换，金属带式 CVT 上采用的多为双级行星齿轮，本节研究的 CVT 采用的也是双级行星齿轮。因此，DNR 机构主要有 3 个作用，分别为：对来自发动机的动力进行阻断或传递；进行挡位切换；预防系统内部零件因传递转矩过大而失效。

4. 变速机构

金属带式 CVT 的变速机构是由一对结构相似的主、从动带轮和精度要求极高的金属带组成的，具体部件如图 5-8 所示。金属片是金属带的主要组成零件，主要用于传递转矩。在满足汽车传动扭矩和行驶可靠性的目标下，减薄金属片的厚度，可达到减小 CVT 整体质量的目的，并且可以提高金属带的传动效率和承载能力。在金属片装配时，对整齐性和柔韧性的要求极高，装配工艺极其复杂。

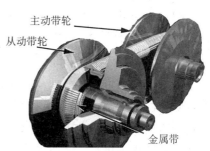

图 5-8 金属带式 CVT 的变速机构

金属带的制造工艺复杂，目前全球仅有个别国家有能力生产，而当下汽车市场上使用最多的 VDT 型金属带均是博世公司生产的。金属带仅由金属片和金属环两种零件组成，金属环安装在金属片的两侧鞍座内。金属片的数量一般为 300~400 个，金属环的数量则是 9~12 层，厚度在 0.15~0.18 mm 之间，具体层数需要根据传递转矩确定。金属环的数量随传递转矩增大而增加，但随着金属环层数的增加，金属环层与层之间的装配精度就会降低。

金属带式 CVT 的主、从动带轮的结构基本一致，分别由一组移动带轮和固定带轮组成，带轮面呈锥面形状，相对构成 V 字形结构，与金属带啮合。固定带轮与带轮轴同轴固定，移动带轮背面装有液压缸，通过钢球滑道与带轮轴同轴接触。油路连通后，移动带轮依靠液压缸提供的夹紧力移动，使主、从动带轮的工作半径发生变化，只有充足的夹紧力，才能确保金属带连续不断地传递转矩。

5. 中间减速机构

通常整车的传动比使用需求范围为 0.8~5.0，而金属带式 CVT 能够提供的传动比范围仅为 0.4~2.5，无法满足整车的使用需求，因此还需要在汽车上安装中间减速机构。中间减速机构一般采用外啮合齿轮，变速机构提供的传动比范围经中间减速机构的调速，便可达到整车的传动比使用要求。

5.3.2 CVT 传动方式

CVT 的传动方式有液体传动、电力传动和机械传动三种方式。

1. 液体传动

液体传动分为两类：一类是液压式，主要是由泵和马达组成或者由阀和泵组成的变速传动装置，适用于中小功率传动；另一类为液力式，采用液力耦合器或液力矩进行变速传动，适用于大功率传动。液体传动的主要特点是：调速范围大，可吸收冲击和防止过载，传动效率较高，寿命长，易于实现自动化，制造精度要求高，价格较贵，输出特性为恒转矩，滑动率较大，运转时容易发生漏油。

2. 电力传动

电力传动基本上分为以下三类。

(1) 电磁滑动式。它是在异步电动机中安装一电磁滑差离合器，通过改变其磁电流来调速，这属于一种较为落后的调速方式。其特点是结构简单，成本低，操作维护方便，滑动最大，效率低，发热严重，不适合长期负载运转，故一般只用于小功率传动。

(2) 直流电动机式。它通过改变磁通或改变电枢电压实现调速，特点是调速范围大，精度也较高，但设备复杂，成本高，维护困难，一般用于中等功率范围(几十至几百千瓦)，现已逐步被交流电动机式替代。

(3) 交流电动机式。它通过变极、调压和变频进行调速。实际应用最多者为变频调速，即采用一变幅器获得变幅电源，然后驱动电动机变速。其特点是调速性能好、范围大、效率较高，可自动控制，体积小，适用功率范围宽；机械特性在降速段为恒转矩，低速时效率低且运转不够平稳，价格较高，维修需专业人员。近年来，变频器作为一种先进、优良的变速装置迅速发展。

3. 机械传动

机械传动的特点主要是：转速稳定，滑动率小，工作可靠，具有恒功率机械特性，传动效率较高，而且结构简单，维修方便，价格相对便宜；但零部件加工及润滑要求较高，承载能力较低，抗过载及耐冲击性较差，故一般适用于中小功率传动。

5.3.3 CVT 工作原理

金属带式 CVT 利用金属片间的相互挤推作用传递转矩，根据传动比要求控制轴向夹紧力迫使带轮组中的移动带轮连续移动，使带轮组的工作半径连续变化，最终实现无级变速(见图 5-9)。

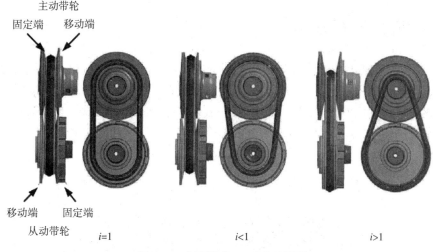

图 5-9　金属带式 CVT 变速原理

从图 5-9 中可以看到，当传动比 $i=1$ 时，金属带式 CVT 的主、从动带轮工作半径及工作转速一样大。而当传动比不等于 1 时，因为中心距和金属带长度是定值，因此需要调整金属带在每对带轮上的长度分配。其中，当传动比 $i<1$ 时，汽车属于加速工况，此时轴向夹紧力控制主动带轮的移动带轮逐渐靠近固定带轮，从动带轮的移动带轮则逐渐远离固定带轮，此时主动带轮工作半径大于从动带轮的，变速机构转速提高。当传动比 $i>1$ 时，汽车处于减速工况，此时主动带轮的移动带轮在轴向夹紧力的控制下逐渐远离固定带轮，而从动带轮的移动带轮则慢慢靠近固定带轮，因此从动带轮的半径大于固定带轮，变速机构转速减小。

其没有明确具体的挡位，操作上类似自动变速箱，但是传动比的变化却不同于自动变速箱的跳挡过程，而是连续的，因此动力传输持续而顺畅。CVT 变速箱有 V 形橡胶带式、金属带式、多盘式、钢球式、滚轮转盘式等多种构造，大都利用金属带和可变半径的滚轮传输动力。透过主动滚轮与被动滚轮半径的变化，达到齿轮比的变化。理论上这种传动方式的效率很高，不过必须建立在能承受所传递的动力的情况下。由于是利用钢带与滚轮之间的摩擦力传递动力，因此钢带及滚轮的工作情况十分苛刻。为了有效传递动力，钢带与滚轮之间不允许打滑，而且原本产生的热能已经很多，如果再打滑恐怕会造成内部机件的烧毁或严重耗损。而为了增加静摩擦力，最直接的方式就是增加钢带与滚轮之间的压力。但摩擦力增加了，动力传输的耗损也会增加，无形中还是增加了油耗。

CVT 与有级式变速器的区别在于，它的变速比不是间断的点，而是一系列连续的值，譬如可以从 3.455 一直变化到 0.850。CVT 结构比传统变速器简单，体积更小，它既没有手动变速器的众多齿轮副，也没有自动变速器复杂的行星齿轮组，它主要靠主、从动带轮和金属带来实现变速比的无级变化。

CVT 采用传动带和可变槽宽的棘轮进行动力传递，即当棘轮变化槽宽时，相应改变主动带轮与从动带轮上传动带的接触半径进行变速，传动带一般用橡胶带、金属带和金属链等。CVT 的优点是质量小、体积小、零件少，与 AT 比较具有较高的运行效率，油耗较低。但 CVT 的缺点也是明显的，就是传动带很容易损坏，不能承受较大的载荷，只能用于排量在 1 L 左右的低功率和低扭矩汽车，因此在自动变速器中的占有率不足 4%。近年来经过各大汽车公司的大力研究，情况有所改善。CVT 将是自动变速器的发展方向。

5.4 液力变矩器

液力变矩器(见图 5-10)是自动变速器不可缺少的重要组成部分之一，它安装在发动机的飞轮上，其作用是将发动机的动力传递给自动变速器中的齿轮变速机构，并具有一定的无级变速功能。常用液力变矩器的形式有一般式、综合式和锁止式。目前装用自动变速器的汽车上使用的大多是综合式和锁止式液力变矩器。

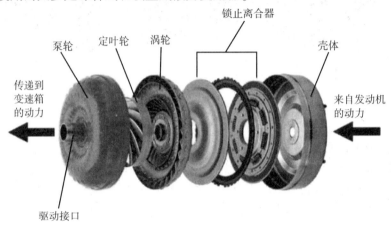

图 5-10 液力变矩器结构

综合式液力变矩器结构如图 5-11 所示，它有 3 个工作轮即泵轮、涡轮和导轮。液力变矩器的壳体安装在发动机飞轮上，泵轮与壳体焊接在一起，随发动机曲轴的转动而转动，是液力变矩器的主动部分；涡轮和输出轴连接在一起，是液力变矩器的从动部分；导轮则位于泵轮和涡轮之间，通过单向超越离合器支承在固定于变速器壳体的导轮固定套上。单向超越离合器使导轮可以顺时针旋转，但不能逆时针旋转，并与泵轮和涡轮保持一定的轴向间隙，通过导轮固定套安装于变速器上。

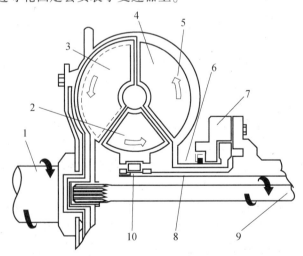

1—曲轴；2—导轮；3—涡轮；4—泵轮；5—液流；6—变矩器轴套；7—油泵；
8—变矩器输出轴；9—导轮固定套；10—单向超越离合器。

图 5-11 综合式液力变矩器结构

1. 综合式液力变矩器工作原理

当泵轮转动时，在离心力的作用下，液体被从中央甩向棘轮的边缘。液体从泵轮外缘冲出，冲击到涡轮的外边缘。涡轮和泵轮相似，在其内部有叶片，液体撞击涡轮叶片边缘，冲击力使涡轮转动。齿轮变速机构的输入轴用花键与涡轮相连，当涡轮旋转时，动力经变矩器输出轴输入齿轮变速机构。

发动机运转时带动液力变矩器与之一同旋转，泵轮内的液压油在离心力的作用下，由泵轮叶片外缘冲向涡轮，并沿涡轮叶片流向导轮，再经导轮叶片内缘，形成循环的液流。导轮改变涡轮上的输出扭矩。由于从涡轮叶片下缘流向导轮的液压油仍有相当大的冲击力，只要将泵轮、涡轮和导轮的叶片设计成一定的形状和角度，就可以利用上述冲击力来提高涡轮的输出扭矩。为说明工作原理，可以假想地将液力变矩器的3个工作轮叶片从循环流动的液流中心线处剖开并展平，得到如图5-12所示的液力变矩器工作原理图。

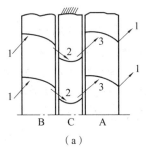 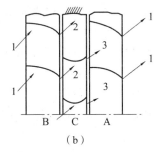

A—泵轮；B—涡轮；C—导轮；
1—由泵轮冲向涡轮的液压油方向；2—由涡轮冲向导轮的液压油方向；3—由导轮流回泵轮的液压油方向。

图5-12 液力变矩器工作原理图
(a)液力增扭；(b)液力减排

当涡轮转速较低时，从涡轮流出的液压油从正面冲击导轮叶片，如图5-12(a)所示，对导轮施加逆时针旋转的力矩。但由于单向超越离合器在逆时针方向具有锁止作用，将导轮锁止在导轮固定套上固定不动，涡轮上的输出扭矩大于泵轮上的输入扭矩，这说明液力变矩器具有一定的增扭作用。这时，由泵轮冲向涡轮的液压油除了沿着涡轮叶片流动，还要随着涡轮一同转动，使得由涡轮下缘出口处冲向导轮的液压油的方向发生变化，不再与涡轮出口处叶片的方向相同，而是顺着涡轮转动的方向偏斜了一个角度，使冲向导轮的液流与导轮叶片之间的夹角变小，导轮上所受到的冲击力矩也减小，液力变矩器的增扭作用亦随之减小。

当汽车起步后，与驱动轮相连接的涡轮也开始转动，其转速随着汽车的加速不断增加。当涡轮转速增大到某一数值时，液压油对导轮的冲击方向与导轮叶片之间的夹角为零，此时涡轮上的输出扭矩等于泵轮上的输入扭矩。若涡轮转速继续增大，液压油将从反面冲击导轮，如图5-12(b)所示，对导轮产生一个顺时针方向的扭矩。

由于单向超越离合器在顺时针方向没有锁止作用，导轮在液压油的冲击作用下开始顺时针旋转。由于自由转动的导轮对液压油没有反作用力矩，液压油只受到泵轮和涡轮的反作用力矩的作用，液力变矩器不能起增扭作用，导轮开始空转的工作点称为耦合点。

综合式液力变矩器在涡轮转速由零至耦合点的变矩区内利用了液力变矩器在涡轮转速较低时所具有的增扭特性，在耦合点以后的耦合工作区利用了液力耦合器涡轮转速较高时所具有的高传动效率的特性。

因此，液力变矩器在汽车低速行驶时有较大的输出扭矩，在汽车起步、上坡或遇到较大行驶阻力时，能使驱动轮获得较大的驱动力矩，但扭矩只能增加24倍。当涡轮转速随车速的提高而增大到某一数值时，冲向导轮的液压油的方向与导轮叶片之间的夹角减小为零，这时导轮将不受液压油的冲击作用，液力变矩器失去增扭作用，其输出扭矩等于输入扭矩，即达到耦合点。

2. 锁止离合器的作用

锁止离合器可提高变矩器在高传动比工况下的效率。当汽车在起步或者坏路面行驶时，锁止离合器断开，变矩器起作用，以充分液力传动自动适应行驶阻力的剧烈变化。到了良好路面后，锁止离合器接合，使变矩器的输入输出轴变为刚性连接，转为直接的机械传动，这样一来便提高了行驶速度和燃油经济性。

锁止离合器的工作原理及锁止条件：压盘前端面粘有环状的摩擦材料，当锁止离合器处于锁止状态时，液压油作用在压盘的背面，通过摩擦材料和壳体端部的接触，建立了发动机和变速器的刚性连接。处于刚性连接时，为减少和吸收传动系统的振动和冲击，在压盘总成上设置了多个扭振弹簧和窗口，并敷设有阻尼材料。压盘和壳体在接合过程中，会产生很大的冲击力和振动，都会在扭振弹簧的变形下加以吸收，此时压盘总成上的主、被动盘之间将会产生较大转角的变化。

当锁止离合器解除锁止时，来自控制阀的液压油进入压盘的正面，推动压盘移动，解除摩擦材料和壳体的接触，同时该压力油从活塞外缘和壳体内缘的缝隙中进入叶轮的腔内，此时液力变矩器恢复液力耦合的状态。

如图 5-13 所示，液力变矩器配备的变矩器锁止离合器与扭力减振器连接成一体。变矩器锁止离合器闭合时，扭力减振器减少扭转振动，这大大扩展了变矩器锁止离合器闭合的范围，有以下三种基本工况：

(1)变矩器锁止离合器断开；

(2)变矩器锁止离合器调节操作；

(3)变矩器锁止离合器接合。

正常驾驶时，变矩器锁止离合器可以在每个挡位接合。

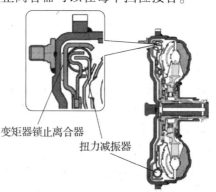

图 5-13　变矩器锁止离合器与扭力减振器连接成一体

变矩器锁止离合器操作范围示意图如图 5-14 所示。根据驾驶模式、发动机负荷以及车辆行驶速度，为控制目标，变矩器锁止离合器首先以低限度的打滑进行调解，随后完全闭合。

（1）在调节操作期间，与变矩器锁止离合器断开相比，燃油消耗减少；与变矩器锁止离合器接合相比，提高了舒适度。

（2）在 S 模式下，使用 Tiptronic 操作，变矩器锁止离合器会尽可能地接合。发动机和变速器之间的动力直接连接，提高了动力驾驶的感觉。

（3）在爬坡模式下，变矩器锁止离合器在 2 挡接合。

（4）当 ATF 温度高于 130 ℃ 时，变矩器锁止离合器不再调节，而是迅速接合，有助于 ATF 保持较低的热负荷，并且冷却下来。

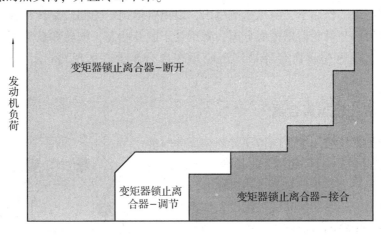

图 5-14 变矩器锁止离合器操作范围示意图

5.5 超越离合器

超越离合器是随着机电一体化产品的发展而出现的基础件，是用于原动机和工作机之间或机器内部主动轴与从动轴之间动力传递与分离功能的重要部件。

5.5.1 超越离合器工作原理

超越离合器是利用主动件和从动件的转速变化或回转方向变换而自动接合和断开的一种离合器。当主动件带动从动件一起转动时，称为接合状态；当主动件和从动件断开以各自的速度回转时，称为超越状态。

超越离合器是一种特殊的机械离合器，在机械传动中由主、从动部分相对运动速度变化或旋转方向的改变使其自动接合或断开。驱动元件只能从单一方向使从动件转动，如果驱动元件改变方向，从动件就自动脱离不传递动力，故又称单向离合器或单向轴承。一般按超运转速度选择，故统称为超越离合器。

超越离合器具有以下功能：

（1）在快速进给机械中实现快慢速转换、超越功能；

(2) 实现步进间隙运动和精确定位的分度功能；

(3) 与滚珠丝杠或其他部件配套使用，可防止逆转，实现自锁和逆止功能。

常用的超越离合器有棘轮超越离合器、滚柱超越离合器和楔块超越离合器三种。

5.5.2 棘轮超越离合器

棘轮超越离合器分为外啮合和内啮合棘轮超越离合器两类。常见的棘轮超越离合器为内啮合棘轮超越离合器，由棘轮、离合器支撑销、离合器销子、离合器弹簧、棘爪和拨轮组成。在弹簧的作用下，棘爪前端始终朝上，嵌在棘轮的齿槽中。当发动机起动时，在连接轴作用下棘轮开始顺时针旋转，并带动棘爪一起旋转。在离合器销子的作用下，棘爪带动拨轮旋转，此时棘轮超越离合器处于合闸状态；当发动机起动后，拨轮和棘爪达到一定的转速，在离心力的作用下，棘爪末端甩出，以离合器销子为圆心旋转，棘爪前端克服离合器弹簧的弹力后与棘轮齿槽槽底分离，棘爪处于脱开状态，棘轮和拨轮以各自的转速旋转，互不干涉。棘轮超越离合器被广泛应用在自行车上，实现对自行车主动轮的单向传动。

5.5.3 滚柱超越离合器

定向离合器只能按一个转向传递转矩，反向时能够自动分离。其中，应用较广泛的是滚柱定向离合器，也称滚柱超越离合器，如图 5-15 所示。它主要由行星轮、外圈、压紧弹簧和滚柱组成，弹簧的作用是将滚柱压向行星轮的楔形槽内，使滚柱与行星轮的外圈相接触。

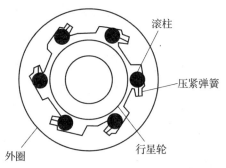

图 5-15　滚柱超越离合器简图

滚柱超越离合器中滚柱和外圈均可作为主动轮。当行星轮为主动件，顺时针方向旋转时，滚柱受摩擦力的作用被楔紧在槽内，因而带动外圈一起旋转，这时离合器处于接合状态。当行星轮逆时针旋转时，滚柱在摩擦力的作用下被推到槽中较宽的部分，不再楔紧在槽内，这时离合器处于断开状态。

如果行星轮顺时针旋转，外圈还能够从另一条运动链获得与行星轮旋转方向相同但是比行星轮大的速度，离合器仍旧处于断开状态。

5.5.4 楔块超越离合器

楔块超越离合器通常分为接触型楔块超越离合器、非接触型楔块超越离合器和双向楔块超越离合器。非接触型楔块超越离合器由外环、内环、楔块、固定挡圈、挡环、端盖、轴承和挡圈等组成。在低速运行时，楔块在弹簧作用下与内环保持接触，当超越转速达到某一极限时，偏心楔块的离心力矩克服弹簧和其他阻力矩，使楔块径向与内环工作面脱开，形成一个微小间隙，从而避免了摩擦与磨损，离合器实现非接触工作。使用时内环安装在高速轴，外环套装在内环的两个轴承上，并由螺钉与两个端盖紧固在一起；内环工作面与外环之间的滚道由楔块、固定挡圈、轴承和挡圈组成，复位扭簧分别在楔块两端圆柱上，扭簧的一端插入楔块断面的小口中，另一端靠在挡销上，固定挡环将内环和楔块装置连在一起，外环通过螺钉与法兰连接。

当主电机起动后，驱动主减速高速轴带动内环和楔块装置一起旋转产生离心力，对楔块支撑点形成一个转矩，其方向与扭簧施加给楔块的转矩相反，有使楔块与外环脱离接触的趋势；当楔块离心力产生的转矩不足以克服扭簧施加给楔块的转矩时，楔块与内环工作面相互接触，与外环产生相对滑动摩擦。随着转速的提高，楔块离心力增加，当内环转速达到或超过离合器的最小非接触转速时，楔块离心力产生的转矩增加到大于扭簧施加给楔块的转矩，迫使楔块偏转而与外环脱离接触，实现离合器无摩擦的非接触旋转，这时不再带动从动件旋转。

5.5.5 制动能量的回收

目前汽车使用的制动装置主要形式有机械式、气压式、液压式、气液混合式等，它们的工作原理基本相同，都是把汽车行驶的动能通过机械摩擦方式转化为热能而消耗掉，以达到汽车制动或减速的目的。这些制动装置工作时都存在如下缺点：

（1）制动或减速过程中不能将汽车的动能回收，动能被转换成热能而浪费了，汽车的能量利用率降低；

（2）当汽车长时间频繁制动，或因连续制动时间较长而产生大量热量时，制动器常出现热衰退现象，引起制动效能降低；

（3）由于存在机械磨损，制动器的制动衬片使用寿命缩短，汽车使用经济性降低。

制动能量回收，是指汽车减速或制动时，将其中一部分机械能（动能）转化为其他形式的能量进行回收，并加以再利用的技术。汽车上采用制动能量回收，有助于提高汽车能源利用率、减少燃料消耗，减轻制动器的热负荷，减少磨损，提高汽车行驶安全性和使用经济性。

1. 制动能量回收的工作原理

纯电动汽车的制动系统主要以电机制动为主，其主要结构包括传感器、制动控制器、电机等。当电机制动时，其输出转矩为负值，转速下降，在实现减速刹车的同时将部分动能转化为电能贮存在蓄电池中。单纯的电机制动并不能完全满足汽车行驶过程中的制动力需求，因此目前纯电动汽车的制动力由电机制动力和机械制动力两部分组成，并由制动控制器基于制动信号进行制动力分配。为了提高纯电动汽车的能量利用率和续驶里程，电机制动和机械制动相结合的制动系统应当在保证汽车安全性的同时，尽量增加电机制动的制动力占比，以提高纯电动汽车的经济性。电机制动系统结构如图5-16所示。

纯电动汽车的再生制动能量回收是指纯电动汽车在制动或者减速过程中，驱动电机此时应该处于发电机的工作状态，这样才可以将汽车行驶中的动能转化为电能存储到储能装置（车载电池）中，在电池中是将电能转化为化学能储存，并达到利用电机产生的反向力矩为车辆提供制动力矩使汽车减速制动的目的。

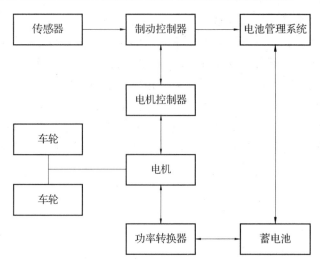

图 5-16　电机制动系统结构

2. 制动能量回收分析

混合动力汽车主要由发动机、驱动电机、变速箱、动力电池以及相关的控制器构成，驱动电机是提供驱动力和制动能量回收的关键部件，动力电池将直流电输出到高压配电箱，随后输出电压到电机的逆变器为驱动电机提供电能，驱动电机转动从而带动车辆前进。混合动力汽车采用电机制动和机械制动的复合制动方式，当车辆制动时，驱动电机产生制动电流，经过高压配电箱、调制电路以及 DC/DC 转换器将电能输入动力电池和蓄电池中存储起来，实现整车的制动能量的回收。混合动力汽车制动能量回收系统结构如图 5-17 所示。

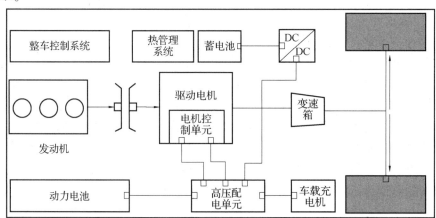

图 5-17　混合动力汽车制动能量回收系统结构

为了获取更好的制动力分配，需要设计制动力分配控制策略和制动能量管理策略，遵循欧洲经济委员会（ECE）制动法规，将驱动电机的制动力分配最优化，产生更多的制动能量。通过制动能量管理策略将制动能量的回收效率提升，可以通过动力电池的荷电状态、充电电流等信息将产生的制动能量输入动力电池，从而提升整车的续驶里程。ECE 制动法规中强调通过制动强度来按需分配制动力，将制动力分配划分成区间，实时获取制动强度信号。当制动强度小于 0.2 时，由永磁同步电机提供制动力，前轮进行制动的动作；当制动强度落在[0.3,0.4]区间段内时,设置制动力分配曲线,在模型算法过程中进行插值计算,同时增加反馈环节,调节制动力分配过程中的误差;当制动强度大于0.4或小于0.2时,需要识别车辆的行驶速度,采用机械制动和驱动电机制动的复合制动力分配方法。车辆处于制动状态过程中,驱动电机会产生瞬时大电流,被动地输入动力电池,会对动力电池产生极大的损害,由此,需要通过动力电池的SOC、充电电流和DC/DC转换器的协调运行来保证制动能量的高效回收。

思考题

1. 分析电控悬架的工作原理。
2. 分析电子转向的优缺点。
3. 分析汽车发动机与传动系的匹配节能。
4. 如何提高液力变矩器的传动效率?
5. 哪一种超越离合器节能效果最好?
6. 分析制动能量回收系统的工作原理和基本性能。

第 6 章 汽车整车节能技术

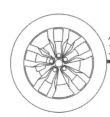

6.1 汽车的燃油经济性

石油是交通运输的主要能源，节约汽车用燃油是汽车制造业和汽车运输业的一个重要任务。汽车的燃油经济性是指汽车在一定的使用条件下，以最小的燃料消耗量完成单位运输工作的能力。它是汽车的主要使用性能之一，直接关系到汽车能否节能。本节主要讨论汽车燃油经济性的评价指标、汽车燃油经济性的计算方法以及燃油经济性的影响因素。

6.1.1 汽车燃油经济性的评价指标

汽车燃油经济性常用一定运行工况下汽车行驶百公里的燃油消耗量或一定燃油量能使汽车行驶的里程来衡量。

在中国、加拿大、澳大利亚等国家，燃油经济性指标的单位为 L/100 km，即汽车行驶 100 km 所消耗的燃油升数。其数值越大，汽车燃油经济性越差。美、英等国家采用 mpg(mile/gal)，指的是每加仑燃油能行驶的英里数；日本、韩国等国家采用 km/L，这个数值越大，汽车燃油经济性越好。

等速百公里燃油消耗量是常用的一种评价指标，它指汽车在一定载荷下，以最高挡在水平良好的路面上等速行驶 100 km 的燃油消耗量。常测出每隔 10 km/h 或 20 km/h 速度间隔的等速百公里燃油消耗量，然后在图上连成曲线，称为等速百公里燃油消耗量曲线，用它来评价汽车的燃油经济性，如图 6-1 所示。

但是，等速行驶工况并没有全面反映汽车的实际运行情况，特别是在市区行驶中频繁出现的加速、减速、怠速停车等行驶工况。因此，各国都制定了一些典型的循环行驶试验工况来模拟实际汽车运行状况，并以其百公里燃油消耗量来评价相应行驶工况的燃油经济性。

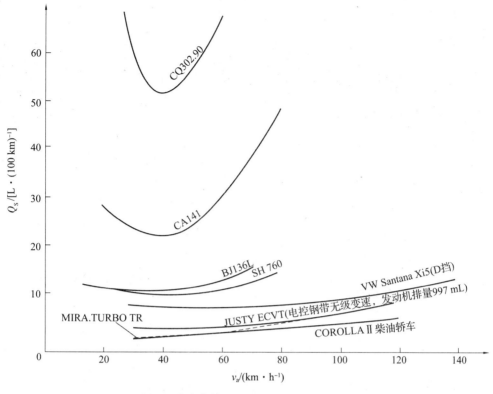

图 6-1　汽车等速百公里燃油消耗量曲线

各国测试汽车燃油经济性的行驶工况如图 6-2 所示。ECE 规定，测量车速为 90 km/h 和 120 km/h 的等速百公里燃油消耗量和按 ECE-R.15 循环工况的百公里燃油消耗量，并各取 1/3 相加作为混合百公里燃油消耗量来评定汽车燃油经济性。美国环境保护局（EPA）规定，要测量城市循环工况（UDDS）及公路循环工况（HWFET）的燃油经济性（单位为 mile/gal），并按下式计算综合燃油经济性：

$$综合燃油经济性 = \dfrac{1}{\dfrac{0.55}{城市循环工况燃油经济性} + \dfrac{0.45}{公路循环工况燃油经济性}}$$

我国也制定了货车与客车的路上行驶循环工况，还规定以等速百公里燃油消耗量和最高挡有气门全开加速行驶 500 m 的加速油耗作为单项评价指标，以循环工况燃油消耗量作为综合评价指标。

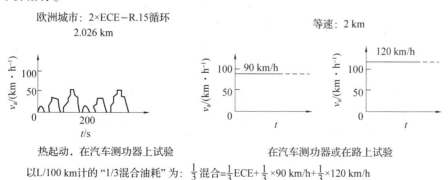

图 6-2　各国测试汽车燃油经济性的行驶工况

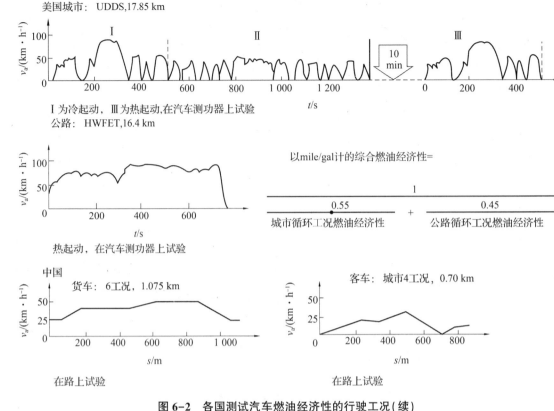

图 6-2 各国测试汽车燃油经济性的行驶工况(续)

6.1.2 汽车燃油经济性计算

1. 等速行驶工况燃油消耗量的计算

图 6-3 给出了某发动机的万有特性曲线。在万有特性图上有等燃油消耗率曲线。根据这些曲线,可以确定发动机在一定转速 n 发出一定功率时的燃油消耗率。为了便于计算,再以转速 n 和车速的转换关系为横坐标上画出汽车(最高挡)的行驶车速比例尺。此外,计算时还需要等速行驶的汽车阻力功率值 $P = \frac{1}{\eta_T}(P_f + P_w)$。式中,$P_f$ 为汽车滚动阻力功率,P_w 为汽车空气阻力功率,η_T 为发动机传动效率。

根据等速行驶车速 v_a 及阻力功率 P,在万有特性图上(利用插值法)可确定相应的燃油消耗率。从而计算出以该车速等速行驶时单位时间的燃油消耗量 Q_t (mL/s) 为

$$Q_t = \frac{P_e b_e}{367.1\gamma} \tag{6-1}$$

式中,P_e ——发动机功率(kW);

b_e ——燃油消耗率[g/(kW·h)];

γ ——燃油的相对密度,汽油可取为 6.96~7.15,柴油可取 7.94~8.13。

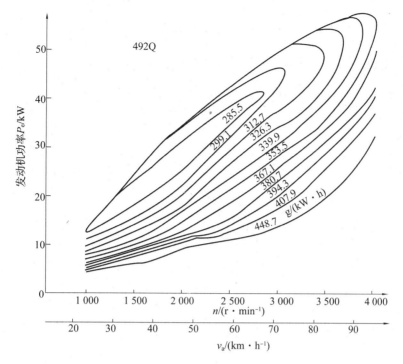

图 6-3 某发动机的万有特性曲线

整个等速过程行经 $s(\mathrm{m})$ 行程的燃油消耗量 $Q(\mathrm{mL})$ 为

$$Q = \frac{P_e b_e s}{102 v_a \gamma} \tag{6-2}$$

折算成等速百公里燃油消耗量 $Q_s(\mathrm{L}/100\ \mathrm{km})$ 为

$$Q_s = \frac{P_e b_e}{1.02 v_a \gamma} \tag{6-3}$$

2. 等加速行驶工况燃油消耗量的计算

在汽车加速行驶时，发动机还要提供为克服加速阻力所消耗的功率。若加速度单位为 $\mathrm{m/s^2}$，则发动机提供的功率 P_e (kW) 应为

$$P_e = \frac{1}{\eta_T}\left(\frac{Gf v_a}{3\ 600} + \frac{C_D A v_a^3}{76\ 140} + \frac{\delta m v_a \mathrm{d}v}{3\ 600 \mathrm{d}t}\right) \tag{6-4}$$

式中，G——汽车重力；
f——滚动阻力系数；
C_D——空气阻力系数；
A——迎风面积；
δ——旋转质量换算系数；
m——汽车质量。

下面计算由 v_{a1} 以等加速度加速行驶至 v_{a2} 的燃油消耗量，参见图 6-4。把加速过程分隔为若干个区间，如按速度每增加 1 km/h 为一个小区间，每个区间的燃油消耗量可根据其平均的单位时间燃油消耗量与行驶时间之积来求得。各区间起始或终了车速所对应时刻的单位时间燃油消耗量 Q_t (mL/s)，可根据相应的发动机发出的功率与燃油消耗率求得：

$$Q_t = \frac{P_e b_e}{367.1\gamma} \tag{6-5}$$

而汽车行驶速度每增加 1 km/h 所需时间 Δt (s) 为

$$\Delta t = \frac{1}{3.6\dfrac{dv}{dt}} \tag{6-6}$$

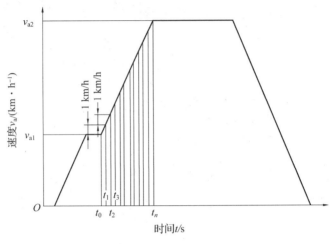

图 6-4 加速过程中的燃油消耗量

从行驶初速度 v_{a1} 加速至 $v_{a1}+1$ km/h 所需燃油量 Q_1 (mL) 为

$$Q_1 = \frac{1}{2}(Q_{t0} + Q_{t1})\Delta t \tag{6-7}$$

式中，Q_{t0}——车速为初速度 v_{a1} 时，即 t_0 时刻的单位时间燃油消耗量(mL/s)；

Q_{t1}——车速为 $v_{a1}+1$ km/h 时，即 t_1 时刻的单位时间燃油消耗量(mL/s)。

而车速由 $v_{a1}+1$ km/h 再增加 1 km/h 所需的燃油量 Q_2 (mL) 为

$$Q_2 = \frac{1}{2}(Q_{t1} + Q_{t2})\Delta t$$

式中，Q_{t2}——车速为 $v_{a1}+2$ km/h 时，即 t_2 时刻的单位燃油消耗量(mL/s)。

因此，每个区间的燃油消耗量为

$$Q_3 = \frac{1}{2}(Q_{t2} + Q_{t3})\Delta t$$

$$\cdots$$

$$Q_n = \frac{1}{2}(Q_{t,n-1} + Q_{tn})\Delta t$$

式中，Q_{t3}、Q_{t4}、…、Q_{tn}——t_3、t_4、…、t_n 各个时刻的单位燃油消耗量(mL/s)。

整个加速过程的燃油消耗量 Q_a (mL) 为：

$$Q_a = \sum_{i=1}^{n} Q_i = Q_1 + Q_2 + Q_3 + \cdots + Q_n \tag{6-8}$$

$$Q_a = \frac{1}{2}(Q_{t0} + Q_{tn})\Delta t + \sum_{i=1}^{n-1} Q_{ti}\Delta t \tag{6-9}$$

加速区段内汽车行驶的距离 s_a (m) 为：

$$s_a = \frac{v_{a2}^2 - v_{a1}^2}{25.92 \dfrac{dv}{dt}} \tag{6-10}$$

3. 等减速行驶工况燃油消耗量的计算

减速行驶时,加速踏板松开(关至最小位置)并进行轻微制动,发动机处于强制怠速状态,其耗油量即为正常怠速油耗。所以,减速燃油消耗量等于减速行驶时间与怠速油耗的乘积。减速时间 $t(s)$ 为

$$t = \frac{v_{a2} - v_{a3}}{3.6 \dfrac{dv}{dt_d}} \tag{6-11}$$

式中, v_{a2}、v_{a3} ——减速起始、终了的车速(km/h);

$\dfrac{dv}{dt_d}$ ——减速度(m/s^2)。

故减速过程燃油消耗量 Q_d (mL) 为

$$Q_d = \frac{v_{a2} - v_{a3}}{3.6 \dfrac{dv}{dt_d}} Q_i \tag{6-12}$$

式中, Q_i ——怠速燃油消耗率(mL/s)。

减速区段内汽车行驶的距离 s_d (m) 为

$$s_d = \frac{v_{a2}^2 - v_{a3}^2}{25.92 \dfrac{dv}{dt_d}} \tag{6-13}$$

4. 怠速停车时的燃油消耗量计算

若怠速停车时间为 t_s (s),则燃油消耗量 Q_{id} (mL) 为

$$Q_{id} = Q_i t_s \tag{6-14}$$

5. 整个循环工况的百公里燃油消耗量计算

对于由等速、等加速、等减速、怠速停车等行驶工况组成的循环,如 ECE-R.15 和我国货车六工况法,其整个试验循环的百公里燃油消耗量 Q_s (L/100 km) 为

$$Q_s = \frac{\sum Q}{s} \times 100 \tag{6-15}$$

式中, $\sum Q$ ——所有过程耗油量之和(mL);

s ——整个循环的行驶距离(m)。

6. 装有液力传动装置的汽车燃油经济性的计算

对于装有液力传动的汽车,其燃油经济性的计算与普通变速器的汽车有所不同。除要知道发动机的特性外,还要知道有关液力传动装置的特性,即泵轮的转矩曲线和无因次特性。发动机的节流特性常用 $T_{tq} = f(n, \alpha)$ 及 $Q_t = f(n_e, \alpha)$ 的形式表示。Q_t 指发动机输出一定功率时单位时间的燃油消耗量,称为小时燃油消耗量,单位为 L/h,α 指节气门开度。图 6-5 即表示发动机与液力变矩器的共同工作曲线和发动机单位时间的燃油消耗量曲线。

要计算百公里燃油消耗量时,可在发动机转矩曲线上,画上泵轮的转矩曲线 $T_p = f(n_p)$,T_p 为泵轮转矩,n_p 为泵轮转速;然后根据变矩器的无因次特性 $K = f(i)$,确定在不同传动比下的变矩比 K,再按下述关系

$$T_t = K T_p \text{ 和 } n_t = i n_p$$

绘制不同节气门开度 α 下的 $T_t = f(v_a)$ 与 $n_p = f(n_t)$ 曲线,如图6-6所示。式中,T_t 为涡轮转矩,n_t 为涡轮转速。

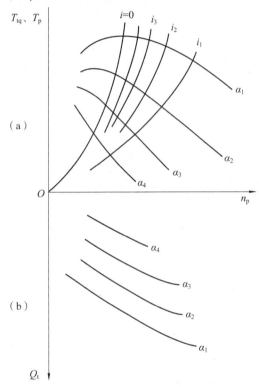

图6-5 发动机与液力变矩器的共同工作曲线和发动机的每小时燃油消耗量曲线

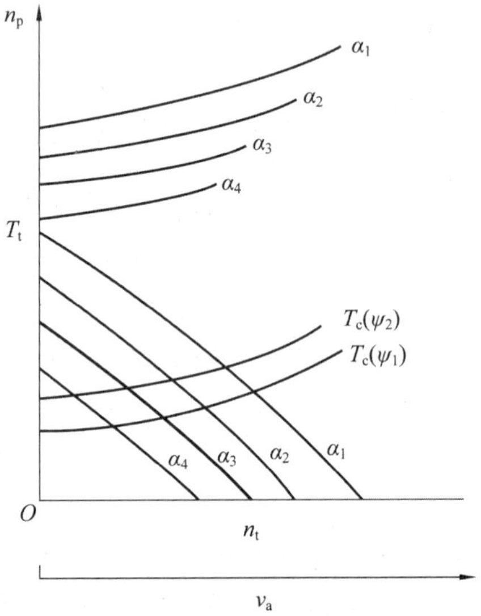

图6-6 装有液力变矩器汽车的转矩平衡与 $n_p = f(n)$ 曲线

式中,r_r——车轮单径;
i_0——主减速器传动比;
i_g——变速器传动比。

转速坐标按下列关系换算速度坐标:

$$v_a = 0.377 \frac{r_r n_t}{i_0 i_g} \tag{6-16}$$

为了确定汽车在不同道路上以不同速度行驶时发动机的节气门开度 α 与转速 $n(n = n_p)$,应利用转矩平衡,即在 $T_t = f(v_a)$ 的图上,按下列公式绘制汽车在不同道路阻力系数 ψ 下,等速行驶时克服行驶阻力所需的涡轮转矩 T_c 与行驶速度 v_a 的关系。在选取 η_T 时,应考虑到带动液力传动辅助装置(如齿轮油泵、变矩器散热片)的能量消耗以及离合器片在油中的传动损失。对于一般轿车,此项损失在发动机最大功率时约占6%。

$$T_c = \frac{(F_\psi F_\omega) r}{\eta_T i_0 i_g} \tag{6-17}$$

所得 T_c 与 T_t 的交点决定了汽车在一定道路阻力系数(如 ψ_1)下的汽车行驶速度与发动机节气门位置,并由所得速度在 $n_p = f(n_t)$ 曲线上确定 n_p(即 n)。于是,相应的单位时间的燃油消耗量 Q_t 即可由图 6-5(b)的 $Q_t = f(n,\alpha)$ 曲线上求出,而百公里燃油消耗量 Q_s(L/100 km)可按下式求得:

$$Q_s = \frac{Q_t}{v_a \gamma} \times 100 \tag{6-18}$$

这样,汽车的百公里燃油消耗量曲线 $Q_s - v_a$ 便可求出。

6.1.3　汽车燃油经济性影响因素

汽车运行过程的燃油消耗除取决于汽车固有的经济性水平外,还取决于汽车使用条件(道路条件、道路交通状况、气候条件)、使用水平(驾驶操作、车辆技术状况、车辆管理)。要定量分析在用汽车运行的燃油消耗较为复杂和困难,只能针对具体影响参数通过试验,研究分析其间的关系。从汽车燃油经济性数学表达式可知,影响汽车燃油经济性的定性关系是十分明确的。

汽车燃油经济性主要取决于发动机的燃油经济性,即发动机在各种工况时的有效燃油消耗率 g_e,以及与汽车结构有关的行驶阻力和效率,还取决于发动机与汽车底盘的匹配程度、发动机经济转速范围的宽窄。这些影响汽车燃油消耗的因素由汽车结构设计水平、制造水平,即汽车的技术水平奠定。汽车定型后,其燃油经济性水平便确立、固化了,在随后的使用过程中,汽车的燃油经济性不可能超越其固有的燃油经济性水平,同厂牌型号的具体车辆的运行油耗的高低,就取决于运行条件、驾驶操作水平,以及车辆的技术状况。

发动机有效燃油消耗率 g_e 直接表明了不同发动机燃油经济性的好坏,它取决于发动机的有效热效率 η_e。发动机有效热效率 η_e 表示燃油所含的热量转变为有效功的程度,它在数值上等于 1 kW·h 的有效功与所消耗燃油的热量之比。1 kW·h 的有效功需要消耗燃油的热量为 $g_e \cdot H_u \times 10^{-3}$。$H_u$ 为燃油的低热值。因为 1 kW·h = 3.6 × 10⁶ kJ,故有:

$$g_e = \frac{3.6 \times 10^6}{\eta_e \cdot H_u}$$

$$\eta_e = \eta_i \cdot \eta_m$$

$$g_e = \frac{3.6 \times 10^6}{\eta_i \cdot \eta_m \cdot H_u}$$

式中,η_e——发动机的有效热效率;
　　　η_i——发动机的指示热效率;
　　　η_m——发动机的机械效率;
　　　H_u——发动机所用燃油的低热值(kJ/kg),汽油为 43.95 kJ/kg,柴油为41.86 kJ/kg。

发动机的指示热效率是发动机实际循环指示功率与所消耗燃油的热量的比值。指示功是发动机气缸内工质的压力在一个循环中所做的功。发动机实际循环指示功不能完全对外输出成为有效功,被发动机的机械损失消耗了一部分。发动机的机械效率就是发动机的有效功与循环指示功之比,或发动机的有效热效率与发动机的指示热效率之比。

现代汽油发动机的有效热效率最大的约为35%,有效油耗率最低值约为230 g/(kW·h);

柴油发动机的有效热效率最大的约为45%，有效油耗率最低值约为180 g/(kW·h)。

上式表明，发动机的热效率和机械损失是影响发动机燃油经济性的主要因素。

热效率受发动机的压缩比、燃烧室形式、空燃比(实际供给发动机的空气量和燃油的质量比)和点火时间(点火正时、喷射正时)的影响。

发动机机械损失包括发动机内部运动零件的摩擦损失(活塞、活塞环与气缸壁间的摩擦损失及连杆、曲轴与轴承间的摩擦损失)、驱动配气机构的损失、驱动附属机械的损失、进行进排气过程的泵气损失。

发动机定型后，发动机压缩比、燃烧室形式、机械损失等因素对发动机燃油消耗量的影响程度即已固化。发动机燃油消耗量便随发动机转速与负荷、空燃比、点火时间等运转因素的影响而异。

空燃比变小，经济性会变好。但如果空燃比超过稀薄极限，就会无法点火，汽车的经济性、行驶性能将因此变差。稀薄极限随燃烧室形式、混合气状态等因素的不同而变化。

汽油发动机随负荷的增加，泵气损失逐渐减少，热效率、机械效率因而增高。因此，汽油发动机的负荷率越高，其指示热效率和有效热效率也越高。

柴油发动机随负荷增大，吸入的空气量变化不大，但喷入的燃油量却呈正比地增多，因而气缸内的混合气成分将越浓，指示热效率就将越低。汽油发动机和柴油发动机的机械效率都随负荷的增大逐渐增加。

1. 汽车结构

汽车总质量是影响汽车燃油经济性的重要结构参数。汽车总质量由整备质量和载质量构成。显然，在总质量相等的条件下，整备质量越小，汽车燃油经济性就越好。试验表明，整备质量减小20%，汽车燃油消耗量可降低8%。降低汽车的整备质量是降低汽车燃油消耗的重要途径。整备质量是评价汽车结构完善程度的指标之一，通常用整备质量利用系数作为量标来评价汽车整备质量利用的优劣：

$$整备质量利用系数 = \frac{汽车载质量}{汽车整备质量}$$

汽车整备质量利用系数，取决于每个部件、总成、汽车结构的完善程度和结构中轻质材料的使用率。它表征了该车型的设计、制造水平，同时也反映了该车型使用时的经济性。在运输过程中，每一份多余的整备质量，都将引起非生产性的燃料消耗，加速轮胎的磨损，以及发动机牵引特性的损耗等。显然，在汽车载质量和使用寿命相同的条件下，汽车整备质量利用系数越高，该车型的结构和制造水平就越高，燃料经济性就越好。汽车整备质量大幅下降，已是当前汽车技术进步的主要标志之一。降低整备质量的主要途径，除不断完善汽车结构和制造水平外，还要开发应用新材料，特别是应用强度高、质量小的材料，如应用高强度铝合金和复合塑料。国内一家公司生产的仓栅式半挂车采用铝合金材料制造围板、仓栅、大梁、轮辋等部件，其整备质量比钢制半挂车减小了3.5 t。汽车整备质量利用系数随载质量的增加而提高，轻型载货汽车整备质量利用系数一般在1.1左右，中型载货汽车一般在1.35左右，重型载货汽车一般在1.3~1.7之间。

近年国产载货汽车的整备质量利用系数非但未提高，反而在降低，表6-1为部分国产新、老型载货汽车整备质量利用系数。根据业内专家介绍，国产新型载货汽车整备质量利用系数之所以下降，主要是因为载货汽车按载质量收取养路费，汽车制造商为迎合客户需求"大吨小标"。为防止"大吨小标",有关主管部门2001年出台了国经贸产业〔2001〕808号文,规定总质量$M>12\,000$ kg的栏板式载货汽车的整备质量利用系数$N≥1$;$3\,500$ kg$<M$$≤12\,000$ kg的栏板式载货汽车的整备质量利用系数$N≥0.85$。载货汽车整车产品定型试验就以该文为评定依据。

表6-1 部分国产新、老型载货汽车的整备质量利用系数

车型	载质量/t	整备质量/t	整备质量利用系数	汽车整车产品定型试验报告编号
BJ130	2.00	1.88	1.06	
NJ131	3.00	2.65	1.13	
CA141	5.00	4.10	1.22	
EQ140	5.00	4.08	1.23	
JN150	8.00	6.80	1.18	
JN162	10.00	7.00	1.48	
SX161	13.50	9.95	1.36	
HFC5122XXYKR1T(4×2)厢式车	5.00	7.00	0.74	QJ07001JH8581
CA1L23P9K2L4AE(4×2)	6.04	5.98	1.01	QB07001A22021
ND1163A4J(4×2)	7.90	7.97	1.02	QA07001DM0121
EQ416IFZ1牵引汽车(4×2)	8.84	6.97	1.27	QC07001XA5931
CA1243P7K2L1IT4E(8×4)	12.20	11.90	1.02	QB07001A22101
HFC5242XXYK3R1LT(8×4)	10.20	13.80	0.74	QJ07001JH6581

汽车传动系统结构影响汽车燃油经济性的参数是:传动系统效率、挡数、传动比。传动系统效率越高,损失于传动系统的能量就越少,燃油经济性就越好。汽车传动比、挡数的选择,应与发动机工作特性合理匹配,挡数与传动比应能适应汽车运行工况的变化,保证发动机常以最经济工况工作。

轮胎结构是影响滚动阻力的关键因素。试验表明,载货汽车用子午线轮胎较斜交轮胎可节油4%~10%,节油效果随路面条件恶化而降低。

降低空气阻力是降低汽车高速行驶时的燃油消耗的最有效措施,其途径是改善汽车外形、降低空气阻力系数。例如,在汽车前面加装导流板或导流罩,一般会使空气阻力降低2%~3%。研究指出,空气阻力系数降低10%,汽车燃油经济性可提高2%左右,节油效果随汽车行驶速度而显著提高。

2. 汽车技术状况

汽车定型后,汽车结构对燃油经济性的影响即固化。在汽车使用过程中,不论其固有燃油经济性的高低,随着行驶里程的延续,汽车的技术状况不可避免地会因零部件的磨损、腐蚀、老化、变形而逐渐衰退、变差,进而恶化其固有燃油经济性,增加燃油消耗,如:活塞、活塞环、气缸配合副、曲轴轴颈与轴承等动配合副因磨损增大配合间隙;燃烧室积炭;气门密封不严;电子控制系统的传感器失灵;执行元件因变形、磨损导致动作不到位等,都会直接或间接地、不同程度地降低发动机有效热效率、传动系统效率,增加汽车燃油消耗。因此,对于在用汽车降低运行油耗的关键途径是维持汽车处于良好的技术状

况,保障汽车以固有燃油经济性水平运行。

6.2 车身造型

汽车车身节能技术,主要包括注重车身造型减小空气阻力和实现车身轻量化两个方面的节能技术。空气阻力所消耗的功率与车速的三次方成正比,就是说在车速低的时候,空气阻力功率消耗所占比例不大,在车速高的时候,空气阻力将是主要的阻力。车身质量约占汽车总质量的30%,所以汽车车身的轻量化对减轻汽车自重,提高整车燃油经济性至关重要。

6.2.1 车身造型的发展

随着汽车逐渐走入人们的生活,汽车在社会生活中已不单单是一种运输工具。个性鲜明的汽车造型是汽车给人的第一印象,就是汽车的灵魂。汽车造型技术是汽车的核心技术之一,也是塑造一个汽车自主品牌的关键因素。

自1886年德国工程师卡尔·本茨发明第一辆汽车以来,随着汽车技术的不断进步以及人们审美观和欣赏能力的不断提高,汽车造型由最初的厢型向多种多样的流线型演变。在汽车造型的发展史中,每个时期的汽车造型都有其产生的历史原因及自己的特点,都在汽车发展史上占有一席之地。

1. 最原始的汽车——马车型汽车

在汽车诞生之前,马是最好的陆上运输工具,可以说,汽车的发展是从马车的机动化开始的。汽车发展的初期,汽车制造者的主要精力集中在汽车机械工程学的研究上,因此,这一时期汽车的外形与马车并无显著区别,被称为"无马"的马车,图6-7为1886年德国奔驰1号汽车。然而,随着技术的进步和汽车性能的提高,这一时期的汽车外形也发生了一些变化。1889年,戴姆勒汽

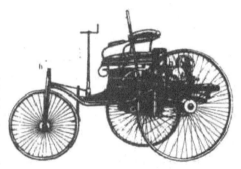

图6-7 德国奔驰1号汽车

车初次以钢轮代替木轮;1895年,开始使用充气轮胎;1900年,为克服迎面来风对驾乘人员的侵袭,德国人波尔舍制造了一种带球面挡风板的汽车;1905年,福特C型车开始采用挡风玻璃。马车型汽车的时代是汽车发展的初期阶段,技术尚未成熟,这时在车身造型方面还没有专门的设计人才,还没有引进空气动力学原理。

2. 厢型汽车

经历了马车型汽车后,为了适应风雨等恶劣的天气,汽车开始封闭起来。在这个时期,汽车从整体上看是四方形的,因此可以称为厢型汽车。这种汽车带有车篷和车门。1908年,福特汽车厂推出的T型汽车(见图6-8)是厢型汽车的开端,也是其典型代表。

1913年,美国福特汽车公司创建了流水作业线,从而使汽车从少数人拥有的奢侈品变为大众化的工业产品,于是汽车变得与社会生活息息相关起来。T型汽车结实、尺寸小、质量小、底盘高、易修理、价格便宜、经济实用,丝毫没有华而不实的装饰,完全是从民众立场来考虑的。在T型汽车的推动下,美国汽车不仅成为世界宠儿,而且为世界范围汽车文明的形成奠定了基础。20世纪20年代,美国的汽车消费者对运输方面的要求不仅从

经济实惠方面考虑，而且开始追求"时髦"，而仅有经济、实惠优势的千篇一律 T 型汽车，已逐渐满足不了人们的要求。另外，厢型汽车形状阻力所占比例太大，前窗玻璃、车顶，特别是车的后部产生妨碍汽车前进的空气涡流，汽车速度难以大幅度提高。由于不能满足对汽车越来越多样化和速度越来越高的要求，1926 年 T 型汽车遭受了致命的打击，严重滞销，不得不停止生产。人们对汽车的发展越来越关注，对其造型的要求也随之升级。

汽车生产者为了提高产品的竞争力，也纷纷开始在造型上大做文章，但当时的汽车造型学还未形成系统，生产者只是简单地在一些零件上进行了装饰性的改进，随之而来的是更能适合人们需要的更新造型的汽车。

3. 甲壳虫型汽车

厢型汽车后期，通过风洞试验，人们发现空气阻力除与迎风面积有关外，还与汽车尾部产生的空气涡流有关。1920 年，德国人保尔·亚莱通过试验发现，前圆后扁的物体阻力最小，从而找到解决形状阻力的途径。1934 年，美国密歇根大学教授雷依用汽车模型做风洞试验，测量出各种空气阻力，随后更多的研究被用于汽车设计上，流线型汽车随之产生。

1934 年，克莱斯勒大量生产的气流牌小轿车首先采用流线型；同年，欧洲的一流厂家，如奔驰、太脱拉等，也开始采用流线型汽车。流线型汽车中最具代表性、产量最大、影响最大的是 1937 年德国大众公司生产的甲壳虫型汽车，如图 6-9 所示。该车是典型的甲壳虫型汽车。

图 6-8　福特 T 型汽车

图 6-9　大众甲壳虫型汽车

甲壳虫型汽车发动机后置，发动机、变速器和差速器成为一体，省去了传动轴，使底板变得平坦，而车身蒙皮采用整体冲压，既轻便又坚固，工艺性好且容易维修。车身外形完全模仿甲壳虫的自然美，而且空气阻力小。像福特 T 型汽车一样，甲壳虫型汽车很快遍布世界。但这种甲壳虫型汽车与厢型汽车相比，乘员活动空间明显变得狭小，特别是后排乘员，头顶几乎没有空间，有一种压迫感。另外，甲壳虫型汽车遇到横向风具有不稳定性，受横向风作用后，车身前部易随风偏离原来的行驶路线。到 20 世纪 40 年代后半期，甲壳虫型汽车的全盛时期基本结束。

为了延续大众甲壳虫型汽车的辉煌，德国大众在 20 世纪 90 年代，重新设计了基于老款甲壳虫形态基础上的"新型甲壳虫"汽车。2019 年 7 月 9 日，最后一辆甲壳虫在大众位于墨西哥普埃布拉的工厂下线，随后正式停产。最后一辆下线的甲壳虫将在当地博物馆展出。到 2022 年为止，大众甲壳虫是大众汽车历史上销量第三高的车型。针对中国汽车销售市场，大众甲壳虫处于市场销售阶段，但其生产线早已是停止制造、消化吸收存量的环节。

4. 船型汽车

第二次世界大战结束后，福特公司于 1949 年发明了具有历史意义的新车型——福特

V8(见图 6-10)。该车采用了将整个车室置于前后两轮之间的设计方法,前方为发动机,后部为行李舱,这样非常接近于船的造型,所以称为船型汽车。战争中发展起来的人体工程学被应用于福特 V8 汽车上,强调以人为主体的设计思想,设计师从驾驶员及乘客的角度出发,使汽车便于操纵,乘坐舒适。船型汽车采用普通发动机前置,风压中心大体上与汽车重心一致,加大了后备厢,增加车身纵向面积,使风压中心后移,遇到横风也不会摇头摆尾,解决了甲壳虫型汽车遇横风不稳定的问题。20 世纪 50 年代,船型汽车采用了倾斜较大的前后窗,这既不影响舒适性,也不牺牲车内空间,同时减少了阻力。20 世纪 60 年代,船型汽车后边装饰有动感的尾翼,开始注重审美效果,但后来尾翼越来越大,并且没有实际意义,最终被时代所淘汰。1977 年,意大利车身设计师为玛莎拉蒂汽车公司设计的名为美迪奇的船型汽车,代表着意大利车身界中所倡导的朴实、简洁、细腻、流畅的实用风格,在国际上得到了很高的评价。船型汽车的代表作是空气动力学最佳化的奥迪 100 轿车。

从 1949 年开始,无论是美国,还是欧亚大陆,不仅是大型汽车,连中、小型汽车也采用了船型车身,直至今日,仍然是船型汽车兴盛时期。

5. 鱼型汽车

船型汽车尾部过分向后伸出,并形成阶梯状,高速时会产生很强的空气涡流,为了克服这一缺陷,设计师们把车后窗一直倾斜到车尾部,苗条的斜背式鱼型(简称鱼型)汽车出现了。最早问世的鱼型汽车是通用公司 1952 年制造的别克牌轿车。真正采用鱼型大批量生产的车型是 1964 年的克莱斯勒顺风牌轿车。自顺风牌以后,鱼型汽车遍布世界各国。最轰动的鱼型汽车是 1965 年福特公司的野马牌轿车,如图 6-11 所示。从船型进化来的鱼型,车身低,没有阶梯,前后翼子板与车身几乎成一体,鱼型的倾斜比较平缓,尾部较长,围绕车身的气流也比较平顺,不会产生涡流。鱼型车身比甲壳虫型车身低、长、美观,具有鲤鱼的造型,横截面积小,迎面阻力小。鱼型汽车的突出缺点是对横风具有不稳定性。在车速超过 100 km/h 时,产生较大的升力,车轮附着力减小,受到横风影响,车身摆动,转向不易控制。另外,车速超过 100 km/h 后,还存在一些细小的问题,汽车上很多部位容易产生气流噪声,如天线、后视镜、翼子板、散热器罩等,鱼型汽车由于其优越性和视觉上美感,很容易博得人心。在世界各地的汽车展览会上,成为人们议论焦点的大都是鱼型汽车。但是船型汽车仍是主流,鱼型汽车基本上限于两门车及运动车。

图 6-10 福特 V8 汽车

图 6-11 福特公司的野马牌轿车

6. 楔形汽车

重型汽车运行时容易产生很大的升力,行驶的稳定性和操纵性降低。为了解决升力问题,设计师们把车身整体向前下方倾斜,于是车身后部像刀切一样平直的楔形汽车出现了,如图 6-12 所示。最早采用楔形车身的实用型轿车是 1963 年在高速安全性的基础上设计出的司蒂倍克·阿本提轿车。该车出来后不久，司蒂倍克公司就倒闭了。由于当时这种造型超越了时代，不能被人们所理解，销路并不好，但它在汽车外形设计专家中却博得了极高的评价，至今其复制品仍在销售。而得到认可的则是，1979年意大利汽车设计大师乔治·雅罗为五十铃公司设计的以楔形车身为基础的黑桃皇后牌轿车。楔形汽车造型主要运用在赛车上，20世纪80年代的法拉利跑车是楔形造型的典范。对于高速汽车来说，楔形造型的简练、动感以及空气动力学的体现都比较符合现代人的主观要求，可以说是接近于最理想的造型。但楔形汽车也存在缺点，其车后方视野不好，存在实用上的问题。

7. 子弹头型汽车

汽车外形发展到楔形以后，升力问题基本上得到了圆满的解决，但人们追求至善至美的心态是永不满足的。人们从改变轿车的基本理念上做起了文章。于是，一种新型的多用途轿车——MPV(Multi Purpose Vehicle)问世，如图6-13所示。由于这种车的造型酷似子弹头，因此在我国，人们将其称为子弹头型汽车。而在外国，消费者将其称为蛋形造型。进入20世纪80年代以后，克莱斯勒汽车公司道奇分部和顺风分部率先推出了"商队"和"航海家"子弹头型汽车。随后，通用、福特、雷诺和戴姆勒-奔驰等汽车公司也先后推出了自己的子弹头型汽车。子弹头型汽车其车身造型一改轿车传统的二厢式和三厢式结构概念，在小型客车车型概念的基础上进一步延伸发展，使之成为既有轿车的造型风格、操纵性能和乘坐感觉等特性，又有小型客车的多乘客和大空间的优点，成为集商务、家用和旅游休闲等功能为一体的多用途车。这种造型线条流畅、色调混合、动感性强，具有鲜明的时代气息和时尚风格，并且前挡风玻璃倾斜度很大，外形圆滑，风阻系数很小，非常有利于车速的提高。子弹头型汽车一问世就备受消费者青睐，迅速风靡世界各国。

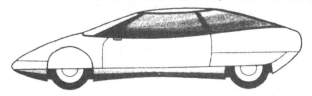

图6-12 楔形汽车

图6-13 MPV多用途轿车

6.2.2 汽车空气动力学

1. 汽车的空气动力与气动力矩

汽车在行驶时,车身外表面会受到空气阻力、升力和侧向力,这三种作用力合成得到作用于汽车上的合力,称为气动力。行驶时的汽车所受到的气动力系如图 6-14 所示。坐标系的原点位置是汽车的重心。当汽车行驶时,相当于在气流场中运动,作用在汽车上的空气力和力矩是相应六个自由度的六个分力,分别是:气动阻力 F_D(Drag Force,即空气阻力)、气动侧向力 F_S(Side Force)、气动升力 F_L(Lift Force)、侧倾力矩 RM、俯仰力矩 PM 和横摆力矩 YM。气动阻力、气动侧向力和气动升力分

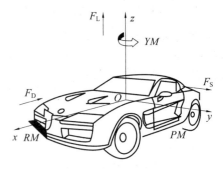

图 6-14 行驶时的汽车所受到的气动力系

别是沿着 x 轴、y 轴和 z 轴三个坐标方向的分力,其实际作用点分别是汽车正面、侧面和水平面的风压中心,即正投影、侧投影与水平投影的形心。一般情况下,这三个形心相互不重合,与车辆的重心也不重合。将这三种力转移到汽车重心位置时,则会产生围绕以汽车重心为原点的三个坐标轴的三个力矩。

作用在汽车上的气动力和气动力矩与汽车的性能密切相关,气动阻力直接影响汽车加速性和燃油消耗率等经济性以及动力性方面的指标。气动侧向力、升力和横摆力矩直接影响汽车的稳定性和直线行驶的能力,影响汽车的操纵性能,从而影响行驶安全性。

由伯努利定理可知,同一气流流线各点处的大气(环境)压力 p 和动压力 p_q 之和为常数,此常数可由汽车远前方处的气流状态求得。若各处的气流状态改变,即流速口改变,则该处的大气压力也必须改变,但动、静压力的总和保持常数。这个定理表明,空气在汽车周围实际流动过程中,会在汽车表面产生一种独特的压力分布。

如果将汽车置于一个三维空间坐标中,将坐标原点取于轮距中心和轴距中心在地面投影的交点,x 向前为正,y 向右为正,z 向上为正。显然存在如下力和力矩的作用。

如果将作用在汽车外表面的压力合成,就得到作用在汽车上的合力 F。这个合力是由于空气的相对运动而产生的,称为气动力。气动力作用在汽车上的作用点称为气动压力中心,简称气压中心,记作 O_D。气压中心 O_D 在汽车的对称面内,一般情况下与汽车的质心 O 是不重合的。

为了方便起见,常把这个唯一的合力 F 转换到气压中心 O_D 这一特殊点上。

气动力与空气速度的平方、迎风面积以及取决于车身形状的量纲为一的系数成正比,即

$$F = p_q A C = \frac{1}{2}\rho v^2 AC \tag{6-19}$$

式中,A——汽车迎风面积(正面投影面积);

C——阻力系数,量纲为一;

v——空气速度(汽车的行驶速度)。

将 F 分解便得到 F_D、F_S、F_L 各力。

作用在汽车上的沿 x、y、z 三个方向的气动力分别为

气动阻力:

$$F_D = \frac{1}{2}\rho v^2 C_D A \tag{6-20}$$

气动侧向力
$$F_S = \frac{1}{2}\rho v^2 C_S A \qquad (6-21)$$

气动升力
$$F_L = \frac{1}{2}\rho v^2 C_L A \qquad (6-22)$$

式中，C_D、C_S、C_L——气动阻力系数、气动侧向力系数和气动升力系数，都是量纲为1的量。

C_D、C_S、C_L 是汽车空气动力学中最重要的参数，它们主要取决于汽车外形及其表面状况，与汽车的迎风面积无关，是评价汽车空气动力学特性的主要指标。

若把沿坐标 x、y、z 三个方向的气动力 F_D、F_L、F_S 从气压中心平移到质心上，则形成了俯仰力矩（或称纵倾力矩）PM、横摆力矩 YM 和侧倾力矩 RM 三个气动力矩，它们分别为

$$PM = F_D Z_C - F_L X_C = (C_D Z_C - C_L X_C)\frac{1}{2}\rho v^2 A = \frac{1}{2} C_{PM} L_t A \rho v^2 \qquad (6-23)$$

式中，L_t——汽车的特征长度，一般指汽车轴距，这里 $L_t = (C_D Z_C - C_L X_C)/C_{PM}$；

X_C、Z_C——气压中心沿 x 轴与 y 轴方向到质心的距离；

C_{PM}——俯仰力矩系数，是量纲为1的量。

$$YM = C_{YM}\frac{\rho}{2}v^2 A L_t \qquad (6-24)$$

式中，C_{YM}——横摆力矩系数，是量纲为1的量。

$$RM = C_{RM}\frac{\rho}{2}v^2 A L_t \qquad (6-25)$$

式中，C_{RM}——侧倾力矩系数。

C_{PM}、C_{YM}、C_{RM} 的大小与汽车的外部形状和质心位置有关，也反映了汽车的空气动力特性，是常用的汽车空气动力特性的评价指标。作用在汽车上的气动力矩主要影响汽车的操纵稳定性。

1）作用在汽车上的气动阻力 F_D

作用在车身上的气动阻力由五个部分组成：形状阻力、干扰阻力、诱导阻力、摩擦阻力和内部阻力。

形状阻力是正面的气流和后部产生的涡流等所引起的汽车车身前后之间的压力差，所以有时称为压差压力，汽车车身各个表面的形状及其交接处的转折方式是影响形状阻力的主要因素。试验表明，对车身断面进行仔细设计，可以使该阻力减少一半。空气流应保持其连续性，靠车壁的空气层不应脱离车壁，否则将有涡流产生。

干扰阻力是由汽车表面凸起的零件引起气流干扰而产生的阻力。对干扰阻力影响较大的零件有不平滑的前照灯、车门把手、前牌照、前保险杠、风窗上部的帽檐、排水槽、后视镜、外凸的门铰链、天线等一些构件，以及凸出于车身以下的底盘部分，如车轴、各种拉杆、钢索等。

诱导阻力由升力引起，因为实际上升力并不与汽车的行驶方向垂直，而是向后倾斜，它的水平分力就是诱导阻力。在汽车行进的同时，升力又要使汽车抬升，需要消耗动力做功，这就是诱导阻力产生原因。诱导阻力系数也与升力系数有关，即

$$C_\mu = C_L^2(\pi/\lambda) \qquad (6-26)$$

式中，C_μ——诱导阻力系数。

λ 的计算公式为

$$\lambda = \frac{B_0}{L_0} \tag{6-27}$$

式中，B_0——汽车宽度；

L_0——汽车总长度。

减小诱导阻力的办法是使车身的升力系数减小，使 λ 值增大。λ 值增大时，车身越宽，侧向涡流的损失越小。

摩擦阻力是由于边界层内空气的黏滞性而形成空气与车身表面以及各层空气之间的摩擦力，它取决于车身表面的面积和光滑程度。

内部阻力是空气流过冷却系统和车身通风系统所引起的。若去除不必要的边角，同时在高速汽车中给予流过散热器的空气流以适当的导向，则可以减小内部阻力。

总的气动阻力为

$$F_D = \frac{1}{2} C_D \rho v^2 A \tag{6-28}$$

对于轿车，正面投影面积 $A(\text{m}^2)$ 为

$$A = 0.81BH$$

式中，B——汽车的总宽(m)；

H——汽车的总高(m)。

汽车的气动阻力 F_D 是与汽车运动方向相反的空气阻力，它取决于汽车的正面投影面积 A 和气动阻力系数 C_D。气动阻力 F_D 影响汽车的燃油消耗、加速性能和最高车速，因此它是汽车空气动力学研究中首先关心的重要问题。要减小气动阻力，往往主要集中在减小气动阻力系数上。

目前，世界轿车的平均气动阻力系数已降到 0.35~0.40，一些先进轿车的气动阻力系数已达 0.15~0.20，如欧宝 Calibra 轿车的 C_D 值已达到 0.26。

2）汽车的气动升力 F_L 和俯仰力矩 PM

汽车在行驶时，由于上部和下部空气流速以及压力的差别而产生升力。气动升力的作用方向垂直于运动方向。对汽车而言，在垂直于地面的方向上，升力背离地面为正，而压向地面则为负，它的大小可按式(6-22)计算。

气动升力为正时，将减小车轮上的载荷。汽车前轴载荷减小，将不利于操纵性；后轴载荷减小，将因减小驱动轮上的附着力而影响动力性。另外，由于升力作用在车身断面的气压中心上，此中心与汽车的质心一般不相重合，因此在升力作用下，相对于 y 轴将产生一俯仰力矩 PM，可按式(6-23)计算。

升力还可能引起诱导阻力，同时间接地影响汽车承受各种侧向力的能力。特别对于速度较高、质量较轻的汽车，升力将产生重大影响。从安全性方面考虑，气动升力的减小比影响汽车动力性能和经济性能的气动阻力的减小更为重要。

影响升力的因素很多，有发动机罩、车顶和后备厢的比例尺寸，前风窗玻璃和后窗的倾斜度，前底板的斜度等。

车顶与轴距的长度比由 0.93 增加到 1.17，会引起汽车的升力系数有相当大的减小。研究表明，前地板的斜度从 10°变为 0°，气动升力系数也会下降。

汽车前端和地面的相对位置影响着气流的垂直分布。前端位置较高,将会减小上表面上方的质量流量,同时能直接把气流导入车身底部与地面之间的空间中;前端位置较低,使得上表面上方的质量流量增大,由于车底和地面之间的气流受黏性的边界层干涉的影响而受到约束,迫使车底下的一部分气流有向两侧流动的趋势,因此将使尾涡强度和气动升力增大。

确定汽车前端的正确位置,这不是能够单独解决的,需要从风窗玻璃的倾角和曲率以及汽车的离地间隙等方面综合考虑。

另外,汽车的纵向轮廓对升力也会产生重大影响。升力系数 C_L,随不同的风作用角而不同。采用厢式轮廓时,压力差最小,C_L 值将在 0.15~0.55 范围内变化。

升力与汽车行驶速度密切相关。一般小客车的升力可达 1 kN,即为总重的 8%~10%;跑车或赛车为 1.3 kN 左右,即为总重的 15%~20%。

一名优秀的造型设计师,其工作就是选定减小气动升力的汽车外形轮廓。理想的情况应使升力等于零。

中线和迎角可以用来大致判断车身形状与升力的关系。为此,将汽车的各个横截面形心的连线称为中线,中线的最前端和最后端分别称为前缘和后缘,前缘和后缘的连线称为弦,弦与汽车行驶方向的夹角称为迎角。弦前高后低,则迎角为正值;弦前低后高,迎角为负值。

在迎角为正值的情况下,迎角越大则升力越大。为了减小升力,就应使迎角为负值。在具体设计时,可使汽车前部低矮,并使尾部肥厚向上翘,便可获得较大的负迎角,这是目前小客车广泛流行的造型手法。采用后置发动机或中置发动机的总布置方案也可使汽车前部变得十分低矮,这是跑车和赛车目前最流行的布置形式。

为了改善汽车的升力状况,使中线变得平坦(减小拱度)也是其措施之一。这要求在结构设计时,使前风窗玻璃与水平面夹角减小;在设计轿车时,应使轿车上半部高度减小。另外,使汽车底部更平滑,减小底部外凸的零部件,也能减小升力。这是因为空气在平滑底部流速较大。

近年来,在轿车上(特别是速度较高的跑车和赛车上)采用附加的翼片来减小升力的措施逐渐增多。前部附加翼片(扰流板)通常位于保险杠下并向前方倾斜伸出,而后部附加翼片通常位于尾部顶端。附加翼片可以延缓汽车上半部的气流速度,并使气流倾斜向上流动;前部扰流板还可使汽车底部的气流加速,因而能减小汽车的升力。在设计附加翼片时,可拟定若干个方案,在风洞中进行比较试验。对附加翼片的尺寸、形状、角度和位置处理得当,不但不会增加汽车阻力,而且有助于进一步减小汽车的阻力。

3)汽车的气动侧向力 F_S、横摆力矩 YM 和侧倾力矩 RM

若汽车不是在正面风向下行驶,而是在与汽车纵轴线呈一定角度下的风向行驶,则有气动侧向力 F_S 产生。由于此力作用在气压中心处,不与汽车的质心相重合,相对于 z 轴,F_S 将产生横摆力矩(转向力矩)YM,同时相对于 x 轴将产生侧倾力矩 RM。

侧向力和横摆力矩都影响汽车的行驶稳定性。在非对称气流中,横摆力矩有使汽车绕垂直轴 z 轴转动的趋势。若所产生的横摆力矩 YM 有减小横摆角的作用,则汽车有稳定的起动性能。上述结果可表示为

$$\frac{dYM}{d\beta} > 0 (稳定)$$

$$\frac{\mathrm{d}YM}{\mathrm{d}\beta} < 0 (不稳定)$$

汽车承受侧向风时所产生的侧倾力矩 RM 会引起车身的侧向倾斜，直接影响汽车的侧倾角，因而也影响对汽车左右车轮的质量分配。

横摆力矩主要受汽车的外形尺寸、形状及汽车尾翼的影响。图 6-15 为不同外形汽车横摆角对气动侧向力系数的影响；图 6-16 为不同外形汽车的横摆力矩特性；图 6-17 为不同尾翼对气动侧向力系数的影响。

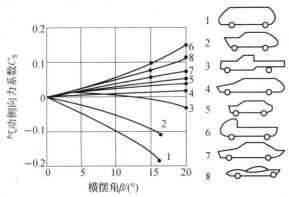

图 6-15 不同外形汽车横摆角对气动侧向力系数的影响

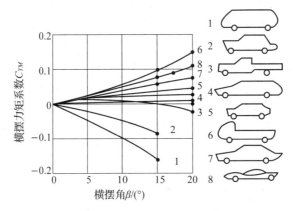

图 6-16 不同外形汽车的横摆力矩特性

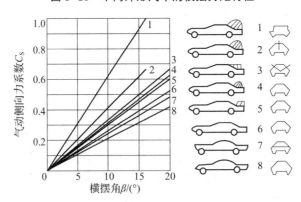

图 6-17 不同尾翼对气动侧向力系数的影响

2. 汽车各部位形态与气动特性的关系

1)实际空气在物体周围流动的物理特性

实际空气是有黏滞性的。当气体相对于物体表面运动时会产生内摩擦作用,相对于物体表面的运动速度也随物体表面距离的远近而变化。因此,围绕着运动物体的一个相对薄的空气层内,气流速度呈速度梯度变化,称该气流层为边界层,如图6-18所示。气流在速度较小时,边界层内的气流以不同的速度进行着错动,称为"层流";当边界层内各层间速度梯度较大时,整个边界层充满了"涡流",称为"湍流"。图6-19为汽车表面的边界层,仅在汽车前部有一个很小的层流区,其余的汽车表面几乎全都被湍流边界层所覆盖,且在汽车表面凹凸不一致的地方,气流速度也不同。在表面凸起的地方,边界层内的气流速度升高,而气压下降;在表面凹下的部位,边界层内的气流速度下降而气压升高。若边界层内气流速度变慢,有可能使气体"堆积",在某一位置处运动的气体粒子失去动量而流速为零,甚至产生负值面使气体倒流,产生的涡旋将导致气动阻力增加。因此,研究汽车外表面的形态,可以为汽车造型设计提供理论依据。

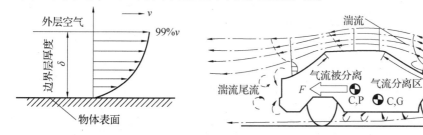

图6-18 边界层的速度梯度　　图6-19 汽车表面的边界层

2)汽车前端形状对气动力特性的影响

在紧凑型轿车空气动力特性的研究中,其前端一直是研究的重点目标。车头形状与阻力密切相关。汽车前端气流通常自发动机罩沿向上倾斜的表面移动,此时空气粒子的速度增加。由于车身外形在发动机罩和风窗玻璃处出现转折,使气流受阻,流速急剧下降,并在某一位置处出现气流分离现象,形成一个气流分离线;而后气流压力逐渐升高,气流在风窗玻璃上某一位置重新附着而形成气流再附着线。此时一部分空气在风窗玻璃底部从两边向汽车侧面流去,形成次生侧向气流。图6-20为空气流在汽车前端的流动情况。

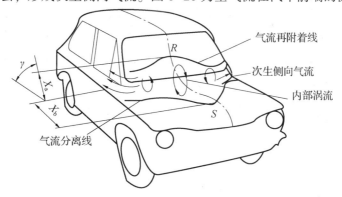

图6-20 空气流在汽车前端的流动情况

影响汽车前端空气流动情况的有汽车保险杠、发动机罩和风窗玻璃等部件以及车头的前端造型。保险杠的截面形状由矩形改为三角形,可使气动阻力与升力降低,如图6-21

所示。另外，使保险杠位置适当前移，消除保险杠与车身本体之间的间隙，也可以降低气动阻力。影响发动机罩与风窗玻璃转角处空气流动情况的主要有发动机罩与风窗玻璃间的夹角、发动机罩与风窗玻璃的三维曲率和结构。以 M.G.100 小客车试验结果为例，气流在发动机罩上的分离点位置与在风窗玻璃上的再附着点的位置与 x/c 和 x/d 有关，如图 6-22 所示。增大风窗玻璃的斜度、减小发动机罩与风窗玻璃的夹角 γ，可以使分离线与再附着线靠近减小分离区，以降低气动阻力；但 γ 降到 30° 以下时再降低此角，对降低气动阻力系数和升力系数的效果是很小的，反而会牺牲车室内的空间。

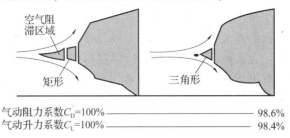

图 6-21　保险杠截面形状 C_D 与 C_L 的关系

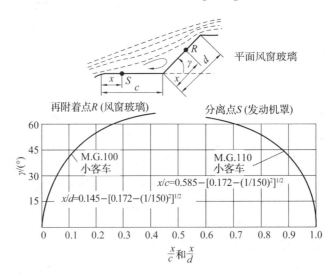

图 6-22　气流在发动机罩上的分离点位置与在风窗玻璃上的再附着点的位置

风窗玻璃的曲率变化会影响流向两侧气流的分离线和再附着线的形状。二维圆柱曲面有利于气流向两侧流动，使再附着线向玻璃下沿方向降低。发动机罩在水平方向的曲率越大，分离点 S 越往前移动。为使气流从前方顺畅地从发动机罩通过，应诱导气流向上流动，防止气流转向两侧与侧面的气流互相干扰而使气动力特性变坏。气流运动还会受到玻璃上下沿的压条、凸边及刮水器等的影响。

汽车前端的形状与结构对气动力特性的影响甚大，最佳的车头形状应不使气流产生剥离。理论上汽车的前端应为流线型最好，好的前端造型可使其气动阻力系数变为负值，为 -0.015。图 6-23 为不同汽车前端方案中 C_D 值的降低效果。

现代轿车顶盖外形大都是较平滑的。为使气流平顺地流过车顶，使其外形表面不易产生涡流，常将顶盖设计成上鼓的外形，使气流平顺地流过车顶，并使气动阻力系数下降，但有可能使汽车的正投影面积增加。因此，在满足驾驶室居住性要求的同时，应选择合适

的顶盖上挠系数 a_r/I_r 的值，如图 6-24 所示。

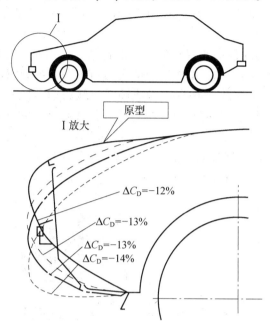

图 6-23　不同汽车前端方案中 C_D 值的降低效果

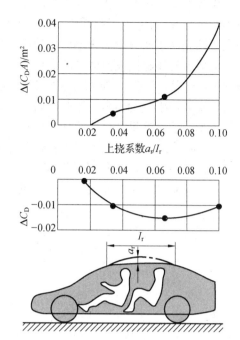

图 6-24　汽车顶盖上挠系数对气动阻力的影响

此外，为避免由前端经顶盖流向尾部的气流与由地板下部上卷的气流在车身尾部混合而形成尾涡，可将顶盖的末端做成"鸭尾"形状，同时，由于鸭尾上翘对气流的阻挠而产生高压区，因此可降低气动阻力与升力，如图 6-25 所示。

3) 汽车侧面外形对气动力特性的影响

一般情况下，汽车顶盖上的气流速度高于底部气流的流速，但压力较低。因此，底部高压区的空气会从底部流出经过两个侧面向上运动。这个气流的流动与迎面来的流动气流相互作用，产生旋转的气流运动，即涡流。一部分涡流贴附着

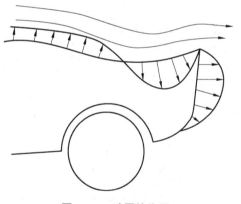

图 6-25　鸭尾的作用

涡流，另一部分则随气流向后延展、呈螺旋状地拖在汽车后面形成尾涡，如图 6-26 所示。同时，前风窗玻璃前的气流分离区里存在涡流，涡流扩展到前风窗玻璃两侧边缘，又沿车身两侧一直延伸到汽车后部，汽车后部的气流分离区也可能产生涡流，并延伸到尾流中。这两对涡流在车后合成为一对而使汽车阻力增加。

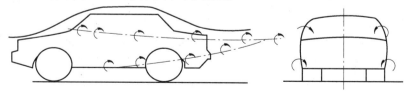

图 6-26　轿车侧面的涡流和后面的尾涡

一般来说，对于流线型差的轿车，上面一对涡流比下面一对要强些。

设计时可以使车身侧面在俯视图中适当地向外鼓一些，即适当选择鼓起的弦长 a_h 与总轴距 L 之比 a_h/L 值。侧面弧度外形在一定范围内会使气动阻力降低，如图 6-27 所示，但也要防止因正面投影面积增大而使阻力增大。

前风窗玻璃与侧风窗玻璃的交接处是前方来流向车身两侧流动的拐角。在该处安装有玻璃的前立柱(A柱)。如果将 A 柱设计成直角形，在 A 柱处会产生气流分离，导致气动阻力增加并产生气动噪声。因此，将轿车的 A 柱及 A 柱周围做成圆滑过渡并向内倾斜收缩的外形，使气流沿其表面流动，以控制涡流产生，降低气动阻力。五种 A 柱外形的分析如图 6-28 所示，每一种 A 柱都带有雨水槽，位置同第①种 A 柱的标记位置一样，只是设计不同。其中第⑤种 A 柱设计得较好，它的雨水槽长而光滑。它带有一个长而光滑的雨水槽，其侧窗几乎与车身外板齐平，使流过 A 柱的气流几乎不受扰动，它的 C_D 值最小。

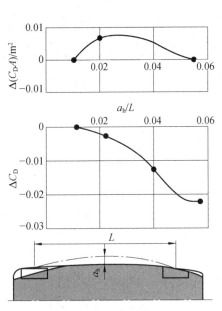

图 6-27　侧面弧度外形对气动阻力的影响

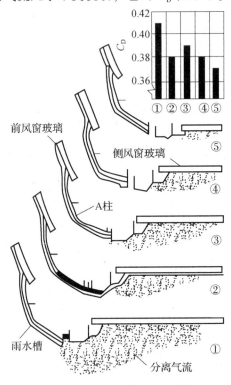

图 6-28　五种 A 柱外形的分析

4) 汽车底部外形对气动力特性的影响

汽车行驶时，由于汽车底部和地面之间气流的黏滞和干扰，在汽车底面将产生边界层。随着气流向后部移动，边界层厚度将逐渐增加。进入汽车底部的气流首先与汽车运动方向相反而向后运动，然后由于气流的黏滞性，当汽车驶过后又向前运动，在这个运动方向的转折处形成一个漩涡区。在离地间隙不大时，边界层有可能延伸到地面。汽车前端到边界层接触地面的这段距离称为混合距，如图 6-29 中的 d_m。在混合点的后边，整个车底到地面之间的空气都有随汽车一起向前运动的趋势，这相当于阻塞了汽车底部前端向后端的流动，显然形成了气动阻力。随着汽车一起向前运动的底部空气与地面产生了相对运动，进而在地面上产生了次生边界层。

汽车底面通常高低不平，使得底部的气流变得复杂，形成了强湍流区和复杂的涡流。影响汽车底部和地面之间气流状态的因素：汽车离地间隙，汽车外形尺寸及车身造型，汽车底部的平滑程度与结构以及地板的纵向和横向曲率。

减少汽车底部气动阻力原则上有两点：一是尽量设法减少流入底部的空气量；二是尽量使底部的空气流动顺畅。

为了减少流入底部的空气流量，在轿车保险杠下部安装向前倾斜的阻风板以便挡住一部分气流，使之不进入汽车底部。一个较好的阻风板可以减少气动阻力系数约 6%，还可适当降低气动升力。阻风板的尺寸、安装位置、前倾斜角度由风洞试验来确定。

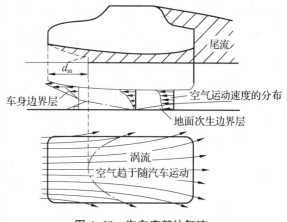

图 6-29 汽车底部的气流

使汽车底部的气流流动顺畅，可通过地板的合理造型实现，如将车底在纵向或横向做成带有曲率的形状。纵向曲率使底部平均流速增加，平均压力降低而使升力减小，同时使底部气流动量损失减小，使阻力系数降低。横向曲率有利于气流向两侧边缘流动，压力从中部向地板两侧逐渐降低而使气流的总阻塞程度减小，从而减小了空气阻力；但曲率也不能太大，以免引起横向气流与车身侧面气流相互干扰而产生额外的涡旋。

另外，选择合适的汽车离地间隙并使地板做得较光滑也能降低空气阻力。但如果离地间隙过小，汽车底部与地面之间的气流可能受阻，使前方来流转向流至车身上表面，这就增大了汽车上表面的气流流速，使压力降低，导致汽车的阻力与升力增大。反之，离地间隙适当增加，减少了对底部气流的阻塞，则可减小气动阻力。

5）汽车车身后背形态对气动力特性的影响

车身后部上表面向下倾斜使气流减速增压，导致气流分离形成压力较低的尾流。尾流中的静压力对汽车有一个向后的"吸力"，从而产生压差阻力（形状阻力）。后背倾角 φ 不大于 10°，一般情况下气流不会分离；当后背倾角接近 20° 时，其阻力急剧增加；后背倾角达 30° 时的阻力值最大，大于 30° 时阻力值又急剧下降，故可将 30° 称为临界角；φ 接近 40° 时，阻力系数变为常数。因此，常按后背倾角 φ 的大小与阻力的关系将轿车分为三类：

（1）直背式车身，后背倾角 $\varphi<20°$；

（2）舱背式车身，后背倾角 $\varphi=20°\sim 50°$；

（3）方背式车身，后背倾角 $\varphi>50°$。

汽车后备倾角的大小不仅影响空气阻力，也会影响升力。对于直背式与方背式车身，由于 φ 增大时汽车后背上的涡流也随之增强，因此其后背上的静压力随之减小，空气升力则相应增加。

6）汽车基本尺寸与气动力特性的关系

气动阻力不仅与车身外形有关，还受汽车的基本尺寸长、宽、高及它们之间的最佳比例的影响。

（1）车长与气动阻力的关系。

车身越长，阻力越小。这是因为长度增加使气流在物体表面的流动相对稳定，减小了涡流的产生。但长度也不应过长，否则会增加摩擦阻力，结果反而会使气动阻力增加。欲开发一种低阻力的汽车，其车长最好从图 6-30 中 L 线的右侧取值。例如，如果设计一种阻力系数为 0.20 的汽车，其长度必须大于 4 300 mm，当然还要配合采用减少阻力的现代措施。

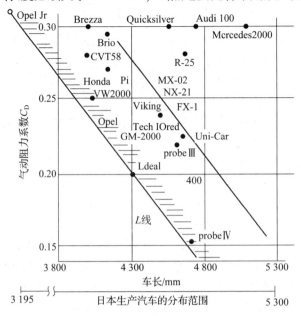

图 6-30 车长与气动阻力的关系

（2）车宽与气动阻力的关系。

车越宽，阻力越小。要开发一种低阻力的汽车，其宽度可参考图 6-31 中 W 线右侧范围内的数值。例如，欲设计一种气动阻力系数为 0.20 的低阻力汽车，除采用降低阻力的有关措施外，其宽度至少为 1 750 mm。

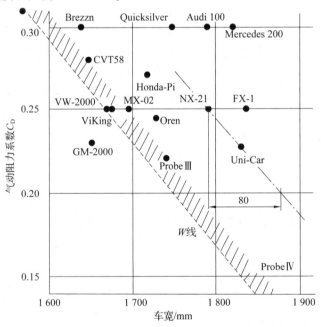

图 6-31 车宽与气动阻力的关系

（3）车高与气动阻力的关系。

车越高，气动阻力越大。要设计一种低气动阻力的汽车，其高度可参考图 6-32 在 H

线左侧范围内选取。例如，设计一种高度不大于 1 340 mm 的汽车，再采取一些最佳化设计法，使气动阻力系数降低至 0.20 是能够实现的。

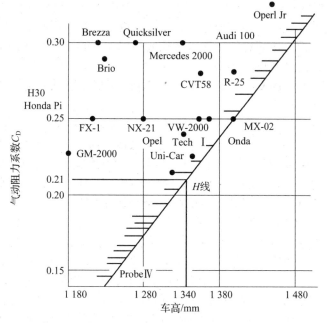

图 6-32　车高与气动阻力的关系

在前面的叙述中，分析了不同基本尺寸与气动阻力的关系，但并不能为设计低气动阻力汽车提供最满意的基本尺寸。若将上述三段描述内容汇集成一个总图，如图 6-33 所示，就可以从图中描述的 R 区域内找出一套有效的基本尺寸的汽车。其气动阻力系数可达 0.203。其基本尺寸为：4 530 mm（长）×740 mm（宽）×1 326 mm（高）。当然，汽车最后的基本尺寸（长×宽×高）应通过模型的风洞试验来决定。

7) 改善轿车气动性的措施

(1) 关注车身头部的造型。设计汽车头部造型时，对于轿车应使头部尽量低矮，且在俯视图中呈半圆形。

(2) 注意车身表面各部件交接的过渡。例如，头部与前风窗玻璃下缘的交接处、前风窗玻璃顶部与顶盖的交接处等过渡应圆滑，防止气流分离而产生涡旋，以达到降低空气阻力系数的目的。

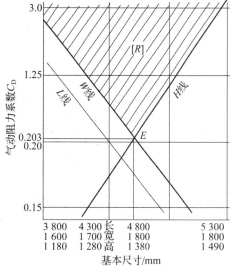

图 6-33　汽车的长、宽、高与气动阻力的关系

(3) 精心设计前风窗玻璃 A 柱及流水槽等。前风窗玻璃与侧面交接处的 A 柱，因其正好位于前方来流向两侧流动的拐角处，产生气流分离，使阻力增加，故要精心设计。

(4) 注意前风窗玻璃与水平面的夹角最好为 40°±2°。试验证明，继续减小这个角度不能得到更好的效果。

(5) 注意车长的纵向形状。汽车的中部应呈腰鼓形，且向后逐渐收缩的形状为最好。

在汽车的侧面玻璃设计时，应使其尽量接近汽车的外表面，同时装在车外的附件，如门把手、车灯等应隐入车身内。

（6）注意沿汽车纵向的最大横截面的设计。对于小客车，沿汽车纵向的最大横截面不宜过分前移，以免造成气流过早地分离。为了减小汽车车身前后间的压力差，采用一个逐渐缩小的非常长的尾部是较理想的，但这样长的尾部不可能与汽车使用情况相适应。由试验数据可知，应采用陡然割尾的形状。

（7）注意汽车底部的形状设计。汽车底部最好采用整体平顺的地板，并应尽量避免零部件的凸起。

（8）选取合适的进风口与出风口。为了减小汽车发动机冷却和车身内部通风所引起的空气阻力，应将空气引向散热器及通风系统的进风口，使其位于车身正压力较大（前脸和前风窗玻璃下部），出风口最有利的位置则是负压力较大的地方（发动机罩前端、车顶和侧面后部）。汽车的前脸与前风窗玻璃下部受到较大的正压力，而负压力则是由于气流急剧的转折而形成的真空度，因此其高峰出现在车身各个拐角处。

（9）安装各种扰流板。在轿车车头下部安装扰流板，或在车身后部设置扰流板。在前部设置扰流板，目的在于减少流入底部的空气量，以免在车底不平整处产生过大的涡流强度与阻塞气流，达到减小阻力系数与升力系数的目的；在车身后部设置扰流板，目的在于推迟涡流的产生，减弱涡流的强度，并形成局部正压力，以降低气动阻力系数和升力系数。图 6-34 为前扰流板对气动阻力系数 C_D 和前轴升力系数 C_{LF} 的影响。图 6-35 为后扰流板尺寸对 C_D 和后轴升力系数 C_{LR} 的影响。图 6-36 为后扰流板设计对 C_D 和 C_{LR} 的影响，在轿车后车体上是否应安装扰流板，要视后车体的形状及在其上气流的流动状况而定。

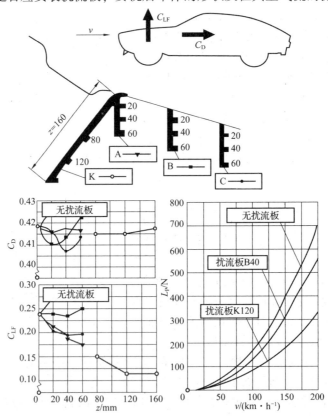

图 6-34 前扰流板对气动阻力系数 C_D 和前轴升力系数 C_{LF} 的影响

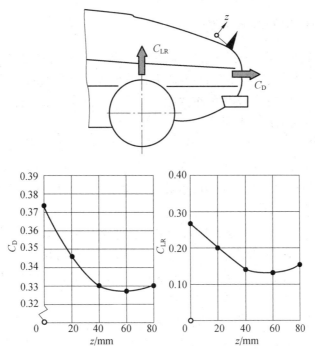

图 6-35 后扰流板尺寸对气动阻力系数 C_D 和后轴升力系数 C_{LR} 的影响

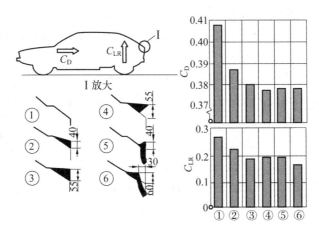

图 6-36 后扰流板设计对气动阻力系数 C_D 和后轴升力系数 C_{LR} 的影响

对于扰流板的尺寸，如高度和安装角度，还要通过风洞试验来决定。

（10）注意轿车地板形状。将轿车地板做成既有纵向翘曲，又有横向翘曲的形状，使底部气流顺畅地流出，减轻气流阻塞，降低阻力。

（11）注意车身的后部形状。如前所述，车身的后部形状对尾部气流有显著影响。快背式（直背式，$\varphi < 20°$）车身的气动阻力小于方背式（$\varphi > 50°$）。快背式后窗处在平顺的气流中，在气流冲刷下不易附着脏物，其尾流区也较小，因而气动阻力比方背式要小。Audi100-Ⅱ型（$C_D = 0.45$）和 Audi100-Ⅲ型（$C_D = 0.30$）两种车身形状的差别概括为：Ⅱ型经过更加圆形化后就发展成Ⅲ型。用空气动力学的术语来说，就是车身从一种产生较多的气流剥离与涡流的形状，发展成产生较少的气流剥离与涡流的形状。

6.2.3　车身造型的发展趋势

未来，汽车仍然是人类的主要交通工具之一。随着人类文明和科学技术的不断进步，人们对汽车的要求也越来越高。利用空气动力技术设计出更合理的汽车造型，是达到减小阻力、降低油耗、提高燃料经济性的重要途径。目前，世界上较为普遍的改善汽车造型的空气动力性能方法主要有以下几种。

(1) 车身造型进一步强调空气动力化。通常的做法是将车身设计成楔形或斜背式，车头的前部造型应尽量降低，其俯视图最好呈半圆形，前挡风窗玻璃与发动机引擎罩与侧面的过渡部分衔接要圆滑、平顺，前挡风窗玻璃与水平面的夹角最好控制在 25°～33°之间，而后挡风窗的角度恰好应在这个区间之外。

(2) 发动机的布置形式。考虑到横风稳定性，即重心位置仍需采用前置前驱动。如果发动机本身能够缩小体积可考虑采用中置或后置形式，采用后轮驱动。

(3) 设置前、后扰流板等气动力学附加装置，改善气流的流动状况。加设光滑平整的底板，保持车身底盘平滑性，以降低车身的阻力和升力。

(4) 车身乘员舱仍要处于前后轮之间，地板要尽量降低，以获得较大的室内空间及开阔的视野，保证乘员的舒适性和安全性。车轮仍是橡胶轮胎，布置在接近车身的四个边角处。

(5) 优化车身细部外形，以减少车身表面的凹凸面和突起物。例如，门拉手平滑化，风窗玻璃、门玻璃尽可能采用外偏置技术与边框平齐，泻水槽隐蔽化，后视镜设计成流线型，以降低空气阻力。

(6) 减小空气阻力的另一措施是缩小汽车的迎风面积，也就是减小车身的高度和宽度。由于车内活动空间是有最低限度的，因此不能随意减小高度和宽度，但可以通过四角圆化的造型设计手段使车身投影面积减小。

从长远的观点看，汽车的功能各异，不同的使用目的要求不同的速度，不同的速度也就要求程度不同的流体力学上的造型。可以预言，未来小客车的造型，首先应保证内部乘员的舒适性和安全性，其次外形上应具有优秀的流体力学和空气动力学性能，达到快速、节能和安全的目的。

6.3　车身轻量化

6.3.1　车身轻量化技术概述

车身轻量化是现代车身设计的主流方向，而这一导向最充足的理由就是汽车节能。统计表明，普通汽车质量每减小 100 kg，可节油 0.2～0.3 L/100 km，而轿车的质量每减小 100 kg，可节油 0.4～0.3 L/100 km；另外根据大量研究表明，当整车质量减小 10%时，汽车的燃油经济性可提高 3.8%，加速时间减少 8%，CO 排放量减少 4.5%，制动距离减少 5%，轮胎寿命提高 7%，转向力减小 6%。纯电动汽车每增加 1 kg 质量，百公里电耗增加 5～10 W·h，而且，车上每增加 1 kg 的质量需要增加至少 0.3 kg 支撑结构的质量。白车身是整个汽车零部件的载体，其质量占整车的 40%～60%。因此，实现汽车车身轻量化是改善汽车经济性的有效方法。

汽车轻量化不但可以提高车速，还能降低油耗、减少废气排放量和改善安全性。由于车身惯性的减少，不仅可提高加速性能，碰撞时还可以减少制动距离和入侵量。对于纯电动汽车，车身质量的减少可以使汽车在目前装备的电池组下行驶更多里程，或保证续驶里程一定的情况下可适当减少电池组的数目。此外，车身减重不仅有利于悬架系统、制动装置和传动系统的减重，还可以明显提高行驶稳定性。然而，汽车轻量化绝非简单地将其小型化而已。首先应保持汽车原有的性能不受影响，既要有目标地减小汽车自身的质量，又要保证汽车行驶的安全性、耐撞性、抗震性及舒适性，同时汽车本身的造价不被提高，以免给客户造成经济上的压力。

汽车轻量化技术包括汽车结构的合理设计和轻量化材料的使用两大方面。在结构的合理设计方面，可以采用前轮驱动、高刚性结构、超轻悬架结构、部件薄壁化、中空化、小型化及复合化等来达到轻量化的目的。在轻量化材料方面，可以通过材料替代或采用新材料来达到汽车轻量化的目的。目前，主要是采用高强度钢材、铝镁合金、工程塑料和各种复合材料进行汽车轻量化设计。实际上这两方面的内容是紧密结合在一起的。很多时候往往是轻量化结构设计结合轻量化材料从而实现了在整车刚度、性能不降低的前提下的轻量化。世界各汽车生产强国都十分重视并竞相开展了各种形式的汽车轻量化研究。

6.3.2 车身轻量化评价参数

1. 质量

在保证整车刚度、强度、碰撞安全及振动噪声性能不降低，并适当考虑制造成本的前提下，使车身质量最小是典型的车身轻量化优化模型。

在概念设计阶段，可以应用拓扑优化技术对整体骨架和底盘结构形式、力传递路径进行优化；在详细的技术设计阶段，可以应用形貌优化技术对每个冲压零件的凹凸结构形状和拉延深度进行优化，还可以应用形状及尺寸优化技术对零件几何参数进行优化。

2. 轻量化系数

为表征白车身的轻量化效果，宝马汽车公司的 Bruno Ludke 提出了轻量化系数的概念，轻量化系数 L 由白车身质量（不含车门和玻璃）m、静态扭转刚度（包括玻璃）k_t 和左、右轮边宽度与轴距的乘积所得的面积 A 等参数共同决定：

$$L = m/(k_t A) \tag{6-29}$$

3. 支撑结构的比刚度

对于车身单个零件或整体装配结构，可以通过控制单位质量的刚度（比刚度）进行方案比较及优化，相当于同时考虑质量最小和刚度最大两个条件。当然，对于整车还必须满足其他约束条件，如碰撞安全、NVH（噪声 Noise、振动 Vibration 和声振粗糙度 Harshness）和强度等。

4. 吸能结构的比吸能

对于车身碰撞变形区的吸能结构，可使用单位质量的吸能量（比吸能）来衡量其吸能效率。

6.3.3 车身轻量化的途径

1. 变截面薄板及其在车身制造中的应用

用于车身制造的变截面薄板分为两种：一种是激光拼焊板（Tailor Welded Blanks，TWB）；另一种是通过柔性轧制生产工艺得到的连续变截面板（Tailor Rolling Blanks，TRB）。

1）TWB

TWB 是根据车身设计的强度和刚度要求，采用激光焊接技术把不同厚度、不同表面镀层甚至不同原材料的金属薄板焊接在一起，然后进行冲压。这样，冲压工程师可以根据车身各个部位的实际受力和变形的大小，预先为某车身部件定制一块理想的拼接板料，从而达到节省材料、减小质量且提高车身零部件性能的目的。在一些汽车制造强国，TWB 已经成为汽车制造业中的标准工艺，主要用来制造汽车车身侧框、车门内板、车身底盘、电机间隔导轨、中间立柱内板、挡泥板和保险杠之类的车身零部件。

由于 TWB 可以根据需要任意进行拼接，因而具有极大的灵活性，并且能按照等强度的概念优化设计一些原来是等厚度的车身零部件，把它们由原来的锻造加工转换为冲压加工，既提高加工效率，又节省加工能源。

2）TRB

TRB 是通过一种新的轧制工艺——柔性轧制技术而获得的连续变截面薄板。柔性轧制技术类似于传统轧制加工方法中的纵轧工艺，但其最大不同之处是在轧制过程中，轧辊的间距可以实时地调整变化，从而使轧制出的薄板在沿着轧制方向上具有预先定制的变截面形状。在柔性轧制过程中，可以通过计算机对轧机的实时控制来自动和连续地调整轧辊的间距，从而实现由等厚度板卷到 TRB 板卷的轧制。这就要求在设计车身时必须预先考虑到后续成型加工中钢板各个部位的实际受力和变形以及整个车身的承载情况，在轧制之前选定有利于后续加工的板料型面。当前设计领域中，已经具备相当成熟和功能强大的 CAD/CAM/CAE 软件，这种优化设计可以通过 DFM/DFA（面向制造的设计和面向装配的设计）等手段予以实现。

TRB 连续变化的截面提供了有利于后续成型加工的可能性。比如，事先运用有限元分析或数字模拟技术判断车身覆盖件在冲压过程中可能出现拉裂或材料流动性较大的部位，那么，在车身设计阶段就可以为某一部件的某个部位预先分配较大的板料厚度，从而有效地避免废品的产生。

2. TWB 与 TRB 的比较

1）减重效果

TWB 和 TRB 的应用都是为了达到汽车轻量化的目的。基于工程力学中薄壁梁承载性能的基本理论，若由等厚度板、TWB 及 TRB 三种板材制成的结构件具有同样的刚度，则 TRB 的质量最小。

TRB 的极佳的减重效果归功于它的连续变化的截面形状，也就是说，用最小质量的 TRB 材料制成的车身结构件能达到其他两种板料一样的刚度。

2）机械性能和应用效果

由于 TWB 存在厚度突变和焊缝的影响，且焊接添加金属材料与被焊接基材在材料特性上必然有一定差异，因此 TWB 在沿长度方向上的硬度也会发生跳跃式的变化，这将为后续的成型加工带来极为不利的影响。再者，TWB 的焊缝从外观上来说即使采用任何涂装措施也无法彻底掩盖,因此它不适宜用作车身外覆盖件材料,一般只用来制作内覆盖件或支承结构件。相比之下,TRB 具有较好的机械性能,其在沿长度方向上的硬度变化比较平缓,没有 TWB 那样的硬度和应力波峰,具有更佳的成型性能;TRB 所制成的零部件厚度可以连续变化,以适应车身各部位的承载要求;其表面变化是连续、光滑的,因而可以制作各种车身外覆盖件。

3) 工艺复杂程度

TWB 可以通过激光焊接工艺进行任意拼接,具有很大的灵活性。但由于它用不同厚度板材的对接或搭接,拼接处板料厚度有突变;此外焊缝及其附近会产生局部硬化,需要一道热处理工艺来消除硬化效应,从而加大了工艺复杂程度。TRB 则是靠柔性轧制工艺在不同厚度的板料之间形成一个连续的、缓变的过渡区,不存在 TWB 的焊缝问题。但它的不足之处是受轧制工艺和轧机设备的限制,其厚度变化只能发生在板料的初始轧制方向上;此外,现有的轧制工艺还无法把不同金属材料的板料"轧制"在一块整板上,即在灵活性上不如 TWB。

由以上对比分析可知,TWB 和 TRB 在减重、机械性能、制造工艺等方面各有自己的特色和不足之处,从综合指标来看,TRB 具有更大的优势。因此,为达到汽车轻量化的目的,似有一种更好的方案提出:即把 TRB 与 TWB 组合在一起,制成真正意义上的任意拼接板(Tailored Blanks, TB),从而得到一种新型的汽车轻量化用材。

德国奔驰 E 级轿车上拥有 TRB 原型零件,这个由 TRB 冲压成型的侧框位于轿车后部,左右对称。前端板料厚度为 0.88 mm,与左右侧围相接,后端板料厚度为 1.15 mm,恰是汽车追尾时的敏感部位,中间区域板料厚度均匀过渡。

3. TRB 应用中尚需解决的问题

TRB 轧制工艺及其应用给航空航天、轨道交通车辆等轻量化结构零部件带来了巨大的潜力和诱人的前景,还给汽车轻量化开创了一个良好的途径。然而,TRB 的概念提出时间不长,其加工和应用的研究还不是十分成熟,还有不少深层次的理论问题和技术问题有待解决。比较突出的问题表现在如下几个方面。

1) 车身覆盖件冲压成型模具的设计

普通等厚度板材冲压成型的车身覆盖件模具的设计,是复杂程度和难度相当高的工作,更何况变截面薄板的冲压成型模具设计。因为对变截面薄板来说,原来基于等厚度板材所建立的力学本征模型、数值仿真模型及三维几何模型都不再完全适用了。需要花大力气重建这些模型,针对变截面薄板的具体变化特征来重新设计车身覆盖件冲压成型模具。

2) 变截面薄板在冲压过程中的变形和材料流动性

变截面薄板的引入使车身覆盖件的冲压成型过程变得更为复杂,在同样的压边力和拉伸力条件下,板料各部位的变形不均匀,覆盖件的成型更难以控制。需要进一步建立新的数学模型,开展以高性能计算机为基础的三维数值模拟来营造虚拟现实环境,以预测变截面薄板在冲压过程中的变形和材料流动情况,从而找出相应的对策。

3) 板料回弹问题

对于等厚度薄板冲压卸载后工件回弹量的精确补偿,与材料本身的物理非线性、力学上的边界非线性和模具型腔的几何非线性等密切相关。工程上往往是结合现场试验来获取一些数据,再进行工程分析,即确定材料的弹塑性本构关系、各种应力应变曲线及材料的各向异性等参数,以有限元仿真、数值模拟的手段来进行预测,修改原覆盖件三维设计模型,最终获得一个与所要求的工件模型不同的模具型腔模型,从而比较理想地解决回弹量的补偿问题。而对 TRB 来说,由于其本身结构的特殊性,即沿轧制方向连续变化的截面形状及由此引出的材料机械性能的非均匀化,将会使工件回弹问题变得更为复杂。在这一方面,以德国亚琛工业大学金属成型研究所 Reiner Kopp 为首的研究队伍与工业界密切合作,已经开始了一些探索性的研究工作,并取得初步的成果;我国上海交通大学模具技术研究所也在开展类似的研究。

6.3.4 车身结构材料

传统的车身结构所用材料主要为普通低碳钢,随着轻量化要求的提高,高强度钢、镁铝合金、复合材料等新型轻量化材料在车身结构中的应用越来越多。白车身钢板材料的合理选用,对车身产品的性能设计和产品制造工艺起着重要的作用。除了必须保证适当的强度等汽车使用要求,更重要的是必须满足成批或大量生产冷冲压工艺和装配工艺的要求,如钢材冲压性能、化学成分、金相组织、力学性能、表面质量、板厚公差精度及产品结构的几何形状等,都会影响制造工艺和产品质量。产品设计者应对材料的性能有基本了解,以便合理选用型号。

1. 普通低碳钢

1)普通低碳钢的成型性能

普通低碳钢是指碳的质量分数在 0.1% 以下的碳素钢,其力学性能由测试所得的应力-应变曲线表示。图 6-37 是低碳钢的应力-应变曲线,展现了各种力学性能指标。图中,σ_p 为比例极限,σ_e 为弹性极限,σ_s 为屈服强度,σ_b 为抗拉强度,σ_k 为断裂强度。一般取疲劳极限 $\sigma_{-1} = \sigma_b/2$。

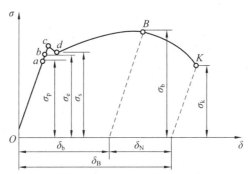

图 6-37 低碳钢的应力-应变曲线

弹性变形的上限就是材料屈服的开始。一般零件最大许用应力必须比屈服强度适当低一些。弹性模量 E 是材料刚度的度量(单位为 MPa)。到了屈服强度就是塑性变形的开始,应变增长加快;塑性变形的最高点即抗拉强度,在这之前有一段硬化区。抗拉强度和断后伸长率既反映了变形能力,也是能量吸收能力的一个度量(如撞击能量的吸收)。此外,材料特性还与变形速度有关。

冷冲压钢板是以金属的塑性变形为基础的加工方法,材料的冲压成型性能主要是指可塑性。伸长率是衡量塑性变形能力的指标。

晶粒均匀细化,原子间隙固溶,合金元素原子和基体金属原子置换固溶,钢中珠光体、贝氏体和马氏体相变,基体中出现弥散相等,都能提高材料的强度,并影响拉深件表面质量。一般来说，塑性和强度是互相矛盾而此消彼长的，可以通过选用冷加工、热处理及合金化等方法来寻求强度和塑性的合理匹配。

一般情况下，不同结构的冲压件对材料的要求是不同的，如对于变形工序（如压弯、拉深、成型、翻边等），一般要求较低的屈服强度 σ_s，目的是减少材料在冲压后的回弹。对于冲裁工序，为了获得良好的剪裁截面，反而希望 σ_s 稍高一些。对于变形复杂的工序（如拉深，或拉深与翻边成型复合工序），则对材料性能有更多、更严格的指标要求。概括地讲，应以几项力学性能指标的综合来代表钢板的冲压成型性能，即伸长率 δ、屈服强度 σ_s、加强比 σ_s/σ_b 等。对于某些高级冷轧钢板，还有应变硬化能力指数 n 和抗变薄能力系数 r。总之，降低 σ_s、σ_s/σ_b，提高 δ、n 和 r 是提高钢板冲压成型性能的趋势。此外，钢板的厚度公差、钢板表面质量也是影响冷冲压成型性的不可忽视因素。

汽车冷冲压用钢板分为冷轧钢板和热轧钢板。热轧钢板是在温度高于 800 ℃ 时轧制而成的，它的可加工性不如冷轧钢板，板材厚度一般为 1.2~6.0 mm。板厚为 1.2~1.4 mm 的热轧钢板主要用于车身下部构件、内护板、车门内板等，板厚大于 1.6 mm 的热轧钢板用于结构加强板和铰链等。

冷轧钢板开始也是热轧的，然后在酸洗槽中去氧化皮，在常温下由轧机轧制而成。冷轧钢板比热轧钢板冲压加工性能好，可以保证严格的厚度公冷轧钢板按冲压级别，可分为最复杂拉深级（ZF）、很复杂拉深级（HF）、最深拉深级（Z）、深拉深级（S）和普通拉深级（P），冲压成型性逐次降低。按强度级别划分，可分为一般强度级钢板和高强度级钢板。

车身用冲压钢板多为一般强度级的低碳钢冷轧钢板，板厚一般为 0.6~1.0 mm。因为它具有很大的伸长率，最高可达 45% 以上，所以具有良好的冲压加工性能，而且焊接性、涂装性都很好。为了提高车身轻量化水平和安全性，高强度钢在车身中的应用量正逐步增加。

2）车身冲压件的成型分类及钢板型号的选择

我国汽车行业根据汽车冲压件外形特征、应变大小和特点、对材料的不同性能要求以及生产各种汽车冲压件长期积累的实际经验，将冲压成型工艺划分为深拉深成型、胀型-深拉深成型、浅拉深成型、弯曲成型和翻边成型五大类，并将成型类别与钢板性能指标相对应。

例如，用厚度为 1.0 mm 的 08AlHF 冷轧钢板冲压的一般车门内板，是深拉深成型的典型零件。从外形看，车门内板基本属于盒形深拉深件，但因壁部布满很多凸起和弯曲部分，门窗处常有内翻边，使整个零件形状复杂化。车门内板的开裂率与钢板性能指标的关系主要是 r、n 值和伸长率。r 值高，则可增加零件拉深时的抗变薄能力，有利于深拉深成型；n 值高，则有利于凸起和压筋处的变形均匀化；伸长率高，则有利于单向拉伸变形，如直壁单拉变形。

3）表面镀锌钢板

为了防止腐蚀，提高车身材料的抗高温、抗氧化能力，对钢板进行表面处理非常重要。在各类环境中，钢的腐蚀率为锌的 3~30 倍，说明锌具有适应性很强的耐蚀性。大量应用镀锌钢板，对提高轿车的使用寿命是很有利的。因此，镀锌钢板是当前重要的车身用材。目前，镀锌钢板多用于容易腐蚀的车身零件，如挡泥板（轮罩）、地板等车身底部结构及车顶、车门板。有些轿车车身中几乎全部的重要冲压件都采用镀锌钢板。

镀锌钢板具有优异的耐蚀性，表面美观，但焊接性和涂装性不如未经镀层处理的钢板好。涂层超过 40 g/m² 后,就不易保证其成型性和焊接性。同时,由于润滑性,因此深拉深时的加工更加困难。通过不同的镀层方法(电镀锌方法或热镀锌方法,合金电镀方法或合金化热镀方法)会得到不同的镀锌钢板性能。其中,合金电镀锌钢板具有各项性能均为优或良的综合性能,可大量应用。

2. 高强度钢

高强度钢(High Stress Steels,HSS)是在普通碳素钢的基础上加入少量合金元素制成的。这种钢的生产成本与普通碳素钢相近,但合金元素的强化作用使其抗拉强度比普通钢高得多。根据国际钢铁协会的定义,将屈服强度小于 210 MPa 的钢称为软钢,屈服强度为 210~550 MPa 的钢称为高强度钢,屈服强度高于 550 MPa 的钢称为超高强度钢(Uitra High Stress Steels,UHSS)或先进高强度钢(Advanced High Stress Steels,AHSS)。HSS 和 AHSS 之间的主要区别在其显微组织。AHSS 是多相钢,组织中含有马氏体、贝氏体及足以产生独特力学性能的残留奥氏体。与通常的微合金钢相比,AHSS 呈现出优良的综合性能,既有高的强度,又有良好的成型性。HSS 与车身轻量化的关系最为密切,是车身轻量化后保证碰撞安全的最主要材料,HSS 的用量直接决定车身轻量化的水平。使用 HSS 的具体优点如下。

(1) 加工硬化(或应变硬化率)比普通钢高,可以吸收更多的冲击能量,因此多用于底架的前后纵梁等处和要求高强度、耐久性的部位,可以提高汽车的安全性。

(2) 可减小零件的质量。一些资料表明,若钢板的强度提高 40~50 MPa,车身外板制件的板厚可减小 10%~15%,车身内部制件的板厚可减小 20% 左右。

(3) 用于车身外部件,除了可减薄零件的厚度,由于具有烘烤硬化性,在经过油漆烘烤后,还可以增强零件表面硬度,提高外表面制件的抗凹陷性能。

HSS 用作车身材料的主要限制是,随着钢板强度级别的提高,其成型性(伸长率)变差。因此,HSS 最初主要用于车身的前保险杠和车门。随着成型性、焊接性、疲劳强度和外观质量都有所提高,其已广泛代替普通钢来制造车身的结构构件和板件。国外轿车车身上的许多关键零部件都是由 HSS 制造的。2007 年,欧洲主要车型白车身的 HSS 用量占白车身质量的 60% 以上,日本 2004 年 HSS 的用量达到白车身质量的 40%。

国际钢铁协会于 1994—2002 年先后完成了超轻车身(ULSAB)、超轻覆盖件(ULSAC)、超轻车身-先进车身概念(U1SAB-AVC)研究项目,以车身轻量化为目标,通过车身的整体设计来挖掘车身轻量化的最大潜能。在 ULSAB 项目中,HSS 使用达到了 64%,而在 ULSAB-AVC 项目中,几乎 100% 的部件都使用了 HSS,约有 80% 为 AHSS。2008—2010 年,国际钢铁协会又完成了 FSV 项目,它开发的白车身结构中,97% 为 HSS 和 AHSS,与对标车型相比减重 102 kg(对标车重 290 kg),减重比例约为 35%。

3. 铝合金

为了实现汽车的轻量化,铝合金在汽车上的应用量逐年增长。在车身制造中用得最多的铝合金是铸铝合金和压力加工铝合金。铝中的铸造添加物是铜、镁、锰、锌、铬和硅,铝合金的力学性能取决于热处理——淬火和时效。

铝合金主要用于制造车身壁板、车用空调的冷凝器与蒸发器、机油冷却器和散热器。

铸铝合金和压力加工铝合金是在保护气体中进行焊接的。这种连接方式用于承受中等载荷的零件,承载特别大的构件则采用铆钉连接。在车身中承受轻载和中载的构件,它们的连接除二氧化碳气体保护接触电缝焊或点焊之外,还可利用电阻对焊。但总的来说,铝的冲压性、形状保持性和焊接性不如钢板。

通过阳极氧化处理或者涂镀金属覆盖层，可使铝合金获得耐蚀性。

近年来，还出现了一面覆盖有牢固的耐腐蚀塑料薄膜的铝板。由于这种铝板外观好，可以不用外加覆盖层就直接用于内、外装饰构件。由于薄膜表面具有各种不同的特征，因此可以采用表面覆盖有这种薄膜的铝板制造脚踏板、门、底板的一部分构件和各种装饰零件。铝合金通过淬火、退火、回火、冷作硬化等可以调整其强度、成型性等多种性能，这种工艺过程叫作调质。调质的种类叫材质，铝合金的性能依材质的不同而有显著的变化。国外新近研制的高强度形变铝合金，其强度已达到或超过了低碳冷轧钢板的强度。它们能满足车身构件和保险杠的使用要求，但在选择上述铝合金时要考虑汽车的使用条件等因素。载货汽车铝合金驾驶室可用焊接与铆接工艺的联合方法配装。翼子板厢可用淬火加退火状态的 5052 合金，挂车的骨架可用淬火加回火状态的 6063 合金。大型矿用自卸车的车身可用强度高、焊接性能好的 5083 合金。

4. 复合材料

复合材料是指将两种或两种以上化学性质和物理性质不同的物质结合起来而制得的一种多相固体材料。复合材料通常由基体和增强体复合而成。复合材料按性能分类，可分为功能型复合材料和结构型复合材料两种；按基体分类，可分为高分子基（PMC）、金属基（MMC）和陶瓷基（CMC）复合材料；按增强相的种类、形状分类，可分为颗粒状、层状和纤维增强复合材料。其中，纤维增强复合材料应用最多，高分子基的纤维增强复合材料通常称纤维增强塑料（FRP），金属基的纤维增强复合材料称为纤维增强金属（FRM），陶瓷基的纤维增强复合材料称为纤维增强陶瓷（FRC）。

世界各主要汽车生产国家最初只将复合材料用于发动机舱盖、顶盖等大型覆盖件，近年来在车身上采用复合材料的越来越多。复合材料用于车身具有以下优点。

(1) 质量小。复合材料的密度小，如玻璃纤维增强材料（GFRP，俗称玻璃钢）的密度为 $1.6\sim2.4~\text{g/cm}^3$，用它制作车身可大大减小质量。

(2) 耐腐蚀，车身寿命长。复合材料均有不生锈、耐酸等耐蚀性好的特点，特别是 GFRP，几乎同玻璃一样具有不生锈和耐腐蚀的能力。

(3) 具有高韧性和抗冲击能力。用复合材料制成的零部件受到冲击力作用时，塑性变形大，韧性好，因此具有缓冲、减振、降噪等优点，能吸收碰撞动能，有利于保护乘客。例如，福特轿车用复合材料制造车身前部，使碰撞力不再出现钢结构车身中大的尖峰值，如图 6-38 所示。

(4) 保温隔热性好。除碳纤维增强材料外，复合材料的导电、导热能力差，因此能起到很好的保温、隔热作用。

(5) 成型性好。纤维增强塑料的流动性和层压性好，使车身表面可制成形状各异的曲面，既满足车身外形的艺术造型要求，又减小了空气阻力。

(6) 车身部件大型化。应用复合材料可以制造集许多单一零件和功能于一体的多功能部件，或大型整体部件，从而减少零部件数量，简化车身装配工序，提高部件刚性和造型整体性。

(7) 着色性好。

(8) 材料利用率高。

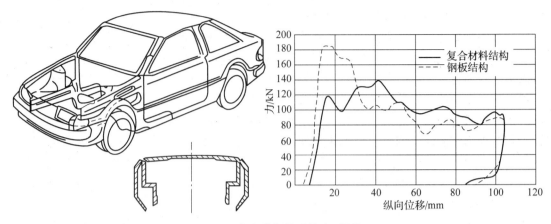

图 6-38　车身前部的碰撞力（福特）

在车身上使用最多的复合材料是 GFRP 和碳纤维增强材料（CFRP）。

GFRP 与金属材料相比，具有质量小、比强度高、比刚度高、耐蚀性好等优点。使用 GFRP 的零部件主要有：车身外覆盖件，如发动机舱盖、车顶盖、行李舱盖、前围护板、灯罩及保险杠等；车内板制件，如轮罩（挡泥板）、门窗内装饰框等。

CFRP 的主要原料与 GFRP 基本相同，只是所用增强材料是碳纤维而不是玻璃纤维。碳纤维由人造丝、沥青、聚丙烯等原料制成。与 GFRP 相比，CFRP 密度低（1.38 g/cm^3），而抗拉强度高、耐蚀性、耐磨性好，有一定的减振和隔振性能（只是耐冲击性、耐热性较差）。CFRP 广泛应用于汽车的各类板制件、壳体件，各种支架、托架和许多重要的结构件，甚至用来制造全塑车身。宝马公司 2011 年发布的全新开发的纯电动轿车 i3 采用 CFRP 车身结构，使得整车质量仅为 1 250 kg，比传统纯电动汽车减小了 250~350 kg，同时实现了更高级别的碰撞安全保护。

6.3.5　车身轻量化的发展趋势

1. 我国汽车轻量化技术发展面临的主要问题

目前，我国汽车轻量化技术无论在理论研究方面还是在实际应用方面，均与国外有较大差距，轻量化技术的发展主要面临如下问题。

（1）轻量化技术涉及众多学科的研究领域，需要运用多学科交叉融合所形成的综合性、系统性知识体系，而在目前的研发体系下，各研发机构往往只注重单个技术的研发，很少开展各技术间的交叉与融合。

（2）汽车轻量化技术涉及众多的共性技术和前沿技术，其关键、核心技术的突破不可能由单家企业或科研机构独立完成，必须由国家级的研究机构对其关键、重大问题进行战略性和前瞻性的超前部署，而目前此类机构尚未建立。

（3）产、学、研结合不够紧密，没有明确定位、合理分工，基础研究和技术开发研究的有机衔接不够，企业规模小而分散，轻量化技术开发能力薄弱，研发人才短缺，工艺水平落后。

2. 我国汽车轻量化技术研发重点

要提高我国汽车轻量化技术水平，当务之急是集成全国轻量化技术优势，开展产、学、研大联合，建立资源共享的汽车轻量化技术科技创新平台。该平台应积极推进产、学、研的合作与交流；促进汽车轻量化技术研究成果向产业化方向转化；制定汽车轻量化技术重要产品和检测方法等规范及标准；建立高水平的相关产业技术人才培养基地和提供技术咨询的服务机构。汽车轻量化技术科技创新平台，应重点开展以下四个方面的研发工作。

1) 汽车轻量化技术发展战略研究

研究国内外汽车轻量化技术的现状、发展趋势及发展环境，随时掌握国内外汽车轻量化技术发展动态，探求突破前瞻性技术瓶颈问题的方法与措施。采用定性与定量相结合的方法，分析不同汽车轻量化材料的不同设计理念和不同制造工艺对汽车节能、环保、安全和可靠性的影响。并在此研究基础上，探索适合我国国情的全新的轻量化节能型汽车的设计制造发展方向，包括材料设计理念、制造工艺和制造装备研制的发展方向等，在汽车轻量化、节能方面为汽车行业、汽车企业和相关研究机构提供有价值的咨询服务和决策参考。

2) 汽车轻量化结构优化设计研究

开发汽车车身、底盘、动力传动系统等大型零部件整体加工技术和相关的模块化设计和制造技术，使节能型汽车从制造到使用的各个环节都真正实现节能、环保。研究常用汽车零部件模块化设计数据库及模块化方案，常用和典型模块的参数化设计等，建立模块化设计知识库和专家系统。

以计算机辅助工程(CAE)方法作为获取知识的手段，建立轻量化汽车零部件性能数据库及成型工艺咨询库；建立常用车型材料在成型前、后以及不同使用时间的参数库；建立吸能部件优化设计专家系统，开发新一代汽车 CAE 软件系统。通过这些数据库和专家库的建立，大幅度提高我国汽车结构设计水平，为快速进行汽车轻量化设计提供有力的手段和有效的工具。

结合参数反演技术、多目标全局优化等现代车身设计方法，研究汽车轻量化结构优化设计技术，包括多种轻量化材料的匹配、零部件的优化分块等。从结构上减少零部件数量，确保在汽车整车性能不变的前提下达到减轻自重的目的。

3) 汽车轻量化材料冲压理论与工艺技术研究

加强高强度、轻量化先进材料在汽车制造领域的应用基础研究。通过开展基于 CAE 的冲压工艺设计和优化方法研究，提出轻量化材料冲压回弹预测与补偿、起皱和拉裂预测与消除、毛坯反求与优化的新工艺、新理论与方法。从机理上研究复杂零件冲压中不同材料流动不均匀的产生原因和影响因素，开展多种形式的材料流动阻力控制方法及相应工艺理论和设计技术的研究。研发具有原创性和实用性的高强度钢冲压技术、汽车结构件的超高强度钢成型技术、应用于复杂汽车零件的液压成型技术和激光拼焊技术等。以 CAE 技术作为获取知识的手段，建立先进材料成型工艺专家库和零件性能数据库，为新材料的推广应用打下坚实的基础，缩短我国与发达国家在基础数据方面的差距。

4) 汽车轻量化激光加工技术与装备研究

激光加工技术是实现汽车轻量化的重要途径之一。系统进行激光与材料相互作用机理、激光加工过程无损检测和控制等基础理论研究，建立激光加工工艺方法和工艺参数的优化数据库；研究不同材料的激光切割方式，开展激光切割、焊接、精细烧蚀、直接快速成型、激光涂敷、激光辅助切削加工等理论的研究，开发激光三维切割工艺技术，建立工艺参数数据库及专家系统；研究激光深熔焊接理论，开发激光三维焊接技术与装备；研究不同板厚、不同汽车材料，尤其是轻量化材料的激光加工拼焊技术与装备。

3. 汽车轻量化先进材料开发研究

针对汽车关键零部件对材料的使用要求，开发研究轻质、高性能、易成型、可回收的新型先进轻量化材料，为节能型汽车的设计制造提供材料基础和技术支撑；对汽车轻量化技术及新型材料的应用技术进行深入研究，以充分发挥各种轻量化材料的优势，并进行各种材料优势的集成，突破有关汽车轻量化材料开发与制造方面的难点和关键瓶颈技术。

1) 高强度钢板

从前的高强度钢板，拉延强度虽高于低碳钢板，但伸长率只有后者的50%，故只适用于形状简单、延伸深度不大的零件。现在的高强度钢板是在低碳钢内加入适当的微量元素，经各种处理轧制而成，其抗拉强度高达420 N/mm^2，是普通低碳钢板的2~3倍，深拉延性能极好，可轧制成很薄的钢板，是车身轻量化的重要材料。表6-2为1980—1995年美国轿车材料构成的变化。

表6-2　1980—1995年美国轿车材料构成的变化

材料构成	1980年(kg/车)	1985年(kg/车)	1990年(kg/车)	1995年(kg/车)
钢材	862	726	590	630
铸铁	227	136	113	136
铝	54	68	91	95
塑料	91	109	136	149
玻璃	41	32	23	34

高强度钢板有含磷冷轧钢板、烘烤硬化冷轧钢板、冷轧双相钢板和超低碳高强度冷轧钢板等，车身设计师可根据板制零件受力情况和形状复杂程度来选择钢板品种。

含磷高强度冷轧钢板：主要用于轿车外板、车门、顶盖和行李舱盖升板，也可用于载货汽车驾驶室的冲压件。主要特点为：具有较高强度，比普通冷轧钢板高15%~25%；具有良好的强度和塑性平衡，即随着强度的增加，伸长率和应变硬化指数下降甚微；具有良好的耐蚀性，比普通冷轧钢板高20%；具有良好的点焊性能。

烘烤硬化冷轧钢板：经过冲压、拉延变形及烤漆高温时效处理，屈服强度得以提高。这种钢板既薄又有足够的强度，是车身外板轻量化设计首选材料之一。

冷轧双相钢板：具有连续屈服、屈强比低、加工硬化高、兼备高强度及高塑性的特点，经烤漆后强度可进一步提高，适用于形状复杂且要求强度高、拉伸性能好的承力零部件，如车门加强板、保险杠等。

超低碳高强度冷轧钢板：在超低碳钢(含碳量小于0.005%)中加入适量钛或钒，以保证钢板的深冲性能，再添加适量的磷以提高钢板的强度。它实现了深冲性与高强度的结合，特别适用于一些形状复杂而强度要求高的冲压零件。

2) 铝合金

目前，铝合金材料在现代汽车轻量化方面已经显示出非常重要的作用。制约铝合金在汽车上大量应用的主要原因之一是其价格比钢材高，为了促进铝在汽车上的应用，必须降低材料成本。除开发低成本的铝合金和先进的铝合金成型工艺外，提高回收再生技术也可进一步降低铝的成本。扩大铝合金应用的另一个研究方向是开发新的各种连接技术，今后发展的多材料结构轿车要求连接两种不同类型的材料(如铸铁-铝、钢-铝、铝-镁等)，对这些连接技术以及对材料和零件防腐蚀的表面处理技术是今后扩大铝在汽车上应用的重要课题。

3) 镁合金

镁的密度为 1.8 g/cm³，仅为钢材密度的 35%，铝材密度的 66%。此外，它的比强度、比刚度高，阻尼性、导热性好，电磁屏蔽能力强，尺寸稳定性好，因此在航空工业和汽车工业中得到了广泛的应用。镁的存在分布十分广泛，镁可从石棉、白云石、滑石中提取，特别是海水的盐分中含 3.7% 的镁。近年来镁合金在世界范围内的使用增长率高达 20%。铸造镁合金的车门由成型铝材制成的门框和耐碰撞的镁合金骨架、内板组成。另一种镁合金制成的车门，它由内外车门板和中间蜂窝状加强筋构成，每扇门的净质量比传统的钢制车门小 10 kg，且刚度极高。随着压铸技术的进步，已可以制造出形状复杂的薄壁镁合金车身零件，如前、后挡板，仪表盘，转向盘等。

4) 泡沫合金板

泡沫合金板由粉末合金制成，其特点是密度小，仅为 0.4~0.7 g/cm³，弹性好，当受力压缩变形后，可凭自身的弹性恢复原料形状。泡沫合金板种类繁多，除了泡沫铝合金板，还有泡沫锌合金、泡沫锡合金、泡沫钢等，可根据不同的需要进行选择。泡沫合金板由于其特殊性能，特别是出众的低密度、良好的隔热吸振性能，深受汽车制造商的青睐。目前，用泡沫铝合金制成的零部件有发动机舱罩、行李舱盖等。

5) 蜂窝夹芯复合板

蜂窝夹芯复合板由两层薄面板中间夹一层厚而极轻的蜂窝材料组成。根据夹芯材料的不同，可分为纸蜂窝、玻璃布蜂窝、玻璃纤维增强树脂蜂窝、铝蜂窝等；面板可以采用玻璃钢、塑料、铝板和钢板等材料。由于蜂窝夹芯复合板具有轻质、比强度和比刚度高、抗震、隔热、隔声和阻燃等特点，故在汽车车身上获得较多应用，如车身外板、车门、车架、保险杠、座椅框架等。英国发明了一种以聚丙烯作夹芯，钢板为面板的薄夹层板用以替代钢制车身外板，使零件质量减小了 50%~60%，且易于冲压成型。

6) 工程塑料

与通用塑料相比，工程塑料具有优良的机械性能、电性能、耐化学性、耐热性、耐磨性、尺寸稳定性等特点，且比要取代的金属材料轻、成型时能耗少。20 世纪 70 年代起，以软质聚氯乙烯、聚氨酯为主的泡沫、衬垫、缓冲材料等塑料在汽车工业中被广泛采用。福特公司开发的 LTD 试验车，采用工程塑料零件后取得了轻量化的明显成果(见表 6-3)。

表 6-3 福特公司试验车采用工程塑料零件后的轻量化成果

车部位	钢制零件	工程塑料零件	质量减小	
	kg	kg	kg/台	%
车身	209	93	116	56
车架	123	90	33	27
车门	70.6	27.7	42.9	61
保险杠	55.8	20.1	35.7	64

续表

车部位	钢制零件 kg	工程塑料零件 kg	质量减小 kg/台	%
前围	43.5	13.3	30.2	69
车轮	42	22.7	19.3	46
发动机罩	22.2	8	14.2	64
行李舱盖	19	6	13	68
其他(托架类、座椅骨架)	32.4	16.2	16.2	50
合计	617.5	297	320.5	52

7) 高强度纤维复合材料

高强度纤维复合材料,特别是碳纤维复合材料,因其质量小,而且具有高强度、高刚度,有良好的耐蠕变与耐蚀性,因而是很有前途的车用轻量化材料。

20世纪80年代后期,复合材料车身外覆件得到大量的应用和推广,如发动机罩、翼子板、车门、车顶板、导流罩、车厢后挡板等,甚至出现了全复合材料的卡车驾驶室和轿车车身。据统计,在欧美等国汽车复合材料的用量约占本国复合材料总产量的33%,并继续呈增长态势。复合材料作为汽车车身的外覆件,无论在设计还是在生产制造、应用方面都已成熟,并已从车身外覆件的使用向汽车的内饰件和结构件方向发展。

综上所述,与汽车自身质量减小相对应,汽车轻量化技术不断发展,主要呈以下趋势:

(1) 轻质材料的比重不断攀升,铝合金、镁合金、高强度钢、工程塑料、复合材料及陶瓷等新型材料的应用越来越多;

(2) 结构优化和零部件的模块化设计水平不断提高,如采用前轮驱动、高刚性结构和超轻悬架结构等来达到轻量化的目的,计算机辅助集成技术(CAX)(包括CAD/CAE/CAM等)和结构分析等技术也将大力发展;

(3) 汽车轻量化促使汽车制造业在成型方法和连接技术上不断创新。

6.4 整车其他节能技术

6.4.1 改进传动系统

汽车传动系统效率越高,传递动力的过程中能量损失越小,汽车的油耗就低。通过合理设计传动系统,可以提高传动系统效率,进而减小油耗。

1. 多轴驱动汽车驱动轴的自由离合

目前常用的机械式4×4型传动系统如图6-39所示,它用于BJ2020轻型越野汽车,为得到尽可能大的牵引力,前后桥都是驱动桥,以便通过破坏路面或无路地带。但当这类汽车在良好的路面上行驶时,为了降低功率损耗,往往摘掉前桥,使其按非全轴驱动汽车行驶,此时前半轴及整个前桥驱动件仍随前轮无效地空转。这样既影响车速，又增加燃油消耗。

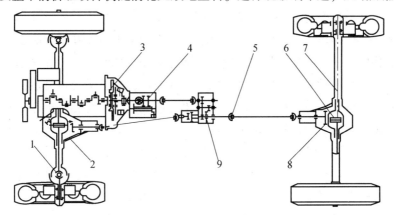

1—等角速万向节；2—前驱动桥；3—离合器；4—变速器；
5—万向节传动轴；6—差速器；7—半轴；8—主减速器；9—分动器。

图 6-39　机械式 4×4 型传动系统

轴头节油自动离合器可在不改变原车性能、不停车、驾驶员不用下车的情况下，实现轴与车轮的自动离合，从而可减少动力消耗，降低燃油消耗率。如图 6-40 所示，该离合器由外壳、轴头盖及可沿半轴滑动的花键牙嵌套等组成。可与改型的半轴、轴套相配合来代替原轮毂法兰盘，并能自动离合。配合后外形尺寸比原来长 10 mm，但不超出车身。

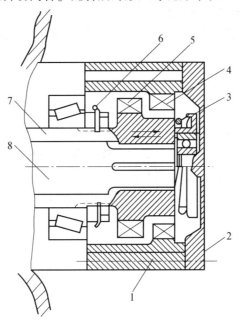

1—外壳；2—轴头盖；3—弹簧；4—被动牙嵌套；
5—花键牙嵌套；6—锁片；7—半轴套管；8—前半轴。

图 6-40　轴头节油自动离合器

这种离合器，是借助半轴套管端部制成凹凸套作锁止点的。在低速行驶中，当挂上前加力挡驱动前半轴转动时，花键牙嵌套也随之转动，并由于凹凸轴套与花键牙嵌套的推进作用，花键牙嵌套压缩压力弹簧，使之沿半轴轴头的轴向移动，同时与被动牙嵌套相啮合。因被动牙嵌套与外壳是靠双滑动键永久结合的，故前半轴也转动，从而带动前轮转动，即完成前驱动桥功率的传递。为了克服压力弹簧对花键牙嵌套的反作用力，使花键牙嵌套与被动牙嵌套保持正常啮合，将两牙嵌套的受力面加工成相互啮合的±10°角，这样在功率传递的过程中，依靠摩擦力实现自锁。当摘掉前加力挡时，即停止了前半轴转动，而压力弹簧借两牙嵌套差动之机，将花键牙嵌套推回原位，与被动牙嵌套脱离，直至与半轴套凹凸部分恢复原位，此时，前轮转动，则花键牙嵌套及半轴等整个前驱动桥机件完全停止转动，即实现了轮转动，而轴不转的目的。

因该离合器是在汽车低速行驶、各部件转动的情况下离合，为了消除因牙嵌套在接合时不啮合而出现的碰撞现象，又采用了被动牙嵌套可以暂时压缩压力弹簧轴向移动的方法，使被动牙嵌套在不啮合时，退缩一定距离。半轴继续转动一定角度后，被动牙嵌套出现空位不顶撞时，被动牙嵌套可依弹簧力量回位，使花键牙嵌套安全。

该离合器的所谓的"自动"，是借正常操纵前加力手柄驱动前桥的过程中实现半轴与轮自动离合的，并未另增设其他操纵机构，又没有改变原操作方法，还不给驾驶员增添任何麻烦，靠机械式的联动，完成离合作用。

轴头节油自动离合器的特点如下。

(1) 节油。经使用测定，平均节油率为7%～10%，即每百公里可节省燃油1.1 L。

(2) 消除了机件空转，延长其使用寿命。

(3) 减少行车阻力，增加汽车的滑行能力。

该离合器本身则具有设计紧凑、结构合理、密封性好、安全可靠、保养和维修方便等特点。

2. 采用机械多挡变速器

传动系统的挡位越多，汽车在运行过程中越有可能选用合适的传动比使发动机处于经济的工作状况，以提高汽车的燃油经济性。因此，近年来轿车手动变速已基本上采用五挡，高档轿车开始转向六挡变速器。大型货车有采用更多挡位的趋势，如装载质量为4 t的五十铃货车装用了七挡变速器。由专职驾驶员驾驶的重型汽车和牵引车，为了改善动力性和燃油经济性，变速器的挡位可多至10~16个。但挡位数过多会使变速器结构大为复杂，同时操纵机构也过于烦琐，从而使变速器操作不便，选挡困难，为此常在变速器后接上一个两挡或三挡的副变速器。

图6-41为中国重型汽车集团公司生产的斯太尔重型汽车用的ZFS6—90型带副变速器的两种变速器结构示意图。图6-41(a)所示组合式变速器在主变速器(五挡变速器)的后面串联安装了一个两挡副变速器Ⅱ，这样可得到10个前进挡。在主变速器Ⅰ中，除倒挡采用直齿轮传动外，其余各挡均采用斜齿轮传动。二至五挡采用同步器换挡，而一挡和倒挡是利用倒挡接合套11的移动完成换挡的。副变速器Ⅱ中的高速挡(直接挡)和低速挡的挂挡也采用了同步器。当副变速器中的同步器接合在副变速器高低挡同步器接合套17左移并与固定外齿圈16接合时，行星齿轮内齿圈15被固定而不能转动，则副变速器挂入低速挡。当副变速器高低挡同步器接合套17右移并与副变速器高速挡齿圈18接合时，行星齿轮14、副变速器输出轴19、行星齿轮内齿圈15与副变速器输入轴齿轮20固连在一起而同

步旋转，则副变速器挂入高速挡。

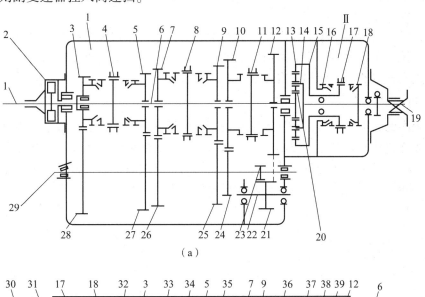

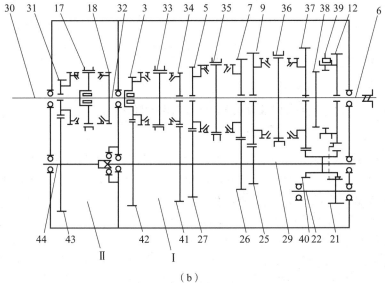

1—第一轴；2—润滑油泵；3—第一轴常啮齿轮；4—四、五挡同步需接合套；5—第二轴四挡常啮齿轮；6—第二轴；7—第二轴三挡常啮齿轮；8—二、三挡同步器接合套；9—第二轴二挡常啮齿轮；10—第二轴一挡常啮齿轮；11—倒挡接合套；12—第二轴倒挡常啮齿轮；13—副变速器行星齿轮；14—行星齿轮；15—行星齿轮内齿圈；16—固定外齿圈；17—副变速器高低挡同步器接合套；18—副变速器高速挡齿圈；19—副变速器输出轴；20—副变速器输入轴齿轮；21—倒挡齿轮；22—倒挡轴；23—中间轴倒挡齿轮；24—中间轴一挡齿轮；25—中间输二挡齿轮；26—中间轴三挡齿轮；27—中间轴四挡齿轮；28—中间轴常啮齿轮；29—中间轴；30—变速器输入轴；31—副变速器输入轴常啮齿轮；32—副变速器输出轴(主变速第一轴)；33—五、六挡同步都接合套；34—第二轴五挡常啮齿轮；35—三、四挡同步器合套；36—一、二挡同步器接合套；37—第二轴一挡齿轮；38—第二轴倒挡外齿圈；39—倒挡齿轮拨叉；40—中间轴挡双联均轮；41—中间轴五挡齿轮；42—中间输六挡齿轮；43—副变速器中间轴常啮齿轮；44—副变速器中间轴；Ⅰ—主变速器；Ⅱ—副变速器。

图 6-41 斯太尔重型汽车用的 ZFS6—90 型带副变速器的两种传动机结构示意图
(a)装有后置测变速器；(b)装有前置副变速器

润滑油泵 2 由第一轴 1 直接驱动，并通过第一轴 1 和第二轴 6 中的中心油道，润滑第二轴 6 上的常啮合齿轮 5、7、9、10、12 的内孔，第二轴 6 的配合表面，以及副变速器中的行星齿轮轴 14。

在组合式变速器中，除上述副变速器在主变速器之后的布置形式外，当副变速器传动比较小时，也可布置在主变速器之前，如图 6-41(b) 所示。有的重型货车为了得到更多的挡位，在主变速器的前、后都装有副变速器。

3. 采用无级变速器

挡数无限的无级变速器，在任何条件下都提供了使发动机在最经济工况下工作的可能性。若无级变速器始终能维持较高的机械效率，则汽车的燃油经济性将显著提高。

图 6-42(a) 是发动机的负荷特性，这些曲线的包络线是发动机提供一定功率时的最低燃油消耗率曲线。利用此图可以找出发动机提供一定功率时的最经济工况(转速与负荷)。

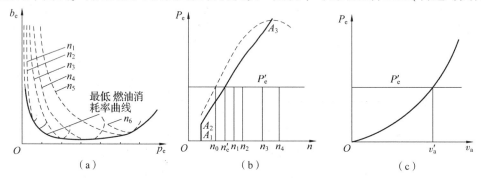

图 6-42 发动机最小燃油消耗特性的确定

(a) b_e-P_e 图；(b) P_e-n 图；(c) P_e-v_a 图

把各功率下最经济工况运转的转速与负荷率标明在外特性曲线上，便得到"最小燃油消耗特性"，见图 6-42(b) 中的 $A_1A_2A_3$ 曲线。例如，在某道路阻力系数为 ψ 的道路上以速度 v_a' 行驶，需要发动机提供功率 P_e'，发动机可以在 n_0、n_e'、n_1、n_2 等多种转速及相应的多种负荷率下工作，但只有在 P_e' 水平线与 A_2A_3 的交点处工作，即转速为 n_e' 和大致为 90% 负荷率工作时，燃油消耗率 b_e 才最小，如图 6-42(c) 所示。

有了发动机的最小燃油消耗特性，便可进一步确定无级变速器的调节性能。无级变速器的传动比 i' 与发动机转速 n 及汽车行驶速度之间有如下的关系：

$$i' = 0.377 \frac{nr}{i_0 v_a} = A \frac{n}{v_a} \tag{6-30}$$

式中，A ——对某一汽车而言为常数，$A = 0.377 \frac{r}{i_0}$。

如上所述，当汽车以速度 v_a' 以在一定道路上行驶时，根据应提供的功率 P_e' (P_e' = $\frac{P_\psi + P_w}{\eta_T}$，$P_\psi$ 为道路阻力功率，是坡度阻力功率和滚动阻力之和；P_w 为空气阻力功率；η_T 为传动效率)，由最小燃油消耗特性曲线可求出发动机经济的工作转速为 n_e' (当然，节气门也要作相应的控制，才能在 n_e' 时发出功率 P_e')。将 v_a' 与 n_e' 代入上式，即得无级变速器应有的传动比 i'。在同一阻力系数 ψ 值的道路上，不同车速时无级变速器应有的传动比 i' 连成曲线便得到无级变速器的调节特性(见图 6-43)。

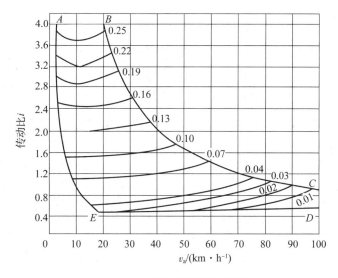

图 6-43 无级变速器的调节特性

AB 为变速器最大传动比，ED 为最小传动比。BC 表示发动机转速为最大功率转速时 i' 与车速的关系曲线，AE 表示发动机最低转速时 i' 与车速的关系曲线。AE 与 BCD 曲线间所包含的曲线，表示在不同道路阻力下无级变速器的调节特性。

6.4.2 车辆定压源能量回收系统

定压源能量回收系统（CPS）是近年来发展起来的新型静液压驱动系统，也称为定压源液压驱动系统，它不仅能高效地从系统中取得能量，还可以回收并重新利用运动物体的动能和势能，显著提高系统的效率，并可缩短加速时间，减少起动时的排污问题，提高汽车的燃油经济性。CPS 采用变量泵/马达、气囊式蓄能器和飞轮作为能量转换及储存部件，实现制动时的动能回收和起动加速时的液压能回馈，将汽车制动时的动能转变为液压能，并将液压能转变为飞轮的机械能储存起来，在汽车加速或上坡时再利用。

1. 定压源液压驱动系统的工作原理及控制原理

图 6-44 为 CPS 的工作原理及控制原理图，图中仅反映了汽车在前进方向的变量泵/马达的转换情况及高、低压油路的分布。从图中可以看出，CPS 是由一个飞轮和三个可变排量的泵/马达组成的液压动力传递系统。变量泵/马达一般采用柱塞式，其排量在正负两个方向可以互换，通过对排量方向的控制，可实现泵、马达以及它们的正、反转功能。整个系统的油路由共用高压油路和共用低压油路组成，系统压力的基本恒定由风轮转速的变化和液压泵的排量及蓄能器的工作容积的调节实现。

汽车制动分为紧急制动与普通减速。前者直接使用汽车原有制动系统，后者使用 CPS。汽车在减速行驶时，司机轻踩制动踏板，通过踏板上的传感器及控制系统，液压系统被激活。驱动轮上的变量泵/马达作为泵工作，回收汽车行驶时的能量，使系统的油压上升，通过与飞轮相连的变量泵/马达作为马达工作使飞轮的动能增加而储存起来，以供汽车起动或加速时使用，此时，发动机及与它相连的变量泵/马达处于停转状态。当汽车行驶的能量较大或汽车下长坡制动时，驱动轮上的变量泵/马达作为泵工作时给系统提供的能量超过飞轮所设置的最大动能，为了保证系统压力的恒定，以及飞轮的最大动能不超过所规定的上限值，可通过减压阀来实现，将剩余的能量释放掉。

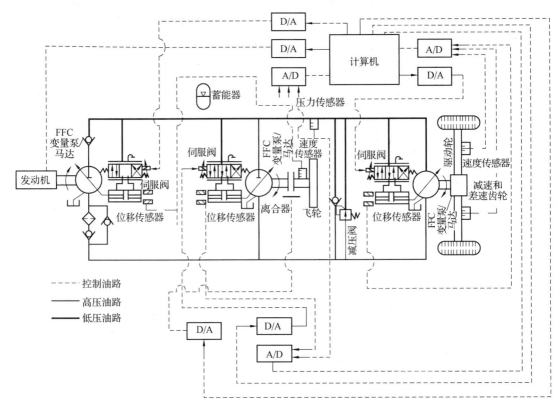

图 6-44 CPS 的工作原理及控制原理图

如果遇到紧急情况，要求汽车在极短的时间内将速度减到很小或停止，司机将重踩制动踏板，使制动的两套能量供给系统均被接通，即在控制系统作用下节能驱动系统产生最大制动力矩的同时，原有的汽车制动系统也将起作用，两套制动系统一起动作将速度减至理想状态。

汽车在加速行驶或等速行驶阻力增加时，驱动轮上的变量泵/马达作为马达工作，消耗压力油而使系统压力降低，此时蓄能器和高速旋转的飞轮将为系统提供动力。通过与飞轮相连的变量泵/马达作为泵工作给系统补充压力油，使系统的油压维持在某一压力水平。当飞轮的转速下降到所容许的下限值，即低于飞轮的最低转速时，飞轮不能给系统提供动力，此时发动机给液压系统提供动力，与发动机相连的变量泵/马达作为泵工作给系统提供压力油，使系统的油压上升。一方面，通过与飞轮相连的变量泵/马达作为马达工作给系统提供压力，使汽车加速；另一方面，给飞轮提供少量的动力使飞轮的转速维持在规定的最低转速。

为了提高飞轮的能量利用率，避免系统不必要的能量消耗。在飞轮与其变量泵/马达之间增加一个离合器，在回收车辆制动减速的能量时，将离合器接合。当系统的液压能波动较小、系统压力基本恒定时，应将离合器分离，由蓄能器调节系统管路的压力能；而当系统的液压能降低较多、系统压力低于设定压力时，此时接合离合器，由飞轮给系统提供能量。

CPS 中的蓄能器能稳定系统压力，消除波动。加速时，蓄能器向系统补充油液；减速时，蓄能器吸收系统的多余流量，改善系统的动态品质。当变量泵/马达处于泵工况时，蓄能器可储存回收的能量，供起动加速时利用。在能量转换过程中，三个变量泵/马达的四种运行工况可用图 6-45 表示。以与驱动轮相连的变量泵/马达为例,当变量泵/马达在第一象限工作时,汽车加速向前行驶;在第二象限工作时,汽车减速向前行驶;在第三象限工作时,汽车加速后退;在第四象限工作时,汽车减速后退。由此可见,在第一、三象限,变量泵/马达作为马达工作,从系统中取得能量,由液压能转化为机械能驱动车辆前进;在第二、四象限,变量泵/马达作为泵工作,吸收车辆的能量,此时,机械能转化为液压能,达到制动的目的。

图 6-45 三个变量泵/马达的四种运行工况
(a) 与驱动轮相连;(b) 与飞轮相连;(c) 与发动机相连

与驱动轮相连的变量泵/马达的排量是通过驱动轮上的速度传感器、转矩传感器、系统压力传感器和由伺服阀控制的液压缸来实现自动控制的,以适应汽车行驶阻力的变化,实现车辆的无级变速。

与飞轮相连的变量泵/马达的排量是通过系统压力传感器、飞轮轴上的速度传感器和由伺服阀控制的液压缸进行控制的。由于飞轮及飞轮轴的材料限制了飞轮的转速不能太高,为了安全,飞轮有最高速度的限制,与飞轮相连的速度传感器可以随时监测飞轮的转速,当驱动轮上的变量泵/马达作为泵工作给系统提供的能量超过飞轮所设置的最大动能时,为了保证系统压力的恒定及飞轮的最大动能不超过所规定的上限值,通过减压阀将剩余的能量释放掉。如果飞轮的转速低于最低转速,与飞轮相连的速度传感器产生相应的信号控制作动器使离合器结合,同时控制伺服阀换位,液压缸动作使变量泵/马达作为马达工作,为飞轮提供动能。如果车辆加速引起液压系统压力下降,压力传感器产生与压降相对应的信号,控制伺服阀换位,液压缸动作使变量泵/马达作为泵工作,为系统提供液压能,泵的排量控制是通过液压缸上的位移传感器来实现的。汽车减速时的控制调节过程与加速时类似。

与发动机相连的变量泵/马达的排量以及发动机的工作状态是通过控制器控制的,并通过系统的压力传感器和飞轮轴上的速度传感器形成闭环控制。当飞轮转速下降到不能为系统提供动能时,飞轮轴上的速度传感器和系统的压力传感器产生相应的信号,控制发动机起动工作;当系统动能由飞轮提供时,控制器使发动机停止工作。

CPS 控制的策略为系统定压源与发动机恒转矩控制。汽车运行分为 3 个过程:制动过程、起步或加速过程、发动机动力输出过程。

(1) 制动过程:车辆在制动时,通过制动前车辆的动能(或势能)驱动与驱动轮相连的变量泵/马达作为泵工作,向系统提供液压能。此时,与飞轮相连的变量泵/马达作为马达工作,驱动飞轮从最低转速向上限转速运行,将系统的液压能转化为飞轮的动能。

当飞轮的转速超出了其上限值时，飞轮与变量泵/马达之间的离合器分离，切断马达的动力输出，将剩余的液压能释放掉。由于飞轮高速旋转时，受到空气阻力及支承轴承的摩擦阻力，飞轮的转速会下降，此时离合器接合，以维持飞轮在转速上限左右波动。

（2）起步或加速过程：当车辆在运行过程中需加速或起步时，与飞轮相连接的变量泵/马达作为泵工作，将飞轮的旋转机械能（动能）通过泵转化为系统的液压能。此时，与驱动轮相连的变量泵/马达作为马达工作，将系统的液压能转化成汽车的动能，驱动汽车加速或起步。

当汽车加速后的速度不高时（由于车辆运行条件的影响），汽车低速运行，此时通过改变与飞轮相连的变量泵/马达排量，维持车辆的运行。

（3）发动机动力输出过程：由于飞轮储存的能量取决于汽车制动前的制动初速度或动能，是有限的，当车辆加速的速度要求较高，飞轮驱动汽车达到一定的运行速度以后，飞轮的转速接近下限的最低转速时，无法继续给系统提供能量，此时与发动机相连的变量泵/马达作为泵工作，给系统提供液压能，使车辆继续加速到所需速度。

飞轮的转速会受到阻力而下降，当飞轮的转速低于下限值时，离合器接合，发动机提供动力维持飞轮的转速不低于其下限值。

发动机在运行时的控制策略是开-关控制，蓄能器主要用来调节系统压力的微小波动，保持压力的基本恒定。

由于发动机输出的动力与驱动轮的变量泵/马达所要求的动力无直接的联系，发动机主要是为系统间接提供动力，发动机的运转可以脱离与驱动轮转矩及转速的关系，使发动机在最经济的工作点运转，此时发动机转矩基本不变。因此在这种控制策略下，发动机运转是最经济的。

但是由于该系统压力基本恒定，系统的调节主要是依靠变量泵/马达的排量变化来进行控制的，而变量泵/马达的排量变化范围由于制造成本或空间布置等原因不可能很大，这就导致飞轮的转速范围不可能太大，在汽车下长坡或制动动能较大时，不可能充分地回收制动的能量。另外，系统传递的效率相对较低。

2. 定压源液压驱动系统的优点

采用 CPS 以后，汽车的有关使用性能得到明显的改善，主要表现在以下几点。

（1）改善汽车的动力性能。汽车在加速时可利用蓄能器的液压能和飞轮储存的动能，提高汽车的动力性能。

（2）改善汽车的燃油经济性。通过对汽车制动减速时汽车动能的回收和再利用，降低了发动机的燃料消耗。

（3）改善汽车的环境舒适性。由于汽车各驱动轮分别直接采用液压马达进行二轮（或四轮）驱动，减少了传统汽车的机械传动系统，从而降低了汽车行驶时机械传动系统所产生的振动和噪声。

（4）改善汽车的制动安全性能。采用能量回收系统的车辆，由于可实现汽车制动时的能量回收，因而在制动时大大提高了制动安全性能。

（5）改善汽车的行驶平顺性。汽车的非簧载质量减小，使汽车的行驶平顺性得到了明显的改善。

（6）改善汽车的行驶的稳定性。在省去了汽车的机械传动系统以后，可以降低汽车的质心高度，从而提高了汽车行驶的稳定性。

第6章 汽车整车节能技术

从液压系统来看,其主要特点表现在以下几点。

(1)由于系统压力比较稳定,因而可保护液压元件不受高压的冲击,延长液压元件的使用寿命,同时也可降低系统的噪声。

(2)在定压源中传递能量,使工作压力直接作用于执行元件上,因而可以降低系统中的能量损耗,提高系统的使用效率。

(3)系统结构简单,便于安装和检修。

思考题

1. 简述燃油消耗率的计算过程。
2. 简述车身造型的发展趋势。
3. 在车辆空气动力学中气动力矩分为几种?其表达式如何书写?
4. 车身轻量化的主要评价指标有哪些?
5. 车身轻量化有哪些途径?
6. 简述你所在地区车辆的燃油与润滑油的选用思路。
7. 简述多挡机械变速器的运行思路。

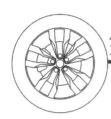

第 7 章 汽车使用节能技术

7.1 发动机起动升温与节能

影响汽车使用节能的因素主要有汽车本身的风阻系数、汽车本身的质量、汽车发动机。其中，汽车的发动机深刻影响汽车质量，在社会经济和科技的不断发展下，人们对发动机技术提出了更高的要求。随着能源的日渐紧张和对环境保护的日益迫切，节能工作得更加深入；同时工业生产上经济效益需求的提高，作为降低作业成本的直接有效措施，节能工作也应更进一步。目前，汽车发动机节油是一项系统工程，根据发动机温度和大气温度的不同，发动机起动分为常温起动、冷起动和热起动。当大气温度或发动机温度高于 5 ℃时，起动发动机比较容易，一般不需要采取辅助措施，这种情况下称为常温起动；当气温或发动机温度低于 5 ℃时称为冷起动；发动机温度在 40 ℃以上时的起动，称为热起动。

7.1.1 常温起动

为了减轻发动机的磨损并减少油耗，常温起动后应待冷却液温度升至一定温度后再起步。常温起动节油的操作方法为：关闭百叶窗，不关阻风门，轻踩加速踏板起动发动机，使发动机保持低速运转，冷却液温度升至 40 ℃后再起步。

7.1.2 冷起动

在冬季，我国大部分地区的最低气温均在 0 ℃以下，北部气温一般为 -25 ℃左右，三北（东北、华北、西北）地区最低气温为 -40 ~ -35 ℃。汽车在低温条件下行驶时，发动机起动困难，多起动一次，就会多浪费一次油，另外还会加剧发动机的磨损，发动机起动后，要以低速运转数分钟，使其逐渐升温。

汽车在低温条件下行驶时，发动机起动困难，润滑条件差，各运动件磨损加剧，燃料消耗明显加剧。具体表现在以下几方面。

（1）发动机起动困难。低温条件下，由于润滑油黏度增大，曲轴转动阻力增大；内电阻增大，造成蓄电池端电压显著下降，甚至不能放电，即使放电，也会因为极板内层的活性物质不能被充分利用，使得输出容量大大减小；起动机得不到所需要的输出功率，起动转速达不到要求，燃油雾化质量变差，难以形成可燃混合气，从而使起动困难。

(2)冷却系统与蓄电池易结冰。寒冷季节水冷式发动机在工作时应经常保持80~90 ℃的冷却液温度，发动机室空间温度应保持在30~40 ℃，若发动机在低温下运转，不仅会增加气缸磨损量与燃油消耗量，同时，也易冻裂散热器。因此，冷却系统的保暖十分重要。另外，低温下蓄电池电解液密度不够时，相应的电解液中的水分增加，蓄电池便有可能结冰。不同密度的电解液，化学反应后形成不同的水量，因而冻结温度也不同，如表7-1所示。由表可知，密度为1.28 g/cm³的电解液(相当于充足电的蓄电池)，其冻结温度最低(-65 ℃)。因此，冬季应使蓄电池处于良好的充电状态。

表7-1　蓄电池充电程度、电解液密度与冻结温度的关系

电解液密度/(g·cm^{-3})	充电程度	冻结温度/℃
1.275~1.280	充足	-65
1.24	3/4充足	-45
1.20	1/2充足	-26
1.15	1/4充足	-15
1.10	完全放电	-6

(3)燃油消耗量增加。低温起动发动机时，润滑油从机油泵流入曲轴轴承需2~3 min。这不但增加了起动阻力，加剧了机件磨损，也增加了燃油消耗。在低温季节，加热水与不加热水对发动机升温时间及燃油消耗影响较大。以解放CA1091汽车为例，当外界气温为13 ℃时，加冷水起动发动机，低速运转15 min后冷却液温度达80 ℃，消耗燃油1 L；当向发动机加热水时，仍用低速运转起动发动机，只需10 min冷却液温度便可达80 ℃，消耗燃油0.6 L，两者相比，油耗相差40%。

低温季节，外界气温为5 ℃时，不加热水起动发动机一次，气缸磨损量相当于正常行驶30~40 km的磨损量；在-18 ℃时起动一次，气缸磨损相当于正常行驶250 km的磨损量。在一台发动机的使用寿命中，起动所造成的气缸磨损约占其总磨损量的50%，而冬季起动占起动磨损量的60%~70%。

(4)行车条件恶劣。寒冷地区的冬季，冰雪天气比较多，在冰雪路面上行车容易溜车，通行困难；在刮风飘雪时行车，视线差，驾驶操作困难；制动效能明显降低。这些不利因素既有碍于安全行车，又增加了燃油的消耗。

目前低温下起动发动机采用的节油措施如下。

1. 预热发动机

预热发动机包括热水预热法、锅炉预热法等。

(1)热水预热法：当大气温度低于-15 ℃时，应在发动机起动前加入80~95 ℃的热水，对发动机及冷却系统进行预热。其方法是：先制一个三通接头，装在缸盖水管软管上，让热水先进入缸体水套内，然后流入散热器。当热水注满冷却系统后，将放水阀打开，热水通过冷却系统边注边流，待流出的水温达30~40 ℃时，将放水阀关闭。热水注入10~15 min后，发动机水套里的冷却液温度与气缸体的温度逐渐趋于一致。

在严寒时节，采用上述热水预热后，还需用蒸汽、红外线或炭火烘烤油底壳(禁止用明火)，并要预热蓄电池。也可以在晚上停车后，把机油从油底壳放出，盛在清洁的容器里，待早晨起动发动机之前，将发动机加热至60~80 ℃后加入曲轴箱内。

(2)锅炉预热法:主要采用汽车锅炉式预热器加热来预热发动机。如图 7-1 所示,汽车锅炉式预热器主要由油箱、锅炉、蛇形管组成。操作时,关闭锅炉放水阀,打开蒸汽阀,分别向油箱加油、锅炉加水;然后关闭加水管螺塞,向油箱内打气,使汽油雾化;再打开放油阀,雾状汽油即经过油管进入喷油器,不断向锅炉喷油并使之燃烧。锅炉里的水温很快上升并产生蒸汽。蒸汽经蒸汽阀、蒸汽管,进入蛇形管预热机油;再经过蛇形管的另一端进入与发动机水套相连的蒸汽管,预热发动机的机体与散热器。当发动机预热起动后,关闭放油阀和蒸汽阀,打开放水阀将水排出炉体,以防冻结锅炉。在气温为-35 ℃时,预热发动机需 10~15 min 就能使其温度升高到 40~60 ℃。

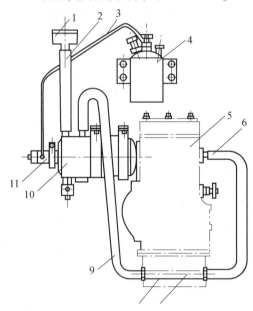

1—加水器;2—加水管;3—油管;4—油箱;5—气缸体(预热部分);6、9—蒸汽管;7—机油预热管;8—发动机润滑油槽(预热机油);10—蒸汽锅炉;11—预热器喷油器。

图 7-1 汽车锅炉式预热器

2. 改善可燃混合气的形成条件

在严寒季节,除了采用轻质汽油起动发动机(汽油车),另外采用较多的是预热器,具体有螺塞式电阻点火预热器和悬挂式电阻点火预热器等形式。

螺塞式电阻点火预热器适用于雾化室壁有螺塞装置的发动机(柴油机常见)。制作时,电阻丝采用 800~1 200 W 电炉丝(截成 20 mm 长,约 30 圈);搭铁线、火线和电阻丝的连接线用直径为 1.5~2.0 mm 铁丝或铜线,其结构如图 7-2 所示。

操作方法:在起动发动机前,先用手摇柄摇转曲轴,将润滑油送至主要摩擦表面,然后打开电阻点火预热器(1~5 s,电流表指示放电 8~10 A),再踏 1~2 次加速踏板,当听到"嗡"的声音时,关掉预热开关,即可起动发动机。

悬挂式电阻点火预热器适用于雾化室壁处无螺塞的发动机,其构造如图 7-3 所示。它的工作原理、操作方法与螺塞式电阻点火预热器相同。

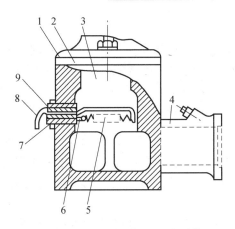

1—化油器；2—石棉垫；3—雾化室；4—进气歧管；5—电阻丝；
6—搭铁；7—六角空心螺钉；8—火线(接开关)；9—绝缘套。

1—火线(接点火开关)；2—绝缘垫；3—雾化室；
4—搭铁线；5—进气歧管。

图7-2　螺塞式电阻点火预热器　　　　图7-3　悬挂式电阻点火预热器

为改善柴油机可燃混合气的形成条件及燃烧性能，可采取以下措施：
(1) 选用十六烷值较高、发火性较好的柴油；
(2) 采用较高的压缩比；
(3) 采用各式促进气体运动的燃烧室和进气道；
(4) 提高喷油压力；
(5) 采用较大过量空气系数的可燃混合气；
(6) 采用适当的喷油提前角。

3. 提高点火能量

蓄电池在低温时电解液密度增大，电解液在极板空隙中的渗透能力变差，蓄电池的内阻增大，使蓄电池容量减小，汽车在行驶中充电不足，端电压下降。试验表明，电解液温度每下降1 ℃时，蓄电池的容量将下降1%～1.5%。因此，在冬季，为保持蓄电池一定的温度，应将蓄电池置于特制的保温箱内。使用两个蓄电池时，应使它们的技术状况基本一致，并把蓄电池电解液密度提高到1.28 g/cm³，还应该经常进行小电流补充充电。如果蓄电池容量一大一小，会导致过充电和过放电，缩短使用寿命，减小输出电流。同时，若两个蓄电池容量差别过大，则有可能使蓄电池处于不充电或充电不足状况，这样会因蓄电池输出容量不足，使起动机转速下降。

在冬季，可把发电机输出电压调整到额定值的上限14.8 V，使其充电电流增加，从而改善点火和起动性能。但电压过高易引起分电器触点烧蚀，导致起动困难，因此也不宜将电压调得过高。

4. 增大起动机功率

把起动机的四个磁场绕组由串联改为两两串联后再并联，可使其功率由1.325 kW增至1.472 kW。起动机在装复过程中，除各部件要符合技术标准外，另外要注意的是：起动机的电枢端隙不得大于2 mm；电枢与磁铁间隙不得大于2 mm；不能用在磁铁与外壳之间加垫绝缘纸的方法来减小电枢与磁铁之间的间隙，否则会使磁路磁阻增加，磁通量减小，转矩减小，冷起动变差。

5. 检查清洁点火系统

检查高、低压线是否漏电；清洁、调整断电器与火花塞间隙。冬季火花塞间隙应当调小至规定值的最小极限。例如，解放 CA1091 型汽车使用的火花塞，在冬季其间隙应调至 0.6~0.7 mm。

6. 在严寒地区应使用起动辅助燃料

汽油机使用轻质汽油；柴油机使用由 70% 乙醚、27% 喷气燃料、3% 的 10 号汽油机机油配制而成的起动辅助燃料。柴油机使用这种燃料起动前，应使用 4 号稠化机油作为其润滑油，摇转曲轴 10~20 转，再从进气管喷入起动燃料，每次喷入 2~3 mL，直至柴油机稳定地工作。

完成上述必做的准备工作后，起动发动机前，还需用手摇柄摇转曲轴 10~20 转，再使用起动机或专供起动用的蓄电池来起动发动机；每次使用起动机不应超过 3~5 s，两次连续起动应间隔 15 s 以上，以免损坏蓄电池。

7.1.3 热起动

表 7-2 是多次进行热起动试验所得的发动机油耗数据。该试验是在大气温度 22 ℃、发动机冷却液温度 80 ℃ 情况下进行的。热起动一次的油耗为 0.4~1.8 mL，时间为 1.88~4.68 s。这显然比冷起动油耗低得多(见表 7-3)，但所需时间没有明显差别。

表 7-2 热车起动发动机油耗

No. 1		No. 2		No. 3		No. 4	
时间/s	油耗/mL	时间/s	油耗/mL	时间/s	油耗/mL	时间/s	油耗/mL
3.63	0.5	4.68	1.8	2.38	1.4	1.88	0.4

表 7-3 冷车起动发动机油耗

No. 1		No. 2		No. 3		No. 4	
时间/s	油耗/mL	时间/s	油耗/mL	时间/s	油耗/mL	时间/s	油耗/mL
3.3	5.2	2.66	5.5	3.55	6.6	2.66	5.5

汽车行驶过程中，常有临时停车熄火后重新起动发动机的情况，由于这种热起动发动机的次数较多，因此做好热起动可以节省较多的燃油。为了热起动省油，要求更轻地踩加速踏板，且做到起动发动机一次成功，起动后立即进入怠速运转。正确地调整怠速和点火提前角，可以做到不踩加速踏板起动发动机。另外，夏季气温高，停车后再起动往往会出现"气阻"现象，需要采取局部降温或泄放汽油蒸气等措施后再起动发动机。发动机起动后，冷却液温度升到 40 ℃ 以上才能起步行车。

7.2 起步加速与节能

汽车起步是汽车从不动到动的必经过程。已经运转的发动机和处于静止状态的汽车底盘，要依靠离合器来调节这一对动和静的矛盾。

在水平道路上起步时，发动机发出的转矩通过传动系传到驱动车轮，用来克服地面

的滚动阻力 F_f 和加速阻力 F_j。由于空气阻力 F_w 很小，可以忽略不计；在坡道上起步时，除了要克服水平道路上的阻力，还需克服坡道阻力 F_i（即汽车重力沿坡道的分力，上坡时表现为阻力，下坡时表现为助力）。汽车起步与汽车的总重 G 有很大的关系。理论和实践都证明，空车起步时离合器滑磨时间短，节气门开度小；重车起步时离合器滑磨时间长，节气门开度相应较大。

7.2.1 起步操作

起步前，驾驶员应对车辆的油、冷却液、轮胎及安全设施进行检查。进入驾驶室后，要查看各仪表的工作是否正常。气压制动的汽车，当冷却液温度表达到 40 ℃ 以上，气压表压力高于 0.4 MPa，机油压力达 0.16 MPa 以上时，方可起步。

起步时，要手脚协调，左脚要完全踩下离合器踏板，将变速杆置于低挡位置，左手稳握转向盘，右手放松驻车制动器操纵杆。接着左脚快速抬离合器踏板，待传动机件稍有振抖、发动机声音略有变化时稍停，这时右脚轻踩加速踏板，同时左脚再缓慢抬离合器踏板，使车辆平稳起步。满载或坡道上起步时，要注意驻车制动器、离合器和加速踏板三者的配合协调，即右手握住驻车制动器操纵杆，右脚轻踩加速踏板，使发动机转速提高至中等转速，同时抬离合器踏板到半接合状态。当听到发动机声音发生变化时，缓慢放松驻车制动器，同时逐渐踩下加速踏板并慢抬离合器踏板。

起步操作的要领是"快、停、轻、慢"四个连贯动作的有机配合。"快"即抬离合器踏板的前一段（分离阶段）的动作要适当快一些；"停"即离合器片与飞轮即将接合时，抬离合器踏板的动作在这一位置稍作停留；"轻"即当抬离合器踏板稍停时，应轻轻踩下加速踏板；"慢"即慢慢地完全松开离合器踏板。总的来说，完成这四个连贯动作要"快"且"平顺"。

7.2.2 初始挡位的选择

起步尽量使用一挡，离合器少用或不用半联动，缓加油门，根据车速和发动机转速合理地由一挡向高挡位转换。在换挡过程中注意控制发动机的动力输出，使发动机动力和车辆的行驶阻力相匹配，动力够用即可。在加踩油门时应以发动机动力既不因过大而超转速运转，又不因不足而顿促，适时变换挡位，使车轮平稳地向前加速行驶，绝对不能出现那种让乘车人前仰后合的感觉。一般正常行驶中，在每一个挡位发动机转速控制在最高转速不超过最大功率转速的 50%~75% 时比较合适，也最节能。所以起步一般要用低速挡，因为起步要克服车辆的静止惯性，需要有较大的转矩，而发动机所提供的转矩远远不能直接满足要求，这就要通过变速器的减速增矩作用来加大车轮驱动转矩，才能达到增大驱动力的目的。一般来说小型汽车因为发动机转速较高，现在一般要求采用一挡起步。而大型汽车因为变速器挡位较多，有的还具有爬坡挡，这时如用最低挡起步就会提速过慢，所以大型车辆一般用二挡起步，才能达到节油的目的。

在天气良好的情况下，当第一次起步时，应在起动发动机前，先将变速杆挂入二挡，踩下离合器，再起动发动机。满载或在坡道上起步时，必须用最低挡位、小节气门开度，这样可以克服静摩擦力和向后滑的惯性。当汽车移动后迅速换入高一级挡位。表 7-4 和表 7-5 是东风 EQ1090 型载货汽车平路和坡道起步加速初始挡位对油耗的影响。

表 7-4 东风 EQ1090 型载货汽车平路起步加速初始挡位对油耗的影响

项目	油耗/mL	距离/m	时间/s	油耗差/mL	距离差/m	时间差/s
一挡起步	120	272.4	41.2	10	13.7	3.1
二挡起步	110	258.7	38.1			

表 7-5 东风 EQ1090 型载货汽车坡道起步加速初始挡位对油耗的影响

项目	油耗/mL	时间/s	油耗差/mL	时间差/s
一挡起步	41.9	10.41	19	5.02
二挡起步	22.9	5.39		

注：坡度为 5.5% 左右的直坡道路。

从以上两表可以看出：在平路上起步并连续换挡加速到 40 km/h，用二挡起步比一挡起步节油 10 mL，距离缩短 13.7 m，总时间减少 3.1 s；在坡度为 5.5% 左右的坡道上起步时，用二挡起步比一挡起步节油 19 mL，时间缩短 5.02 s。由此表明，东风 EQ1090 型载货汽车单车满载在以上条件采用二挡起步加速，既能满足汽车起步加速的动力要求，又能有效地节约燃油。

汽车在平路上起步时，应尽快循序换入高速挡。汽车一经发动就抬离合器，不等节气门起来就用二挡起步；汽车一旦运行起来，不等加大节气门开度就换入三挡，这样直至换入五挡。采用这种方法，从起步到换入五挡，行驶距离不超过 60 m，油耗仅 34 mL。而正常起步至换入五挡时需耗油 50~55 mL。此方法适用于停靠次数较多的城市公共汽车。值得注意的是，由于柴油机转速和转矩的输出反应迟缓，起步后要等发动机转速升高（比汽油机稍高）时，才能换入高一级挡位。否则，即使勉强换入高一级挡位，开大节气门也会导致加速困难，排气管大量冒黑烟，甚至熄火，这样反而增加了油耗。

7.2.3 起步时控制节气门的方法

汽车起步时，要使发动机既不熄火又能省油，关键在于能否正确掌握抬离合器和踩加速踏板（控制节气门）的配合要领。如果加速踏板踩下过猛，会引起车辆加速过快而向前冲，使转动机件受到损伤；若加速踏板踩得过轻，则易使发动机熄火，需要进行二次起动。总之，加速踏板踩得过猛或过轻都会费油。起步时踩下加速踏板的轻重要以发动机的声音是否柔和为准。

起步加速踩下加速踏板的距离，要听发动机的声音，以声音增高较柔和为宜。若出现发闷的吼声，说明加速过量，应稍抬加速踏板，防止发动机短期内出现大负荷，增加油耗和磨损。一般来说，加速踏板踩得稍轻时提速较慢，但省油；加速踏板踩得稍重时则提速较快，但费油。

汽车平路起步时，节气门开度不宜超过 80%；用高挡位在平路上行驶时，节气门开度不应超过 50%。这主要是为了避免加浓系统起作用，而达到省油的目的。

7.2.4 起步时发动机冷却液温度对油耗的影响

冬季汽车起步加速时，冷却液温度对油耗有一定的影响。正确的起步，应在冷却液 40 ℃ 以上时进行。表 7-6 是冬季起步时冷却液温度对油耗的影响。

表 7-6 冬季起步时冷却液温度对油耗的影响(平路行驶 5 000 m)

起步冷却液温度/℃	22	30	40
平均油耗/[L·(100 km)$^{-1}$]	31.7	29.6	27.8
平均车速/(km·h^{-1})	31.5	37	36.3

从表中可以看出，起步冷却液温度 22 ℃ 与 40 ℃ 相比，平路行驶 5 000 m，百公里油耗增加 3.9 L，多耗油 14.03%；起步冷却液温度 30 ℃ 和 40 ℃ 相比较，百公里油耗增加 1.8 L，多耗油 6.47%。由此可见，冬季起步冷却液温度过低导致耗油率增加，这主要是冷却液温度低时，燃油雾化不良，加之润滑油黏度过大、摩擦损失增加所致。要使发动机正常工作，必须多供给一定量的燃油。

7.3 挡位操作、滑行与节能

7.3.1 汽车挡位操作节能

变速器是用来改变汽车行驶速度的。如果发动机的转速不变，那么在不同的挡位时车速不同。当汽车在行驶中挡位一定时，车速与发动机的转速成正比：

$$v = \frac{0.377 r_r}{i_0 i_1} n \tag{7-1}$$

式中，v——车速(km/h)；

n——发动机转速(r/min)；

r_r——车轮工作半径(m)；

i_0——汽车主减速器传动比；

i_1——所用挡位的传动比。

北京 BJ2022 型汽车采用 492Q 型发动机，当汽车速度保持在 36 km/h 时，汽车用三个前进挡行驶。由上式可计算出相应的发动机转速。BJ2022 在不同挡位下百公里油耗对比如表 7-7 所示。由表可见，在相同的情况下，正常行驶时用高速挡比用低速挡节油。

表 7-7 BJ2022 在不同挡位下百公里油耗对比

车速/(km·h^{-1})	挡位	发动机转速/(r·min^{-1})	百公里油耗/kg
36	1	3 812	15.6
	2	2 168	11.8
	3	1 223	10.5

在经济车速范围内，车速越接近上限时，其功率利用率越高，燃油消耗率越低。为此，汽车在不同道路上行驶时，驾驶员应熟悉路况，因地制宜地掌握车速，及时调整到适当的挡位，使发动机运转在经济车速范围内。在平路上行驶时，尽快换入高速挡比较省油。

在汽车运行中，由于道路阻力增大或情况变化，高一挡的动力不足以维持汽车正常行驶时，就需减挡。减挡的时机以当用高一级挡位行驶，节气门开度为全开的 80%、车速下降到该挡车速最大值的 30% 左右时，减入低一级挡位为最佳。较早减挡不能充分发挥高一级挡位时发动机负荷率高的优势，油耗会上升；过迟减挡会使发动机超负荷运转，机件磨损增加,油耗也上升,甚至会因工况恶化而熄火。试验表明,减挡过迟的汽车转矩会迅速下降,往往减至低一级挡位仍不能维持正常行驶,而不得不减到更低一级的挡位,造成脱挡行驶,导致油耗的急剧增加。

汽车在运行中,使用变速器的原则是"吊一挡,稳二挡,充分利用高速挡"。在换挡时应及时、平稳而迅速;低挡换高挡应提前;减挡在避免脱挡行驶的前提下应尽量拖后。

在换挡时机的掌握上应力求准确。一般地讲,平路二挡起步(坡道或拖挂重车时用一挡),4 s 内换入三挡,7 s 内换入四挡,9 s 内换入五挡,从起步至换入五挡总共不应超过 20 s。并注意在加挡提高车速过程中,应以缓加速为主,避免急加速。与此同时,在行驶中,只要发动机输出功率富裕就需加挡,否则,将使油耗增加。

换挡时,应脚轻手快。脚轻的意思是不要猛踩加速踏板,避免节气门全开;手快是指换挡的动作要迅速、敏捷,与脚(加速踏板、离合器)配合要协调。起步时不要连续踩加速踏板,也不要在离合器尚未完全接合的情况下就猛踩加速踏板,使发动机高速空转,浪费燃料。一定要轻踩加速踏板缓加油。猛踩加速踏板时,混合气加浓,增加油耗。试验表明,猛踩加速踏板比缓加油要多耗 1/3 的燃油。

在换挡方法上,采用稳加速踏板快速换挡法较节油。例如,在一般情况下,解放牌汽车由四挡换三挡、三挡换二挡均应在节气门全开时仍感到汽车运行速度迅速下降,逐渐将加速踏板放松至全部开度的 1/3~2/3(行驶阻力愈大、坡度愈陡,则相应的节气门开度愈应加大)处时,再稳住加速踏板;与此同时,用脚尖快踩一次半脚离合器,把变速杆移入空挡,离合器稍微往回抬一点再迅速踩下去,及时将变速杆换入低一级挡位,然后放松离合器,此方法称为"一脚离合器,二次进挡法"。用它减挡,又快又易进挡。

随着行驶阻力减小,低挡的动力明显用不完时,应加高挡。例如,二挡需加三挡时,将加速踏板稳在其开度的 1/3~1/2 处,右脚(转向盘左置式)快踩一下加速踏板,同时左脚踩下离合器,右手将变速杆快速推进三挡,这样又快又没有异响。

上述快速加、减挡动作适合山区行车。在一般平坦道路上遇有障碍物需换入低速挡时,在节气门处于怠速关闭的情况下,就应先稍踩加速踏板至适当位置,然后使用快速换挡法。

7.3.2 汽车滑行节能

车辆滑行是汽车使用中重要的节油措施,汽车滑行器节油技术和发动机轻载滑行技术可提高车辆滑行节油效果。所谓汽车滑行,是指汽车无动力地运动,滑行就是利用汽车的惯性行驶。滑行时发动机在怠速或强制怠速情况下工作,可以不用油或少用油,因此可以节约燃油。滑行可以在平路、下坡进行,有时上坡也可以利用滑行。

滑行时,既可能是带挡状态,也可能是脱挡状态,发动机既可能熄火,也可能处于正常工作状态。车辆滑行节油效果如何,关键是滑行时机和方式是否合理。常见滑行方式有下坡滑行、加速滑行、减速滑行。滑行是提高汽车燃油经济性、节约能源、降低运输成本的有效途径。

1. 下坡滑行

汽车下坡时,在保证安全的前提下,应充分利用其自身惯性让汽车滑行,从而节省燃油。在下坡的坡度小于 5%、坡长超过 100 m 的直线道路上,当车速被控制在 30 km/h 以内时,可采用下坡滑行。

汽车在下坡时自身的重力可分解为垂直于地面的法向作用力和平行于地面的切向作用力，如图7-4所示。

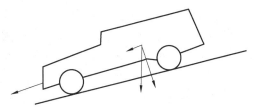

图7-4　汽车在下坡时受力图

其中，切向作用力是使汽车向前的力，与行驶阻力正好相抵，比行驶阻力小时能降低汽车的行驶速度，比行驶阻力大时就会使汽车加速下滑。所以，下坡时可以先将车辆加速到一定值，然后利用车辆的惯性滑行。但要合理控制好滑行的车速，如车速过高将不易控制汽车的行驶，存在安全隐患。

汽车运行在丘陵地段，可利用连续起伏的地形滑行。下长坡时，应根据路况、气候、交通状况等适当滑行。

对于那些设有转向盘锁止机构和真空助力制动的汽车，在下坡滑行中绝对不能关闭点火开关或让发动机熄火，以避免因转向盘锁止或制动力减弱而发生车祸。

汽车在滑行中，若遇到制动系统发生故障或车速难以控制时，应立即接通进油口处开关和点火开关，采取快速换挡法（一般以当时能换到的最低挡），以便让发动机起制动作用，确保行驶安全。

2. 加速滑行

当汽车在平路上以经济车速行驶时，发动机的负荷率一般在30%～40%之间。在这种情况下油耗率仍较高，应以加速滑行的办法提高发动机的负荷率。加速滑行是指在平路行驶时，用暂时（瞬间）多消耗燃油来提高车速，利用加速时储存的动能让汽车滑行。在滑行时，发动机怠速或熄火，从而可节省一部分燃油；另外加速时，增大了发动机负荷率，降低了油耗率。

在加速时，若使用猛加速或加速至最高车速的75%以上，滑行至最高车速的45%以下，则不能节油。因此，正确的加速滑行方法是平稳加速，使节气门开至80%～90%为宜。

当道路条件差、满载或拖挂运输时，不应采用加速滑行的方法。否则，既不安全，节约油耗也不明显（见表7-8）。

表7-8　解放CA1091汽车加速滑行与等速运行时的油耗情况（单位：L/100 km）

装载	运行工况	车速/(km·h^{-1})					
		20	25	30	35	40	45
空车	加速滑行	20.75	18.95	17.80	16.23	16.03	17.21
	等速运行	23.60	22.30	21.71	20.53	20.15	21.90
满载	加速滑行	23.75	22.52	22.45	22.51	22.37	23.96
	等速运行	24.10	22.95	23.15	23.20	25.24	25.20
拖挂	加速滑行	37.77	36.58	34.70	32.81	32.24	33.34
	等速运行	38.00	37.21	35.22	33.32	34.30	35.10

汽车上坡时，应根据具体道路和交通条件，灵活冲坡。在上短坡而安全行车有保证时，可采用高挡加速冲坡，中间不得换挡，一鼓作气冲上坡顶；在上长坡时，可先用高挡冲坡，上至坡中段应适时换入低挡。随着行驶阻力的减小，动力会有所增加，增加很多时可用快速换挡法加挡。在上陡坡时，为了减少换挡时汽车出现的瞬间停顿，保持行驶连续性和连贯性，应提前换入低挡；在小丘陵连续坡时，可以又冲坡又滑行，因地制宜，灵活应用。

汽车上坡前，应根据发动机运转情况及时换挡，防止脱挡行驶。例如，当满载的解放CA1091以四挡节气门全开冲坡，车速下降至35 km/h以下时，发动机会出现沉闷的响声。转速急剧变化时就叫脱挡行驶，此时发动机油耗上升，并易发生早燃和爆燃，从而浪费燃油，加速机件的不正常磨损。由于柴油机额定转速比同类型的汽油机低，转矩曲线相对平缓，加速反应也较缓，转速提高较慢，在汽车爬坡时车速下降较快。因而，在上坡时柴油车冲坡要稍猛一些，绝不允许换挡行驶。若此时勉强行车就会脱挡，即使再换入低挡，开大节气门，也难以克服上坡的阻力，这样就不得不再减一个挡位，从而较大地降低了车速，增加了油耗。

汽车在同一挡位上坡时，以节气门开度最小时最省油；若加大节气门可提高一级挡位，驾驶员还是以低挡位、小节气门开度为好。汽车冲坡时，高挡不硬撑，低挡不猛冲，尽可能避免用大功率转速。当道路阻力减小时，及时恢复高挡行驶。

3. 减速滑行

减速滑行是利用汽车在行驶中遇到特殊情况，如会车、避障等需要减速通过，或进场、转向、掉头、靠边停驶等需要减速时，驾驶员一般在作出正确判断后，松加速踏板，利用车辆的初速度滑行，达到减速或停车的目的，这样可减少汽车制动时的能量损失。汽车制动时能量损失 ΔE 可按下式得出：

$$\Delta E = \frac{1}{2}M(v_1^2 - v_2^2) \tag{7-2}$$

式中，M——汽车质量（kg）；

v_1——制动开始的汽车速度（m/s）；

v_2——制动后的汽车的速度（m/s）。

显然，制动开始时汽车的速度 v_1 越小，汽车的能量损失就越小，也就越省油。若制动后汽车速度 $v_2 = 0$，则能量损失与开始制动时车速成正比。可见，在制动前采用减速滑行以降低制动开始的车速 v_1，就能减少因制动而消耗的能量，应尽量避免使用制动，特别是紧急制动。据测定，由于制动停车，每次重新起动加速至20 km/h，所耗油量达60~90 mL。如果采用减速通过，减少制动和停车次数，就能省下这部分燃油。所以，遇到特殊情况，多以减速滑行代替制动，即以滑代制。

由于滑行时发动机不工作或者转速很低，不论对气压制动还是液力制动（有真空加力装置的）都可能有影响，因此，滑行的前提是确保安全，并要避免对机件的损坏。不能确保安全以及对机件有损坏的滑行应当禁止，以免危及财产和生命安全。

7.3.3 汽车滑行器节油技术分析

1. 滑行器基本工作原理

汽车滑行器是在发动机与驱动轮的动力传输环节中，加入一专用离合器，适时切断发动机及传动系统与车轮的连接，避免发动机及传动系转动阻力对车辆动能的消耗，提高汽车滑行节能效果。与人工驾驶操作相比，滑行器响应及时，车辆动能得到充分利用，减少了发动机及传动件的磨损，降低了驾驶工作强度，特别适用于加速滑行，可进一步提升滑行节油效果。但滑行器成本、可靠性及发动机制动的不及时性，影响了其推广应用。

汽车滑行器基本组成分为两部分：一是单向超越机构，从动件适时超越主动件，实现车辆自由滑行，并能及时恢复发动机驱动车轮；二是车辆脱挡滑行与带挡滑行的转换机构，确保车辆倒挡功能和发动机制动功能，使滑行器不影响汽车原有使用性能。滑行器安装位置影响其结构和性能。滑行器安装于变速器之前，工作环境稳定，不受变速器"减速增扭"功能影响，可降低其工作扭矩和转速，且不用考虑倒挡控制和滑行器对车速表的影响，但仍受传动系统运转阻力影响，节油效果略低。滑行器安装在变速器内部，可使其得到充分润滑，但仅高挡位有效，且安装空间受限制，影响滑行器使用性能。若在变速器输出轴后安装滑行器，则可避免变速器齿轮转动阻力对滑行的影响，增加滑行距离；但受"减速增扭"功能影响，滑行器承载扭矩大于发动机输出扭矩。若滑行器安装在半轴上，则可将车辆传动系统运转阻力降至最低，节油率最高，但安装空间有限，工作扭矩最大，影响其可靠性。

滑行器实现车辆脱挡滑行与带挡滑行相互转换的技术方案有三种：一是并联副离合器；二是采用可控超越离合器；三是采用滑动接合套。当车辆挂倒挡或实施发动机制动时，强制锁止超越离合器，在其他工况时，超越离合器则处于非锁止状态，以实现车辆脱挡滑行。

2. 发动机轻载滑行节能技术分析

1）发动机轻载滑行的控制机理

发动机轻载滑行即发动机处于轻载状态下的车辆带挡滑行。为保证发动机正常运转，车辆在加速或等速行驶过程中，发动机不能轻载；发动机转速低于正常怠速时，也不能处于轻载状态，以避免发动机熄火；同时为保证行车安全，当车辆制动时，发动机不能处于轻载状态，以发挥发动机制动作用。因此，发动机轻载滑行应同时满足以下条件：节气门放松；制动踏板放松；离合器踏板放松；发动机转速高于怠速。当上述条件有一个不满足时，发动机由轻载状态转换为正常工作状态。

车辆运行状态由转换开关控制，当按下开关时，红色指示灯亮，车辆进入轻载滑行等待阶段，如不能满足轻载滑行的条件，车辆仍常规行驶。当满足轻载滑行条件时，车辆自动进入轻载滑行状态；若没有按下转换开关，即使满足轻载滑行条件，车辆也仍常规运行。车辆轻载滑行控制原理图如图7-5所示：电子控制模块采集节气门位置、离合器踏板位置、发动机转速等信息及制动开关信号，通过逻辑判断，如满足轻载滑行条件则向执行机构输出指令，停止喷油器喷油，并开启排气门，实现发动机轻载运转。当轻载滑行条件不满足时，电子控制模块则发出指令，喷油器恢复正常喷油，排气门恢复正常开闭。

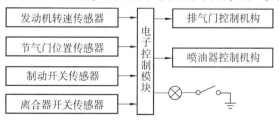

图7-5 车辆轻载滑行控制原理图

2)发动机轻载滑行的执行机构

发动机轻载滑行的执行机构,一是实现喷油器停止喷油,二是微开启排气门。常通过控制喷油器电路实现喷油器停油,当轻载滑行条件符合时,断开继电器触点,切断喷油器电磁阀电源,停止喷油;当发动机常态工作时,继电器触点闭合,接通喷油器电源,恢复喷油器喷油。

发动机轻载时,通过采用高度可变气门挺柱或升程可变的凸轮机构,实现气门微开启控制。另外,排气门控制通过增厚气门挺柱实现气门微开启,其工作原理如图7-6所示。排气凸轮上加工了一道凹槽,该凹槽底面为与凸轮轴线同心的圆柱面;发动机轻载时二位二通电磁阀通电,电磁阀9开启,电磁阀10关闭,具有一定压力的润滑油进入液压缸,推动活塞将一定厚度的支架推入凸轮凹槽与液压挺柱之间,支架厚度与凹槽底面半径之和大于凸轮基圆半径,小于凸轮最大高度,使气门处于微开启状态。当发动机恢复常规工作状态时,电磁阀9关闭,电磁阀10开启,液压缸泄压,活塞在回位弹簧作用下迅速回位,恢复排气门的正常工作。支架可采用其他动力控制。

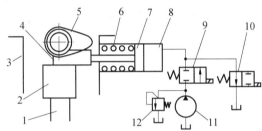

1—气门杆;2—顶柱;3—缸盖;4—支架;5—凸轮;6—活塞回位弹簧;7—活塞;8—液压缸;
9、10—二位二通电磁阀;11—油泵;12—溢流阀。

图7-6 发动机轻载排气门控制机构工作原理

3)发动机轻载滑行的技术特点

发动机轻载滑行时,虽然发动机停止喷射燃油,但仍保持一定转速,使机油泵输出一定压力的润滑油,可确保涡轮增压器的润滑和冷却;同时,维持一定发动机转速,也使自动变速器油泵正常工作,满足行星齿轮、轴承、变速器轴颈的润滑需要,因此,发动机轻载滑行技术可应用于自动变速器车辆和采用涡轮增压发动机的车辆,弥补滑行器节能技术的不足。

由于技术壁垒,现在发动机轻载控制还不能与发动机燃油喷射控制系统融合。切断喷油器电路时,导致发动机ECU误判为喷油器电磁阀出现故障,影响发动机性能,应在切断喷油器电路的同时,串联一个与喷油器相同阻值的电阻,使ECU判定为喷油器工作正常。若仅仅是发动机轻载滑行控制,则可借用发动机减速断油功能,实现喷油器停止喷油,从而简化滑行控制系统。若将发动机轻载滑行技术和发动机停缸技术相融合,则既提高车辆滑行燃油经济性,又提高低功率时发动机负荷率,能显著降低汽车油耗。

综上所述,可得出以下结论:汽车滑行节能技术节能效果显著,应加大其推广应用的研发力度;发动机轻载滑行节能技术,弥补了滑行器节能技术的不足,适用于自动变速器车辆和涡轮增压发动机车辆,但由于影响发动机缸筒磨损,制约了该技术的普及应用;发动机轻载滑行技术与发动机停缸技术相结合,既降低燃油消耗,又减少排放污染,是发动机轻载滑行技术的研发热点。

7.4 轮胎的选用与节能

轮胎是汽车的重要部件之一，它的作用是：支承全车；将汽车的牵引力传递给路面；与汽车悬架共同衰减缓和汽车行驶时的振荡和冲击，并支持汽车的侧向稳定性，保证车轮与路面有良好的附着性能。

轮胎性能好坏直接关系到汽车行驶的安全性、通过性、平顺性和使用经济性。汽车在运行过程中，在一定转速范围内，所消耗能量的 1/4~1/3 被轮胎吸收，以散热形式消耗掉。这些能量的消耗主要是由于汽车在行驶过程中要克服行驶阻力，其中最主要的就是滚动阻力。

汽车行驶时的滚动阻力与轮胎的类型、结构、材料和气压等因素有密切的关系。因此，在汽车使用过程中，正确选用轮胎，不仅可以降低轮胎在使用成本中所占的比例，还可减少汽车行驶时的阻力，从而减少汽车燃油的消耗，达到节能的目的。

7.4.1 轮胎对汽车节能的影响

1. 轮胎的结构和材料

轮胎的弹性迟滞损失是车轮在硬路面上滚动产生滚动阻力的主要原因。车轮滚动时，轮胎变形的能量损失主要消耗于橡胶、帘布等材料的内部摩擦损失，以及轮胎各组成件之间的机械摩擦损失，即内胎与外胎、轮胎与轮辋、橡胶与帘布层等之间的机械摩擦损失。因此，轮胎的结构和材料对于滚动阻力系数有较大的影响，进而影响汽车的燃油经济性。图 7-7 为三种不同类型轮胎的滚动阻力系数-车速曲线。由图可见，与普通斜交轮胎相比，扁平轮胎的滚动阻力系数在高速区间较斜交轮胎要小，而子午线轮胎则在各种速度区间有较低的滚动阻力系数。

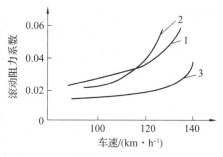

1—扁平轮胎；2—斜交轮胎；3—子午线轮胎。

图 7-7 不同类型轮胎的滚动阻力系数-车速曲线

此外，减少轮胎的帘布层数使胎体减薄，可减少轮胎滚动时的迟滞损失，因此采用强力高的纤维帘布和钢丝帘也可以在保证轮胎强度的前提下而减少帘布层数。例如，9.00-20 轮胎用棉纤维作帘布需要 10~12 层，用粘胶纤维时则需 8~10 层，而用尼龙时需 6~8 层，若用钢丝帘布仅需 2 层。试验证明，在车速为 50 km/h 时，4 层帘布轮胎的滚动阻力比 6 层的减少 7%。

2. 轮胎的花纹

汽车轮胎的胎面花纹，是根据汽车的用途和使用条件来选择的。实践证明，轮胎花纹对于汽车的燃油经济性也有重要的影响。一般认为，良好的轮胎花纹应该具有最大的耐磨性，与路面的良好附着性，必要的抗汽车直滑和侧滑性，行驶无噪声和良好的由外胎向外导热性，以及很好的自洁泥雪性，从而使汽车的燃油经济性以及牵引性、稳定性、平顺性、通过性等得以改善和提高。

汽车轮胎的花纹可以分为三种基本类型，如图 7-8 所示。

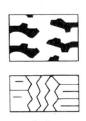
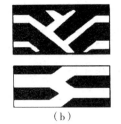
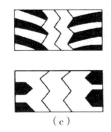

图 7-8　轮胎的花纹

(a)普通花纹；(b)越野花纹；(c)混合花纹

普通花纹用于硬路面行驶的轮胎；越野花纹用于无路面条件下行驶的轮胎；混合花纹既用于硬路面，也用于土路行驶的轮胎。

1）普通花纹

普通花纹轮胎适合在硬路面（沥青混凝土路、水泥混凝土路、碎石路和硬土路）上行驶。花纹形式有横向烟斗形花纹，纵横兼有的连烟斗花纹和纵横沟花纹等。

烟斗形花纹轮胎的特点是：花纹块接触的面积大（花纹块面积将近80%），胎冠平坦，具有良好的耐磨性，在一般路面和较差路面上行驶耐磨里程较高，特别是在碎石路上行驶时，能自动甩出石子；因有横向花纹，在载荷下花纹沟基部应力分散均匀，不易裂口，而且附着力高。缺点是在潮湿的水泥混凝土或沥青混凝土路上高速行驶时防侧滑性能稍差，与纵向花纹相比其滚动阻力稍大。

连烟斗花纹也适合在一般路面和较差路面上行驶，因为它是纵横兼有的花纹，不但具有烟斗形花纹的特征，而且具有良好的防侧滑性能，在行驶中与地面附着力大，不易打滑；胎面柔软性好，行驶中不易脱空；花纹沟宽度适宜，并由中心到胎肩花纹沟逐渐放宽，使塞进去的石子容易甩出；此外，花纹基部也不易产生裂口。

纵横沟花纹也叫综合花纹，操纵安定性优良、转动抵抗小、低噪声、排水性佳、不易横向滑动。这种花纹共同特点是胎面纵向连续，横向断开，因而胎面纵向刚度大，而横向刚度小，轮胎抗滑能力呈现出横强而纵弱的特征。这种花纹轮胎的滚动阻力较小，散热性能好，但花纹沟槽易被嵌入碎石子。综合来看，这种花纹适用于比较清洁、良好的硬路面（如城市道路和高速公路）。平坦路面上行走使用车型，如轿车，轻、微型货车等多选择这种花纹；缺点是驱动及牵引力差。

2）越野花纹

越野花纹轮胎适合在难通过的土路上和无路条件下使用，其特点是：花纹沟槽深，凸出面积小，与路面附着力大，所以适宜在泥雪地、松软路面以及在一般轮胎不易通行的坏道路上行驶，具有良好的自行清除泥土的性能。这种轮胎的气压和斜交轮胎相同，因此在较好的路面上不宜使用，否则胎面花纹会早期磨损，并且使汽车振动加大，耗油提高。

矿山和工程机械用轮胎的花纹形式和越野花纹轮胎类似，只是花纹沟比较窄。这种类型的轮胎适用于工地、矿山以及泥泞路面，具有良好的附着力。

泥雪花纹，顾名思义，是指专适用于泥地和雪地而设计的花纹。它用字母"M+S"表示，"M"指泥地，而"S"指雪地。泥雪花纹应用在崎岖山道或泥泞土路，若用在平坦道路，则平稳度不够，而且振动太大，花纹易磨耗，耗油量增加，散热性能也不好。此类轮胎一般直接将"M+S"锈刻在轮胎的侧壁上，使人一目了然。在国外，如日本等国家，大多数驾驶员为了雪天行车的安全都备有雪地胎，或使用防滑链，冬季一过，有些不愿保存到来年使用的人，就把雪地胎卖掉。现在我国有很多人在经营这种轮胎，规格以微型车用的最多，他们给这种轮胎取名为"落地新"，意即"落过地，但还很新"。在此提醒使用者，在使用这种轮胎时，一定要将胎面上的防滑钉去掉，否则会破坏路面，因为很多驾驶员购买这种轮胎并不是为了雪天使用。

3) 混合花纹

混合花纹轮胎的胎面行驶部分由普通花纹块和越野花纹块构成，适合在各种路面上使用。这种轮胎在沥青混凝土和水泥混凝土等路面上行驶时，具有良好的耐磨性，对路面具有较高的附着力。这种轮胎的胎面花纹通常在行驶面的中间为菱形(棋盘形)或者纵向锯齿形花纹，而在行驶面的两边为横向大块越野花纹，由于行驶面两边的宽花纹沟具有良好的自行清除土的性能，因此在泥雪路上行驶时仍具有较大的附着力。

3. 轮胎的气压

轮胎的气压对于滚动阻力系数有很大影响，也直接影响汽车的燃油经济性。考虑到汽车的载荷、平顺性和操纵稳定性等因素，各种汽车轮胎规定的气压是不同的。轮胎制造厂在设计各种规格的轮胎时，都规定了其负荷能力和相应的标准气压，若轮胎工作气压不在标准范围内，则会对轮胎的使用寿命和汽车运行油耗产生很大影响。

当汽车轮胎在低压情况下行驶时，其径向变形增大，轮胎的两侧将发生过度挠曲，胎侧内壁受压，外壁受拉。在这种情况下，胎体内的帘线产生较大的交变应力和变形。由于帘线受伸张变形的能力好，而受压缩变形的能力差，因此周期性压缩变形会加速帘布层的疲劳损伤。轮胎在低压下滚动时，轮胎变形过大，增大了胎面与路面的接触面积，使轮胎与路面的接触压力降低，但在接触面上的压力分布不均匀，轮胎向里弯曲，胎面的中部负荷要小一些，而胎面边缘负荷急剧增大，发生所谓的"桥式效应"，使胎面与路面的相对滑移加剧，在胎面边缘出现锯齿形或波形的严重磨损或损伤。另外，由于位移摩擦产生的热量多，胎温急剧升高。轮胎内应力增大和温度升高，降低了橡胶的抗拉强度，使帘线松散和局部脱层。又由于帘层间产生摩擦，脱层的地方温度更高，从而导致外胎爆破。

气压过低的轮胎在遇到障碍物时，由于受冲击，变形极大，胎体内层更容易产生 X 形爆破。轮胎花纹凹部在低压状态下，最易嵌入道路上的钉子和石块，引起机械性损伤。并装双胎在低压下行驶时，胎侧挠曲变形特别大，两个轮胎侧壁容易接触，使胎侧互相摩擦，导致帘布层损坏。若在并装双胎中有一个轮胎气压过低，则行驶中负荷由另一轮胎单独承担而超载，加剧轮胎损伤。

但是，当轮胎气压过高时，轮胎的帘线过度伸张，胎体帘线应力增大，使帘线的"疲劳"过程加快，随着使用时间的延长，将导致帘线拉断，造成轮胎的早期爆破。同时，由于气压过高，轮胎的接地面积减小，单位面积上的压力增高，将会加剧胎冠部分的磨损。若轮胎气压过高，且在不平的道路上高速行驶或遇障碍物时，胎体爆破的可能性会更大。

试验表明，轮胎气压过高或过低都会缩短轮胎的使用寿命。由图 7-9 可见，轮胎气压降低 20%，轮胎的使用寿命会缩短 15%。

轮胎气压不仅对使用寿命有很大影响，而且对运行燃油的消耗也有很大的影响。当轮胎气压过低时，变形量增大，滚动阻力增加，汽车行驶中功率消耗增大，导致燃油消耗量增多。所以，保持轮胎标准气压，是驾驶员不容忽视的节油的重要环节。一般情况下，轮胎按标准气压充气后，随着工作时间的延长，气压会自行下降。每周自然下降 9.8~19.6 kPa，两个月就会下降 98 kPa 左右。试验表明，当汽车的各轮胎气压都较标准降低 49 kPa；油耗将增加5%；而仅一侧两个轮胎较标准降低49 kPa，油耗将增加2.5%；前轮一只轮胎较标准降低49 kPa，油耗将增加1.5%。当轮胎气压低于标准的30%，燃油消耗将增加6%。图7-10为汽车燃油消耗与轮胎气压的关系。

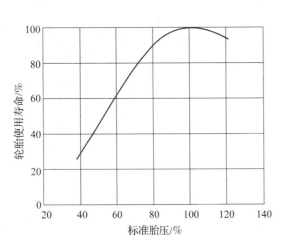

图7-9 轮胎气压与使用寿命的关系　　图7-10 汽车燃油消耗与轮胎气压的关系

当轮胎气压过高时，同样会由于轮胎弹性降低失去减振性能，一方面影响汽车行驶的平顺性；另一方面由于振动，底盘零件的磨损加剧，汽车垂直位移增加而消耗能量，使燃油消耗量也增加。

7.4.2 轮胎的合理选用

1. 轮胎选用原则

轮胎是汽车的主要部件之一，选用是否正确对汽车的行驶性和燃油经济性有直接影响。因而应按一定原则选择轮胎，以提高汽车的行驶性和燃油经济性，延长轮胎的使用寿命。

1）轮胎类型的选择

轮胎类型主要依据汽车类型和行驶条件来选择。货车普遍采用高强度尼龙帘布轮胎，以提高轮胎的承载能力；越野车选用胎面宽、直径较大的超低压胎；轿车宜采用直径较小的宽轮辋低压胎，以提高行驶稳定性。由于子午线轮胎滚动阻力系数较小，可减少燃油消耗，因而应优先选择。

2）轮胎花纹的选择

轮胎花纹主要依据道路条件、行车速度、道路远近来进行选择。高速行驶汽车不宜采用加深花纹和横向花纹的轮胎，不然会因过分生热而早期损坏。低速行驶汽车应采用加深花纹或超深花纹的轮胎，以提高轮胎使用寿命。

3）轮胎尺寸和气压的选择

轮胎尺寸和气压主要根据汽车承受载荷情况和行驶速度来选择。所选轮胎承受的静载荷值应等于或接近于轮胎的额定负荷。值得注意的是，在设定轮胎的实际使用气压时，应综合考虑汽车的运动性能、燃油经济性及振动和噪声等因素。

2. 控制轮胎气压

如前所述，轮胎气压直接关系到汽车的运动性能和燃油经济性。只有保持轮胎气压在标准范围内，才能减小滚动阻力、降低油耗、实现节油。因此，在汽车使用中，应按轮胎规定的气压标准进行充气。要正确使用轮胎，控制轮胎气压，还应注意以下情况。

1) 轮胎气压应与负荷能力相适应

作用在轮胎上的负荷，直接影响轮胎的变形程度（轮胎下沉量）。当轮胎气压一定时，随载荷增加，变形程度也随之增加。因此，轮胎气压应与负荷能力相适应。

单轮负荷比双轮负荷高 5%。在实际应用中，不能简单地按轮胎标准或使用说明书规定的气压进行充气，而应在适当的范围内合理选择。若要提高车辆的负荷能力，可适当提高轮胎气压，当然，该气压不能超过规定的最大负荷。相反，若车辆负荷小，可适当减小轮胎气压，但必须注意行驶速度。

轮胎气压对压缩系数 A 有直接的影响：

$$A = h/H \tag{7-3}$$

式中，H——轮胎充气断面高；

h——下沉量（在负荷作用下，轮胎被压下的高度）。

在最大允许负荷的作用下，普通载货汽车轮胎的压缩系数为 10%~12%；载客汽车轮胎压缩系数为 12%~14%。在负荷一定时，若轮胎气压过高，则下沉量小，地面接触面积小，单位面积所受的力增加，从而加速了胎面中部的磨损，缩短了轮胎的使用寿命，在此情况下，滚动阻力小有利于节油。若轮胎气压过低，则下沉量增大，胎面边缘负荷增大，胎肩早期磨损，增加了滚动阻力，这对节油、节胎都不利。因此，应选择有利于节油、节胎的最佳轮胎气压。

一般选压缩系数为 10%，工作状况最佳。

2) 轮胎使用速度应与负荷能力相适应

轮胎的最大负荷，是指在一定速度等级下，轮胎所能承受的最大负荷。若使用速度与负荷能力适应，并符合相应的气压标准，就能发挥轮胎的综合性能。在实际应用中，若保持最高车速在速度等级内，则可以相应增加轮胎的负荷，这时应适当提高轮胎气压；若高于规定的速度等级，应相应减小载荷；特定条件下需要超载时，应当减速行驶。若轮胎使用因素（如负荷分配、车速、道路、运输距离、装载）发生变化，则要求相应地改变轮胎气压。例如，市区的短途运输，平均时速一般在 30 km 左右，最高时速也仅在 40 km 左右。为提高这种中速时轮胎的允许负荷，可适当提高轮胎气压。

汽车在装用新轮胎时，应限速行驶，即在轮胎的"磨合里程"内，应在良好的路面上中速行驶，并少用紧急刹车制动。假如装用新轮胎后，立即在高速下或在苛刻的道路上行驶，轮胎则易脱层，缩短使用寿命。

3) 轮胎气压应与胎温相适应

汽车行驶时，其轮胎断面产生挠曲变形，轮胎产生内部摩擦，引起轮胎发热，胎温升高，胎内气体受热膨胀，致使胎压升高。众所周知，在容积一定的密封容器内，温度与压力成正比，即温度升高 1 ℃，则气体压力升高 1/273 atm。

轮胎温度的上升还与大气温度有直接的关系。大气温度每升高 10 ℃，行驶时轮胎温升控制数应下降。我国北方地区冬季时间长，气温较低，每年从 11 月中旬至次年 3 月上旬的时期内，大气温度大都低于 13 ℃，从而有利于充分发挥轮胎的最佳性能，可适当提高轮胎气压,一般为 29~49 kPa。汽车短途运输,或者气温回升(尤其是夏季)时,轮胎内摩擦产生的热量不易散发,结果会形成恶性循环,因此,在夏季行车,应适当降低轮胎气压(取规定的最小值)。如发现轮胎温度上升很高,应停车降温后再继续行驶。绝不允许用冷水浇轮胎,否则轮胎骤冷,会导致其技术性能下降。

　　3. 轮胎的维护

　　在汽车使用中,不仅要保持轮胎在标准气压下行驶,而且要加强轮胎的维护,这样才能延长轮胎的使用寿命。这就要求驾驶员在日常维护中,首先要经常检查轮胎的气压。轿车轮胎气压一般为 0.2~0.5 MPa,试验证明如果提高轮胎气压 25%,轮胎使用寿命将降低 15%~20%。如果降低轮胎气压 25%,寿命将缩短 30% 左右。胎压过高,弹性降低,轮胎发硬,特别是在炎热夏季,极易爆胎。用轮胎气压表进行准确测量,发现轮胎气压不足应及时补充。然后检查轮辋、锁圈、垫圈,以及气门芯子等的状态,更换损坏的零件。驾车方式要恰当。要求起动要平稳,处理情况要提前,尽量少用制动;不要超速行驶,转弯时要减速通过;合理选择路面,防止撞击障碍物。另外,还要清除轮胎花纹中所夹的及并联轮胎间所夹的石块、铁钉、玻璃块等物,以防引起轮胎意外的机械损伤。

　　轮胎在使用中,还会受道路拱形及气压的影响,造成不均匀的磨损。这样不仅会使轮胎寿命缩短,而且会影响汽车的操纵性和行驶稳定性,从而影响油耗。所以轮胎使用一定时间后,应按规定进行轮胎换位,以延长其使用寿命。另外,还应注意保持轮胎的动、静平衡,特别是高速行驶的汽车,轮胎的平衡不仅可以减轻轮胎不正常的磨损,而且可以提高汽车的操纵稳定性。由于轮胎是橡胶制品,因此磨耗是免不了的,特别是抓地力强的轮胎,因为接地面使用了柔软的橡胶,所以磨耗也就更加快速。而且汽车的悬挂系统渐趋复杂,4 个轮胎的磨耗方式变得很不平均。在磨耗没有成形时,要赶快换位。轿车一般行驶 3 000 km 左右要将轮胎换位一次。

7.4.3　子午线轮胎及其应用

　　子午线轮胎是一种性能较好的新型轮胎,最早于 1948 年出现在西欧。虽然它的发展历史只有几十年,但是,由于它有一系列突出优点和显著的节油效果,从它问世的那天起,就引起了世界各国的普遍重视。

　　1. 子午线轮胎的结构特点

　　子午线轮胎是胎体帘线按子午线方向排列,有帘线周向排列或接近周向排列的缓冲层紧紧箍在胎体上的一种新型轮胎。它由胎面、胎体、胎侧、缓冲层(或带束层)、胎圈、内衬层(或气密层)六个主要部分组成。子午线轮胎胎体的帘线排列不同于斜交轮胎,不是相互交叉排列的,而是与外胎断面接近平行,帘线角度小,一般为 0°。子午线轮胎的缓冲层采用接近周向排列的打交道帘布层,与胎体帘线角度成 90° 相交,形成一条几乎不能伸张的刚性环形带,与帘布层轮胎的子午断面一致,很像地球上的子午线,所以称为子午线轮胎。把整个轮胎固定,限制轮胎的周向变形,这个缓冲层承受整个轮胎 60%~70% 的内应力,成为子午线轮胎的主要受力部件,故称为子午线轮胎的带束层。斜交轮胎的主要受力部件不在缓冲层,其 80%~90% 的内应力均由胎体的帘布层承担。胎体帘线之间没有维系交点,当轮胎在行驶过程中冠部周围应力增大,会造成周向伸张,胎体呈辐射状裂口。由于帘布层的这种排列特点,使子午线轮胎帘布层数比普通斜交轮胎可减少 40%~50%,胎体较柔软。子午线轮胎的圆周方向上只靠橡胶来联系,所以为了承受行驶时产生的较大切向力，提高轮胎的刚性，子午线轮胎还具有若干层帘线与子午断面呈较大角度（夹角为70°~75°）、强度较高、不易拉伸的周向环行的类似缓冲带的带束层。由此可见，子午线轮胎带束层设计很重要，必须具有良好的刚性，可采用多层大角度、高强度且不易拉伸的纤维材料，如钢丝或者玻璃纤维等制造。帘布层的排列方式如图 7-11 所示。

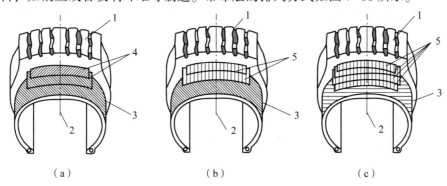

1—胎面；2—断面中心线；3—帘布层；4—缓冲层；5—带束层。

图 7-11　帘布层的排列方式
(a)斜交轮胎；(b)带束斜交轮胎；(c)子午线轮胎

2. 子午线轮胎的使用特点

（1）使用寿命长。由于胎体帘线和带束层帘线交叉于三个方向，这样就形成了许多密实的三角形网状结构，阻止了胎面向内和侧向伸缩，从而减少了胎面与路面间的滑移；又因胎体的径向弹性大[见图 7-12(a)]，接地面积大，对地面的单位压力小，故胎面磨耗小，耐磨性强，行驶里程比普通斜交轮胎高 50%~100%。

（2）滚动阻力小。由于有带束层，帘布层数少，行驶温度低，散热快，且周向变形小，轮胎着地后胎冠切向变形及相对滑移比斜交轮胎要小很多。而且，子午线轮胎胎侧薄，径向变形恢复快。这有利于减少轮胎内磨损，降低滚动阻力，故滚动阻力比普通斜交轮胎小 15%~20%，滑行距离多 25%左右。因此，使用子午线轮胎不但可提高汽车的行驶速度，还可提高汽车燃油经济性（一般可降低油耗 5%~12%）。

（3）附着性能好。这是因为胎体弹性好，接地面积大，胎面滑移小，有利于提高汽车动力性。

（4）缓冲性能好。因为胎体径向弹性大，可以缓和不平路面的冲击，并吸收大部分冲击能量，使汽车行驶平顺性和乘坐舒适性得到改善。

（5）负荷能力大。由于子午线轮胎的帘线排列与轮胎主要的变形方向一致，使其帘线强度得到充分有效的利用，因此这种轮胎一般比棉帘布普通斜交轮胎能承受的负荷高。例如，具有一层钢丝帘布层的国产 9.00-20 型子午线轮胎的负荷能力为 18 000 N，而具有 10 层棉帘布层的同类型普通斜交轮胎的负荷能力仅为 15 000 N。

子午线轮胎的缺点是胎侧薄，变形大，胎侧与胎圈受力比普通斜交轮胎大，因而胎面与胎侧的过渡区及轮辋附近易产生裂口；同时由于胎侧变形大，其行驶稳定性较差；生产工艺较为复杂，制作成本较高。

3. 子午线轮胎的节能效果

子午线轮胎由于帘布层帘线排列的方向与轮胎子午断面一致，使其帘布层数比斜交轮胎减少近一半，并且没有偶数限制，具有带束层层数较多和刚度较大等特点，因此在行驶过程中轮胎周向变形小，轮胎各层帘线之间、橡胶与帘线之间的移位小，使轮胎的内部摩擦减小，滚动阻力降低，从而使油耗也相应降低。通过大量试验表明：子午线轮胎与斜交轮胎相比其滚动阻力可减小25%~30%，并随着车速增加，其滚动阻力减小愈加明显，如图7-12(b)所示。汽车采用子午线轮胎，一般可节油5%~10%，长距离高速行驶可节油8%以上，城市公共汽车可节油3%~7%，载重汽车可节油3%~6%。此外，由于子午线轮胎的结构特点，其自重比相同规格的斜交轮胎要轻，这也具有节能意义。

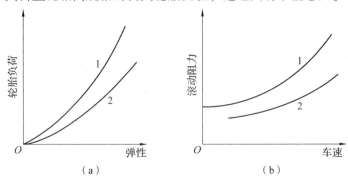

1—斜交轮胎；2—子午线轮胎。

图7-12 子午线轮胎与斜交轮胎的比较

4. 使用子午线轮胎应注意的问题

(1)装用子午线轮胎后，由于操稳性不如斜交轮胎，应适当加长转向垂臂。

(2)严格控制轮胎气压，是用好子午线轮胎的关键。因此，在使用中应勤检查气压，并随时补气，保持轮胎在标准气压下行驶，减小过分径向变形所造成的轮胎早期损坏。

(3)子午线轮胎必须装在规定的标准钢圈上。

(4)子午线轮胎不能与斜交轮胎混装，特别是同一轴上不能装用两种轮胎。因为子午线轮胎的径向弹性、轴向滑移、气压与斜交轮胎不同，两种轮胎混装会造成斜交轮胎超负荷而早期损坏，同时由于胎体变形不一，增加了行车的不安全因素。

(5)由于子午线轮胎的胎侧软，胎面硬，因此在驾驶中，无论是起步、换挡、制动等操作，都要做到轻踏、缓抬、动作柔和，防止胎体局部损伤。

7.5 汽车发动机调校与节能

由发动机工作循环的热效率理论可知，发动机的压缩比、绝热指数、点火时刻或喷油时刻、进气、排气系统结构及配气相位、发动机工作温度、大气压力、环境温度对发动机的热效率都有重要的影响。合理调整这些参数将会提高汽车的燃油经济性。

7.5.1 发动机调校与节油试验

我国有许多汽车节油经验丰富的驾驶员，就是靠精心维护、及时调整维护发动机，达到节油效果的。国外也很重视采用维修措施来提高汽车燃油经济性。

英国桑顿研究中心为了弄清各种因素(维护不当或失调而引起的故障)对汽车油耗的影响，进行了一系列的试验，即模拟发动机运转后零部件的变化，在发动机上人为地制造某些故障或误差，并测量发动机燃油消耗量。然后，逐一排除各种故障，观察发动机燃油经济性的恢复规律，从而查清各个维修调整项目对燃油经济性的影响。最终得出以下结论。

(1) 要使汽车节油，必须及时维修调整汽车，特别是发动机部分。

(2) 汽车行驶使用的时间越长，维修调整对汽车节油所起的作用越大。

(3) 在汽油发动机中，影响节油的主要因素按其影响程度的大小顺序是：混合气浓度、点火正时、点火提前和火花塞的技术状况。

汽车行驶达一定里程后，技术性能会逐渐变差，必须通过维护、小修及大修，及时地加以预防和恢复。任意延长维护期限，带病行驶和过分延长大修间隔里程，都不会有好的经济效果，必然会使燃油消耗增高。

7.5.2 汽油发动机的调校

1. 电子控制燃油喷射系统维护

目前，在全国范围内禁止销售化油器类轿车及5座客车。传统的化油器已经被电子控制（简称电控）燃油喷射系统取代。电控燃油喷射系统包括燃油供给系统、进气系统、电控装置三个部分。燃油供给系统由燃油箱、油泵、喷油器、冷起动喷油器等组成。进气系统由空气流量计或负压传感器、节气门室等组成。电控装置根据传感器的信号为 ECU 提供信息。ECU 要操纵发动机的执行机构，首先要得到能反映发动机状态的各种传感器的信号。传感器将发动机的负荷、转速、加速与减速、进气温度、冷却系统温度等变化情况，转换成电信号输入 ECU。经 ECU 运算处理，给出一个最佳点火时间，发出控制喷嘴开启的时间与持续时间信号，从而向发动机供给最适当的供油量。不同类型的发动机，不同年代生产的发动机，所用的传感器数量与结构都不尽相同。

电控燃油喷射时间与发动机转速相配合，在活塞进气行程前喷入。燃油通过油道进入喷油器，汽油泵的压力是燃油良好雾化的基础，并防止高温下持续工作时燃油系统产生蒸汽。

电控汽油喷射发动机，在有关零件更换或检修之后，一般应进行调整，以确保发动机正常的工作性能，这些调整包括点火正时、怠速、混合气浓度等。电控汽油喷射系统虽然对点火正时、怠速等都具有一定的自动调控功能，但这种自动调控能力也是有限的。它受"初始状态"（指取消或切断自动控制后发动机点火正时、怠速等的最佳状态）的制约。由于零件的更换、检修等，使"初始状态"发生了变化，超出了自动控制系统的调整限度，因此发动机将出现怠速不良、混合气过浓或过稀、点火不正时等现象。这些情况下，必须对发动机的"初始状态"进行必要的调整。

电控燃油喷射装置的汽车，设有故障显示装置，在控制系统出现异常情况时，显示相应的代码。

电控燃油喷射发动机的使用、维护及修理一定要严格遵守维修规程，如：

(1) 管路、电路拆卸时应注意两端编号，防止连接错误；

(2) 在插上或拔出传感器连接时，应断开蓄电池地线或关闭点火开关，以免产生电脉冲或短路击穿电子元件；

(3) 不要在装有 ECU 的汽车上进行电弧焊，除非关闭 ECU 开关，对于 ECU 控制程度较高的汽车，不要随意断开蓄电池电源线；

(4) 对于 ECU 控制程度较高的汽车，不要轻易断开蓄电池电源线。

2. 保持正常气缸压力

气缸压力过低会使燃烧不良,不仅燃油的经济性下降,而且 HC 和 CO 的排放量增加,因此,正常的发动机气缸压力应达到原厂的规定。使用过程中虽允许低于原厂规定,但不得低于规定值的 10%,各缸压力差不得大于 5%,并及时清除活塞顶、燃烧室的积炭。

3. 发动机点火系统检查

火花塞间隙的检查。目前,我国蓄电池点火系统使用的火花塞间隙一般为 0.6~0.7 mm,而偏上限值时,不论是怠速废气排放标准,还是动力性与经济性,均可得到较满意的效果。相反,火花塞间隙太大,易造成缺火;若减小火花塞间隙,不易点燃混合气,这都将造成燃烧不完全。另外,要注意及时清除火花塞电极的积炭。

点火线圈初级绕组和次级绕组电阻值的检查,即根据初级绕组、次级绕组电阻值的规定值和绕组电阻测定值来判定。点火线圈绕组电阻的测定值,应与其规定值相比较,若在规定数值范围内,则点火线圈的工作状态正常;若不在规定的数值范围内,则应更换点火线圈。

检查和调整点火正时可用正时灯检查法和点火正时测试器检查法。

高压线外观应无破损、裂断、漏电现象,接头牢固,高压线的电阻值应符合产品标准规定的数值,如有异常,应更换高压线。

4. 怠速调整

怠速工况是车用汽油机最常用的工况之一,汽油机的怠速性能主要体现在三个方面:怠速稳定性、怠速排放和怠速油耗。当发动机怠速运行时,节气门处于全关位置,即进入发动机的空气量不再由节气门进行调节。怠速控制的实质就是通过怠速执行器调节进气量,同时配合喷油量及点火提前角的控制,改变怠速工况燃料消耗所发出的功率,以稳定或改变怠速转速。发动机起动时,怠速控制系统控制怠速执行器使旁通进气量最大,以利于起动;起动之后,再根据冷却水温度来确定旁通进气量的大小。暖机阶段,怠速控制系统根据冷却水温度的变化不断调整旁通进气量的大小,使发动机在温度状态变化的情况下保持稳定的转速。当同时使用的电器增多时,怠速控制系统也要相应增加旁通进气量,提高发动机的怠速转速。怠速调整时首先要保证气缸压力正常,点火系统、供油系统及配气机构正常,且发动机冷却水温度不低于 60 ℃。调整时,并不是转速越低越好,既要考虑经济性,也要考虑怠速的稳定性和排放性能。

5. 保持发动机正常水温

若发动机水温过低,混合气燃烧不良,造成 HC 排放增多。使用中保持发动机水温在 80~90 ℃ 之间,可使 HC 排放减少。

6. 气门间隙调整

若气门间隙过大,开度减小,开启时间缩短,则进入气缸的混合气不足,排气不彻底;若气门间隙过小,则气门关闭不严,气缸压力不足。两者都会造成发动机功率下降,油耗增加,应做到及时调整,确保气门间隙在规定的范围内。

7.5.3 柴油发动机的调校

1. 柴油机燃油系统调整

通常,把汽油机调节进入气缸的混合气数量、浓度的调节方式称为"量调节",而把柴油机调节进入气缸的混合气数量、浓度的调节方式称为"质调节"。

由于柴油机压缩比高,当进气量减少时,气缸压力受到的影响较大,因此受空气滤清器阻力的影响大于汽油机。当其空气滤清器造成进气量减少时,为了在进气量减少后仍可维持原混合比,额定供油量也相应按比例减少。

柴油车运行时的最佳喷油提前角不是一个固定值,它与柴油机转速、负荷率有关。目前柴油机上已有随转速变化的离心提前喷油装置,但没有随负荷变化的提前喷油装置。目前,我国汽车的空驶里程较高,在这种情况下(中小负荷),应加大喷油提前角才有利于汽车节油。试验证明:6120Q型柴油机汽车以40 km/h空驶时,最佳喷油提前角为32°,比喷油提前角为原26°时节油18.4%。

柴油车在中等负荷时,进行经济调整的方法是在无校正装置的喷油泵上加装校正装置,并按经济性(基本保持最大扭矩不变,适当降低一些最大功率以换取良好的燃油经济性)调整,减少额定转速下的额定供油量。试验证明效果较好,油耗率下降1.5%~4.7%,有害气体排量下降12%~48.8%,最大扭矩与原机相近。

柴油车在高原地区行驶时,进气量减少,但额定供油量不变。因此,柴油车与汽油车相比,应较大幅度地减少供油量才能适应进气量的减少。海拔越高,越应减少供油量。对于临时进入高海拔地区行驶的柴油车,驾驶员只需适当控制加速踏板行程,不将其踩到底,就可相对减少燃油消耗。

在调整有油量校正装置的喷油泵的供油量时,额定供油量只能在额定转速下调整,常用转速下的供油量为校正供油量。

有的柴油车喷油泵上设有起动消烟装置,它对起动供油量有一定的限制,节省了起动用油,并降低了起动排烟量。

2. 喷油泵的就车调整

喷油泵是柴油机的主要机件之一,它在装机前是通过调试的,但在使用的过程中,发动机也有可能出现功率不足、排黑烟、运转不稳定、油耗增加等不良现象。这是各缸供油量与所需供油量不相适应,引起各缸的"供油量不均匀"而造成的。

1)喷油泵供油不均的原因

(1)调校喷油泵时存在供油量不均。

喷油泵在试验台上进行调校时,要求各缸额定供油量不均匀度不得大于6%,校正加浓供油量不均匀度不得大于20%,校正高速空转及怠速时的供油量不均匀度不得大于35%。但在实际调校中,因操作步骤或熟练程度不同,上述的不均匀度可能偏离基本要求。

另外,喷油器的喷孔面积和喷油开启压力对供油量均匀度也有较大影响。喷油器的喷孔受高压高速油流的冲刷,燃油中机械杂质的磨损,喷孔面积逐渐增大,因而喷油压力和残余压力下降。对于非电控喷射的柴油机来说,这样喷油量就随喷孔面积的增加而增加。而且,由于喷油器调压弹簧的预压力的变化,针阀、顶杆和弹簧等各种零件表面的微量磨损不同,造成各喷油器开启压力的下降也不相一致,因此供油量的增加也不相同。据试验,轴针式喷油器开启压力从13.72×10^3 kPa下降至11.79×10^3 kPa时,供油量增加10%。

(2)制造、使用、维护中产生供油量不均。

生产制造产品允许存在一定的误差,误差的存在,就会引起供油量的不一致。例如,喷油泵的柱塞直径、柱塞行程、凸轮升程、喷油器、高压油管等处的误差。

使用中出油阀的磨损不一致也会引起供油量的不一致。出油阀座锥面的磨损，将使高压油倒流进入喷油泵泵腔，使供油量减少。减压环带间隙增大，导致密封带的密封性能变坏，高压油提早与高压油管沟通，将增加供油量。

喷油泵安装不当，会引起供油量的不均匀。例如，驱动联轴节间隙过大或松动，驱动齿轮的间隙过大，装用不同内径、不同长度的高压油管，油管的弯曲不合规格和要求都会引起燃油流经油管内的压力降变化，喷油压力亦不断变化。试验表明：将600 mm与800 mm长度的高压油管混装，供油量相差10%以上。有时在安装高压油管时，未对正接头就急于拧紧，或拧紧扭矩过大，出现油管变形后内径缩小，也将使供油量不均匀。

使用中曲轴轴颈、连杆轴颈及其大小轴瓦的磨损，燃烧室内的积炭分布不均和数量不同，气门与气门座的磨损量不同，这些原因均可导致燃烧室容积发生变化。相应地，各缸的压缩比发生了变化，各缸所需的供油量也均不相同了，从而也导致了所需供油量的不均匀性。

(3) 使用条件与调试条件有一定的差异。

在试验台上，喷油泵和喷油器是在常温、常压下进行调试的，而装机后，它们在汽车上使用的环境温度较高，喷油器工作的缸内温度为500~700 ℃，压力为3~5 MPa。所以，它们两者的使用条件与调试条件存在较大差别。汽车运行中，喷油泵与喷油器本身的温度达90 ℃左右，其柴油黏度下降，因而柱塞与针阀偶件的内漏增多，回油量也比调试时多。据测定，喷油泵实际喷入缸内的油量只有试验台调试量的80%左右。

在试验台上检查调校供油提前角时，一般采用定时管法或溢油法。但当柱塞偶件磨损后，间隙增大，柱塞上行遮住柱塞的进油孔时，瞬时压力增长慢。有时在试验台下是用手扳动凸轮轴的，柱塞向上运动速度比实际工作时慢得多，从而延迟了供油时刻，影响了供油量；实际使用的喷油器，油管的通过能力和渗漏程度，喷油器的喷孔面积和开启压力，以及输油压力、油温、燃油特性与等试验台试验的各项指标也存在较大的差异，因而也影响着供油量。

另外，柴油机在使用、维护后，各缸在压缩终了时的温度和压力也存在差异，也会影响各缸的正常工作。

2) 就车调试喷油泵的原理

对于一般的柴油机来说，在没有好的检查、调试设备的情况下，如果发现各缸供油量明显不均，作为应急可采用就车调试喷油泵的方法。但这种方法要求调试人员有丰富的经验和良好的技术，否则会事与愿违。

就车调试喷油泵的调试原理是根据柴油机燃烧过程理论，用各缸的排气温度、压力和烟色来检查和判断各缸所需的供油量，通过调整使各喷油器按各缸所需燃油要求进行喷射，以补偿各缸在压力、容积和燃烧等方面的差异。这样，可以有效地避免当某缸供油量相对过多时(充气系数一定)，其燃烧得不到充足的氧气，形成不均匀的过浓混合气，导致燃烧温度升高、燃烧期延长、后燃加重、排黑烟、排气温度和压力升高等不良现象。同时，也可避免当供油量偏少而产生与上述情况相反的现象。

3) 就车调试喷油泵的方法

在柴油机维护好后，暂不装排气歧管，以便观察各缸情况。首先将喷油泵按规定检查调整好供油时刻，再起动柴油机并以怠速运转。用手摸各缸的排气门、喷油器或其附近的气缸盖处，若温度高，则说明供油量偏多；若温度低，则说明供油量偏少。

当发动机水温升到60 ℃左右时,提高发动机转速,观察各缸排气口的排烟情况。

(1)若某缸冒黑烟,声音正常无敲击声,则说明该缸供油量过多,应调小供油提前角;若缸内发出有节奏的清脆的金属敲击声,起动困难,则说明供油时间过早,应调小供油提前角。

(2)若某缸冒白烟,则说明该缸的柱塞偶件严重磨损。因为在相同条件下,磨损的柱塞偶件高压建立慢,使供油开始时刻推迟,喷雾质量变差,柴油无法完全燃烧,导致冒白烟。因此,如遇此情况,应适当调大供油量,并将供油时间也调早些(对严重磨损的柱塞应更换新件)。必须指出,将供油量调大,并不是因为压缩终了喷油压力低,需要油量大,而是为了调前供油时间。

(3)若高转速空转时冒白烟,温度升高或带负荷后转为冒黑烟,同时起动困难,功率不足,缸内发出低沉而不清晰的敲击声,则说明供油时间过晚,应适当调早。这是因为当高速空转时一部分柴油来不及燃烧而呈白色雾状排出来;当温度升高后,未能燃烧的雾滴状柴油在氧气不足、高温条件下裂解成固体炭粒,从废气中排出,形成黑烟。

经过以上粗调后,再进一步用手感比较各缸排气门的排气温度和压力,并细听各缸排气的声音。哪个缸排气口压力小、温度低,则说明那个缸的供油量还可以再调大些;反之,应将供油量调小。如此反复调试,直至各缸排气压力和温度较一致,并微见烟色,运转声音均匀为止。然后装复排气歧管。

7.6 汽车维护与节能

汽车的日常维护是为了使汽车经常处于良好的技术状况,为安全行车、节约燃油奠定坚实基础,是非常重要的一项工作。发动机、底盘相关部件维护不佳对汽车技术状况产生影响,燃油消耗增加。轮胎气压要经常检查并保持在规定气压范围内,有利于安全行车和节油,气压过高能造成汽车颠簸,影响汽车的舒适性,同时出现爆胎可能,行车安全受到威胁。轮胎气压比规定值低49 kPa时,燃油消耗增加5%;底盘传动部件、行驶部件以及控制部件配合调整不当时,燃油消耗可增加20%;前轮定位和制动器调整不当,使汽车的滑行距离减少14%时,油耗增加8%,滑行距离减少21%时,油耗增加14%;传动部件、变速器齿轮润滑油不符合要求时,燃油消耗增加4%。气缸漏气量超过规定值时,燃油消耗会增加4%~10%;空气滤清器过脏时,燃油消耗增加25%;气门间隙调整不当时,燃油消耗增加26%;一台6缸发动机,有一只火花塞不跳火时,燃油消耗增加25%,两只不跳火时增加60%。上面提到的问题都可以在汽车的维护中发现和解决,因此必须坚持做好汽车的日常和一、二级维护工作,保证汽车经常处于良好技术状况。在相同使用条件,相同的操作水平条件下,若汽车技术状况不同,汽车油耗相差也会较大。所以,正确维护是重要的节能措施。

汽车经一定的行驶里程后,必造成各零部件松动和磨损,总成工作偏离正常状态,使汽车技术状况变坏。除导致动力性、安全性下降外,其经济性也会下降。汽车的维护工作对确保行车安全,延长汽车使用寿命,降低运行燃油消耗等有重要意义。

7.6.1 走合期使用与维护

新车、大修车,以及装用大修发动机的汽车的走合是延长汽车使用寿命、保证汽车维修质量的一项重要工作。这是因为新车、大修车和装用大修发动机的汽车在出厂之前虽经过初步的磨合,但零件的摩擦副表面还较粗糙;加工后的形状和位置还存在一定的偏差;此外,各连接件和总成经过初期使用后,各零部件之间也容易松动,其技术状况会发生变化。因此要在使用初期对其进行正确的走合,使汽车各部件运动件表面得到充分的磨合,使零件能达到最佳的性能,同时发现和排除制造和装配过程出现的缺陷,从而延长汽车的使用寿命和大修间隔里程,提高汽车使用的可靠性和经济性。汽车的走合期一般在 1 000~1 500 km 之间,在此期间内,驾驶员应按规定认真做好新车的走合工作。

1. 汽车走合期的特点

(1)新车及大修车在使用的初期,零件的磨损较为严重,要比正常使用期的磨损较大。这是由于零件在加工时存在几何误差,而且零件在使用的初期表面较为粗糙,因此零部件之间需要经过一段时间的磨合,使其各微凸间在摩擦期间得以充分的接触,从而使零件表面的凸起磨平,使其能够承受正常的载荷,同时零件表面经磨合后的表面性能也趋于稳定。所以可以说汽车的走合是使"新车"向正常过渡。经过磨合后的零件表面比较光滑,性能比较稳定,同时具有一定的耐磨度,各零部件之间在允许的间隙范围内。所以说在汽车走合期内,严格按照正常的走合规范来进行,从而使各零部件之间的磨损量达到最小,同时达到最佳的磨合效果,使汽车的使用寿命得以有效地延长。

(2)故障多。由于机件在加工、装配时存在偏差,同时包含着一些难以发现的隐患,在走合期间很可能出现机件卡死、发热和渗漏等故障。

(3)润滑油易变质。由于走合期内机件配合间隙较小,油膜质量差,温升大,机油易氧化变质。加上较多的金属粒混入机油,使机油质量下降。

(4)耗油量大。为了保证走合期小负荷运行,化油器安装了限速片,造成混合气偏浓。同时,机件之间较大的摩擦阻力也使油耗增加。

(5)紧固件易松动。

2. 走合期应注意的事项

(1)减速、减载(至少减少额定量的1/3)行驶;严禁拖挂挂车。

(2)选择良好路面和良好的行车环境行驶。

(3)严密监视汽车运行状况(应特别注意观察仪表指示和各类警告信号),发现异常应及时通知服务站或承修厂予以检查、处理。

(4)按规定做好日常维护作业。

(5)不得在非特约维修厂进行汽车维修、改装或加装附件。

3. 走合结束时的维护

走合期满,应及时到特约服务站进行走合维护,对汽车进行全面的检查、维护,以便进入正常使用期。其作业项目和深度参照制造厂的要求进行,一般与二级维护的内容接近。

7.6.2 定期检测、强制维护

1. 定期检测、强制维护的内涵及作用

定期检测是科学技术进步与技术管理相结合的产物。它包含两重含义:一是对所有从事运输的汽车,视其类型、新旧程度、使用条件和使用强度等,在汽车行驶一定里程或时间后,定期进行综合性能检测,通过这种检测,达到控制运输汽车技术状况的目的,同时也可监督汽车检测前的维修竣工质量;二是结合汽车二级维护定期进行诊断检测,以掌握汽车技术状况变化规律，确定是否需要在常规维护的同时附加修理作业项目及附加哪些修理项目，从而达到视情修理的目的。

强制维护即"强制保养"，仍然是坚持了计划、预防的维护原则。强制维护强调维护的重要性，防止盲目追求眼前利益，对运输设备进行破坏性的使用。随着科学技术的进步，强制维护制度取消了过去对汽车主要总成大拆大卸的三级维护，采用国际上普遍使用的不解体状态检测下的维护工艺，通过维护前的诊断检测，进行汽车清洁、补给、润滑、紧固、调整及必要的修理，消除故障、隐患，防止汽车早期损坏。

2. 维护级别及主要作业内容

按要求对汽车进行定期检测和维护，确保汽车始终保持良好的技术状态。维护级别包括日常维护、一级维护、二级维护。

1）一级维护

一级维护是除日常维护作业外，以清洁、润滑、紧固等为主要内容，并检查有关安全的制动、操纵等系统状态，且由维修企业负责执行完成的工作。

一级维护主要是以润滑和紧固为中心，要求更换发动机的机油，系统检查各总成内的润滑油量。当汽车行驶到规定间隔里程后，由维护工配合驾驶员进行。

一级维护中检查重点是发动机、变速器、制动系统、动力转向系统和差速器的润滑油量，以及冷却系统、清洗系统和蓄电池的液面高低，不足时就要补充。要按规定向运动节点加注润滑油，对外露部分的连接件要进行检查并紧固，清洗各种滤清器等。

2）二级维护

二级维护作业以检查和调整为中心，除完成一级维护作业外，还需要更换三滤（即机油滤清器、燃油滤清器和空气滤清器），检查和调整发动机、制动系统和电气设备，进行轮胎换位等。这部分工作由专业维修工进行。除完成一级维护的作业内容外，二级维护还增加了下列项目。

（1）检查气缸压力，有条件时应采用免拆卸清洗仪清洗发动机的油路，清除积炭、油脂和结胶。

（2）清洗喷油器、燃油泵，必要时在试验台上调校。

（3）对于柴油机，要在油泵试验台上检查和调校燃油泵的喷油压力、喷油量和各缸的均衡度，检查和清洗喷油嘴。

（4）检查、清洁和调校电气系统的线路和各种元件，发电机、起动机等旋转部分应视需要进行润滑。

（5）检查底盘上各个总成，检查各运动部件有无磨损，更换已磨损的零件；润滑油不足或污染时要补充甚至更换。

（6）检查和调整车轮定位。

（7）检测、调校仪表和灯光。检测空调和暖气装置的功能。

（8）检查驾驶室的门窗、座椅、门锁，玻璃升降器以及各种开关的完好情况。

（9）检查轮胎气压和磨损情况，按规定进行换位或更换。

二级维护时首先要进行检测，汽车进厂后，根据汽车技术档案的记录资料（包括汽车运行记录，维修记录，检测记录，总成修理记录等）和驾驶员反应的汽车使用技术状况（包括汽车动力性，异响，转向，制动及燃料、润滑油的消耗等）确定所需检测项目，依据检测结果及汽车实际技术状况进行故障诊断，从而确定附加作业。附加作业项目确定后与基本作业项目一并进行二级维护作业。二级维护过程中要进行过程检验，过程检验项目的技术要求应满足有关的技术标准或规范；二级维护作业完成后，应经维护企业进行竣工检验，竣工检验合格的汽车，由维护企业填写《汽车维护竣工出厂合格证》后方可出厂。

汽车一、二级维护周期的确定，应以汽车行驶里程为基本依据。汽车一、二级维护行驶里程依据汽车使用说明书的有关规定，同时依据汽车使用条件的不同，由省级交通行政主管部门规定。

发动机维护项目与节能的关系：发动机是汽车的心脏，维护的好与坏直接影响汽车的性能和它的使用寿命。汽车发动机维护不良造成的故障占汽车总故障50%之高，可见发动机维护对延长汽车使用寿命起到至关重要的作用。发动机维护中需注意的项目如下。

（1）机油油质及机油滤芯更换。

不同等级的润滑油在使用过程中油质都会发生变化。汽车行驶一定里程之后，机油品质就会恶化，可能会给发动机带来种种的问题。为了避免发生故障，应该结合使用条件定期给汽车换机油。

机油从机油滤芯的细孔通过时，把油中的固体颗粒和黏稠物积存在滤清器中。如滤清器堵塞，机油则不能顺畅通过滤芯，会胀破滤芯或打开安全阀，从旁通阀通过，仍把脏物带回润滑部位，促使发动机磨损加快，机油的污染也进一步加剧。因此，机油滤芯的定期更换很重要。

（2）空气滤芯检查与更换。

发动机的进气系统主要由空气滤芯和进气道两部分组成。根据不同的使用情况，要定期清洁空气滤芯，可使用的方法有用高压空气由里向外吹，把滤芯中的灰尘吹出。由于空气滤芯为纸质，所以吹的时候要注意空气的压力不能过高，以免损坏滤芯。空气滤芯一般在清洗3次后就应更换新的，清洗周期可以由日常出行区域的空气质量而定。

（3）进气管道脏污检查。

如果汽车经常行驶于灰尘较多、空气质量较差的地区，就应该注意清洗进气管道。进气管道对于发动机的正常工作非常重要，如果进气管道过脏，会导致充气效率的下降，从而使发动机不能正常工作，导致发动机油耗增加。

（4）曲轴箱油泥过多。

发动机在运转过程中，燃烧室内的高压未燃烧气体、酸、水分、硫和氮的氧化物经过活塞环与缸壁之间的间隙进入曲轴箱，与零件磨损产生的粉末混在一起，便形成油泥。少量的油泥可在油中悬浮，当量大时从油中析出，堵塞滤清器和油孔，造成发动机润滑困难，从而加剧发动机的磨损。此外，机油在高温时氧化会生成漆膜和积炭黏结在活塞上，增加摩擦阻力，使发动机功率下降、油耗增大，严重时使活塞环卡死而拉缸。

（5）燃油系统维护不善。

燃油系统的维护包括更换汽油滤芯、清洗化油器或燃油喷嘴以及供油管路。由于发动机温度不断变化和燃油品质问题，在油道、化油器、喷油嘴和燃烧室中不可避免地会形成胶质、积炭，分别沉积下来，严重时会造成燃油雾化不良、怠速不稳、发动机喘抖、爆燃、加速不良等性能问题。使用燃油系统专用清洗剂清洗燃油系统，能够使发动机燃烧过程恢复到正常状态。

（6）散热器生锈、结垢。

发动机散热器生锈、结垢是最常见的问题。锈迹和水垢会影响冷却液在冷却系统中的流动，降低热交换的效果，导致发动机过热，甚至造成发动机的损坏。冷却液氧化还会形成酸性物质，腐蚀散热器中的金属部件，造成水箱破损、渗漏。定期使用散热器强力高效清洗剂来清洗散热器，除去其中的锈迹和水垢，不但能保证发动机正常工作，而且能延长散热器和发动机的整体寿命。

(7) 冷却系统状况不良。

人们对汽车发动机的养护，尤为重视的是润滑系统，很少重视冷却系统。殊不知汽车发动机最常见的故障，如活塞拉缸、爆燃、缸体冲床内漏、产生严重噪声、加速动力下降等，都是汽车发动机的工作温度异常、压力过大、冷却系统状况不良造成的。冷却系统状况不良将直接导致发动机不能在正常的温度下工作，接着就会产生上述严重的故障现。

7.6.3 正确维护与节能

汽车使用过程中，其零部件和各运动机构会产生不同程度的磨损、松动、损伤和自然老化。为防止零部件和各机构早期磨损及发生故障，必须对汽车进行预防性维护作业，保证汽车的动力性、经济性和安全性，使整车各总成保持均衡良好的技术状况，以延长汽车的使用寿命，并达到以下目的。

1. 使发动机处于良好工作状态

发动机的技术状况好坏是直接影响油耗的最重要的因素，具体表现如下。

(1) 气缸压力若达不到发动机的设计要求，则发动机燃烧效率下降，致使油耗增加。

(2) 配气相位不准确，发动机有效功率下降、致使油耗增加。

(3) 点火系统工作不正常，如点火不正时、点火电压不足、火花塞工作能力差等情况都会增加油耗。

(4) 发动机润滑系统对发动机工作性能影响较大，润滑油量不足与油质变差都会增加发动机油耗。

(5) 若发电机电压低，则充电电流小；而发电机电压过高，将会使油耗上升，动力下降。发电机电压过高，会造成点火能量减少或点火滞后。因为发电机电压过高，点火线圈的初级线圈电流增大，点火线圈温度升高，电阻增大，使其效率降低，输出能量减少，造成点火能量减少。

一辆汽车能否节油，除了与驾驶员驾驶习惯的好坏有关，还与发动机本身技术状况的好坏有关。而且，发动机技术状况与汽车的维护有直接关系，在平常驾车生活中一定要养成定期维护汽车的习惯。发动机的主要维护内容如下。

(1) 定期更换机油和滤芯。

机油对于发动机而言是非常重要的，发动机在运行过程中由于受到各种力的作用，导致内部构件相互摩擦，机油能够起到润滑的作用，如果机油出现问题，对发动机的伤害是不言而喻的。而且机油不只有润滑作用，还具有散热功能，能够清洗零部件，具有一定防锈蚀能力，因此汽车在行驶一定里程时，车主就要及时更换机油。定期检查油位，若油位出现降低的情况则要及时加满。汽车中的滤芯主要有机油滤芯和空气滤芯，空气滤芯能够有效地净化发动机的空气，避免沙粒进入发动机造成发动机磨损；机油滤芯能够过滤掉机油中的有害物质，保证机油的使用时间，因此车主除了要定期更换机油，还要更换机油滤芯和空气滤芯，保证发动机的正常运行。

(2) 定期检查冷却系统和泄漏问题。

散热对于发动机而言是一个非常重要的问题，在发动机运行过程中产生的热量是非常大的，汽车的大部分零件都是金属材质的，会进行热传输，因此务必要保证水箱中的水是充足的。水箱中的冷却水和蒸馏水的用量最好是相同的，及时补充冷却液，能够更好地帮助系统散热。维修人员在保养过程中要仔细检查气缸水套、节温器、水泵和散热器，检查皮带是否存在断裂或松动的问题，根据实际情况进行调节和更换。车主在汽车行驶或停留时，注意是否有液体泄漏的情况，如果发现泄漏问题，要仔细辨别泄漏物质并采取措施。

(3) 正确对待发动机的警告灯。

在发动机出现问题时可能不会立刻有十分明显的症状，但是发动机的警告灯会提示，表明汽车的发动机已经存在问题。车主不能因为没有故障现象而忽视警告灯的提醒，要及时将车开到售后服务处进行全面检查，避免对发动机造成更严重的伤害。车主在行驶过程中也要注意速度，每辆汽车发动机的转速是有标准的，速度过快会影响发动机的运行，减少发动机的使用寿命。尤其是在城市中行驶，快速起车然后走走停停对发动机的损害更严重，增加不必要的检测。

2. 使底盘处于良好工作状态

底盘对燃油的消耗，主要表现在传动系统的机械损失和无用功率的损耗。如果注意下面几项工作，可以达到节油的目的。

(1) 前轮定位。若前束偏离最佳值，则车轮运动阻力增加，汽车行驶油耗也将增大。

(2) 轮胎气压达到规定要求。轮胎气压低于标准值时，轮胎的变形量增加，滚动阻力也增加，汽车运行油耗将增加。若全部轮胎气压低于规定 0.05~0.1 MPa，则油耗上升 4%~6%。用子午线轮胎比用斜交轮胎可节油 5%~10%。子午线轮胎的气压应符合该型号轮胎的使用规定，气压过高、过低都不利于节能。气压过低，滚动阻力大；气压过高，对悬架的振动冲击大。

(3) 轮胎动平衡。如果车轮旋转不平衡，将影响汽车的正常行驶，以致汽车油耗增加。

(4) 传动系统效率。传动系统的功率损失可分为机械损失和液力损失。传动系统的功率损失越小，其传动系统的效率越高。所以，应保证传动系统效率在正常的范围内。

机械损失是指齿轮传动副、轴承、油封等摩擦损失，机械损失与啮合齿轮的对数、传递的扭矩、齿轮形式、轴承类型等有关。液力损失指消耗于润滑油的搅动、润滑油与旋转部件之间的表面摩擦等功率损失。液力损失与润滑油品种、温度、油面高度等有关。若后桥或变速器发生异响，则表明在转动中遇到了不应有的阻力而增加了传动损失。如果润滑齿轮油不按规定添加，油耗将增加 4%~8%。

(5) 保持各部件合理的间隙。若间隙过小，则摩擦力增大、功率消耗增大、油耗增加。经验表明，如果制动蹄片与制动鼓间的间隙过小，轮毂轴承过紧，燃油消耗将增加 20% 左右；制动器呆滞发咬，油耗将增加 8%~10%；驻车制动器间隙小，使传动阻力增加，油耗增加 20% 左右；离合器打滑则油耗增加近 30%。因此，要求传动部分间隙必须合适，转动灵活，不卡滞，传动可靠，才能减少传动功率的损失。

另外，还需建立以节能减排为基础的在用汽车检测维护体系。建立以节能减排为基础的在用汽车检测维护体系，应从以下几方面入手。

(1) 积极开展在用汽车技术状况与油耗及排放的关系的研究。

进一步开展对发动机等零部件故障对油耗及排放的影响的研究，建立油耗及排放与故障的对应关系，以神经网络模型来训练故障样本，开发出基于油耗和排放水平的汽车故障检测诊断模型。分析汽车技术状况对汽车油耗及排放水平的影响，积极开展在用汽车技术状况与油耗及排放的关系的研究。

（2）建立基于节能减排的在用汽车检测维护体系。

分析现行的汽车维护、检测、诊断技术规范（GB/T 18344—2016）的理论依据及实施情况，找到节能减排的突破点。建立以节能减排为基础的在用汽车检测维护体系，新建立的体系要与原体系良好兼顾，既要以节能减排为依据，又要考虑零部件的磨损规律，要实现对原有汽车维护理论的创新与完善。新体系既可为降低在用汽车的燃油消耗和废气排放提供保障，又可降低车主在燃油方面的经济负担。

（3）积极开展新体系的应用及推广。

新体系的应用和推广还有赖于汽车油耗测试手段的革新。国内对汽车油耗的测试大多采用油耗仪来进行，使用油耗仪测试汽车油耗需对汽车的供油管路进行改造，使用麻烦且操作复杂，不利于汽车油耗测试的开展。目前，国内几所高校已开展基于计算机技术的电喷发动机油耗测试新技术，通过采集汽车喷油脉宽等信号，经计算机运算得出汽车的实际油耗。该油耗测试系统方便、安全、快捷、准确，无须改装供油管路，为建立以节能减排为首要依据的汽车维护体系提供了技术支持。

基于节能减排的在用汽车检测维护体系，可以实现在用汽车在使用过程中最大程度的节能减排，达到减少汽车耗油量、降低排放水平的目的，为缓解燃油短缺和改善空气环境起到很大的作用。目前，汽车的新结构、新能源汽车技术不断发展，新车型不断上市，上述有关汽车维护技术，以及与节能的阐述还限于传统汽车结构技术，如何正确使用现代或未来的新技术、新结构、新能源汽车，对其进行合理的维护，达到更严格的汽车节能、降污的目标和要求，还需要通过不断的研究和节能、降污实践去总结、提高、完善相应的节能技术、对策、措施，所以，节能工作大有可为。

思考题

1. 哪些汽车操作技术与汽车节能有关？
2. 在不同工况下应如何操作自动变速器？
3. 轮胎对汽车节能有何影响？
4. 轮胎选用应注意哪些问题？
5. 汽车走合期的特点与注意事项有哪些？
6. 汽车发动机应重点调校的系统有哪些？
7. 汽车维护的主要项目有哪些？

参 考 文 献

[1] 邵毅明. 汽车新能源与节能技术[M]. 2版. 北京：人民交通出版社. 2016.
[2] 欧阳波仪，旷庆祥. 新能源汽车概述[M]. 北京：北京理工大学出版社，2019.
[3] 王庆年. 新能源汽车关键技术[M]. 北京：化学工业出版社，2016.
[4] 介石磊，孙玉凤. 新能源汽车与新技术[M]. 成都：电子科技大学出版社，2020.
[5] 马文胜，贾丽娜，郝金魁. 新能源汽车技术[M]. 北京：北京理工大学出版社，2018.
[6] 吴兴敏，于运涛，刘映凯. 新能源汽车[M]. 北京：北京理工大学出版社，2015.
[7] 吴建华. 汽车发动机原理[M]. 北京：机械工业出版社，2013.
[8] 于增信. 汽车发动机构造、原理与维修[M]. 北京：机械工业出版社，2014.
[9] 王建昕，帅石金. 汽车发动机原理[M]. 北京：清华大学出版社，2011.
[10] 刘玉梅. 汽车节能技术与原理[M]. 北京：机械工业出版社，2010.
[11] 张军. 汽车节能技术[M]. 北京：机械工业出版社，2017.
[12] 解茂昭. 内燃机计算燃烧学[M]. 大连：大连理工大学出版社，2005.
[13] 邢忠义，代绍军. 汽车新结构与新技术[M]. 机械工业出版社，2008.
[14] 陈雯，吴娜. 汽车发动机原理[M]. 北京：中国水利水电出版社，2016.
[15] 陈勇，郭立书，高炳钊. 汽车变速器理论、设计及应用[M]. 北京：机械工业出版社，2018.
[16] 边耀璋. 汽车节能基础理论及其应用[M]. 北京：人民交通出版社，1990.